조직행동론

Organizational Behavior

변상우 · 최수형

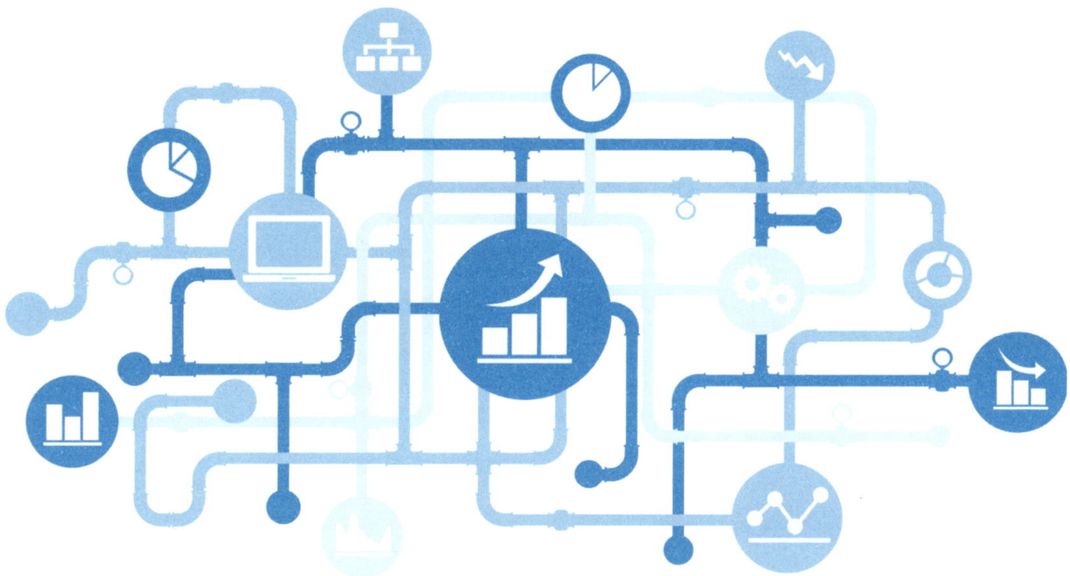

pnc
publishing and culture
피앤씨미디어

머리말

오늘날 조직 내 구성원의 행동은 조직의 목표달성뿐만 아니라 조직구성원 간에 미치는 상호 영향력에도 매우 중요하게 작용하게 된다. 조직행동론(organizational behavior : OB)은 조직 내의 인간의 행동에 관한 연구로 조직 내 개인과 집단의 행동을 체계적으로 연구하여 조직 내의 인간행동에 관한 지식을 쌓는 학문이다.

조직행동론에 대한 연구와 이해는 기업을 이해하고 경영관리를 제대로 하고자 하는 사람이라면 반드시 습득하고 있어야 할 지식으로서 다른 학문에 비해 다음과 같은 특징을 가지고 있다.

첫째, 조직행동론은 인간존중의 학문이다.

조직 내 인간관계의 개선을 통해 구성원들의 조직생활의 보람(QWL)과 긍지를 갖게 해주고 인간을 보는 관점에서도 자율적 인간관에 바탕을 두고 연구가 진행되고 있다.

둘째, 조직행동론은 실천학문이다.

조직 내 인간의 행동이 어떻게 일어나는지를 다양한 측면에서 분석하여 습득된 지식을 활용하여 조직 현장에 바로 적용하여 조직의 목표를 효과적으로 달성하는 데 응용할 수 있다.

셋째, 조직행동론은 종합학문이다.

조직행동론의 연구 주체가 인간의 행동이기 때문에 인간의 연구인 사회과학분야의 사회학, 심리학, 문화인류학, 정치학 등의 다양한 분야의 지식의 이해를 필요로 하는 학문이다.

조직 내 인간의 행동을 연구대상으로 하는 조직행동론은 매우 다양한 접근이 필요하다. 본 교재에서는 인간의 행동을 3개 범주로 나누어 개인행동, 집단행동, 조직행동의 차원에서 접근했으며 이를 바탕으로 총 4부 16장으로 구성하였다.

제1부는 조직행동론을 이해하기 위한 부분으로 조직행동론의 기초에 대해 설명하고 있다.

제2부는 조직생활에 있어서 개인행동 관리에 대한 부분으로 개인행동연구, 가치관, 퍼스낼리티, 태도, 지각, 학습, 모티베이션에 대해 설명하고 있다.

제3부는 조직생활에 있어서 집단행동 관리에 대한 부분으로 권력과 권한, 갈등, 스트레스, 집단역학에 대해 설명하고 있다.

제4부에서는 조직생활에 있어서 조직행동 관리에 대한 부분으로 커뮤니케이션, 의사결정, 리더십, 조직문화에 대해 설명하고 있다.

본 교재는 오랜 기간 동안 대학 강의를 하면서 수집한 자료와 내용을 바탕으로 조직행동론 분야에서 가장 핵심이 되는 내용을 모아서 정리하였기 때문에 이해하기 쉽고, 조직생활에서 어떻게 하는 것이 바람직한 행동이며, 타인의 행동을 통해 행동의 원인을 분석하고 이해할 수 있는 능력을 갖게 될 것이다. 또한 각 장마다 학습효과를 높이기 위해 중요한 내용을 연습문제로 제시하여 각 주제별 내용을 점검할 수 있게 했다.

다양한 분들이 다양한 역할로 좋은 교재를 만들기 위해 노력했지만 아직도 미흡한 부분이 많은 것을 실감하게 되었다. 그런 부분은 계속해서 보완해 나가도록 약속드리며 이번 출판이 있기까지 물심양면으로 애써주신 박노일 대표님과 편집부 관계자들의 노고에 진심으로 감사드립니다.

2019년 1월

변상우 · 최수형

차 례

PART 1

조직행동론의 이해

Chapter 1 조직행동론의 기초

PART 2

개인행동 관리

Chapter 8 모티베이션

PART 3

집단행동 관리

Chapter 9 권력과 권한

PART 4
조직행동 관리

Chapter 16 조직문화

PART 01

조직행동론의 이해

ORGANIZATIONAL BEHAVIOR

Chapter 01

조직행동론의 기초

제 1 절

조직행동론의 의의

조직의 목적을 달성하기 위해서는 조직 내의 구성원인 개인이나 집단이 조직의 목적달성을 위한 행동을 유발하기 위해서는 상호 협조체계가 갖추어져 있어야 한다. 따라서 조직을 효율적으로 관리하기 위해서는 무엇보다도 인간행동에 관한 연구가 필요하다.

조직행동론(organizational behavior : OB)은 조직 내의 인간의 행동을 체계적으로 연구하는 학문이다. 인간의 행동에는 [그림 1 - 1]에서 보는 바와 같이 개인행동을 비롯하여 집단행동과 조직행동이 있다.

그림 1-1 조직행동론에 대한 이해

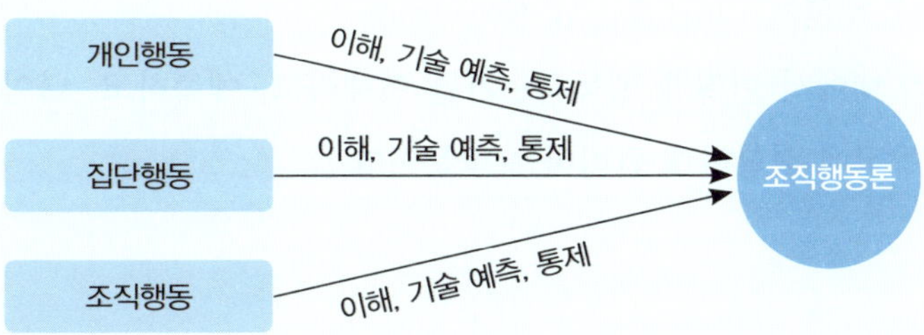

따라서 조직행동론은 개인행동, 집단행동, 조직행동에 대한 이해·기술·예측 등 제 현상의 관계를 연구하는 학문으로 사람과 조직의 상호작용을 연구하는 학문이라고 할 수 있다.

조직행동론에 대한 개념 및 정의에 대해 여러 학자들의 견해를 살펴보면 다음과 같다.

▷ 로빈스(S. P. Robbins)

조직의 효율성을 개선하기 위해 지식을 응용할 목적으로 개인·집단·구조가 조직행동에 미치는 영향을 연구하는 분야이다.

▷ 호제트와 앨트만(R. M. Hodgetts & Altman)

조직 환경 중에서 인간의 행동을 설명·예측·통제하는 학문이다.

▷ 그린버그와 바론(J. Greenberg & A. Baron)

조직성원들의 행동이나 태도에 대해 체계적으로 연구하는 학문분야이다.

▷ 던컨(W. J. Duncan)

조직 내 인간행동의 모든 측면에 관한 연구영역을 말하는 것으로서 조직의 인간에 대한 영향뿐만 아니라 인간의 조직에 대한 영향을 모두 포함한다.

▷ 켈리(J. Kelly)

조직상황에 있어서의 인간의 행동과 태도, 인간의 지각·행동에 대한 조직의 영향, 조직에 대해 인간의 영향, 특히 조직의 목표달성을 위하여 인간의 행동이 어떻게 영향을 미치는가를 규명하는 학문이다.

▷ 다비스와 뉴스트롬(K. Davis & J. W. Newstrom)

인간이 조직 내에서 어떻게 행동하는가를 이해하고, 예측하고, 나아가 그 영향력을 조직의 목적에 적합하게 관리하는 학문이다.

쉼터

선택에 귀로에 서 있는 당신

- 첫 번째 펭귄의 선택 -

남극의 펭귄들은 얼음으로 뒤덮인 육지에서 많은 시간을 보내며 살아간다. 하지만 얼음으로 뒤덮인 육지에서는 먹이가 부족하여 굶어죽지 않으려면 반드시 바다로 나가야 살아남을 수 있다. 물론 바다에는 바다표범과 같은 펭귄의 천적들도 많이 존재하고 있다. 살아남기 위해서는 펭귄들은 바다에 도착해서도 망설임 없이 바다로 뛰어들어가야 하지만 그러나 쉽게 뛰어들지 못한다. 이 때 무리에서 한 마리의 펭귄이 뚜벅뚜벅 걸어 나와 용감하게 바다로 뛰어든다. 이 펭귄이 바로 "첫 번째 펭귄(the first penguin)"이다. 그 때서야 나머지 펭귄들도 첫 번째 펭귄을 뒤따라 바다로 몸을 던지게 된다. 그러나 브랜드(첫 번째 펭귄)는 단지 용감한 사람만을 의미하지 않는다. 주도적으로 선택하고 현명하게 도전하는 사람, 그가 바로 첫 번째 펭귄이다. 그리고 첫 번째 펭귄은 또 다른 첫 번째 펭귄을 길러내게 된다.

제 2 절

조직행동론에 대한 이해

1. 조직행동론의 목적

조직행동론의 연구 목적은 조직과 인간에 대한 기본적인 이해를 바탕으로 하여 조직의 효율성과 인간의 행복을 추구하는 데 있다.

따라서 조직행동론은 [그림 1 - 2]에서 보는 바와 같이 조직 내의 개인행동과 집단행동 그리고 조직행동을 이해하고 예측하여 통제함으로써 조직 전체의 유효성(effectiveness)과 효율성(efficiency)을 높이게 되며 개인의 행복을 얻고자 하는 것이 목적이다.

그림 1-2 조직행동론의 연구 목적

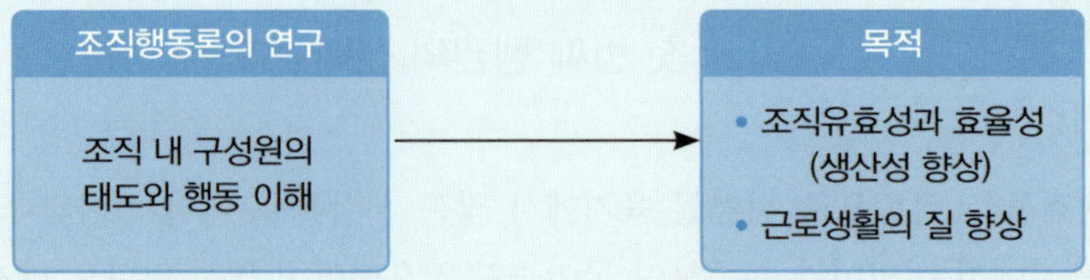

조직의 유효성과 개인의 행복을 얻기 위해서는 조직에 있어서 인간행동을 이해하고 행동을 설명하며, 조직의 일관된 행동 패턴을 예측하여 바람직한 행동으로 유도하고, 옳지 않은 행동은 자제하도록 통제할 필요가 있다.

따라서 조직행동론의 연구목적은 인간행동을 이해하고, 예측하고 통제하는 데 있다. 즉, 조직 관리를 잘 하기 위해서는 조직 내에서 일어나는 구성원들의 행동을 이해하고, 미래에 일어나게 될 행동을 예측할 수 있어야 하며, 바람직한 행동은 지속되도록 유도하고, 바람직하지 못한 행동은 예방하거나 제거해야 한다.

2. 조직행동론의 성격

조직행동론은 조직 내에 있어서 인간행동, 즉 개인행동, 집단행동 및 조직행동을 이해, 설명하고, 행동을 예측함으로써 바람직한 행동으로 유도하거나 촉진하는 것이다. 또한 바람직하지 못한 행동을 통제하는 기능을 개발하기 위해 체계적으로 연구하는 학문이다.

따라서 조직행동론의 성격을 다음과 같이 정리할 수 있다.

1 조직 내의 인간행동에 대한 연구에 초점을 둔 인간중시의 학문이다.
2 인간을 개인적 인격과 조직적 인격을 가진 양면적 존재로 보고 있다.
3 공식조직이 개인 및 집단행동에 미치는 영향을 연구한다.
4 행동과학을 비롯한 여러 가지 학문의 지식을 활용하는 종합과학이다.
5 조직성과의 개선방안에 관심을 갖는다.

3. 조직행동론의 특징

조직행동론은 다른 일반 학문과 구별되는 다음과 같은 특징을 지니고 있다.

첫째, 실천학문이다.

조직행동론은 조직 내 인간의 행동이 왜, 어떻게 일어나는지를 설명하는 것 이외에도, 그 지식을 실제로 적용하여 조직의 목표를 효과적으로 달성시키는 데 공헌하는 학문이다.

둘째, 종합학문이다.

조직행동론은 사회과학분야의 심리학, 사회학, 문화인류학, 사회심리학 등과 깊은 관련이 있다. 그러나 조직행동론은 어디까지나 이들 학문들을 단순히 합한 것이 아니다. 왜냐하면 공동목적을 가지고 형성된 특별한 상황, 즉 조직 내에서의 인간을 연구하는 것이기 때문이다.

셋째, 인간존중의 학문이다.

인간은 조직 속에서 조직에 의존하여 살고 있기 때문에 조직의 성과향상을 통하여 인간행복이라는 궁극적 목표를 달성하려 한다. 또한 조직 내 인간관계의 개선을 통해 행복한 조직생활을 꾀하려 한다.

조직행동론은 조직구성원의 욕구를 효과적으로 충족시키면서 그들의 자아실현, 근로생활의 질(quality of working life : QWL) 향상을 목표로 하며, 인간을 부정적으로 보지 않고 긍정적 관점에서 자아실현을 추구하는 자율적 인간이라는 전제하에 조직행동론이 연구되고 있다.

참고	행동과학(behavioral science)이란?

인간의 행동을 종합적으로 파악하여 관찰·분석한 뒤 그 법칙성을 세우고 예측가능성을 높여 사회의 계획적인 제어와 관리기술을 개발하려는 과학의 동향이다. 심리학·사회학, 문화인류학 등과 밀접한 관련이 있다.

쉼터

굶어죽는 날벌레

곤충학자 장 앙리 파브르는 날벌레들의 생태를 주의 깊게 관찰하던 중 매우 중요한 사실을 발견했다. 그것은 날벌레들은 아무런 목적도 없이 무턱대고 앞에서 날고 있는 놈만 따라서 빙빙 난다는 것이다. 즉 앞에 있는 다른 벌레가 돌면 따라서 도는 것이다. 어떤 방향이나 목적지도 없이 그냥 도는 것이다.

빙빙 돌고 있는 바로 밑에다 먹을 것을 가져다 놓아도 거들떠보지도 않고 계속 돌기만 한다. 이렇게 무턱대고 7일 동안이나 계속해서 돌던 날벌레들은 결국엔 굶어서 죽는다.

이처럼 삶을 살아가는 데 있어 목표가 매우 중요하다는 것이다. 그러나 대부분의 사람들은 확실한 목표를 가지고 있지 않다. 그래서 그들은 방황하면서 인생을 낭비하게 된다.

한 통계자료에 따르면 아무런 목표 없이 파브르가 관찰한 날벌레 같은 모습으로 살아가는 사람이 전체 인류의 87%에 이른다고 한다. 성공하지 못하는 이유는 기회가 부족하거나 능력이 부족해서가 아니다. 기회는 항상 우리 주위에 있다. 그러나 대부분이 목표를 설정하지 않았기 때문에 그 기회를 잡지 못했고 행동계획도 세우지 못한 것이다.

제 3 절 조직행동론과 관련 학문

조직행동론은 종합 과학으로서 인간관계론을 비롯하여 심리학·사회학·문화인류학 등의 다양한 지식을 활용한 행동과학을 중심으로 발전하였으며, 그 외에도 경제학, 산업심리학, 정치학, 역사학 등에 의해 많은 영향을 받았다.

이러한 관련 학문이 조직행동론에 미친 공헌 내용과 분석 단위를 요약 제시해 보면 〈표 1-1〉과 같다.

표 1-1 관련 학문과 조직행동론의 관계

관련 학문	공헌 내용	분석 단위
심리학	학습, 동기유발, 성격, 훈련, 개인적 의사결정, 리더십효과성, 직무만족, 업적평가, 태도측정, 행동형성	개인
사회학	집단역학, 규범, 역할, 의사소통, 신분, 권력, 갈등	집단
	공식조직이론, 관료제 조직이론, 조직변화, 사회화	조직시스템
사회심리학	행동변화, 태도변화, 의사소통, 집단 의사소통, 집단과정	집단
문화인류학	가치관의 비교, 규범의 비교, 태도의 비교	집단
	조직문화, 조직환경	조직시스템
정치학	갈등과 협상, 조직내 정치, 권력	조직시스템

1. 심리학

인간의 행동을 이해하고, 예측하며, 통제하는 것이 심리학의 목표이다. 특히 심리학은 개인행동에 초점을 두고 심리학적 지식을 활용하여 조직 내의 인간의 행동을 이해하고 설명하며 예측하고 통제하기 때문에 조직행동론과 밀접한 관련이 있다.

2. 사회학

사회학은 인간의 사회적 행동에 대한 지식이다. 사회학의 주된 관심은 집단에 있다. 사회와 제도, 집단, 규범, 역할 등은 사회학의 주요 연구의 주제이다. 리더십, 조직구조, 조직의 유효성에 미치는 영향 등도 사회학을 기초로 한다.

3. 문화인류학

문화인류학은 인간의 행동을 문화적 맥락에서 실증적으로 분석하여 설명하는 인류학의 한 부분이다. 상이한 문화적 상황에서 인간의 행동이 어떻게 다른가를 규명하게 된다. 문화가 인간의 욕구충족과 조직 내의 사람관리에 미치는 영향에 대한 분석은 문화인류학에 기초하게 된다.

4. 정치학

정치학은 정치적 상황에서 개인과 집단의 행동을 연구하는 학문이다. 조직에서의 정치현상, 집단역학, 갈등의 해결, 조직이 환경에 미치는 영향 등 정치적 지식을 활용하는 것이다.

위에서 살펴본 인접과학 이외에도 산업공학, 사회심리학, 행정학 등도 조직행동론과 관련되어 있는 학문으로 이들 지식을 활용하여 조직구성원들의 행동을 이해하고 예측할 수 있다.

제 4 절 조직행동론의 연구 관점

조직행동론의 정의에서 언급된 바와 같이 조직행동론은 조직 내에 있어서의 개인 및 집단행동과 조직체의 행동을 이해하고, 예측하여, 통제함으로써 조직의 유효성과 능률성을 높이기 위한 학문이다.

따라서 조직행동론을 고찰함에 있어서 조직 내의 개인행동 차원, 집단행동 차원, 조직행동 차원으로 나누어 고찰할 필요가 있다.

1. 개인행동 차원

조직의 최소 구성단위는 개인이다. 그러므로 조직행동론의 제1차적 연구는 개인 차원의 행동으로부터 시작된다.

[그림 1 - 3]에서 보는 바와 같이 개인행동을 이해하기 위해서는 개인행동에 영향을 줄 수 있는 요인으로 가치관(values), 퍼스낼리티(personality), 태도(attitudes), 지각(perception), 학습(learning), 모티베이션(motivation)에 대한 이해가 필요하다.

즉, 개인 차원에서는 이들 여러 가지 요인이 개인행동에 영향을 미쳐 결과적으로 개인의 직무만족이나 성과에 영향을 주게 됨으로 이들 변수가 개인의 행동에 어떤

그림 1-3 개인수준의 행동모델

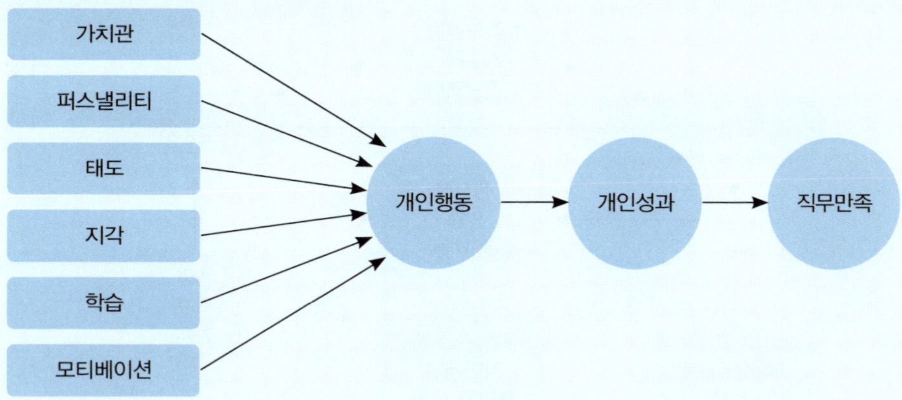

영향을 미치는가를 면밀하게 검토할 필요가 있다.

따라서 개인 행동모델, 가치관, 퍼스낼리티, 태도, 지각, 학습, 모티베이션 등에 관해 고찰할 필요가 있다.

따라서 개인행동의 이해는 집단행동과 조직행동을 이해하기 위한 출발점이라 할 수 있다. 개인행동의 결과가 개인의 성과는 물론 직무만족에도 영향을 미치기 때문이다.

2. 집단행동의 차원

개인은 자신이 속한 작업 집단 속에서 생활하기 때문에 집단 구성원과 상호작용을 하게 되며, 이를 통해 자신의 가치관, 욕구, 자아개념 등으로 타인에게 영향을 미치는 동시에 자신도 타인으로부터 영향을 받게 된다.

그러므로 집단차원에서는 [그림 1-4]에서 보는 바와 같이 집단갈등 및 스트레스, 집단역학(group dynamics) 등과 관련하여 개인과 개인, 개인과 집단, 집단과 집단의 문제를 파악할 필요가 있다. 따라서 여기에서는 집단의 의의, 집단역학, 권력과 권한, 갈등, 스트레스 등에 관해 고찰할 필요가 있다.

집단행동은 조직 내에서 다른 사람들과 개별적 상호작용을 통하여 형성되기 때문에 개인행동은 집단행동의 기초가 된다.

그림 1-4 집단수준의 행동모델

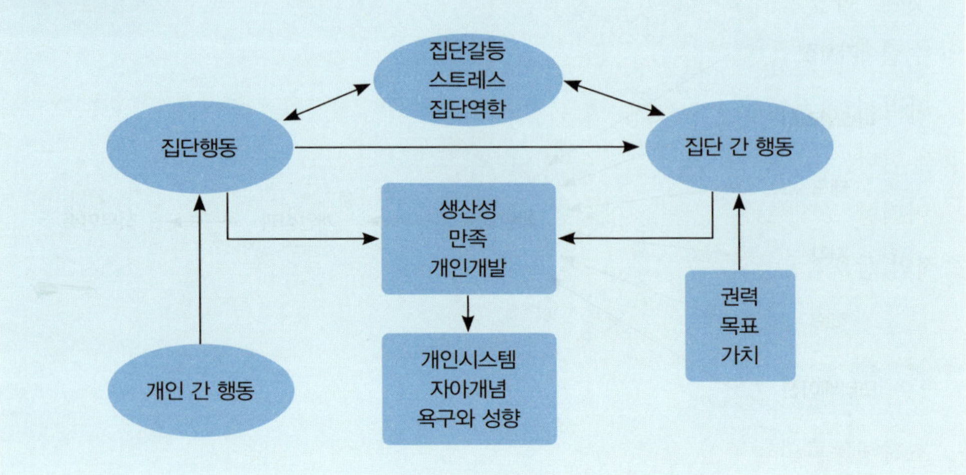

3. 조직행동의 차원

조직행동 차원에서는 [그림 1-5]에서 보는 바와 같이 구분할 수 있다.

첫째, 조직 전체차원에서 조직행동에 영향을 미치는 개인 및 집단행동을 분석해야 한다.

둘째, 조직과 환경과의 상호작용관계를 분석하여 환경이 조직행동에 미치는 요인

그림 1-5 조직수준의 행동모델

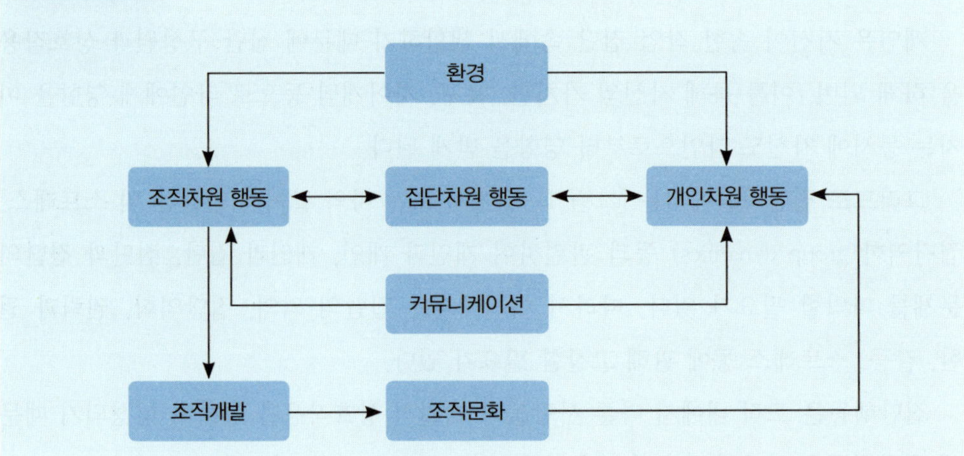

을 파악하여 조직전략을 수립하여야 한다.

셋째, 이를 토대로 건전한 조직풍토와 조직문화를 조성할 수 있는 조직개발 전략의 수립에 영향을 미치는 요인에 대해 이해할 필요가 있다.

따라서 여기에서는 리더십, 커뮤니케이션, 조직개발, 조직문화 등에 관해 고찰하고자 한다.

이러한 조직행동은 개인이나 집단에 많은 영향을 미치고, 조직은 외부환경과 지속적인 상호작용을 통하여 개인행동과 집단행동에 영향을 미치게 된다.

4. 조직행동론의 연구대상

조직행동론의 연구대상에 대해 대부분의 학자들이 리더십, 모티베이션, 의사소통, 갈등관리 등을 주제로 하고 있다.

로빈스(S. P. Robbins)는 그 연구대상으로 리더십, 모티베이션, 의사소통, 갈등관리, 스트레스, 학습, 태도, 지각, 집단의 구조와 과정, 직무설계 등을 들고 있다.

본 교재에서는 〈표 1-2〉에서와 같이 개인차원, 집단차원, 조직차원의 수준으로 나누어 연구하고자 한다.

표 1-2 조직행동론의 주요 연구변수

연구대상	주요 연구변수
개인행동 차원	가치관, 퍼스낼리티, 태도, 지각, 학습, 모티베이션
집단행동 차원	권력과 권한, 갈등, 스트레스, 집단역학
조직행동 차원	커뮤니케이션, 의사결정, 리더십, 조직문화

제 5 절

조직행동론의 공헌과 한계

조직행동론은 인간관계론과 행동과학 등 인접학문과 관련을 맺으며 발전하였다. 그리고 경영 관리자들에게 생산성 향상을 위해서는 인간이 핵심적인 요소라는 교훈을 남기면서 경영이론의 발전에 크게 공헌하였다. 그러나 경영학적 관점에서 보면 여러 한계점을 가지고 있다.

1. 조직행동론의 공헌

1 조직 내 개인의 중요성을 강조하여 대인관계의 필요성을 강조하였다.

2 리더십, 모티베이션, 커뮤니케이션, 갈등관리, 조직행동, 조직변화 등의 연구에 공헌하였다.

3 종업원을 효과적이며 과학적으로 관리할 수 있는 토대를 제공하였다.

4 종업원을 도구(수단)로서가 아니라 가치 있는 자원으로 인식하게 되었다.

2. 조직행동론의 한계점

1 무엇이 모티베이션하는지에 대한 명확한 규명이 없었다.

2 조직행동론이 보편타당하게 적용될 것으로 보았다.

3 조직환경이 변하지 않는 정태적이라는 전제론에 입각하였다.

4 조직행동론에 대한 경영관리자의 이해부족으로 조직 관리를 함에 있어서 제대로 적용되지 못했다.

쉼터

칭찬의 효과와 요령

칭찬은 좋은 점이나 착하고 훌륭한 일을 높이 평가하는 것으로 이해관계가 없다고 생각하는 사람한테 들었을 때 효과가 크다. 그래서 칭찬의 효과는 의외의 상황에서 그것도 예상치 못했던 사람에게서 들을 때 효과가 크다.

사람은 자기를 좋아하는 사람을 좋아한다. 속이 들여다보이는 칭찬도 듣는 사람을 즐겁게 한다. 칭찬의 요령을 살펴보면 다음과 같다.

■ 구체적으로 한다

모호하고 추상적인 칭찬에 비해 구체적이고 분명한 칭찬이 상대의 마음을 움직인다. "자네는 괜찮은 사람이야"보다는 "자네의 기안문은 간결하고 설득력이 있어"라고 했을 때 더 효과적인 칭찬이다. 또한 칭찬에 대한 신뢰성을 줄 수 있다.

■ 간결하게 한다

말이 길어지면 처리해야 할 정보가 많아진다. 진지하고 간결하게 칭찬하는 것이 더 깊은 인상을 주며 기억에도 오래 남는다.

■ 남 앞에서 제3자에게 칭찬을 한다

사람들은 누구나 자기를 자랑하고 싶어 한다. 단지 쑥스럽고 어색해서 그리고 속보일까봐 자제할 뿐이다. 남 앞에서 칭찬을 하거나 제3자에게 간접적으로 칭찬을 전달하는 것은 칭찬받는 기쁨과 자랑하고 싶은 욕심 두 가지를 모두 충족시킬 수 있다.

■ 사소한 것을 칭찬한다

칭찬에 인색하게 되는 것은 사소한 감정을 무시하기 때문이다. 남들이 보지 못하는 사소한 장점들을 찾아 칭찬을 해 주었을 때 의외로 효과가 있다.

■ 당사자 주변 인물을 칭찬한다

집에서 미워하는 가족도 남이 욕하면 듣기 싫다. 자존심은 자신의 능력이나 외모뿐 아니라 자기가 속한 집단이 가치 있다고 여겨질 때도 고양된다. 듣는 사람은 분명 자신이 칭찬 받지 않았음에도 흐뭇한 기분이 든다.

■ 우연 그리고 의외의 상황에서 칭찬한다

대인 관계를 원만하게 유지하는 사람들은 필요할 때만 사람을 찾지는 않는다. 평소에는 인사 한번 공손하게 하지 않던 부하직원이 진급 심사 직전에 찾아와 무엇을 부탁하거나 공치사를 할 때보다 자신의 진솔한 감정을 전할 때 상대에게 감동을 주게 된다.

연/습/문/제

01. 조직행동론의 정의에 대해 알아보자.

02. 조직행동론의 목적에 대해 알아보자.

03. 조직행동론의 성격에 대해 알아보자.

04. 조직행동론의 특징에 대해 알아보자.

05. 조직행동론과 관련 학문에 대해 살펴보고 기여점에 대해 이해해 보자.

06. 조직행동론의 개인차원의 연구관점에 대해 알아보자.

07. 조직행동론의 집단차원의 연구관점에 대해 알아보자.

08. 조직행동론의 조직차원의 연구관점에 대해 알아보자.

09. 조직행동론의 공헌과 한계점에 대해 알아보자.

10. 조직행동론의 공헌과 한계점에 대해 알아보자.

PART 02

개인행동 관리

ORGANIZATIONAL BEHAVIOR

Chapter 02

개인행동 연구

제 1 절

개인행동 연구 모델

인간은 태어나면서부터 스스로 행동을 시작하게 된다. 조직 구성원으로서 개인은 자신의 욕구 충족과 조직목표 달성을 위해 부단한 행동을 하게 된다. 그러므로 조직의 유효성과 효율성을 확보하기 위해서는 조직 구성원인 개개인의 행동이 조직목표 달성을 위해 이루어져야 한다. 그러기 위해서는 조직 내 개인행동을 이해하고, 예측하여 통제할 필요가 있다. 그 우선과제로서 조직 내 개인행동이 어떤 변수에 의해 이루어지는지를 파악할 필요가 있다.

[그림 2-1]에서 보는 바와 같이 동일한 환경(자극)에도 사람마다 행동이 다를 수

그림 2-1 개인의 특성과 행동 유형

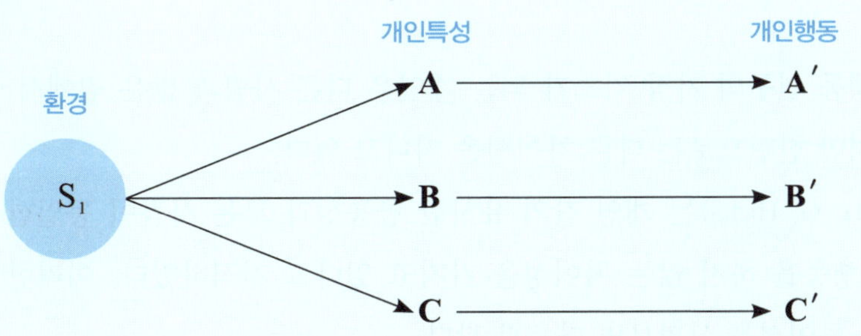

있다. 동일한 환경하에서 개개인의 행동이 다르게 나타나는 원인이 바로 개인의 각기 다른 특성이 다른 행동을 나타나기 때문이다.

일반적으로 인정되는 인간행동에 대한 가정은 레빈(K. Lewin)의 장이론(the field theory)이 있다. 장이론에서 $B=f(P \cdot E)$라는 등식을 제시하고 있는데, 즉 인간행동(behavior, B)은 개인(person, P)의 특성과 환경(environments, E)의 함수 관계로 보고 있다.

그러므로 개인행동은 개인적인 특성과 환경의 상호작용에 의해 이루어진다고 볼 수 있는데 만약 환경이 일정하다고 가정할 경우, 개인행동은 그 사람이 갖는 특성에 의해 좌우된다고 볼 수 있다.

이러한 개인의 특성변수에는 여러 가지 있으나 [그림 2-2]에서 보는 바와 같이 일반적으로 생리적 변수, 환경적 변수, 심리적 변수가 있다.

그림 2-2 개인행동에 미치는 영향변수

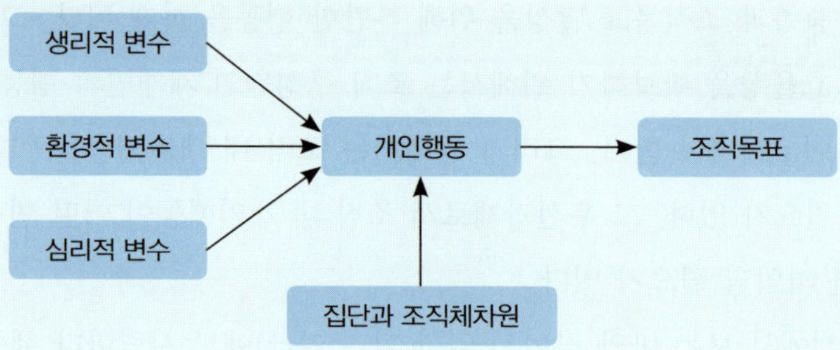

1. 개인행동의 공통성과 차이성

인간행동 연구의 가장 기초가 되는 개인은 다른 사람과 많은 점에서 공통성을 지니고 있지만 한편으로는 다른 차이성을 지니고 있다.

힉스(H. G. Hicks)는 개인 간의 유사한 공통성과 모든 사람이 동일한 상황하에서도 같은 행동을 하지 않는 차이성을 가지고 있다고 지적하였다. 이러한 인간행동의 공통성과 차이성을 살펴보면 다음과 같다.

(1) 개인 간의 공통성

우리 인간은 대체로 신체구조가 서로 많이 닮았을 뿐만 아니라 심리상태와 표정도 서로 유사하기 때문에 행동의 예측이 가능할 뿐만 아니라 다음과 같은 공통성을 지니고 있다.

1 인간이 갖고 있는 지적 능력은 다른 동물에 비해 매우 높다.
2 인간은 자신이 알고 있는 것을 표현할 수 있다.
3 인간은 의사소통을 원활하게 해주는 수단인 언어를 사용하고 있다.
4 인간은 과거, 현재, 미래에 대해 사고하며 존재 의미를 찾기 위해 종교를 갖기도 한다.

(2) 개인 간의 차이성

모든 개인은 [그림 2-3]에서 보는 바와 같이 신체적·정신적인 차이를 갖는데, 이것을 개인차의 법칙, 심리학의 제1법칙이라고 한다.

이러한 신체적, 정신적인 차이가 모티베이션과 관련되고 욕구, 가치관, 태도 등의 차이가 개인의 특성의 차이로 나타나게 된다. 이와 같이 모든 사람은 다른 사람과 차이성을 지니고 있으며 상황에 따라 다른 반응을 보이기도 한다.

특히 개인 간 정신적 특성의 차이가 개인행동 차이에 더 많은 영향을 미치게 되며 조직행동론에서의 주 연구대상이 된다.

그림 2-3 개인 간의 차이성에 대한 이해

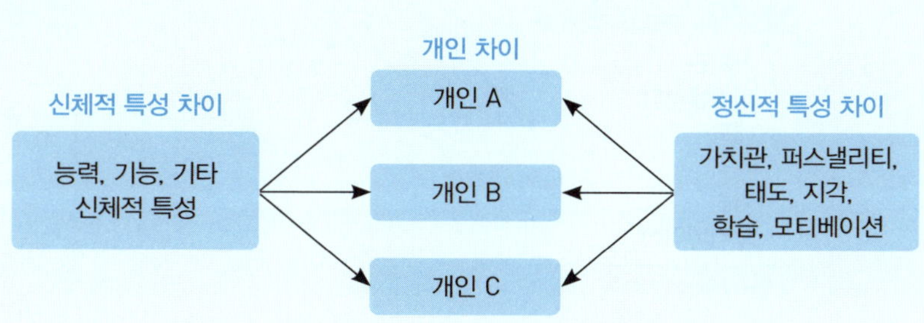

2. 개인행동 연구모델

개인은 동일 상황에서도 개인적인 차이성에 따라 서로 다른 행동을 하게 된다. 이러한 개인의 행동상의 차이는 개인의 성과는 물론이고 조직의 성과에도 큰 영향을 미치기 때문에 개인 차이에 대한 연구가 필요하다.

개인행동에 영향을 미치는 영향요인에는 3가지 변수가 있다. [그림 2-4]에서 살펴본 바와 같이 생리적 변수, 환경적 변수, 심리적 변수가 있다. 그러나 조직행동론에서는 이들 변수 중 주로 심리적 변수에 관심을 갖게 된다. 그 이유는 이들 변수가 모티베이션이나 집단행동, 리더십과 같은 주요 과제를 해명할 수 있는 기초 요인이 되기 때문이다.

개인 특성 변수 중 생리적 변수에는 육체적 능력과 정신적 능력으로 나눌 수 있고, 환경변수에는 가족, 문화, 사회적 직위 등을 들 수 있다. 그리고 심리적 변수에는 가치관, 퍼스낼리티, 태도, 지각, 학습, 모티베이션 등을 들 수 있다.

그림 2-4 개인행동 변수와 연구모델

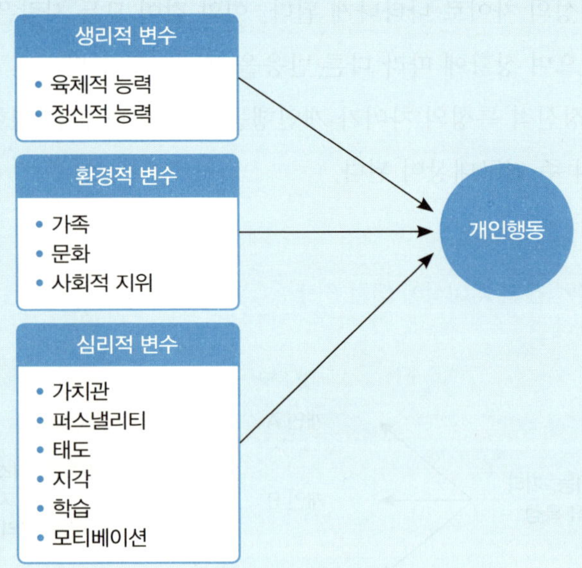

쉼터

인생은 자신이 만들어가는 결과물

어느 현명한 노인이 아름다운 마을을 한눈에 내려다볼 수 있는 언덕에서 홀로 살아가고 있었다. 그 노인의 지혜로움을 알고 있던 마을 사람들은 아이들로 하여금 그의 지도를 받고 그의 가르침을 존중하도록 하였다.

그러던 어느 날, 두 아이가 노인을 골탕 먹일 계획을 세웠다. 작은 새를 잡아 노인의 집에 도착한 아이들은 문 앞에서 새를 손에 꼭 감싸 쥐고 문을 두드렸다. 이윽고 노인이 나오자 새를 감싸고 있던 아이가 말했다.

"제가 손에 쥐고 있는 새가 죽었는지 살았는지 말해주실 수 있나요?"

그러자 노인은 아이들을 가만히 쳐다보며 말했다.

"만약 내가 네 손에 잡혀 있는 그 새가 살아있다고 한다면, 너는 손을 꽉 쥐어 그 생명을 앗아갈 것이다. 하지만 만약 내가 새가 죽었다고 한다면 너는 손을 펴서 그것이 자유롭게 날아갈 수 있도록 할 것이 아니냐. 네 손안에 생명과 죽음, 속박과 자유가 들어 있구나. 너는 한 영혼의 노래를 파괴할 수 있는 권한과 동시에 그 새의 미래와 잠재성을 유지할 수 있는 자유에 대한 권한까지 갖고 있구나. 너는 생명과 죽음 사이의 선택권을 쥐고 있으니 어떻게 하는 것이 현명한 일인지 충분히 알 거라고 생각한다. 만약 내 대답이 새의 생사를 결정짓게 된다면, 너는 너의 권한을 포기하는 셈이다. 그것은 곧 네가 올바른 선택을 해야 하는 책임감과 더불어 너의 힘과 지혜 그리고 잠재성을 포기하는 것이란다."

아이들은 자신들이 좀 더 현명해졌다는 생각을 하며 그 언덕을 내려왔다. 그리고 노인은 자신의 권위를 시험해보고 싶어 했던 아이들의 욕구를 존중함으로써 선도자이자 지혜의 스승임을 증명하였다. 즉, 그들에게 대응하길 거부함으로써 그들의 지각능력과 개인의 인식개발에 기여한 것이다.

이제 당신에게도 선택할 수 있는 힘이 있고 지금까지 매번 결정했던 수많은 축척된 선택들의 방향이 운명을 좌우하게 될 것이다.

모든 것은 당신에게 달려있다!

제 2 절

개인행동 연구방법

1. 정신분석적 접근

인간행동에 대한 정신분석적 이론의 대표적인 학자로는 프로이트(S. Freud)와 융(C. G. Jung)을 들 수 있다. 프로이트는 인간의 정신세계는 의식(conscious), 전의식(preconscious), 그리고 무의식(unconscious)으로 구성되어 있다고 보았다.

그리하여 인간의 마음을 빙산에 비유하여 수면 밖으로 나타나 있는 부분이 의식적이라면 수면 아래에는 보다 큰 무의식 세계, 즉 인간의 사고와 행동에 영향을 주는 충동·욕망들이 자리 잡고 있어 인간의 의식적 사고와 행위를 지배한다는 것이다.

프로이트의 이러한 분류는 본능(id), 자아(ego), 초자아(super-ego)가 인간행동의 근본 체계를 구성한다고 보고 있다.

의식세계와 퍼스낼리티의 구성 체계와 관련성을 보면 [그림 2-5]에서 보는 바와 같이 나타낼 수 있다. 기본적 충동의 사고과정은 본능(id)에 해당하고, 현재의식의 인지과정은 자아(ego)에 해당되며, 이성적 행동에 의한 사고과정은 초자아(super-ego)에 해당된다.

그림 2-5 의식세계와 퍼스낼리티 구성 체계의 관련성

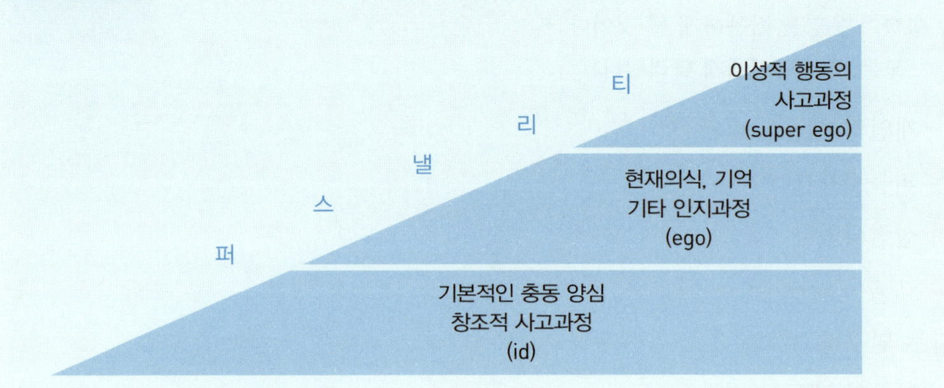

2. 실존론적 모델

인간행동 연구에 있어 실존론적 모델은 실존철학의 사상에 기초를 두고 있다. 이것은 몰개승화 및 무관심을 강요하는 환경하에서 개인은 스스로 자신들의 실체(identity)를 형성하고, 자신의 존재를 스스로에게 의미 있고 가치 있는 것으로 만들려고 노력하게 되는데, 이러한 과정은 개인들의 실존적 경험을 통해 이루어지게 된다는 것이다.

이 모델은 인간행동은 정신분석학적 모델과는 달리 자아실현을 지향하는 의식적, 의지적인 노력의 표현으로 보는 것이다.

3. 인지론적 모델

인간행동 연구에 있어 인지론적 모델은 인간의 행동을 자극(stimulus, S)에 대한 인지적 반응(cognitive reaction, R)으로 보는 견해이다. 즉, 인간의 행동은 [그림 2-6]에서처럼 인지과정을 거쳐 반응으로 나타난다고 보는 것이다.

그림 2-6 인지론적 모델

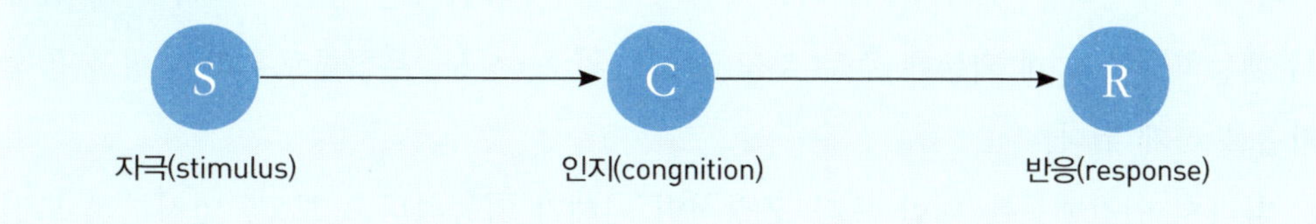

4. 형태론적 모델

개인의 행동은 외부에서 주어지는 자극에 대한 조건반사적 반응으로서 나타난다는 파블로프(I. Pavlov)와 손다이크(E. L. Thorndike)의 두 심리학자의 연구에 기초하여 성립되었다.

그 후 스키너(B. F. Skinner)의 연구에서 행동의 결과가 조건반사적 행동을 강화한다는 연구를 발표함으로써 행동에 관한 하나의 독자적인 이론으로 체계를 갖추었다.

인간의 행동은 자극에 의해 조건화(고전적 조건화)될 뿐만 아니라, 행동의 결과에

그림 2-7 행태론적 모델

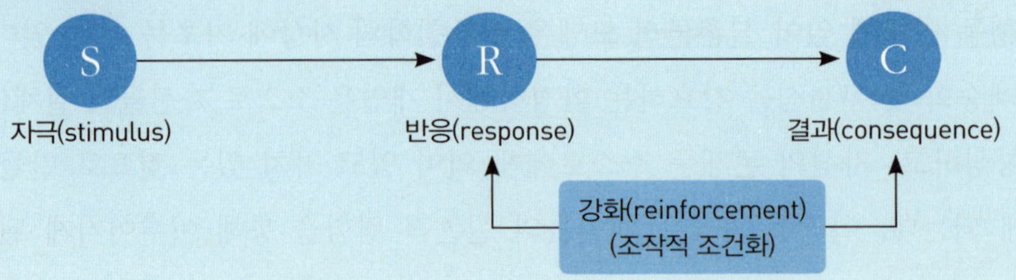

의해서도 조건화(조작적 조건화)된다는 것이다. 즉, 인간의 행동은 [그림 2-7]에서 보는 바와 같이 강화과정을 통해 결정된다는 것을 알 수 있다.

이 모델은 행동의 결과에 대한 판단에 따라 그 이후 동일한 자극이 주어지면 행동을 어떻게 할지를 결정한다고 봄으로써 행동의 결정에 있어서 강화과정을 중요시하기 때문에 이 모델을 강화론적 모델(reinforcement model)이라고도 한다.

5. 사회 학습론적 모델

사회 학습론적 모델은 인간행동에 대한 연구의 기본적인 분석단위로 관찰 가능한 하나의 행동이라는 것이다. 이 이론에서는 인간은 직접적인 경험, 사회관찰을 통해서 행동학습을 하게 되는데 주로 부모, 스승, 친구, 상사, 부하들로부터 모방을 통해 학습을 하게 된다.

따라서 인간행동에 대한 보다 포괄적인 이해가 가능하다고 보고, 인지론적 모델과 행태론적 모델의 절충적 결합을 시도하고 있다.

사회 학습론적 모델은 분석단위를 하나의 행동으로 본다는 점에서는 행동과학적 모델(behavioral science model)과 비슷하다. 이 모델을 주장하는 대표적 사람인 반두라(A. Bandura)는 인간행동을 인지요인, 행위요인, 환경요인의 상호작용의 결과로 보았다.

그림 2-8 사회 학습론적 모델

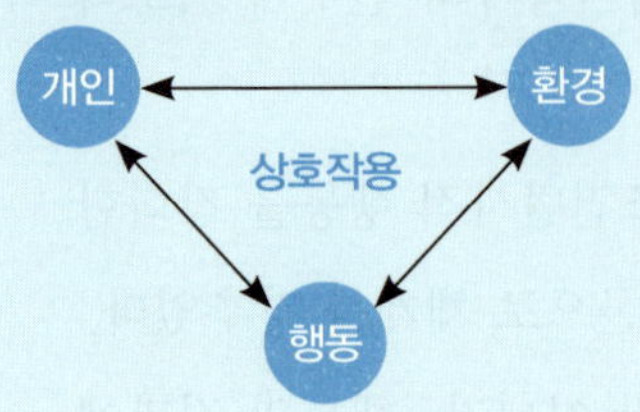

[그림 2-8]에서 같이 인간의 행동은 개인의 특성(개성, 능력)과 환경과의 상호작용을 통하여 이루어진다는 것이다.

쉼터

인간관계 혁신 기술

삶에 있어서 성공의 85퍼센트는 인간관계술에 의해 결정된다. 다른 사람들과 긍정적, 효과적으로 교류하고, 목표를 달성하는 데 상대방의 협력을 얻어내는 기술이 성공의 상당 부분을 좌우하기 때문이다. 삶에 있어서 실패의 85%가 인간관계술 때문이다. 직장을 잃은 사람들의 95% 이상이 업무능력 부족이나 전문기술 부족 때문이 아닌 인간관계술이 부족해서 해고를 당한다고 한다. 인간관계술의 부족으로 많은 문제들이 야기되고 있는 것이다. 내 능력이 아무리 뛰어나도 상대방이 나를 친구가 아닌 적으로 생각한다면, 뛰어난 능력은 빛을 잃게 된다. 특히 비즈니스 관계라면 자신의 능력은 보여줄 기회조차 가지기 힘들게 될 것이다. '90초 안에 상대를 읽고 코드를 맞추고 관계를 주도하는 기술'을 가져야 한다.

■ 90초 안에 상대를 읽어라!

외부의 정보를 받아들이는 기호(嗜好) 감각에 따라 사람을 3가지 유형으로 나눌 수 있는데, 시각, 청각, 감각적 유형이 있다. 사람들 누구나 이 3가지 유형을 동시에 가지고 있지만, 이 중 주된 한 가지 감각에 따라 사람들은 동일한 외적 현실에 각각 다르게 반응하게 된다. 사람들 저마다 다른 세상을 경험하고 반응하는 이러한 감각의 기호가 결국 상대방을 평가하는 사람들의 가장 중요한 잣대가 된다. 상대방이 사용하는 어휘와 눈동자의 움직임, 몸짓 언어가 주는 신호를 해석함으로써 상대방의 감각적 기호를 파악할 줄 알아야 한다.

■ 90초 안에 코드를 맞춰라!

코드를 맞추는 방법으로 2가지가 있다. 교감 맺기(rapport)와 동조화(synchronizing)이다. 어렵게 보이지만 쉽게 실천할 수 있는 너무나 쉬운 기술이다. 상대를 그대로 따라하면 모든 게 풀린다. 상대방이 좋아하는 감각 기호를 파악하고 상대방이 사용하는 어휘와 움직임을 그대로 따라하면 된다. 감각 기호를 파악하지 못했다 하더라도 상대방의 몸짓, 언어를 눈치채지 못하게 따라하면 상대방은 분명 뭔가 모르게 자신과 닮은 점이 있다고 느끼게 되고 비록 처음 만나는 사람일지라도 짧은 시간 안에 호감을 갖게 된다.

■ 90초 안에 상대를 리드하라!

상대방의 감각 기호를 파악하고 상대방과 코드를 맞추어 충분히 교감이 이루어지면, 역으로 내가 이끄는 대로 상대방을 움직이게 할 수 있어야 한다. 충분한 교감이 이뤄진 상태에서 고개를 끄덕여보라. 상대방도 고개를 끄덕일 것이다. 이러한 기법을 지속적으로 훈련하면 상대방의 긍정적인 반응과 호감을 이끌어 낼 수 있게 된다.

출처 : '인간관계를 혁신하는 90초 기술'

연/습/문/제

01. 개인행동의 특성에 대해 알아보자.

02. 개인행동의 공통성과 차이성에 대해 비교해 보자.

03. 개인행동의 변수와 연구모델에 대해 논의해 보자.

04. 개인행동 연구 방법 중 정신분석적 접근법에 대해 살펴보자.

05. 개인행동 연구 방법 중 실존론적 접근법에 대해 살펴보자.

06. 개인행동 연구 방법 중 인지론적 접근법에 대해 살펴보자.

07. 개인행동 연구 방법 중 형태론적 접근법에 대해 살펴보자.

08. 개인행동 연구 방법 중 사회 학습론적 모델에 대해 살펴보자.

Chapter 03

가치관

제 1 절

가치관의 의의

한 개인의 가치관은 한 개인으로 끝나지 않고 조직의 모든 부서에 영향을 미치게 된다. 즉, 경영자의 경영철학과 가치관은 조직 전체 구성원에게 영향을 주게 된다. 또한 가치관은 조직이 나아가야 할 방향을 제시하기도 한다.

한 인간을 이해하고 그 행위의 목적을 이해하기 위해서는 그 사람이 가지고 있는 가치관이 조직행동에 있어서 어느 정도 영향을 미치는지를 살펴볼 필요가 있다.

1. 가치관의 개념

가치관의 사전적인 의미를 살펴보면 인간이 삶이나 어떤 대상에 대해 무엇이 좋고, 옳고, 바람직한 것인가를 판단하는 관점을 의미한다.

가치(value)는 문화적인 소산이며, 심리적이고 내면적인 것으로 행동에 영향을 준다. 가치와 문화는 밀접한 관계를 가지고 있는데, 문화는 가치의 산물이라고 할 수 있다.

사람은 각자 자신의 가치관에 따라 행동을 하게 된다. 어떤 가치관을 가지고 있느냐에 따라 행동이 다르게 되며 그에 따라 주변 관련되는 사람들에게도 많은 영향을 미치게 된다.

따라서 한 개인이 가지고 있는 가치관은 인생 삶에 있어서는 물론이고 조직행동론에서도 중요한 연구 과제가 되고 있다. 이러한 가치관에 대한 개념이 학자마다 다양한데, 이를 정리해 보면 다음과 같다.

▷ 로키치(M. Rokeach)

가치관이란 어떤 특정 행동방식이나 존재목적이 다른 행동방식이나 존재목적보다 개인적으로나 사회적으로 더욱 바람직하다고 생각하는 기초적인 신념으로 정의하였다.

▷ 로빈스(S. P. Robbins)

노동가치관에 관한 여러 가지 연구를 종합하여 〈표 3-1〉과 같은 미국인의 노동가치관을 유형화하였다.

표 3-1 노동가치관에 대한 이해

단 계	일하기 시작한 시기	나 이	노동가치관
Ⅰ. 청교도 직업윤리	1940년대 중반~1950년대 말	55~75	열심히 일함, 보수적 → 조직 중시
Ⅱ. 실존주의	1960년대~1970년대 말	40~55	삶의 질, 비동조적, 자율성 추구 → 자기 중시
Ⅲ. 실용주의	1970년대 중반~1980년대 말	30~40	성공, 성취, 야망, 열심히 일함 → 경력 중시
Ⅳ. X세대	1990년대~현재	30 이하	융통성, 직무만족, 여가 → 관계 중시

▷ 페터슨(Peterson)

가치란 인간이 자신의 인생을 어떻게 살 것인가를 결정하는 방식을 나타내는 요소로 파악하고 다음과 같이 설명하고 있다.

1. 가치는 욕구에서 나오고 욕구를 불러일으키며, 부분적으로는 욕구를 만족시키지 못하기도 한다.
2. 가치는 목표를 선택하게 되는 판단기준이 되고, 어떤 상황 속에서 그러한 목표가 갖는 내재적인 의미를 갖는다.
3. 가치는 어떤 가능성에 대한 단순한 긍정적인 신념을 넘어 행동에 관여하게 된다.
4. 가치는 선호의 의미를 내포하면서도, 그러한 선호가 도덕, 이성 등의 판단에 의하여 정당하다고 여겨지는 것이다.

이상의 정의를 요약해 보면 가치관이란 사회적 행동을 결정하는 인간 내부의 심층에 속하는 심리적 성향으로 상대적으로 무엇이 옳고, 그른지 밝혀주거나 또한 무엇이 좋고, 싫음을 명백하게 해주는 일반적인 신념이라고 할 수 있다. 이러한 가치관은 일상생활에 영향을 주는 이상적인 원리가 된다.

가치관은 태도와 유사한 개념이지만, 태도보다 가치적인 관념이 강하고, 보다 넓고 추상적인 선택상황에서 방향을 지니는 준거체계이며, 태도보다 더욱 내재화된 체계라는 의미에서 구별될 수 있다.

2. 가치관의 중요성

가치관은 개인의 태도나 지각, 성격 또는 모티베이션 등을 이해하기 위한 기초를 제공하기 때문에, 조직행동론 연구에서 차지하는 중요도가 매우 높다. 개인은 조직에 들어오면서부터 이미 당연히 되어야 하는 것(what ought to be)과 그렇게 되어서는 안 되는 것(what ought not to be)이 무엇인지에 대한 판단을 가지고 있다.

따라서 가치관은 인간의 행동에 폭넓은 영향을 미치게 되는데, 그중에서 신념과 태도에 많은 영향을 준다. 이러한 개인이 가지고 있는 가치관은 조직에 있어 생산성과 직결되는 노동가치관의 영향요인으로 작동하고 있다.

또한 문화가 다르면 가치관도 달라진다. 미국의 경우 개인주의 가치관이 높고, 권력거리는 매우 낮다. 개성과 독특성을 중요하게 여긴다.

반면, 일본의 경우는 권력거리와 개인주의는 중간 정도이다. 팀플레이와 조직 내에서 일하는 것을 중요하게 생각한다. 그 결과 미국인들은 조직 내에서 자기중심적이고 경쟁적인 데 비해, 일본사람은 팀의 구성원으로서 표준화된 과업을 잘 수행하며 집단 중심적 의사결정과 보상을 더 선호한다.

가치관은 개인 간에도 다양한 차이가 있듯이 상이한 문화권에 따라 차이가 존재한다. 국제화 시대 국가 간의 문화 차이에 따른 가치관의 다양성을 이해할 필요가 있다.

3. 가치관의 성격

우리 사회에서 가지고 있는 대부분의 가치관은 우리의 문화 안에서 오랜 세월을 두고 형성되어 왔다. 이러한 가치관은 부모, 선생님, 친구, 존경하는 인물을 통해서 또는 신문, 방송, TV 등 대중 매체를 통해서 자연스럽게 형성되었다.

어린 시절에는 주로 부모에 영향을 받아 부모의 가치관, 신념, 태도를 반영하게 되며, 성장하면서 다른 가치관과 접하게 됨에 따라 자신의 가치관을 변경시키게 된다. 이러한 가치관이 갖는 성격을 요약하면 다음과 같다.

1 가치관은 바람직한 것을 나타내 주며, 동기유발의 요인이 된다.
2 가치관은 행동 결정에 영향을 주며, 준거가 되는 판단기준이 된다.
3 가치관은 사회적 영향과 개인적 경험에 의해 형성되며, 지속적이지만 가변성을 지니고 있다. 즉, 대부분의 가치관은 비교적 안정적이고 지속적인 특성을 가지고 있다. 예를 들면 정직하고, 근면, 성실해야 하며, 게으름을 나쁜 것으로 보는 현재의 가치관은 과거와 크게 다르지 않으며, 미래에도 크게 달라지지는 않을 것이기 때문이다.

4. 가치관의 역할

가치관이 개인에게 미치는 역할은 어떤 것일까? [그림 3-1]에서 보는 바와 같이 가치관은 태도와 행동에 영향을 미친다. 가치관의 역할에 대해 살펴보면 다음과 같다.

그림 3-1 신념, 가치관, 태도의 관계

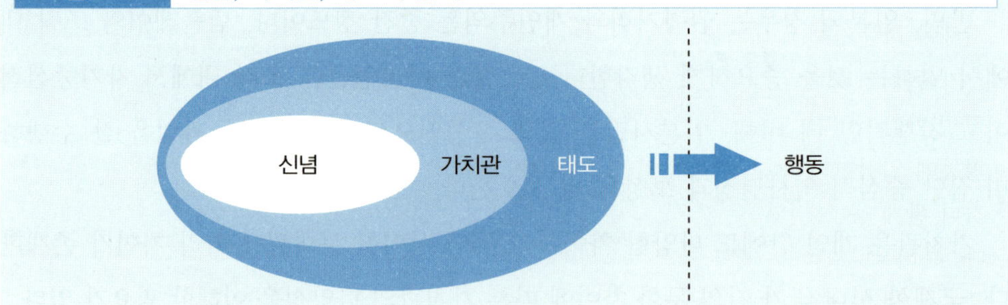

1 가치관은 그 사람의 동기와 포부를 결정한다.
2 가치관에 따라 사물에 대한 지각과 해석을 다르게 한다. 이것은 세계를 보는 눈이라 할 수 있다.

[3] 가치관은 인생에서 만족감을 얻느냐 하는 문제를 결정한다.

[4] 가치관은 옳은 것, 잘못된 것, 참된 것, 아름답다, 추하다, 정당하다, 부당하다 등의 평가의 기준이 된다.

[5] 가치관은 개인뿐만 아니라 사회 유지 발전과 경제활동, 종교, 예술, 학문, 학습, 오락, 사회발전 등 각종 활동을 영위해 나가는 데 큰 영향을 준다.

쉼터

"가족"에 대한 생각

오늘날 "가정의 위기"라는 말을 넘어서 "가족 해체", "가족 붕괴"라는 말까지 나오고 있다. 사회적 제도 중에서 그 존재를 위협받지 않을 것이라 믿었던 가족제도의 안정성이 크게 흔들리고 있다. 이혼율은 해마다 높은 비율로 증가하고, 결혼과 이혼에 대한 일반인들의 가치관이 변화하고 있으며, 가족 내 갈등이 증가하고 있다.

특히, IMF 이후 우리 사회의 가족 및 가정은 전례 없는 위기를 겪었다. 퇴직이나 소득감소 등으로 이혼하거나 별거하는 가정이 크게 늘었다. 그러나 이러한 변화는 일시적인 것이라기보다는 산업화 이후 물질문명과 정보통신의 발달로 인해 더욱더 빠른 속도로 이루어지고 있으며, 앞으로도 더욱 가속화될 전망이다.

이혼은 부부 두 사람 간의 갈등을 해결하기 위한 방법의 하나이지만, 이로 인해 부부 두 사람은 물론 자녀와 다른 가족들이 갈등을 겪게 되고, 나아가 사회적 문제가 되고 있다. 따라서 이러한 가족을 둘러싼 여러 가지 문제들 가운데, 가족이란 과연 우리들에게 어떤 의미를 가지고 있으며, 또한 오늘날의 가족의 존재를 위협하는 요인들은 무엇이며, 이러한 위험에 어떻게 대처해야 하는지에 대해 모두의 관심사가 되었다.

가족의 가치관에 대한 변화가 일어나고 있다. 가족의 외형적 변화와 더불어 가족의 가치관도 변화를 겪고 있는데 조선 중기 이후에 확립된 혈연 중심의 부계 가족 중심 가치관에서 자유, 평등에 입각한 민주주의 가치관으로 바뀐 것이다. 이러한 경향은 친족관계, 부부 관계, 부모-자녀 관계 등 모든 가족 관계뿐만 아니라 결혼, 부모, 자녀, 여성 등에 대한 태도에서도 나타난다. 특히 부부관계는 부모-자녀 관계를 우선시했던 전통적 가치관에서 부부관계를 동등한 비중으로 생각하게 되었으며, 수직적 부부관계가 아닌 수평적 부부관계를 중시하게 되었다.

이러한 산업화와 도시화로 인한 가족의 변화가 최근 세계화의 진전, 경쟁의 격화, 개인주의 가치의 확산 등으로 가족제도는 또다시 위협받고 있다. 아울러 정보화의 거센 물결이 재촉하는 탈권위적 사회, 연공을 포함한 기존 서열의 파괴는 이익사회에 맞서는 공동사회의 중요한 울타리로서의 가정의 결속력을 크게 약화시키고 있다.

제 2 절

가치관의 유형

가치관 유형에 대해 여러 학자들마다 그 기준을 각각 다르게 주장하고 있다. 가치관의 유형에 대한 대표적인 이론에 대해 살펴보면 다음과 같다.

1. 로키치의 분류

로키치(M. Rokeach)는 〈표 3-2〉에서 보는 바와 같이 가치관을 수단적 가치(instrumental value)와 궁극적 가치(terminal value)로 분류하였다.

표 3-2 수단적 가치와 궁극적 가치

분 류	특 징
수단적 가치	개인에 의하여 선호되는 행동방식이나 행동양식을 말한다. 즉, '잘사는 것', '행복한 삶'이라는 궁극적 가치를 얻기 위한 수단적 가치로는 '돈'을 말하는 사람과, '정직'을 말하는 사람이 있다.
궁극적 가치 (핵심 가치)	수단적 가치에 의해 선호되는 최종도달상태를 말한다. 즉, 인간이 살아가는 동안 지혜나 구원, 행복한 삶과 같이 얻고자 하는 존재 양식이나 목표를 말한다.

궁극적 가치는 존재에 대해 바람직한 최종적 상태를 표현하는 것으로 사람들이 일생 동안 추구하여 성취하고자 하는 것이다. 그러나 수단적 가치는 궁극적 가치를 달성하기 위하여 선호하는 행동이나 수단에 관련된 가치관이다.

2. 알포트의 분류

알포트(G. Allport)는 직업에 따라 어떤 가치관을 선호하는가를 조사한 후 가치관을 6가지 유형으로 분류하였다.

① 이론적 가치

비판적이고 합리적인 접근을 통해 진실을 밝히는 데 가장 역점을 두는 유형으로 진리 및 기본적인 가치를 추구하고 사실 지향적이며 변화에 관심이 크고 마음이 비교적 넓다.

② 경제적 가치

유용성과 실용성을 강조하는 유형으로 효율성을 극대화하는 데 관심이 높다. 즉, 가격을 의식하고 실용성을 강조한다.

③ 심미적 가치

형식과 조화에 최고의 가치를 부여하는 유형으로 형태, 조화, 균형, 아름다움에 가치를 높게 부여한다.

④ 사회적 가치

사람들의 감정에 최고의 가치를 부여하는 유형으로 이타심이 높고, 집단규범을 크게 의식하며, 인간주의적 성향을 띤다.

⑤ 정치적 가치

개인의 권력과 영향력의 획득을 강조하는 유형이다.

⑥ 종교적 가치

하나의 전체로서의 우주에 대한 경험과 이해의 통일을 강조하는 유형으로 초월적이고 신비적인 경험을 통해 삶의 의미를 찾는다.

대부분의 사람은 이상의 여러 종류의 가치를 동시에 가지고 있지만 직업에 따라서 여러 가치가 차지하는 비중이 각기 다르다는 것을 발견하였다.

알포트는 이와 같이 가치의 요소들을 구분하고 직업에 따라 각 가치 요소에 부여하는 중요도가 서로 다르다는 것을 경험적 조사를 통해 밝혔다. 이를 정리하면 〈표 3-3〉과 같다.

표 3-3 직업에 따른 가치 요소에 대한 중시 순서

순위 \ 직업	성직자	구매 관리자	과학자
1	종교적 가치	경제적 가치	이론적 가치
2	사회적 가치	이론적 가치	정치적 가치
3	심미적 가치	정치적 가치	경제적 가치
4	정치적 가치	종교적 가치	심미적 가치
5	이론적 가치	심미적 가치	종교적 가치
6	경제적 가치	사회적 가치	사회적 가치

제 3 절 가치관의 발전 단계

우리 인간은 개인이 가지고 있는 가치에 따라 범주화할 수 있다. 그레이브스(C. W. Graves)는 가치의 수준을 7가지로 범주화하여 각 수준의 가치와 생활양태에 대해 설명하였다.

1. 제1단계 — 반응적 단계

반응적 단계(reactive level)에서는 기본적인 생리적 욕구에만 주로 반응을 보이는 가치관을 가지고 있다. 대체로 신생아들이 보이는 반응 상태가 이 단계에 해당한다. 이 단계에 속한 개인은 조직에서는 찾아보기 힘들다.

2. 제2단계 — 부족적 단계

부족(종족)적 단계(tribalistic level)에서는 타인에 대한 의존도가 매우 높다. 자신이 속한 집단의 전통이나 권위 있는 사람이 행사하는 권력에 의해 강한 영향을 받게 된다.

3. 제3단계 — 자기중심적 단계

자기중심적 단계(level of egocentrism)에서는 개인주의의 신봉자로서 공격적이며 이기적이다. 그러면서도 권력에 대해 우선적으로 반응을 한다.

4. 제4단계 — 정합화 단계

정합화 단계(level of conformity)에서는 자신의 가치관과 다른 가치관을 가지고 있는 사람들을 잘 포용하지 못한다. 반면에 타인이 자신의 가치관을 수용해 주기를 원한다.

5. 제5단계 — 조작적 단계

조작적 단계(manipulative level)에서는 사물이나 타인을 조작하여 자신의 목적을 달성하려고 노력한다. 이 단계에서는 높은 지위에 있는 사람이나 타인으로부터 인정받기 위해 능동적으로 활동하며 물질 위주의 사고방식을 가지고 있다.

6. 제6단계 — 사회중심적 단계

사회중심적 단계(sociocentric level)에서는 타인에 앞서 가기보다 타인들로부터 사랑을 받고 타인들과 함께 어울리는 것이 더욱 중요하다고 생각한다.

7. 제7단계 — 실존적 단계

실존적 단계(existential level)에서는 참을성이 많고 다른 사람에게도 포용력을 나타내 보인다. 그러나 유연성이 없는 체제, 정책, 지위의 상징, 권위의 자의적 사용에 대해서는 단호하게 비판을 하게 된다.

그레이브스의 조사에 따르면 조직에 있어서 대부분의 사람들은 수준 2에서 수준 4 사이에 있고, 시간이 흐름에 따라 4, 5 수준보다 6, 7 수준의 사람들이 더 늘어나게 되고 영향력이 더 커짐을 알 수 있다. 따라서 물질적인 것보다 삶의 질을 개선하고자 하는 움직임이 증대됨에 따라 가치수준에 대한 지향도가 높아지게 된다.

쉼터

'호감' 가는 사람의 5가지 매력

대인관계에 있어 다른 사람에게 좋은 감정을 느끼게 하는, 즉 호감이 가는 사람은 남다르게 느껴진다. 호감이 가는 사람의 5가지 매력을 살펴보면 다음과 같다.

1. 상황 파악력(Situational awareness)

이것은 일종의 '사회적 레이더' 또는 상황을 읽어 내고 그 상황에서 사람들이 하는 행동을 해석할 줄 아는 능력을 말한다.

2. 존재감(Presence)

흔히 '행동거지'라고 하는 존재감은 말을 통해서나 말이 아닌 것을 통해서나 모두 드러난다. 한 사람이 가진 겉모습, 몸가짐, 어조, 미묘한 움직임 등 다른 사람들에게 평가의 기준이 되는 모든 신호의 모음이라 할 수 있다.

3. 진정성(Authenticity)

사람들이 자신의 사회적 레이더를 작동하는 가운데 타인의 행동에 대해 마음이 열려 있고, 윤리적이며, 믿을 만하고, 좋은 의도를 가지고 있다고 판단할 만한 다양한 신호를 말한다. 반대의 경우에는 가짜라고 판단하게 된다.

4. 명료성(Clarity)

자기 자신을 설명하고, 자신의 생각을 드러내며, 정보를 정확하게 전달하고, 자기 관점과 실행 과정을 분명히 제안하는 능력으로 다른 사람으로 하여금 자신에게 협력할 수 있게 해 주는 것이다.

5. 공감력(Empathy)

다른 사람에게 무언가를 느끼고 그와 '공감한다'는 전통적인 의미를 넘어 두 사람 사이에 느낌을 나누는 감정이입을 말한다. 공감은 다른 사람과 유대감을 나누는 상태, 즉 긍정적인 상호작용과 협력의 기본을 창출한다.

제 4 절

가치관의 변화

가치관은 대부분 안정적이고 지속적이지만 반드시 확고하게 고정된 것은 아니며 시대 상황에 따라 변화하기도 한다. 따라서 신세대는 구세대와 전혀 다른 가치관을 가질 수가 있다. 이처럼 가치관은 사람에 따라 시대에 따라 변하게 마련이다.

1. 윌슨의 가치관 변화

윌슨(Wilson)은 사회구성원이 가지고 있는 가치가 과거의 가치와 다르게 변화되고 있다고 보았다. 가치관의 변화에 대해 구체적으로 살펴보면 〈표 3 - 4〉와 같다.

표 3-4 가치관의 변화 내용

기존 가치관		현재 가치관
1 독립적 가치관	→	상호의존적 가치관
2 자연에 대한 지배	→	자연과의 조화
3 기술적 능률의 우선	→	사회정의와 공정성
4 양적인 풍요로움	→	질적인 행복 추구
5 조직의 능률 우선	→	조직구성원 개인의 자아실현 우선
6 전체주의적 가치관	→	참여적 가치관
7 획일성	→	다원적 가치관
8 노동에 대한 사명감	→	여가의 인식과 물질적 욕구충족

2. 탈현대 사회의 가치관 변화

탈현대 사회(post-modern society)는 고도의 물질문명의 발달을 목표로 하는 근대사회와는 달리 고도의 정신문화를 요구하고 있다. 이 같은 사회적 패러다임 변화에 따라 가치관도 크게 달라지고 있다. 탈현대 사회의 가치관의 변화를 살펴보면 다음과 같다.

1 질적인 삶 : 양보다 질을 중시

2 인간성 회복 : 인간성소외, 비인간화로부터 인간성회복을 위한 정신문화 추구

3 자유시간의 증대 : 돈을 벌기 위해 일하기보다 즐겁고 인간다운 삶 추구

4 보람 있는 일의 추구 : 돈벌이와는 상관없이 보람을 찾을 수 있는 일에 관심

5 여성적 감각사회 : 강인하면서도 딱딱한 기능 위주의 남성적 감각사회에서 따스하며 정감이 넘치는 여성적 감각사회 변화

6 다양성 추구 : 개성화, 차별화, 유행성, 고급화의 추진으로 획일화보다 개성이 있는 다양성 추구

7 자연성 추구 : 인공적인 것보다 자연적인 것을 선호

8 만족 중시 : 단조로운 일보다 직무를 통한 만족 중시

3. 가치관과 개인 행동관리

각 개인이 갖고 있는 가치관은 [그림 3-2]에서 보는 바와 같이 여러 가지 요인에 의해 영향을 받으며 형성되고 변화된다.

가치관은 개인적으로나 사회적으로 어느 것이 바람직하다고 생각하는 심리적·내면적 신념이기 때문에 개인행동에 영향을 미치게 된다. 또한 상호작용을 통하여 다

그림 3-2 가치관 형성의 영향 요인

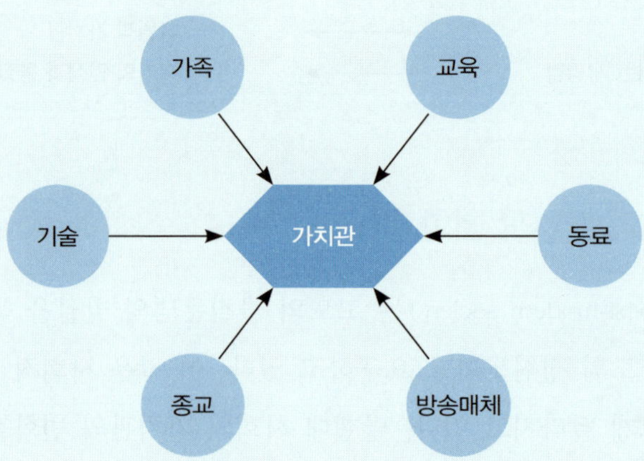

른 개인이나 집단의 행동에도 영향을 미치게 된다.

따라서 한 개인의 가치관의 유형에 대한 이해는 그 사람의 행동을 설명하거나 예측하는 것은 물론이고 집단의 행동을 이해하는 데 큰 도움이 된다. 그리고 각 개인의 가치관에 따라 조직 관리를 한다면 종업원의 직무만족을 높일 수 있을 뿐만 아니라 생산성 향상은 물론이고 이직률을 낮추고 종업원의 사기양양에도 도움을 줄 수가 있다. 따라서 조직 관리자는 종업원 개개인의 가치관에 대한 이해를 기초로 하여 합리적인 경영관리가 필요하다.

쉼터

혈액형별 사랑의 유형

사람마다 각기 다른 혈액형에 따라 성격도 다르게 나타나는 경우가 많고 그에 따라 혈액형별 사람의 유형에 다르다고 하는데 구체적으로 살펴보면 다음과 같다.

■ A형의 남성

A형 남성은 기본적으로 연애에는 부끄러운 편이다. 결코 연애에 흥미가 없지는 않다. 별로 태도를 나타내지 않기 때문에 그림의 떡보다는 현실적인 사랑을 택하는 것이 특징이다. 사랑의 표현도 정열적이지 못하다. 여성의 접근도 매뉴얼대로이고, 우선은 몇 번이고 식사에 초대한 후 상대의 반응을 확인하고 점점 상대가 괜찮다고 느낄 때 쯤 고백하는 패턴이다. 확실하게 하나하나 스텝을 밟아서 신중하게 사랑을 진행하는 것이 A형 남성의 방식이다.

그런 A형 남성이지만 결코 애정이 모자라지 않고 마음으로 정한 여성에게는 세심하고 성실하게 사랑을 베풀려고 한다. 여성 쪽에서 보면 A형 남성의 애정은 부드럽고 평온하기 때문에 마음 편히 생각한다. 그러나 때로는 예외도 있다. 자유분방한 여성이나 밝고 화려한 매력을 갖춘 여성에게 의외로 마음을 빼앗길 때도 있다. 자신에게는 없는 성격의 매력에 깊이 빠져들기도 한다.

■ A형의 여성

A형 여성의 사랑은 뜨거워지기 힘들고 식기 어려운 것이 특징이다. 연애 감정이 향하는 대로 그 즉시 좋아하는 남성에게 푹 빠져들지는 않는다. 정말로 좋아져서 괜찮은 상대인가를 신중히 관찰한 후에 처음으로 자신에 대해 OK 사인을 내는 타입이다. 소극적이고 진정한 사랑으로 되기까지는 시간이 걸리지만 그 신중함이 남성을 보는 눈을 높이는 결과를 초래하기도 한다. 사

랑의 시작은 슬로 페이스이므로 때로는 사랑을 하고 있는 자신에 대해 눈치를 차리지 못할 때도 있다. 그러나 한번 진심으로 사랑하게 되면 놀랄 정도로 일편단심의 여자로 변신한다. 사랑하는 마음을 몸으로 표현하지는 못해도 좋아하는 남성이 돌아볼 때까지 계속 기다린다. 학창시절의 첫사랑의 남성을 성인이 돼서도 계속 생각하고 있는 것은 A형에게 흔히 있는 스토리이다.

애정표현이 형편없고 자기 어필도 못하기 때문에 스스로 대담한 고백은 못한다. 사랑의 찬스를 놓치고, 잘못 가고 있을 때도 있지만 최종적으로는 상대를 자신의 페이스에 끌어당겨 사랑을 획득하게 된다. 교제를 하게 되면 애인을 위해 충실함을 다하고 상대의 이상형의 여성상에 가까워지도록 현명하게 노력한다. 그렇지만 그렇게 한 만큼 애인에 대해 요구도 많아지기 마련이다. 그것이 너무 많아 애인을 속박하거나 잔소리를 많이 한다면 상대가 숨이 막히게 된다는 점을 알아야 한다.

■ B형의 남성

B형 남성은 필링이나 무드로 사랑을 하는 타입이다. 연애 횟수는 많은 편이다. 사랑을 느낀 순간, 바로 그 다음날에 데이트 신청을 하는 타입이다. 대화도 재미있게 하고 농담도 잘하고 여성을 즐겁게 하는 것이 특기이다. 단 쉽게 뜨거워지고 쉽게 식는다. 아무리 사랑하는 애인이라도 자신이 하고 싶은 것을 속박당하는 것은 참지 못한다. 혹시 이것저것 간섭이 많아지면 B형 남성은 부담을 느끼고 떠나 버린다.

만남을 예로 들면, 서클의 친구, 회사 동료 등 가깝게 지내는 상대가 많을 것이다. 그냥 친구로서 교제해 가는 과정에서 어느 날 돌연 사랑이 싹트는 패턴으로, 또는 우연히 알게 된 여성과 하룻밤을 지내는 경우도 B형 남성에게는 흔한 행동이다. 애인에게는 의외로 충실함을 다하는 스타일이고, 생일에는 선물을 보내거나 이곳저곳 데이트를 가거나 한다.

■ B형의 여성

B형 여성의 사랑은 본능적이고 처음 본 그날부터 사랑에 빠져 버리는 일이 이상하지만은 않다. 좋다고 생각한 그 순간부터 상대의 생각이 머릿속에서 떠나지 않고 사랑의 정열에 시달리게 된다. 첫눈에 반하는 횟수도 많아서 상대의 남성이 어떤 사람인가를 잘 알지도 못한 채 사랑하기 때문에 때로는 말도 안 되는 불성실한 남성에게 끌릴 때도 적지 않다.

상대에 대한 마음이 깊어지면 바로 사랑을 털어놓는 편이고 세심한 작전을 짜는 신중함이 없다. 일방적으로 상대의 기분을 강요하기 때문에 접근에 실패하는 일도 적지 않다. 단 회복이 빠르기 때문에 기죽지 않고 새로운 도전을 해나가는 용감함도 있다.

교제 중에는 의외로 태도가 간단 명쾌하고 친구 감정의 가벼운 관계를 만들려고 한다. 또 한 사람의 남성에게 묶여 있는 것도 괴롭기 때문에 애인이 있어도 다른 사람을 곁눈질하는 바람기가 있다.

■ O형의 남성

O형 남성은 좋아하는 여성에게는 의외로 한 번에 푹 빠져 버린다. 지배욕이 강하기 때문에 어찌 됐든 상대가 뒤돌아봐줄 때까지 이런저런 방법을 사용해서 노력한다. 사랑하기 시작해서 사랑의 결실을 맺을 때까지의 과정에서 일어나는 여러 가지 드라마에 자기 멋대로 취해 버리는 경향이 있다. 남성이면서도 로맨틱한 연애를 원한다. 그러나 상대가 자신의 여자가 되면 지금까지의 진심으로 충실했던 면이 어디론가 가버리는 상태가 되는 경우도 있다. O형 남성은 남자다운 스타일이 많고 여자를 좋아하기 때문에 여성을 다루는 것은 능숙한 편이다. 교제하면서 부드럽게 사랑을 속삭여줄 때는 별로 없으나, 반한 여자에 대해서는 최후까지 지켜주는 정의감은 강하다. 또한 O형의 남성은 젊었을 때는 연상의 여성을 좋아하는 편이다. 결혼 후에는 가정을 소중하게 생각하는 편이다.

■ O형의 여성

의외로 연애에 관해서는 자유분방하지만 멋대로 행동하지는 않는다. O형은 성격적으로 조금은 보수적인 면도 있으므로 어느 정도 구분을 짓고 사랑을 하려고 한다. 사랑의 시작은 정열적이며, 좋아지면 상대를 깊은 애정으로 사랑하고 한결 같다. 접근도 적극적이고 정말 좋아한다면 직선적으로 자기 기분을 표현하기도 한다. 되는 대로 접근하는 것이 아니라 확실히 작전을 세우고 시작한다. 정열적으로 애정이 깊은 만큼, 독점력도 강하고 애인의 바람기는 절대로 용서 못하는 타입이다. 또한 남을 도와주는 것이 좋아서 교제를 시작하면 애인이 될 때까지 모든 일에 정성을 다한다. 그런 O형 여성을 처음에는 좋게 느끼는 애인도 교제기간이 길어짐에 따라서 점점 불쾌하게 느끼게 될 수도 있다.

또한 로맨틱한 사랑을 원하고, 특히 10대의 젊은 시절에는 달콤한 사랑을 상상한 나머지 현실의 사랑에 직면했을 때 실망하기도 한다. 그렇다고 해도 O형 여성은 연애하면서 매력이 다듬어지고 여자로서 성장해 나가는 사람이다. 나이가 들면서 연애능력도 뛰어나 성인의 진정한 사랑을 맛볼 수 있게 된다. 결혼 전에는 다양하게 사랑을 경험하지만 인생의 파트너가 될 남성이 나타나면 그 사람에게 자신의 인생을 전부 맡기려 한다.

■ AB형의 남성

AB형 남성은 기본적으로 가늘고 길게 사랑을 해나가길 바란다. 그러기 위해서는 정열적인 이미지는 없고, 온화한 애정을 가슴속 깊이 감춰 두고 있다. 서로가 대등한 입장에서 교제하는 것을 바라고, 자립한 어른끼리의 사랑을 이상으로 하고 있다. 좋아하는 여성에게는 부드럽게 대하고, 점점 상대가 자기를 좋아하게 하는 것이 능숙하다.

강력한 임팩트를 상대에게 남기는 것을 아주 잘한다고 생각한다. 교제 중에는 애인과 여러 가지 대화를 나눠서 정신적인 유대를 돈독히 하려 한다. 단, 귀찮은 일은 싫기 때문에 상대의 불만에 귀 기울이지 않는 경향이 강하다. 여성 쪽에서 보면, 가장 중요한 때에 냉정한 AB형에 대해, “이대로 교제를 계속해도 괜찮을까”라는 생각이 들 때도 있다.

애인에게 본심을 말하는 데까지는 시간을 끄는 편이다. 신중하게 정말로 사랑하는 여성이 아닌 이상, 자신의 모든 것을 전부다 내보이는 일은 하지 않는다. 사랑에 깊이 빠져들지 않는 만큼, 실연의 아픔도 적다. 속을 뒤집어보면 마음이 무르고, 사랑에 의한 상처를 받는 것을 두려워한다.

■ AB형의 여성

AB형 여성은 불타는 사랑의 정열은 부족한 타입이다. 강한 사랑의 충동을 느껴 사랑에 빠지는 경우는 결코 없다. 좋아지면 좋아하는 만큼 상대를 생각하고 사랑을 즐기지만, 모든 것을 다 잊고 사랑에 몰두하는 일은 없고, 사랑을 하고 있는 자신을 객관적으로 관찰한다. 또한 멋스러운 성인의 사랑을 원하며 무드를 중요시하는 사람이다. 좋아하는 남성도 그 나름대로 멋쟁이이고 머리가 좋고, 뭔가 남보다 특별히 빛나는 사람을 원한다.

물질적인 것보다 마음의 정을 중요시한다. 사랑의 시작은 천천히 하고 점차적으로 상대의 매력에 이끌려 가는 타입이다. 단, 의외로 사랑에 대해서는 겁이 많기 때문에 적극적으로 접근해서 대담한 자신의 기분을 전하려 하지 않는다. 오히려 좋아하는 사람과 아무렇지도 않게 교류를 시작하고 점점 교제로 발전하기를 원한다.

출처 : ‘혈액형에 따른 성격’

연/습/문/제

01. 가치관의 정의에 대해 알아보자.

02. 가치관의 중요성에 대해 이야기해 보자.

03. 가치관의 성격에 대해 알아보자.

04. 가치관의 유형에 대해 알아보자.

05. 가치관의 발전단계에 대해 알아보자.

06. 윌슨의 가치관 변화의 내용에 대해 알아보자.

07. 탈현대 사회의 가치관의 변화 내용에 대해 알아보자.

08. 가치관 형성에 영향을 미치는 요인에 대해 알아보자.

Chapter 04

퍼스낼리티

제 1 절

퍼스낼리티의 의의

개인을 이해하기 위해서는 그 사람의 나이, 학력, 출신배경, 과거의 경력 등에 의존하지만 무엇보다도 그 사람의 퍼스낼리티를 가장 중요시한다. 퍼스낼리티란 어떠한 주어진 상황에서 그가 어떠한 행동을 할 것인가를 예상하게 하는 것이다. 퍼스낼리티를 우리는 성격이라고 한다.

퍼스낼리티는 개인의 타고난 선천적 요인과 일상생활에서 학습을 통하여 형성된 후천적 요인으로 구성되어 있다. 그중에서 후천적 퍼스낼리티는 일상생활과 조직체 생활을 통하여 많이 영향을 받는다.

1. 퍼스낼리티의 개념

퍼스낼리티(personality)는 '꿰뚫어 말함(to speak through)'을 의미하는 라틴어의 'persona'에서 유래되었다. 이 뻬르조나는 고대 로마극에 출연한 연극배우가 쓰던 마스크를 의미하는 말이다. 배우들은 극중의 역할에 알맞은 마스크를 착용하여야 하고, 일정한 마스크를 쓴 배우는 그 마스크가 기대하는 역할에 맞는 행동을 해야 한다.

한 개인의 퍼스낼리티는 유전적 요인과 외적 환경요인의 결합에 의해 형성된 상대적으로 안정된 일련의 특성(characteristics), 성향(tendencies), 기질(temperaments)

을 의미한다. 이들 요인들에 의해서 개인행동의 유사성과 차이성이 결정된다.

퍼스낼리티에 대한 학자들의 정의를 살펴보면 다음과 같다.

▷ 고든(J. R. Gordon)

퍼스낼리티란 동인, 감정, 가치관, 태도, 적성 등을 포함하는 차이가 있는 일련의 개인적 특성으로 정의하였다.

▷ 알포트(G. W. Allport)

퍼스낼리티는 개인의 심리적 체계 내에 존재하는 역동적인 조직으로 개인으로 하여금 환경에 독특한 방법으로 적응하도록 하는 총체적 특성으로 정의하였다.

▷ 로빈스(S. P. Robbins)

퍼스낼리티란 비교적 장기적으로 일관되게 행동양식을 결정해 주는 한 개인의 독특한 심리적 자질들의 총체로 정의하였다.

이상의 정의를 종합해 보면 퍼스낼리티는 인간행위의 구성과정을 하나로 묶는 심리적 전인체계로 한 개인의 전체적 심리체계의 성장과 발전을 의미하는 동태적 개념이다.

따라서 퍼스낼리티는 개인을 타인과 구별하게 하는 독특하고 안정된 개인적인 특성과 심리체계라고 할 수 있다.

2. 퍼스낼리티의 특성

퍼스낼리티의 개념 정의에서 살펴본 바와 같이 퍼스낼리티는 다음과 같은 특성을 포괄하고 있다.

(1) 총체성

퍼스낼리티는 인간의 행동을 결정하는 심리적 요소들이 상호작용하는 관련성 있는 전체이다. 한 개인의 심리과정의 단면이 아니라 포괄적인 총체이다. 즉, 퍼스낼리티는 타인과 구분되는 특성의 총합체이다.

예를 들어 가치관·태도·지각 등은 단면적인 심리상태로서 맞추기용 조각그림에서 보면 하나의 단면인 데 비해 퍼스낼리티는 조각그림을 맞추어 놓은 완전한 그림에 비유할 수 있다.

(2) 안정성

퍼스낼리티는 장기적으로는 변화될 수 있지만 단기간에 변하지 않는 안정성을 가지고 있다. 따라서 퍼스낼리티는 표면상으로는 관찰이 가능하고 측정할 수 있으며, 어느 정도 안정되고 일정한 패턴을 형성하고 있다.

물론 퍼스낼리티는 학습이나 외부환경에 변화에 의해 변화되기도 하지만 순간적으로 이랬다 저랬다 하지는 않는다.

(3) 독특성

퍼스낼리티에서 가장 중요한 것이 독특성인데, 퍼스낼리티는 한 개인의 독특한 개성을 나타낸다. 이런 속성 때문에 우리는 타인과 구분되어진다.

제 2 절 퍼스낼리티의 결정요인

퍼스낼리티를 결정하는 요인이 무엇인지는 명확하지 않다. 그러나 퍼스낼리티는 선천적인 유전요인과 후천적인 환경의 영향을 받아 형성된다고 할 수 있다.

최근 제3의 요소인 상황요인에 대한 관심이 높아지고 있는데 일반적으로 퍼스낼리티란 유전과 환경의 산물로 생산되어지며 이는 상황적 조건에 의해 조절되는 것으로 인식하고 있다.

따라서 퍼스낼리티를 결정하는 요인을 유전적 요인, 문화적 요인, 사회적 요인,

그림 4-1 퍼스낼리티의 결정요인

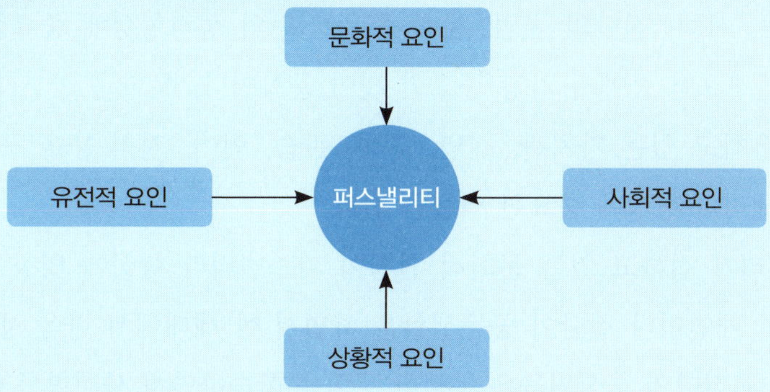

상황적 요인으로 분류하여 설명하고자 한다. 퍼스낼리티를 결정하는 주요 요인들을 그림으로 나타내면 [그림 4-1]과 같다.

1. 유전적 요인

유전적 요인은 신체적 특성을 가리키며 키·얼굴생김새·피부색깔·성질·체력·감각적 특성 등은 부모에 의해서 영향을 받는다고 한다.

우리는 흔히 하는 말로 '부전자전'이나 '그 부모에 그 자식'이라는 말을 자주하는데 성격이나 신체적 특성인 신장, 생김새, 피부색깔, 감각적 특성 등 생리적 조건들은 유전적 요인이 영향을 미치고 있음을 알 수 있다. 이처럼 성격형성에 유전적인 요인의 고려는 유전이 작용하는 형식인 신체구조와의 관계, 신체와 생화학적인 조건과 호르몬의 조건 등에서 출발한다.

유전론자들은 신체적 구조와 관련된 여러 특성이 유전되면 그와 더불어 정신적 영역이나 차원에서도 유전에 의한 공통적인 측면들이 발견될 수 있다는 것이다.

그러나 이와 같은 유전학자들이 주장하는 것을 모두 수용하는 데 무리가 있다. 왜냐하면 퍼스낼리티 자체가 완전히 유전에 의해서만 결정된다면 한번 형성된 성격은 고정되어 어떤 환경이나 상황에서도 변화될 수 없기 때문이다.

2. 문화적 요인

가족, 친구, 사회, 집단의 규범, 문화 등은 인간의 성격형성에 중요한 역할을 한다. 이러한 환경요인 중에서 가장 중요한 것이 문화이다. 문화는 한 사회나 조직 구성원들이 공유하고 있는 가치관, 신념, 규범, 관습, 언어, 지식 등을 포함하는 개념으로서 퍼스낼리티 형성에 중요한 역할을 한다.

따라서 우리가 접하고 있는 문화적 환경이 퍼스낼리티 형성에 영향을 미치게 된다. 문화는 한 개인이나 집단이 공동생활을 하면서 한 세대에서 다음 세대로 전승되어 같은 사회나 집단의 구성원들은 동일한 문화를 학습하면서 사회화를 이루어 간다.

이처럼 사회화 과정을 통하여 공통성이 있는 퍼스낼리티를 형성하게 되며, 이때 문화는 한 사회나 집단이 지니고 있는 퍼스낼리티는 다른 사회나 집단의 퍼스낼리티와 구별시켜주는 독특성을 가지게 된다.

그러나 문화가 퍼스낼리티에 중요한 역할을 하는 것은 분명하지만 같은 문화권이라도 사회경제적 계층, 연령, 인종, 지역 등에 따라 수많은 하위문화가 존재하기 때문에 전체적으로는 퍼스낼리티가 서로 다르게 형성될 수 있다.

3. 사회적 요인

문화적 요인과 함께 퍼스낼리티 형성에 중요한 영향을 미치는 환경요소가 바로 사회적 요인이다. 가정환경으로서 가족 구성원 수, 부모의 영향, 형제간의 관계, 출생순서, 가족의 경제력, 가족 분위기, 관계되는 사람 등의 사회적 환경이 인간의 퍼스낼리티 형성에 주요한 요인이 되고 있다. 그중에서도 구성원의 퍼스낼리티 형성에 가장 크게 영향을 미치는 것은 가족관계인데, 특히, 부모는 초기의 퍼스낼리티를 형성하는데 동일화 과정에서 가장 중요한 역할을 한다. 이러한 동일화 과정을 3가지 관점에서 살펴볼 수 있다.

1. 동일화는 아이와 모델 간의 행동(감정, 태도 포함)의 유사성으로 볼 수 있다.
2. 동일화는 모델과 같게 되려는 아이들의 동기나 욕구로 볼 수 있다.
3. 동일화는 아이들이 실제로 모델의 속성을 닮아가는 과정으로 볼 수 있다.

이러한 동일화 과정도 성격발달 과정을 이해하기 위한 기초단계라 할 수 있다. 그러나 실증연구에 의하면 부모 자체보다 가족의 분위기와 같은 가정환경이 퍼스낼리티 발달에 중요한 영향을 주는 것으로 나타났다.

4. 상황적 요인

한 개인의 퍼스낼리티는 안정적이고 지속적이기는 하지만 그러나 상황에 따라 변한다. 상황마다 상이한 요구는 한 개인의 상이한 측면을 드러나게 하는 것이다. 그러므로 사람은 이질적인 상황에 접하게 되면 상황과 상호작용에 의해서 본래의 자기와 전혀 다른 새로운 측면을 드러내기도 한다.

이와 같이 개인의 퍼스낼리티는 유전적 요인과 문화적 요인, 사회적 요인에 의해 결정되며 또한 개인이 직면하는 상황적 요인에 의해서 조절된다고 볼 수 있다. 따라서 퍼스낼리티의 형성은 상황을 무시하고 성격을 파악할 수 없다는 사실이다.

쉼터

별자리와 성격

■ 물고기자리

물고기자리는 친절하고 타인에 대해 관심을 기울이며 아주 동정적이다. 그는 상상력이 풍부하며 예술가적인 기질을 가지고 있다. 그리고 상대방을 감미로운 환상 속으로 인도한다. 반면에 그는 위선적이고 불성실하며, 수동적이다. 정신적으로 덜 성숙된 물고기자리는 약물, 술, 섹스 등을 통해 현실 도피한다. 약간 즉흥적이기도 하다.

■ 전갈자리

전갈자리는 어린 나이에도 믿음직한 느낌을 준다. 실제로 모든 위기 상황에서 의지가 될 수 있는 자리다. 상대방의 입장에 대해 진심으로 관심을 가져주며 뛰어난 통찰력으로 상대방의 상황을 이해한다. 또한 야망을 지니고 있고 대단히 지적인 사람이다. 하지만 소유욕이 강하여 질투가 심하고 통제력을 잃으면 엄청난 일을 저지를 수도 있다.

■ 처녀자리

사자자리 동쪽에 있는 황도의 별자리로 추분일 때 태양의 위치가 이곳에 오는 것으로 유명하다. 처녀좌의 수호성은 "지성과 지혜" 그리고 "지도와 교수"를 관장하는 "수성"이다.

성격으로는 만물이 약동하여 풍부한 결실을 맺어가는 입추의 계절에 비유되며 완벽한 준비력과 벌레의 울음소리와 같은 민감하고 섬세한 감수성을 갖고 있다. 강한 자의식을 가지고 있으며, 예리한 비판력과 민감한 신경의 소유자로 분별과 질서가 생활신조로 한다. 한번 마음먹은 일에는 쉽게 양보하지 않으며 남에게 지기 싫어하고 자존심이 강해 깊은 우정을 나눌 사람이 적다. 냉정하고 이지적이지만 작은 일에도 잔소리가 많은 섬세한 신경의 소유자로 히스테릭한 면이 많다.

처녀자리 남성은 독립심이 강하고 능동적인 강한 신념의 소유자로 아무리 어려운 난관에 부딪치더라도 해결해 나갈 능력이 있다.

처녀자리 여성은 겉으로 보기에도 내면도 모두 순정파인 영원한 소녀처럼 보이며, 잠자는 공주에 비유되며, 직선적인 표현과 강한 비판정신 때문에 상대방에게 상처를 주는 경향이 있다.

■ 사자자리

사자 자리황도의 12별자리를 대표하는 것으로서, 마치 사자가 서쪽을 향하여 우는 모양으로 보인다. 사자자리의 수호성은 "뜨거운 정열"과 "젊음"을 관장하는 "태양"이다.

명쾌한 성격과 뜨거운 열정을 가진 사자자리의 사람은 언제나 명랑하며 남의 관심 대상이 되는 것을 좋아한다. 천성의 순진함으로 때로는 자기만족에 빠지거나, 허영에 찬 사교 세계에 젖어들 위험성이 있다. 그러나 자기의 성격을 누르고 열심히 노력한다면 의지의 강도에 따라 어떤 곤란한 난관도 밀어 붙이고 목적을 향해 매진할 수 있으며 사람들로부터 압도적인 인기를 얻을 수 있다.

사자자리 남성의 경우 강한 자신감과 곤란을 극복하는 끈기 그리고 자신의 생각만이 절대적이라고 믿는 강한 개성의 소유자이다. 불가능이 없다는 신념을 갖고 있으므로 어떠한 난관에 부딪치더라도 포기하기보다는 의연히 해쳐나가게 된다.

사자자리 여성의 경우는 밝은 양기를 가지고 있고 주변은 번화하고 흥청거리는 분위기가 조성된다. 칭찬하는 말에는 터무니없이 약하고, 바로 우쭐대는 기분이 되어 버린다.

출처 : 별자리와 성격

제 3 절
퍼스낼리티에 관한 이론

퍼스낼리티 이론에는 퍼스낼리티가 어떻게 결정되는가에 대한 이론과 퍼스낼리티에는 어떤 유형이 있는가에 대한 이론 등 다양하다.

퍼스낼리티 이론에는 정신분석이론(psychoanalytic approach), 특성이론(trait approach), 성격유형이론 등이 있다.

1. 정신분석이론

프로이트(S. Freud)는 인간의 자아는 원초아(id), 자아(ego), 초자아(super-ego)로 구성되어 있으며, 이들 3요소는 상호간에 에너지를 교환한다고 보았다. 이들 3요소는 상호간에 갈등적이거나 협력적인 관계에 있는데, 이들 간의 상호작용과정을 퍼스낼리티로 보았다.

(1) 원초아(id) : 쾌락주의

원초아는 쾌락을 추구하는 무의식적 본능적 동기로 쾌락을 극대화하고 고통을 극소화하기 위해 노력하는 에너지 원천이다. 이것은 가장 원초적이고 무의식 세계의 핵으로서 비합리적이고 적흥적인 성질을 가진 요소이다. 이것은 개인이 성장하면서 어느 정도 통제가 가능하다.

(2) 자아(ego) : 현실주의

자아는 지성과 이성으로 현실을 추구하는 이해 관계적 동기이며 현실 지향적이며 현실 적응원칙에 의해 지배하게 된다. 이성과 합리성이 지배하는 영역이기 때문에 원초아처럼 저돌적이지 않고 욕망의 충족을 제어하여 현실에 실리적으로 적응한다.

자아는 쾌락원리가 지배하는 원초아와 이상의 원리가 지배하는 초자아 사이를 조정하는 역할을 한다. 자아가 원초아와 초자아를 잘 조정할 경우 매우 균형 잡힌 퍼스낼리티가 형성될 수 있다.

(3) 초자아(super-ego) : 양심

초자아는 사회적 동기이며, 이상 원리와 도덕원리에 지배되는 자아의 한 부분이다. 이것은 자아의 옳고 그름을 판단하는 무의식적 감시 메커니즘이다.

초자아에는 2가지 측면이 있는데, 도덕적 초자아와 이상적 초자아가 있다. 도덕적 초자아는 부모나 어른 또는 사회가 개인에게 해서는 안 되는 것, 나쁜 행동을 억제하는 성질의 것 등이 해당되고, 이상적 초자아는 해야 할 것, 좋은 것을 추구하려는 이상을 실현하려는 특질을 말한다.

프로이트는 성적·공격적인 본능으로 이루어진 원초아와 도덕적 윤리적인 이상과 양심으로 구성된 초자아는 끊임없는 갈등상태에 있게 되며, 자아가 이를 조정하는 역할을 한다고 한다. 그리고 모든 개인은 이러한 3가지 요소를 모두 포함하고 있지만 각각 서로 다른 구성 비율을 갖고 있기 때문에 각자의 성격이 다르게 나타난다고 보고 있다. 이와 같이 이들 3가지 요소의 구성 비율에 따라 3가지 유형의 성격을 나타낼 수 있다.

1. 본능적이고 충동적인 유형의 사람(원초아 비중이 높다)
2. 현실적이고 조화로운 유형의 사람(자아의 비중이 높다)
3. 도덕적이고 이상적인 유형의 사람(초자아의 비중이 높다)

2. 특성이론

특성이론(trait theory)은 인간의 성격이 독특한 특성으로 구성되어 있으며 그 구조가 개인의 행위를 결정한다고 보는 이론이다. 일반적으로 수줍거나, 게으르거나, 소심하거나, 적극적이거나, 순종적이거나, 우직하거나 등과 같이 여러 가지 상황에서 나타나는 사람의 행동에 관한 특성을 말한다. 이런 특성은 어떤 개인의 사고나 행동에 있어서 일관성을 갖게 하고 다른 사람과 구별되는 독특성을 지니게 된다.

그러나 이러한 특성의 수가 많기 때문에 개인 간 차이가 나는 기본적인 특성차원을 파악하기 어렵다.

카텔(R. B. Cattell)은 〈표 4-1〉과 같이 성격을 16가지의 성격차원으로 구성된다

표 4-1 16가지 성격 특성

1. 내성적이다	⟷	개방적이다
2. 비지적이다	⟷	지적이다
3. 감정적이다	⟷	정서적으로 안정되어 있다
4. 복종적이다	⟷	지배적이다
5. 심각하다	⟷	낙천적이다
6. 수단적이다	⟷	양심적이다
7. 소심하다	⟷	모험적이다
8. 집념이 강하다	⟷	민감하다
9. 신뢰적이다	⟷	의심이 많다
10. 실질적이다	⟷	상상적이다
11. 솔직하다	⟷	약삭빠르다
12. 자신감이 있다	⟷	걱정이 많다
13. 보수적이다	⟷	진보적이다
14. 의존적이다	⟷	독립적이다
15. 통제된다	⟷	통제되지 않는다
16. 이완되어 있다	⟷	긴장하고 있다

고 주장하고, 이들 기본특질(source traits)의 다양한 조합이 수많은 독특한 성격을 만들어내게 되며, 개인의 행동의 원천이 된다고 보았다.

3. 성격유형이론

성격유형이론은 특성이론을 확장한 것으로 특정한 구체적인 특성을 살펴보는 대신에 하나의 범주에 묶을 수 있는 성질들을 집단화시킨 것이다.

대표적인 성격유형이론에는 융(C. G. Jung)의 성격유형이론, 로터(J. B. Rotter)의 내재론자와 외재론자, A형·B형 성격, 셸던(W. H. Sheldon)의 성격유형이론 등이 있다.

(1) 융의 성격유형이론

스위스의 정신분석학자인 융(C. G. Jung)은 리비도(Libido)를 심적 에너지라 하고, 이 리비도가 외부로 향하여 유기체가 외부 사물에 관심을 가지고 적극적으로 작용하여 사고, 감정, 행동 등이 외부로 향하면 외향성이 되며, 리비도 자체가 유기체 내부로 향하여 내적 세계에 유기체의 관심이 작용하게 되면 내향성이 된다고 하였다.

내향적인 사람은 주관적인 세계에 대한 집착이 강하고, 자신의 내면적인 세계를 좋아하고 사회적인 접촉이나 교제를 피하고 고독을 즐기는 편이다.

반대로 외향적인 사람은 외부 세계 지향적이고 다정다감하며 교제를 즐기고 고독을 싫어한다. 대체로 공격적이고 자신의 감정이나 생각을 널리 표현한다.

그러나 대부분의 사람들은 2가지 면을 공유하고 있으며 어느 한쪽 극단에 치우친 경우는 극히 드물다. 다만 어느 쪽이 더 우세한가에 따라 내향성 또는 외향성이 나타나게 된다.

대체적으로 보면 반복적인 과업을 수행하거나 감각적 자극을 거의 제공하지 못하는 환경에서 수행되는 과업에서는 내향적인 사람이 일을 더 잘하고, 외향적인 사람은 필요한 자극을 얻기 위해 과업과 관련이 없는 행동에 눈을 돌리기 쉽기 때문에 감각적 자극이 넘치는 환경에서 수행되는 과업에 보다 나은 성과가 나타내게 된다.

그리고 내향적인 사람이 외향적인 사람보다 근속년수가 길고, 무단결근이나 지각이 적으며, 직무에 보다 잘 적응한다고 한다.

융은 성격특성의 차이를 줄여서 내향적 – 외향적인 특성과 뉴로티시즘(neuroticism)의 고저에 따라 〈표 7 – 2〉와 같이 4가지 유형으로 구분할 수 있게 되었다.

표 4-2 성격의 4가지 유형

구분	뉴로티시즘(고)	뉴로티시즘(저)
외향적	긴장되어 있고, 흥분하기 쉽고, 불안정하며, 따뜻하며 사교적이고 의존적이다.	침착하며, 믿음직하고 신뢰성이 있으며, 적응성이 높고, 따뜻하며 사교적이고 의존적이다.
내향적	긴장되어 있고, 흥분하기 쉽고, 불안정하고, 차갑고, 부끄러움을 잘 탄다.	침착하고 믿음직하고 신뢰성이 있으며 적응성이 높고, 냉정하며 차갑고, 부끄러움을 잘 탄다.

참고 뉴로티시즘(neuroticism)

정서적 불안정, 환경으로부터 주어지는 스트레스에 대한 감수성, 죄책감, 불안감, 피로감, 건강에 대한 걱정, 긴장의 경험 등의 의미를 내포하는 폭넓은 인성 특성으로서 근원은 생화학적, 유전적, 생리적 요인이나 환경으로부터 주어지는 스트레스가 원인이 된다.

심터

MBTI

MBTI(The Myers-Briggs Type Indicator)는 일상생활에 활용할 수 있도록 고안된 자기보고식 성격유형지표로 융(C.G. Jung)의 심리유형론을 근거로 하는 심리검사이다. 마이어브릭스 성격진단 또는 성격유형지표라고도 한다. 1921~1975년에 브릭스(Katharine Cook Briggs)와 마이어(Isabel Briggs Myers) 모녀에 의해 개발되었다.

개인이 쉽게 응답할 수 있는 자기보고 문항을 통해 각자가 인식하고 판단할 때 선호하는 경향을 찾아낸 뒤, 그 경향들이 행동에 어떤 영향을 끼치는가를 파악하여 실생활에 응용한다.

우리나라에는 1990년에 도입되었으며 성격에는 16개의 유형이 있는데 외향형과 내향형, 감각형과 직관형, 사고형과 감정형, 판단형과 인식형 등 4가지의 분리된 선호경향으로 구성된다. 선호경향은 교육이나 환경의 영향을 받기 이전에 잠재되어 있는 선천적 심리경향을 말하며, 각 개인은 자신의 기질과 성향에 따라 각각 4가지의 한쪽 성향을 띠게 된다.

■ MBTI 4가지 선호지표의 대표적인 표현들

지표	선호경향	주요활동
외향 – 내향	에너지의 방향은 어느 쪽인가?	주의초점
감각 – 직관	무엇을 인식하는가?	인식기능
사고 – 감정	어떻게 결정하는가?	판단기능
판단 – 인식	체택하는 생활양식은 무엇인가?	생활양식

■ MBTI 4가지 선호지표

외향성(Extraversion)	내향성(Introversion)
폭넓은 대인관계를 유지하며 사교적이며 정열적이고 활동적이다. • 자기 외부에 주의집중 • 외부 활동과 적극성 • 정열적, 활동적 • 말로 표현 • 경험한 다음에 이해 • 쉽게 알려짐	깊이 있는 대인관계를 유지하며 조용하고 신중하며 이해한 다음에 경험한다. • 자기내부에 주의집중 • 내부 활동과 집중력 • 조용하고 신중 • 글로 표현 • 이해한 다음에 경험 • 서서히 알려짐
감각형(Sensing)	**직관형(Intuition)**
오감에 의존하며 실제의 경험을 중시하며 지금, 현재에 초점을 맞추고 정확, 철저하게 일처리한다. • 지금, 현재에 초점 • 실제의 경험 • 정확, 철저한 일처리	'육감' 내지는 영감에 의존하며 미래지향적이고 가능성과 의미를 추구하며 신속, 비약적으로 일처리한다. • 미래 가능성에 초점 • 아이디어 • 신속 비약적인 일처리

• 사실적 사건묘사 • 나무를 보려는 경향 • 가꾸고 추수함	• 비유적, 암시적 묘사 • 숲을 보려는 경향 • 씨뿌림
사고형(Thinking)	**감정형(Feeling)**
진실과 사실에 주된 관심을 갖고 논리적이고 분석적이며 객관적으로 판단한다. • 진실, 사실에 주된 관심 • 원리와 원칙 • 논리적, 분석적 • 맞다, 틀리다 • 규범, 기준 중시 • 지적 논평	사람과 관계에 주된 관심을 갖고 상황적이며 정상을 참작한 설명을 한다. • 사람, 관계에 주된 관심 • 의미와 영향 • 상황적, 포괄적 • 좋다, 나쁘다 • 나에게 주는 의미 중시 • 우호적 협조
판단형(Judging)	**인식형(Perceiving)**
분명한 목적과 방향이 있으며 기한을 엄수하고 철저히 사전 계획하고 체계적이다. • 정리 정돈과 계획 • 의지적 추진 • 신속한 결론 • 통제와 조정 • 분명한 목적의식과 방향감각 • 뚜렷한 기준과 자기 의사	목적과 방향은 변화가능하고 상황에 따라 일정이 달라지며 자율적이고 융통성이 있다. • 상황에 맞추는 개방성 • 이해로 수용 • 유유자적한 과정 • 융통과 적응 • 목적과 방향은 변화할 수 있다는 개방성 • 재량에 따라 처리될 수 있는 포용성

■ 16가지 대표적 유형의 예

ISTJ 세상의 소금형	ISFJ 임금 뒷편의 권력형	INFJ 예언자형	INTJ 과학자형
한번 시작한 일은 끝까지 해내는 사람들	성실하고 온화하며 협조를 잘하는 사람들	사람과 관련된 뛰어난 통찰력을 가지고 있는 사람들	전체적인 부분을 조합하여 비전을 제시하는 사람들
ISTP 백과사전형	**ISFP 성인군자형**	**INFP 잔다르크형**	**INTP 아이디어 뱅크형**
논리적이고 뛰어난 상황 적응력을 가지고 있는 사람들	따뜻한 감성을 가지고 있는 겸손한 사람들	이상적인 세상을 만들어 가는 사람들	비평적인 관점을 가지고 있는 뛰어난 전략가들
ESTP 수완좋은 활동가형	**ESFP 사교적인 유형**	**ENFP 스파크형**	**ENTP 발명가형**
친구, 운동, 음식 등 다양한 활동을 선호하는 사람들	분위기를 고조시키는 우호적 사람들	열정적으로 새로운 관계를 만드는 사람들	풍부한 상상력을 가지고 새로운 것에 도전하는 사람들
ESTJ 사업가형	**ESFJ 친선도모형**	**ENFJ 언변능숙형**	**ENTJ 지도자형**
사무적, 실용적, 현실적으로 일을 많이 하는 사람들	친절과 현실감을 바탕으로 타인에게 봉사하는 사람들	타인의 성장을 도모하고 협동하는 사람들	비전을 가지고 사람들을 활력적으로 이끌어가는 사람들

(2) 내재론자와 외재론자

로터(J. B. Rotter)는 통제의 위치가 어느 쪽에 위치하고 있느냐에 따라 사람의 성격을 내재론자와 외재론자로 구분하였다. 통제위치란 어떤 개인이 자기의 삶에서 얻은 결과에 대하여 자신이 얼마나 영향을 미칠 수 있다고 믿는지를 측정하는 개념이다.

먼저 내재론자는 자신의 운명은 자기 행동에 의해서 결정된다고 믿는다. 일상생활에서 당면하는 상황을 자신이 통제할 수 있다고 생각한다. 따라서 이런 사람의 통제 위치는 자기 자신에게 있다.

표 4-3 나의 통제위치는 어디에?

※ 다음 각 문항의 A와 B 중에서 더 동의하는 것을 반드시 하나씩 택해서 ✓하시오.

1	A	돈이 사람을 따라야 되니 기회를 잘 만나야 돈을 벌 수 있다.
	B	승진은 거저 되는 것이 아니라 열심히, 꾸준히 일해야 된다.
2	A	학점은 자신의 노력 여하에 달려 있다.
	B	학점은 내 노력보다는 교수에게 달려 있다.
3	A	결혼생활 성공 여부는 본인들의 노력 여하에 달려 있다.
	B	결혼은 어느 정도 도박이나 다름없다.
4	A	다른 사람의 태도를 바꾸기는 어렵다.
	B	내가 옳다고 생각하면 타인을 설득할 수 있다.
5	A	승진은 윗사람이나 옆 사람을 누구를 만나느냐에 달린 행운에 속한다.
	B	뭐니뭐니해도 역시 경제적 소득은 그의 능력 여하에 달렸다.
6	A	사람을 다루는 법을 잘 안다면 누구를 설득할 수 있다.
	B	타인의 행동에 나는 너무 힘이 약해서 영향력이 없다.
7	A	나의 성적은 내 노력의 결과이며 운도 존재하지 않는다.
	B	때때로 나의 성적에 내가 영향력이 별로 없다는 것을 깨닫는다.
8	A	나 같은 사람도 세상을 조금은 바꿀 수 있다.
	B	한 개인의 힘으로 사회를 변화시킨다는 것은 희망사항일 뿐이다.
9	A	내게 일어난 큰일들은 재수 없이 우연히 발생한 것들이었다.
	B	내 운명의 주인은 바로 나다.
10	A	사람들이 나를 따르게 하는 것도 훈련과 교육으로 어느 정도 가능하다.
	B	내가 남을 어떻게 해본다는 것은 생각조차 해보지 못했다.

합산점수	8점 이상	6~7점	5점	3~4점	1~2점
성격유형	높은 내부통제위치	약간 내부통제위치	중간	약간 외부통제위치	높은 외부통제위치

답 : 1(B), 2(A), 3(A), 4(B), 5(B), 6(A), 7(A), 8(A), 9(B), 10(A) 맞으면 각 1점씩

외재론자는 자기의 운명과 삶의 결과는 자신보다는 기회, 운명, 제도, 인물 등과 같은 외부요인들의 강력한 영향력에 의해 결정된다고 믿는다. 따라서 이런 사람은 통제 위치를 외부에 두고 있다.

이런 2가지 유형의 성격을 가진 사람은 직무수행에 있어 각기 다른 행동양상을 나타내고 성과도 차이를 보이고 있다. 내재론자는 외재론자에 비해 정보수집의 노력 및 유지, 이용에도 앞서고 승진과 출세도 빠르다. 그리고 자기통제를 잘하며, 조심스럽고, 위험이 낮은 일을 한다.

이에 반해 외재론자는 비교적 불안감을 많이 느끼고, 스트레스에 약하다. 그리고 독재적이고 구조화된 직무환경 속에서 일하는 것을 좋아하고 지시적인 리더십을 선호하는 경향이 있다.

(3) A형·B형 성격

프리드맨(M. Friedman)과 로젠맨(R. H. Rosenman)은 성격을 건강과 관련시켜 A형(A type)과 B형(B type)으로 나누었다. A형·B형의 성격분류와 이에 대한 연구는 의학계에서 혈압, 스트레스, 심장병과 같은 분야에서 시작되었는데 최근에는 조직행동론에서 적용되기 시작했다.

A형 성격은 참을성이 없고, 성취에 대한 갈망이 크며 완전주의의 성격으로서 다음과 같이 표현할 수 있다.

1. 항상 바쁘게 움직이며 빠르게 먹는다.
2. 일의 진행속도에 조바심을 내며, 타인을 서두르게 하며 기다리는 것을 싫어한다.
3. 언제나 무슨 일이라도 하고 있어야 불안하지 않다.
4. 적은 시간에 보다 많은 일을 하려는 계획을 세우고 한꺼번에 여러 일을 한다.
5. 삶을 즐길 시간을 갖지 않는다.

이에 반해 B형 성격은 느긋하고 모든 일에 태평하며 덜 경쟁적인 성격유형이다. 이런 A형과 B형을 직무수행과 관련시켜보면, 시간의 압력이나 여러 가지 상충되는 요구가 있다든지 과업이 독립적으로 수행될 경우에는 A형이 더 적합하고, 복잡한 판단이 요구되거나 속도보다 정확성이 요구되며 팀의 일원으로서 연구되는 과업일 경우에는 B형이 더 적합하다.

쉼터

스트레스와 성격

주변에 40대에 갑작스런 사망 소식을 자주 접하곤 한다. 신문에서는 '중년의 돌연사'라는 제목으로 중년 남성들의 건강을 걱정하고 있다. '모든 사람들이 즐겁게 웃는 것만 보고 싶다'던 그는 반대로 얼마나 많은 스트레스를 가지고 살았을까? '남을 웃기는 일'에 스스로는 얼마나 울었을까?

사람들이 지니고 있는 성격들은 다양한데 몇 가지 유형으로 나눠 보면 흥미 있다.

■ 야심형

이 유형은 성공과 성취에 대한 강한 욕망을 가진 사람이다.

■ 침착형

이 유형은 조용하고 평온하며 쉽게 흔들리거나 흥분하지 않는다.

■ 양심형

이 유형은 세심하고 꼼꼼한 사람이며, 자기에게 요구된 모든 일에 지나치게 관심을 갖는 형이다.

■ 비주장형

이 유형은 자기 의지나 권리를 주장하는 데 어려움이 있는 사람들이다.

■ 활동형

이 유형은 정력적이며 정서적으로 강인하며 성취 지향적이며 흥미 있는 삶을 살기를 원하는 형이다.'

■ 불안형

이 유형은 말 그대로 언제 일어날지도 모르는 불운을 미리 염려하기 때문에 늘 불안과 긴장을 느끼는 사람들이다. 이들 성격에 따라 스트레스에 대처하는 반응들이 다르다.

1959년 미국의 심장전문의인 프리드만과 로젠만은 심장 관상동맥의 경화증이 자주 오는 사람들의 특성이 뭔가 남다르다는 사실에 흥미를 느끼고 있었다. 당시 심장병을 전문으로 치료하는 그들 병원의 소파는 가장자리만 닳아 있었다. 항상 초조하고 불안해서 안절부절 못하는 특성의 사람들이 소파에 진득이 앉아있지 못하고, 앉아서도 계속 손을 움직이므로 가장자리만 닳았던 것이다. 두 사람은 이런 성격적 특성이 심장병과 관련이 있을 것이란 믿음을 갖고 연구를 했다.

그 결과, 지극히 경쟁적이고, 성취 지향적이고, 급하게 서두르고, 야심만만하고, 편하게 쉬지를 못하고, 화를 참지 못하는 성격의 소유자들은 통계적으로 심장질환에 걸릴 확률이 높음을 알았다. 그래서 이런 형의 성격을 'A-유형 성격(Type-A behavior)'이라 이름을 붙였다. 이런 성격의 소유자들은 스트레스에 취약하고 스트레스를 받으면 스트레스 호르몬의 분비, 혈압의 상승 및 심장 박동의 증가 등 교감신경계가 훨씬 민감하게 흥분되는 것을 발견했다. 이들은 '야심형'에 속한다고 할 수 있겠다.

A-유형 성격인지를 간단히 알아보는 자기평가 질문지가 있다. 각 항목당 1점부터 4점까지 점수를 매겨 보자.

1. 나는 일이 느리게 진행됨을 참지 못한다.
2. 나는 줄을 서서 기다리는 것을 싫어한다.
3. 사람들은 내가 쉽게 흥분한다고 말한다.
4. 나는 일과 오락을 경쟁적으로 하려고 한다.
5. 잠시 쉬고 있을 때 죄의식을 갖는다.
6. 나는 대화에서 다른 사람들의 말을 가로 챈다.
7. 나는 쉽게 흥분하고 화를 낸다.
8. 시간을 정해 놓고 강박적으로 일을 한다.
9. 나의 일이 다른 사람에 의해 좌우되는 것을 싫어한다.
10. 나 자신을 몰아세우는 경향이 있다.

질문에 답한 숫자의 합이 24점 이상이면 A-유형 성격에 해당된다.

(4) 셀던의 성격유형이론

셀던(W. H. Sheldon)은 인간의 체형은 6살 정도면 이미 결정되며 체질의 구조도 출생 전에 벌써 어느 정도 결정된다고 한다. 그는 인간의 체형을 뚱보형, 표준형, 날씬형의 3가지로 구분하고 그 특성을 다음과 같이 요약했다.

1) 뚱보형(비만형)

비교적 키가 작고, 비만형 체형으로 이런 유형의 사람은 대체적으로 먹기 좋아하고, 반응이 느린 반면 비교적 다정다감하며 사교적이고 친구를 좋아한다.

2) 표준형(근육형)

이런 형은 골격, 근육조직이 발달되어 있고 피부는 두텁고 거칠다. 근육이 발달되어 있어 튼튼한 체형으로 보통 정력적이고 운동과 신체적인 활동을 즐긴다. 잠시도 쉴 줄 모르고 경쟁적이며 공격적이고 모험을 좋아한다.

3) 날씬형(쇠약형)

태어날 때부터 신체 표면의 감각기관, 신경계통 등이 잘 발달되어 있다. 신체는 직선적이고 복부보다 흉부가 더 발달되어 있다. 어깨는 좁고 근육의 융기는 없으며 머리의 크기에 비해 얼굴이 비교적 작다. 피부는 비교적 섬세하고 건조하며 주름살이 있으며 홀쭉하고 길고 허약체질의 모습을 보인다. 비사교적이며 다분히 신경질적이고 반응이 빠른 편이며 특히 고통에 대해서는 아주 민감하고 개인적인 비밀을 가지는 것을 즐긴다.

제 4 절 퍼스낼리티와 조직행동

개인의 퍼스낼리티에 대한 연구가 중요한 이유는 개인의 퍼스낼리티 연구를 통하여 조직 구성원의 행동을 이해하고 예측함으로써 개인특성과 직무의 적합관계를 유지 발전시키는 데 있다. 이러한 적합관계는 조직구성원의 근로생활의 질 향상과 조직유효성을 향상시킬 수 있기 때문이다.

1. 퍼스낼리티의 특성과 조직행동

퍼스낼리티의 특성에 따라 조직구성원의 행동을 설명, 예측해 보면 다음과 같다.

(1) 독재적 – 민주적

독재적 성격은 권한이나 규율에 대한 개인의 복종을 강요하고 지시적이며 통제적인 행동 성향을 의미한다. 이런 유형은 신속한 의사결정, 자기주장에 대한 확고한 신념을 갖고 있는 사람의 행동상의 특징이다.

반면 민주적 성격은 규율에 의한 복종보다는 자율을 강조하고 조직구성원의 참여를 중시하게 된다.

(2) 모호성에 대한 수용력

상황의 명확성과 모호성에 대한 반응도 개인차가 크다. 모호성에 대한 수용력이 조직 구성원의 행동과 성과에 영향을 미치게 된다.

어떤 사람은 모호성을 잘 받아들이지만, 어떤 사람들은 모호성을 잘 받아들이지 못하여 부정적인 결과를 초래하기도 한다.

(3) 친교욕구

친교욕구는 다른 사람과 즐거운 감정관계를 확립하고 유지하려는 욕구이다. 경영자는 성취욕구도 중요하지만 조직의 장기적인 조직목표 달성에 필요한 조직구조와 분위기를 발전시키려면 어느 정도의 친교에 대한 관심을 가져야 한다.

(4) 문제해결 스타일

퍼스낼리티의 특성 중 하나로 문제해결 방식을 들 수 있다. 이는 문제해결과 의사결정에 있어 한 사람이 정보를 수집하고 평가하는 방식을 말한다.

개인의 퍼스낼리티 유형에 맞는 직무를 우드만(R. W. Woodman) 등은 다음 〈표 4-4〉와 같이 제시하고 있다.

표 4-4 퍼스낼리티 유형에 적합한 직무

감각-사고형 (결단력·의존적·응용적임)	감각-감정형 (실용적·분석적·조직적임)	직관-사고형 (창의적·진보적·예민함)	직관-감정형 (카리스마적·참여적·인간지향적)
회계 생산 컴퓨터 프로그래밍 시장조사 엔지니어링	직접 감독 카운슬링 인적자원관리 교사 면접	시스템 디자인 시스템 분석 법률 중간·최고 경영자 기업, 경제 강의	PR 광고 판매 정치 고객서비스

2. 퍼스낼리티가 성과에 미치는 영향

홀랜드(J. L. Holland)는 '퍼스낼리티 – 직무적합이론'을 통해서 퍼스낼리티 유형에 적합한 직무를 다음과 같이 제시했다.

(1) 현실적 유형

지능과 힘과 협조를 필요로 하는 육체적 활동을 좋아하는 유형으로 적합 직무로는 농업, 임업, 건축업 등이다.

(2) 탐구적 유형

사고, 조직화, 이해를 필요로 하는 활동을 좋아하는 유형으로 적합 직무로는 생물학, 수학 등이다.

(3) 사회적 유형

다른 사람을 돕거나 개발하는 활동을 좋아하는 유형으로 적합 직무에는 외교활동, 사회사업, 임상 심리학 등이다.

(4) 실습적 유형

규정화되어 있고, 질서정연하며 명확한 활동을 좋아하는 유형으로 이에 적합한 직무에는 회계, 재무, 기업 경영 등이다.

(5) 기업가적 유형

타인에게 영향을 미치고 권력을 얻을 수 있는 기회가 있는 곳에서 언어적인 활동을 좋아하는 유형으로 이에 적합한 직무에는 법률, P.R, 기업경영 등이다.

(6) 예술적 유형

창의적이며, 상상과 이상을 추구하며, 개척적인 활동을 좋아하는 유형으로 이에 적합한 직무로는 미술, 음악, 문예창작 등이다.

이러한 퍼스낼리티의 유형에 일치하는 직무를 수행하고 있는 사람과 그렇지 않은 사람은 일에 대한 만족도와 직무몰입에 차이가 나기 때문에 퍼스낼리티 유형에 따른 적합한 직무를 선택하여 활동하는 것이 중요하다.

제 5 절
퍼스낼리티의 검사 방법

각 개인의 퍼스낼리티를 검사하는 방법은 그 사람의 감정, 동기유발, 상호관련성, 태도 등의 특성을 측정하기 위한 도구로 사용되고 있다. 대표적인 방법으로는 성격목록법, 심리투사법, 종합평가센터법 등이 있다.

1. 성격 목록법

성격조사를 위한 항목을 미리 만들어 놓고 이에 따라 조사를 하는 방법이다. 심리학자인 길포드와 짐머만(J. Guilford & W. Zimmerman)은 개인의 성격 구성요소를 10가지로 설정하고 기본성격에 대한 개인특성을 측정하여 성격 목록을 체계화하여 조직구성원의 활용과 작업환경을 적절히 만들어주는 데 실제 활용되고 있다. 길포드와 짐머만의 성격 목록표를 요약하면 〈표 4 - 5〉와 같다.

표 4-5 길포드 - 짐머만의 성격 목록

특성 유형	성격 목록
① 일반적 활동성(general activity)	• 패기, 능률, 연속성 등
② 자제성(restraint)	• 신중성, 집념, 침착성, 근면성 등
③ 상승성(ascendance)	• 리더십, 과장성, 웅변력, 자기 방어적 특성
④ 사교성(sociability)	• 사교능력, 교우범위
⑤ 정서적 안정감(emotional stability)	• 안정적-변동적, 낙관적-비관적 행동특성
⑥ 객관성(objectivity)	• 자기중심적, 민감성
⑦ 친밀감(friendliness)	• 존경심, 적대감·거부감 등에 대한 수용력
⑧ 사고력(thoughtfulness)	• 자기통찰력, 관찰력, 정신적 균형
⑨ 대외관계(personal relation)	• 타인에 대한 수용력, 조직에 대한 신념-비판
⑩ 남성적 성향(masculinity)	• 남성적(또는 여성적) 활동에 대한 관심도

쉼터

진단적 도구로서의 미술

그림이나 조소, 꼴라쥬, 핑거페인팅 등의 조형 활동을 통하여 내담자의 심리상태를 진단하려는 이른바 투사법은 인물화에 의한 지능검사나 성격검사에 의한 성격진단을 할 수 있다.

대표적 방법으로는 자유화에 의한 심리진단법이다. 제재나 방법을 내담자가 스스로 결정하여 그리게 하고, 색채사용, 선과 형태, 공간이용과 공간적 형태, 내용(부모, 형제, 자신, 산, 태양 등) 등을 분석한다. 이와 같은 분석방법은 아직 신뢰도나 타당도에서 제한성에 유의해야 한다.

과제화법은 인물, 가족, 친구, 산, 동물, 길 등의 과제를 미리 주고 내담자가 상상화를 그리게 한다. 그림을 통해 행동에 대한 내면의 욕구와 그 욕구를 저지하는 압력을 잘 알 수 있다. 인물화, 묘화완성법, 나무 그림, 집 그림 검사, 풍경구성법 등이 여기에 속한다.

상상화 그리기는 한 장의 종이에 전혀 주제를 주지 않고 상상화를 그리게 하고, 다른 또 한 장에는 사람, 태양, 집 등 세 가지의 내용이 있는 상상화를 그리게 과제를 제시한다. 형태, 색채, 구도, 동적 요소, 내용 등이 분석 기준이 된다.

나무그리기법은 진단에 많이 사용되며, 열매가 달린 나무를 한 그루 그리도록 지시한다. 나무는 내담자의 질병상태를 잘 발견할 수 있다. 나무 그림을 그리게 하여 진단할 때에는 나무그림 검사 기준을 참조하여야 한다. 대체로 줄기, 가지, 뿌리, 열매, 잎, 전체 인상 등을 기준으로 분석한다.

인물화 검사(DAP)는 인물화에 의한 성격검사로 많이 사용되며, 전신상의 남·여를 따로 받는다. 자유화에 비해서 저항이 적어 심리검사로 애용되고 있다. 한국판 표준화 검사는 없으나 미국이나 일본의 기준에 준하여 분석한다. 인물화 분석은 가족화의 기초가 되므로 깊이 이해할 필요가 있다.

가족화와 동적 가족화는 가족을 그리게 하여 가족의 체계나 내담자의 가족 지각을 파악한다. 가족화(DAF)와 동적 가족화(KFD)는 지시가 다르며, 후자가 더 역동성 파악에 좋다. 동적 가족화는 "당신의 가족 모두가 무엇인가를 하고 있는 그림을 그려 보세요."라고 지시하여, 그린 후에 각 인물상이 누구인가, 연령, 무엇을 하고 있는가를 질문한다. 해석에 있어서는 인물상의 행위와 그림의 양식(구분, 포위 등), 상징(책상 등), 그림의 역동성(크기, 거리, 방향, 생략 등)등을 기준으로 하여 진단한다.

2. 심리투사법

이미지네이션(imagination : 어떤 것을 마음속에 그리는 일)을 통해 자기의 마음을 표출시키는 방법이다. 즉, 하나의 그림이나 이야기 등을 제시하고 이에 대한 반응을 조사하는 방법이다.

사람들이 자유로운 분위기에서 반응하도록 하기 위하여 일반적인 설명을 덧붙여주며, 조사대상이 되는 그림이나 이야기는 모호한 것이 보통이다. 일반적으로 심리투사법은 전문적인 해석이 필요하며 성격목록법보다 덜 감정적이고 신뢰성이 높은 것이 특징이다.

3. 종합평가센터법

퍼스낼리티를 종합적으로 평가할 수 없는 기존의 방법을 보완한 것으로 3~4일 동안 시뮬레이션, 인터뷰, 심리테스트 등 여러 가지 방법을 활용하여 여러 평가자의 평가 결과를 종합하여 평가하는 방법이다. 이런 방법을 통해 개인의 퍼스낼리티를 이해하는 데 많은 도움이 된다.

쉼터

수면과 성격과의 관계

잠은 얼마만큼 필요하며 수면 시간으로 성격을 알 수 있을까? 체질적으로 수면 시간이 짧은 사람과 긴 사람이 있다. 『잠의 과학』의 저자 하트만은 숏 슬리퍼와 롱 슬리퍼를 모아 실험을 했다.

실험의 결과에서 흥미로운 것을 발견할 수 있었다. 각 그룹에서 현저하게 다른 성향이 발견된 것이다. 숏 슬리퍼는 활동적이며 근면한 야심가들이 많고, 상황을 긍정적으로 받아들이며 정치적으로는 보수적인 사람들이 많았다.

반대로 롱 슬리퍼들은 사물을 비판적으로 바라보며 현상에 대해 만족을 하지 못하는 사람들이 많고, 정부나 사회에 대해서도 비판적인 경우가 많았다.

'발명왕' 에디슨의 수면 시간은 4시간이었다. 그는 전형적인 숏 슬리퍼로 수면이란 사치이며 낭비라고 생각했다. 마이크로소프트의 빌 게이츠 역시 에디슨과 같은 생각을 가지고 있어 젊을 때부터 밤을 새워 가며 일에 전념했다고 한다.

나폴레옹이 3시간밖에 자지 않았다는 것은 유명하다. 그는 실제로 밤에 적게 자는 것 대신 낮잠을 즐겼다고 한다. 아인슈타인의 수면 시간은 10시간 이상이었다.

숏 슬리퍼가 되는지 롱 슬리퍼가 되는가는 뇌의 사용 방법에 의해 결정되는 것으로 보인다. 사물을 너무 깊이 생각하는 경향이 있는 사람은 뇌도 피로하고 그만큼 오랜 수면 시간이 필요하다. 그에 비해 별로 고민하지 않는 사람은 뇌를 필요 이상으로 사용하지는 않기 때문에 조금만 자도 지장이 없다.

일반적으로 숏 슬리퍼에는 정치가나 실업가가 많고, 롱 슬리퍼에는 예술가나 과학자가 많다고 한다. 그러나 실제로는 수면 시간이 유동적인 배리어블 슬리퍼(variable sleeper)인 사람이 훨씬 많다. 그때그때의 상황에 따라 숏 슬리퍼가 되었다가 롱 슬리퍼가 되었다가 하는 것이다. 즉 자신의 주변 상황이 좋을 때는 수면 시간이 짧아지고 힘들고 곤란할 때는 수면 시간이 길어진다고 한다.

출처 : '수면과 성격과의 관계

연/습/문/제

01. 퍼스낼리티의 개념에 대해 이야기해 보자.

02. 퍼스낼리티의 특성에 대해 이야기해 보자.

03. 퍼스낼리티의 결정요인에는 어떤 것이 있는지 살펴보자.

04. 프로이트(S. Freud)의 정신분석이론에 대해 이야기해 보자.

05. 카텔(R. B. Cattell)의 특성이론에 대해 이야기해 보자.

06. 융(C. G. Jung)의 성격유형이론에 대해 이야기해 보자.

07. 로터(J. B. Rotter)의 내재론자와 외재론자의 특징에 대해 이야기해 보자.

08. A형 · B형 성격에 대해 이야기해 보자.

09. 셸던의 성격유형이론에 대해 이야기해 보자.

10. 퍼스낼리티의 검사 방법에 어떤 것이 있는지 이야기해 보자.

Chapter 05

태 도

제 1 절

태도의 의의

태도에 대한 정의는 다양하지만 일반적으로 '어떤 사물이나 사람에 대해 좋다 나쁘다고 반응하려는 개인의 선유경향(先有傾向 : predisposition)으로 행위의 선행지수'라고 정의할 수 있다. 즉, 어떤 사물이나 사람에 대해 좋다 혹은 나쁘다 할 때 사실상 이들 대상에 대해 태도를 나타내고 있는 셈이 된다. 이처럼 태도는 어떤 대상에 대한 믿음(belief), 느낌(feeling), 그리고 행위 의도(behavioral tendency)가 결합되어 있는 정신적 준비상태를 의미한다. 이러한 태도의 정의 속에는 다음의 3가지 중요한 가정을 전제로 하고 있다.

첫째, 태도란 가상적인 구성체이다. 즉, 사람들은 태도를 직접 관찰할 수는 없고, 다만 그 결과인 인간의 행위만을 볼 수 있다. 그러므로 태도는 한 개인의 마음속에 내재할 것으로 가정만 할 뿐이다.

둘째, 한 대상에 대한 태도는 매우 호의적인 것에서 부터 비호의적인 것에 이르기까지 하나의 연속선상에서 파악할 수 있다. 따라서 태도는 대상에 대한 평가적 차원을 가진다.

셋째, 태도는 행위와 관련이 있다. 즉, 태도는 반응의 준비상태이다.

이상에서 살펴본 바와 같이 태도는 다른 요소들과 함께 인간의 행동을 결정하는 요소로서 지각, 퍼스낼리티, 학습, 모티베이션 등과 밀접한 관련이 있다.

따라서 태도는 마음의 준비상태로서 경험을 통해 조직되고, 개인이 자신과 관련 있는 사람이나 사물, 상황 등에 대해 반응할 때 특정의 영향력을 행사하게 된다.

이러한 태도의 성격에 대해 구체적으로 살펴보면 다음과 같다.

1. 태도는 주어진 모든 현상을 바라보는 개인의 성향이다.
2. 태도는 사람을 식별하게 하는 감정적인 기준이다.
3. 태도는 퍼스낼리티의 핵심과 서로 통한다.
4. 태도는 어느 정도 지속성을 가진다.
5. 태도는 다른 심리적 변수들과 마찬가지로 변화하기 쉽기 때문에 정확한 분석이 필요하다.

제 2 절

태도의 구성요소

태도의 구성요소를 크게 3가지로 구분할 수 있는데, 정서적 · 인지적 · 행위적 요소가 있다. 주관적인 '정서적 요소'와 객관적 요소인 '인지적 요소'와 '행동적 요소'로 구분할 수 있다.

1. 정서적 요소

정서적 요소(affective element)는 감정적 요소라고도 한다. 한 대상물에 대해 갖는 감정, 즉 그것에 대해 좋다거나 혹은 싫다고 말한다.

예를 들어 '저 사람은 좋은 사람이야'라고 말할 때 그 사람에 대한 인지적 태도를 말하고 있지만, 반면 그가 착하고 책임감이 강하며, 성실하다는 것을 평소 알고 있기 때문에 '나는 그를 좋아해'라고 한다면 이것은 그에 대한 감정적 태도를 뜻하는 것이다. 즉 어떤 대상에 대한 느낌이다.

2. 인지적 요소

인지적 요소(cognitive element)는 신념적 요소라고 한다. 이는 대상에 대한 지각, 신념 및 사고방식으로 구성된다. 이것은 사실 여부를 떠나 개인이 가지고 있는 지각, 의견 및 신념이다.

예를 들어, '10대는 발랄하다', '행복은 성적순이 아니다', '야채는 다이어트에 탁월한 효과를 지니고 있어 좋다' 등이 여기에 해당한다.

3. 행동적 요소

행동적 요소(behavioral element)는 의도적 요소라고 한다. 어떤 대상물에 대해 갖는 행위의도의 요소로서, 어떤 방식으로 행동하려는 경향과 관련된 요소이다. 이는 실제 행동으로 옮기지는 않았지만 그렇게 행동하기로 마음을 먹고 있는 상태도 태도에 포함시킨다.

그림 5-1 태도가 행동화되는 과정

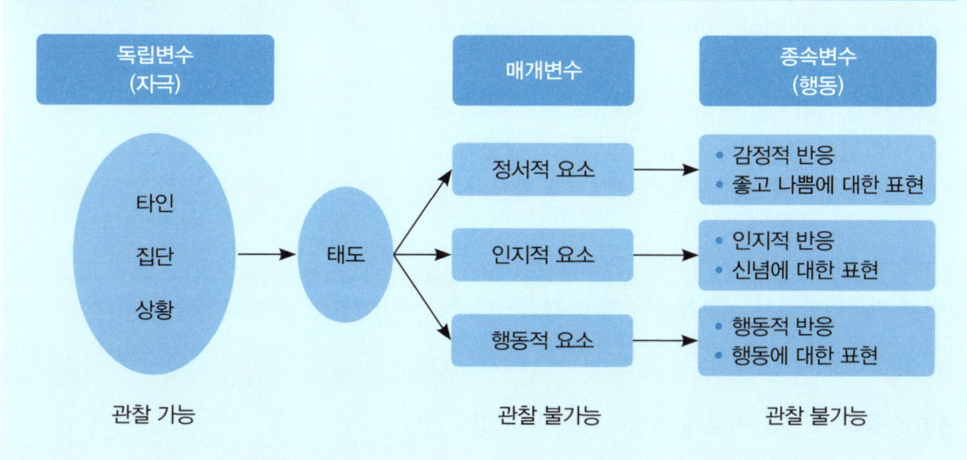

쉼터

나는 청개구리

나는 믿는다고 하면서 의심도 합니다.
나는 부족하다고 하면서 잘난 체도 합니다.
나는 마음을 열어야 한다고 하면서 닫기도 합니다.

나는 정직하자고 다짐하면서 꾀를 내기도 합니다.
나는 떠난다고 하고서 돌아와 있고 다시 떠날 생각을 합니다.
나는 참아야 한다고 하면서 화를 내고 시원해합니다.

나는 눈물을 흘리다가 우스운 일을 생각하기도 합니다.
나는 외로울수록 바쁜 척 합니다.
나는 같이 가자고 하면 혼자 있고 싶고 혼자 있으라 하면 같이 가고 싶어집니다.

나는 봄에는 봄이 좋다 하고, 가을에는 가을이 좋다 합니다.
나는 남에게는 쉬는 것이 좋다고 말하면서 계속 일만 합니다.
나는 희망을 품으면서 불안해 하기도 합니다.

나는 벗어나고 싶어 하면서 소속되기를 바랍니다.
나는 변화를 바라지만 안정도 좋아합니다.
나는 절약하자고 하지만 낭비할 때도 있습니다.

나는 약속을 하고 나서 지키고 싶지 않아 핑계를 찾기도 합니다.
나는 남의 성공에 박수를 치지만 속으로는 질투도 합니다.
나는 실패도 도움이 된다고 말하지만 내가 실패하는 것은 두렵습니다.

나는 너그러운 척하지만 까다롭습니다.
나는 감사의 인사를 하지만 불평도 털어놓고 싶습니다.
나는 사람들 만나기를 좋아하지만 두렵기도 합니다.

나는 사랑한다고 말하지만 미워할 때도 있습니다.
흔들리고 괴로워하면서 오늘은 여기까지 왔습니다.
그리고 다음이 있습니다. 내일이 있습니다.

그 내일을 품고 오늘은 이렇게 청개구리로 살고 있습니다.

예를 들어, 이번 휴가에는 '대마도 역사탐방을 가려고 한다.', '방학이 되면 한라산에 가려고 한다.', '겨울방학 때 평창에 스키 타러 가려고 한다.' 등은 어떤 행동을 할 때 그 행동의 전초단계로서 그런 행동을 하려는 마음가짐으로 이것이 태도의 행동적 요소에 해당된다.

[그림 5-1]은 태도의 3가지 구성요소인 정서적 요소, 인지적 요소, 행동적 요소가 제시되어 있다. 여기서 태도는 일정한 범위 내에서 조직적인 자극과 개별적인 반응으로 연결되어 있다.

제 3 절
태도의 형성과 행동 및 변화

1. 태도의 형성

조직 구성원의 태도가 조직행동연구에서 중요하게 다룬 것은 호손 연구에서부터 시작되었다. 특히, 계전기를 조립하는 여공을 대상으로 실시된 2차 실험에서 물질적 보상보다 정서적인 만족감이 생산성에 영향을 미친다는 것을 발견하게 되었다. 그 이후 조직 구성원의 태도가 조직의 성과에 기여할 것이라는 믿음을 가지게 되었다.

따라서 조직 관리자들은 조직 구성원의 바람직한 태도를 형성하기 위한 많은 노력을 기울여 왔다. 그 결과 직무만족과 조직몰입 등 직무관련 태도는 경영전반에 걸쳐 중요한 목표 중의 하나가 되었다.

실제 산업 현장에서 조직구성원의 만족을 향상시키는 데 초점을 두고 조직 내의 각종 제도나 관리시스템이 운영되고 있다.

태도란 우리가 생각하는 것의 의미인 사고와 우리가 느끼는 것의 의미인 감정의 함수로 볼 수 있다. 이 경우에 사고는 신념이라 할 수 있고, 감정은 가치라고 할 수 있는데, 신념과 가치가 하나로 어울려 태도를 형성한다.

태도를 형성하는 데 있어서 신념과 가치가 중요한 요소가 되지만, 특정 태도가 형성되는 데 있어서는 여러 가지 영향요인이 작용한다.

태도를 형성하는 데는 가족, 동료, 집단, 사회로부터 형성될 수도 있고, 이미 경험한 작업경험으로부터도 형성될 수 있으며, 더 나아가서는 문화와 사회의 언어 등도 태도에 영향을 미치게 된다.

예컨대, 어린아이들의 태도는 부모의 태도와 밀접한 관련이 있고, 10대들은 그들 동료집단으로부터 더욱 강한 영향을 받게 된다. 또한 미국인이 이스라엘에 대해 갖는 태도, 러시아인이 자본주의에 대해 갖는 태도 등도 그 사회에서 학습된 것이 태도의 형성에 영향을 주는 예라 하겠다.

태도 형성의 영향 요인 중 문화, 조직 구성원 자격, 가족, 동료, 작업경험 등에 대해 살펴보고자 한다.

(1) 문화

태도는 문화의 결과로써 학습되는 경우가 많다. 예를 들어, 경쟁방식, 가족의 중요성, 타집단과의 관계, 성취 욕구 등은 문화적 차이에서 발생하여 태도에 영향을 주게 된다.

(2) 조직 구성원 자격

태도는 조직의 구성원 자격에 의해 영향을 받는다. 개인이 특정한 조직의 구성원의 자격으로 갖게 됨으로써 갖게 되는 태도는 실제 작업상황이나 사회생활에 많은 영향을 미치게 된다.

(3) 가족

가족은 태도 형성에 많은 영향을 미친다. 1차적 집단인 가족이 개인의 태도에 미치는 영향을 절대적이다. 특히, 부모의 역할이 중요하다.

(4) 동료

자기와 같이 일하는 동료들은 개인의 태도 형성에 영향을 주어 공통된 규범을 이끌어 나가게 되며, 특히 준거집단은 집단의 규범에 상충되는 태도를 지닌 개인을 집단규범에 동조하게 만든다.

(5) 작업 경험

직무의 특정 태도에는 사전작업 경험이 영향을 미치게 된다. 예를 들어 회사를 이직했을 경우 전에 있던 직장의 보수, 승진절차, 작업조건, 감독방식 등을 비교해 가면서 직무에 대한 태도를 형성하게 되는 경우가 많다.

2. 태도와 행동

태도는 개인행동에 중요한 영향을 미친다. 이는 태도와 행동 사이에 인과관계가 매우 높은 수준의 정(+)의 관계를 갖고 있기 때문이다. 한 사람의 태도는 그 사람이 어떤 방식으로 행동하는 원인이 된다. 하지만 태도는 행동의 유일한 결정요소가 아니라 행동의 믿을 만한 예측치이다.

예를 들어, 직업에 대한 태도는 행동에 영향을 미친다. 일반적으로 일을 좋아하면 필요에 의해서가 아니라 의도적으로 열심히 일을 하게 된다.

한 사람의 태도는 복잡하다. 예를 들어 직업에 대해 부정적인 태도를 가지고 있다 할지라도 다른 태도들, 즉 상사, 동료, 승진에 대한 태도, 기타 등의 긍정적인 태도로 인하여 열심히 일하게 되는 것이다.

그리고 태도는 직접적으로 인간관계에 영향을 미친다. 사람에 대해 긍정적인 태도를 가지게 되면, 일반적으로 그들과 긍정적인 관계를 발전시키려고 노력하게 된다. 반면, 사람들에 대해 부정적인 태도를 가지고 있다면, 일반적으로 그들을 회피하거나 그들과 좋은 관계를 형성하려 하지 않게 된다.

사람은 세상을 살아가면서 수많은 질문에 직면하게 되는데 이때 대답은 자신의 가치관에 근거하여 행동할 수밖에 없다. 따라서 가치관은 태도 혹은 조직행동의 연구에서 중요한 연구과제가 된다.

가치관은 행동을 하는 데 있어 광범위한 신념체계를 지닌 규범적인 신념이며 행동양식이다. 따라서 인간행동의 차이를 이해하기 위한 성격, 지각 및 태도 등의 기초가 되며 옳고 그름의 규범과 관련이 있다.

이상에 살펴보면 내용을 종합해 보면 가치관, 태도, 행동의 관련성을 정리하면 다음과 같다.

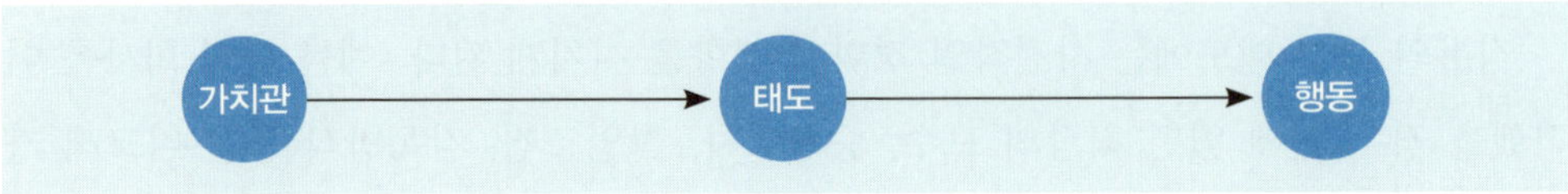

3. 태도의 변화

태도는 퍼스낼리티의 본질적인 부분으로 대부분의 사람들은 대상을 바라볼 때 그들의 신념과 감정 사이에서 조화를 추구하며, 이들 신념이나 감정의 변화에 의해 태도의 변화가 일어난다.

사람들은 감정(좋거나·나쁘거나·좋아하고·싫어함)적이거나, 인지(기대·믿음)적 변수들로 구성된 태도의 구조를 가지고 있어서 어느 한 요소가 변하게 되면 다른 요소의 변화를 유발하는 상호관련성을 가지고 있다. 만일, 이러한 구성요소들이 일관성이 없거나, 개인의 인내 수준을 넘어서게 되면 심적인 불안정을 초래하게 된다.

이 이론의 연구자인 로젠베르그(M. J. Rosenberg)는 이러한 불안정 상태가 일어나는 상황을 다음과 같이 보고 있다

1 태도에 영향을 주기 위하여 설계된 메시지에 거부반응이 일어날 때
2 태도가 붕괴될 때
3 새로운 태도를 형성하기 위하여 스스로 불일치를 수용할 때 인간은 불안정한 태도를 보이게 된다.

제 4 절

태도의 기능

태도는 타인의 행동을 예측할 수 있게 해주는 중요한 정보를 제공해 줄 뿐만 아니라 행동의 주체로서 개인에게도 중요한 역할을 한다. 캇츠(D. Katz)는 태도의 기능에 대해 4가지를 제시했다.

1. 적응 기능

태도는 사람들이 환경에 적응하는 데 도움을 준다. 태도의 적응 기능(adjustment function)은 사람은 누구나 외부환경과 관련하여 보상을 극대화하고 벌을 최소화하려고 노력하므로 사회적 적응이 되는 태도를 지니려 하는 것으로, 이때 태도는 사람들이 바람직한 목표를 달성하는 데 필요한 수단이나 방법을 제공한다.

예를 들면 경영자로부터 칭찬을 자주 들으면 조직에 대해 긍정적인 태도를 보이게 될 것이고 항상 꾸지람을 들으면 부정적인 태도를 보일 것이다.

2. 자아 방어적 기능

자아 방어적 기능(ego defensive function)은 태도는 욕구가 좌절 될 때 자아가 붕괴되는 것을 막고 자아를 방어하려는 역할을 하는 것으로 욕구가 좌절됨에 따라 나타나는 열등감, 공포감 등으로부터 사람들을 방어해 주는 기능을 한다. 즉, 태도를 바꿔 어떤 특정 태도를 가짐으로써 불안상태를 벗어날 수 있다.

우리 인간은 자아영상(self image)을 통해 다른 집단에 대해 우월감을 느끼게 함으로써 자아를 강화시키기도 한다.

3. 가치표현 기능

태도의 가치표현 기능(value expressive function)은 그 사람이 지니고 있는 중심적인 가치를 표현을 하는 방식을 제공한다. 즉, 가치표현기능을 통해 개인의 자아형성에 명료성을 나타낼 뿐만 아니라 자신의 마음이 바라는 것에 근접하게 하는 기능을 가지고 있다.

이와 같이 인간은 태도를 통해 자신의 신념과 가치관 등에 대해 표현을 함으로써 자아의 정체성(identity)을 재확인하게 된다.

4. 탐구 기능

태도의 탐구 기능(knowledge function)은 어떤 사건이나 복잡한 세계를 이해하고 해석하는 데 필요한 준거체계, 지식, 신념 등을 제공하여 어떤 의미를 부여할 수 있게 한다.

예를 들면 A라는 사람이 조직에 부정적인 태도를 가지고 있다면 이것이 사실에 근거하지 않더라도 이런 태도는 조직에 대해 항상 비협조적인 말을 하게 되는 원인이 되기도 한다.

제 5 절 태도변화 이론

태도변화 이론에는 행동주의 접근, 장이론, 인지부조화이론 등 세 가지 방법이 가장 대표적인 이론들이다.

1. 행동주의 접근

행동주의자(behaviorist)들은 태도의 변화도 자극-반응의 원리인 일종의 학습에 의해서 가능하다는 것이다. 어떤 사람에게 새로운 태도를 갖게 하려면 새로운 것이 더 이롭다는 것을 보여줘야 하며, 그 이익의 크기는 당사자의 욕구와 밀접한 관련이 있어야 한다. 즉, 일단 행동을 하면 결과가 나오고 그 결과가 자신에게 이익이 되면 태도도 그 쪽으로 바뀐다는 것이다.

예를 들어 늦게 자고 늦게 일어나는 것이 좋다는 사람을 일찍 자고 일찍 일어나는 것이 좋다는 태도를 가지게 하려면 우선 일찍 일어나도록 우선 강제적이라도 상황(조건 : conditioning)을 설정해 놓는다. 그는 할 수 없이 일찍 일어나게 되고 결국 일찍 일어났을 때의 상쾌함을 느끼게 되면 태도가 바뀐다.

카네기(D. Carnegie)는 사람의 태도를 변화시키기 위해서는 사람의 주도적인 노력이 필요하다고 주장한다. 즉, 강제로라도 그 행동을 하도록 만들어야 한다는 것이다. 이 방법은 자신의 행동을 변화시키고 싶을 때에 똑같이 적용될 수 있다.

예를 들어 집단으로부터 소외되어 괴로울 때는 우선 무조건 웃어야 된다. 그러면 남들이 다가와 친구가 된다. 매일 아침 만나는 사람들에게 웃는 얼굴로 인사를 하면 그들이 나에게 친절하게 대해주고 그들의 친절한 접근(결과)을 보고 삶에 대한 나 자신의 태도가 긍정적으로 바뀌게 된다.

2. 장(場)이론

우리가 갖고 있는 많은 태도들은 다른 주변사람들로부터, 혹은 준거집단으로부터 전수된 것이다. 즉, 한 사람의 태도는 남들이 갖는 태도를 답습하기 때문이다.

2차 대전이 시작되면서 미국이 식육용 고기 부족으로 곤란을 겪고 있을 때 사회심리학 연구기관의 관계자였던 레빈(K. Lewin)이 문제의 해결을 맡았다. 평소 주부들이 간, 허파, 내장 등에 대하여 꺼리는 태도를 바꾸어 즐겁게 사서 먹게 만드는 것이었다. 그러나 아무리 설득을 해도 주부들은 그들이 속해 있는 준거집단의 규범(소의 내장 등은 쇠고기보다 나쁘고 가난한 사람들이나 먹는다)에 의해서 좀처럼 태도가 바뀌지 않았다. 이때 레빈은 주부들끼리의 토론기회를 만들어 놓고 설득하는 리더를 부인들과 같은 동료집단으로 참석시켰다. 즉 일방적으로 강의를 듣는 것이 아니라 자신들이 토론에 참여했고 준거집단인 동료부인들이 새 의견을 제시하니까 쉽게 동조하였던 것이다. 즉, 개개인의 태도를 바꾸는데 한 사람씩 개별적으로 접근한 것이 아니라 집단을 이용한 것이다.

장(場)이란 개체와 그 주변을 모두 포함하여 일컫는 말이다. 주부 한 사람의 개체를 대상으로 태도변화를 시도하는 것이 아니라 그 주부가 속해 있는 장(준거집단) 속에 섞어 놓으면 그 집단이 개인에게 마치 자력장처럼 힘을 가하여 태도를 쉽게 움직일 수 있게 되는 것이다.

여성이 남성보다 더 장에 의존적인 것은 여성이 남성보다 유행에 더 민감한 까닭이다. 이 장이론(field theory)은 집단의 힘으로 개인과 조직을 변화시키는 집단역학(group dynamics)의 발전을 촉진시켰다.

3. 인지부조화이론

정원 씨는 자기 월급이 항상 적다고 생각하고 있다. 사장이 월급을 올려주면 과연 일에 대한 태도가 바뀌게 될까? 우리는 머리 속에 수많은 인지를 갖고 있는데 이들 중 서로 관련 있는 인지 사이에 불일치가 있으면 소위 인지부조화(cognitive dissonance) 상태로 되어 마음이 불안하게 된다.

그러면 사람들은 부조화를 조화상태로 만들려고 은연중 노력하며 이때 한쪽의 인지를 바꾸어 다른 쪽과 일치시키려고 하기 때문에 자연스럽게 태도가 바뀐다는 것이 인지부조화이론이다.

예를 들어 어떤 이가 담배를 많이 피운다는 인지와 담배가 해롭다는 인지가 머리 속에서 부조화됐다고 하자. 이런 긴장에서 벗어나기 위해 그가 담배를 끊는 행동의 변화가 있으면 좋지만 그것이 불가능하다면 다음과 같은 생각을 계속하게 되고 이를 마음속에 확신하는 태도의 변화가 있게 된다.

1. 좋은 필터를 사용하면 된다고 자위한다.
2. 줄담배 피우시던 할아버지께서도 장수하셨다고 생각을 한다.
3. 인생이란 하고 싶은 대로 하며 사는 게 좋다고 생각한다.
4. 담배가 폐에 해롭다는 것이 근거 없다는 생각을 하려고 애쓴다.

부조화 상태를 가져오게 하는 직접적인 원인은 많이 있지만 어떤 의사결정을 했

그림 5-2 인지부조화 해결 과정

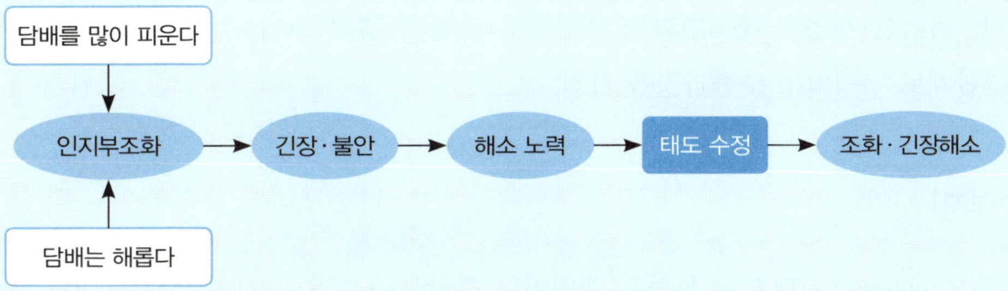

을 때, 강요에 의해 복종하거나 받아들였을 때, 남과 의견이 대립되었을 때, 노력을 조금하고 보상을 많이 받았을 때에 특히 크게 일어날 수 있을 것이다. 특히 의사결정의 경우에는 결정시점 전보다 후가 더 태도변화가 크다.

제 6 절 태도변화의 과정

태도는 퍼스낼리티의 본질적인 요소로 대부분의 사람들은 대상을 바라볼 때 그들의 신념과 감정 사이에서 조화를 추구하며, 이들 신념이나 감정의 변화에 의해 태도의 변화가 이루어진다. 태도의 변화가 일어나려면 다음의 조건이 갖추어져야 한다.

[1] 어떤 문제 또는 자극에 대한 정보의 양이 적을 경우,

[2] 기존의 태도가 중심적인 것이 아닐 경우,

[3] 문제로 나타난 태도가 다른 태도들과 상호 결부되어 있지 않을 때,

[4] 폐쇄적이거나 편협하지 않을 경우 태도변화가 일어난다.

레빈(K. Lewin)은 장이론(theory of field)을 통해 조직에서 모든 수준의 변화, 즉 개인의 태도, 집단 및 조직 태도변화에 전반적으로 적용될 수 있는 이론을 제시하고 있다. 이러한 개인의 태도변화는 해빙(unfreezing), 변화(change), 재동결(refreezing)의 3단계로 구성되는 순환과정을 거친다.

1. 해빙

해빙(unfreezing)단계의 목적은 개인이나 집단을 동기유발 시켜 변화에 대해 준비를 하게끔 하는 것이다. 변화가 필요하다는 것을 알 수 있도록 '녹여주는' 과정이다. 즉, 한 개인이 자신의 기존 태도에 대해 변화가 필요하다는 것을 알게 되고 나아가서 새로운 태도를 받아들일 준비를 갖추는 단계이다.

샤인(E. H. Schein)은 해빙단계에서 다음과 같은 사항들이 이루어져야 한다고 주장하고 있다.

1. 변화대상자에 대하여 일상 업무, 정보의 원천, 사회적인 제 관계를 물리적으로 제거시킨다.
2. 모든 사회적 지원을 줄이고 파괴해야 한다.
3. 이전의 자아를 무가치한 것으로 간주하고 변화하는 데 도움이 될 수 있는 굴욕적인 경험을 갖게 한다.
4. 변화하려는 의도를 갖고 있을 때에는 보상을 제공하고, 그렇지 않는 경우에는 벌을 일관성 있게 제공해야 한다.

2. 변화

두 번째 단계인 변화(changing)는 태도의 변화가 실제로 일어나는 단계이다.

켈만(H. C. Kelman)은 개인의 태도에 영향을 미치는 사회적인 영향력이라는 관점에서 다시 순응, 동일화, 내면화의 과정을 통하여 이루어진다고 보고 있다. 이 변화단계만을 가리켜 태도변화의 과정으로 보기도 한다.

(1) 순응

순응(compliance)은 한 개인이 다른 개인이나 집단의 호의적인 반응을 얻기 위해서 또는 부정적인 반응을 회피하기 위해서 그들의 영향력을 받아들이는 과정을 말한다.

(2) 동일화

동일화(identification)는 한 개인이 다른 사람이나 어떤 집단과 관계를 맺고 있는 것에 만족하며 이 관계가 자아 이미지의 일부를 형성한다고 믿음으로써 이들의 태도를 수용하는 과정이다. 동일화에 의해 형성된 태도 변화는 다른 사람이나 어떤 집단과의 관계가 개인에게 득이 되는 경우에만 유지될 수 있다.

(3) 내면화

내면화(internalization)는 타인의 주장이 한 개인의 가치체계에 부합하거나 합당한 것으로 받아들여질 때 일어나는 변화의 과정이다. 즉 유발된 태도나 행동의 변화가 개인에게 내재적으로 보상되며 또한 그의 가치체계에 부합될 때 일어나는 과정인 것이다.

3. 재동결

재동결(refreezing)이란 새로 획득된 태도, 지식, 행동이 개인의 퍼스낼리티나 계속적인 중요한 정서적 관계로 통합되어 고착화되는 과정이다. 새로운 태도나 행동이 학습되면서 내면화되었다면 그 사람의 인성에 부합되었기 때문에 재동결이 지속될 것이다.

재동결 과정에서 관심을 가져야 할 점은 태도변화 과정의 성격 및 새로이 획득된 행동이나 태도가 시간의 흐름에 따라 소멸되지 않도록 효과적으로 강화시켜 줄 수 있는 환경을 마련하는 것이 중요하다.

제 7 절

태도변화의 관리

1. 태도변화에 대한 저항

태도는 일반적으로 비교적 안정된 균형 상태를 이루고 있으며 대체로 일관성이 있다. 따라서 태도의 일관성을 유지하기 위해서는 여러 형태의 변화에 대해 저항을 하게 된다.

변화담당자는 이러한 저항요소를 제거하는 일에 소홀히 해서는 안 된다. 먼저 태도변화에 대한 저항의 유형을 살펴보면 다음과 같다.

(1) 주장의 반박

현재 하고 있는 방법이 많은 장점이 있다면서 새로운 변화를 거부하고 자신을 과시하는 경향이 있다.

(2) 정보원의 격하

새로운 정보를 믿을 수 없다고 믿으며 부정적인 결과를 초래할 것이라 주장한다.

(3) 메시지의 왜곡

자기가 듣고 싶은 것만 들으려고 저항하며 상반되는 정보의 내용을 자기의 태도에 맞게 왜곡시킨다.

(4) 합리화

개인의 정서면에서 불안정감을 해소하는 방어기재와 유사하게 상반된 정보를 교묘히 해석하여 저항하게 된다.

(5) 전면거부

어떤 근거에 의해 주장을 반박하거나 그 원천을 약화시키려고 하는 것이 아니라 아무런 이유도 없이 무조건 거부한다.

2. 태도변화의 방법

관리자는 태도변화의 과정과 방법을 사전에 숙지하고 계획적으로 변화를 시도해야 한다. 또한 태도변화에 대한 저항을 최소한 줄이면서 대응을 해야 한다. 조직에서 일반적으로 사용되고 있는 태도 변화 방법을 살펴보면 다음과 같다.

(1) 설득

태도변화를 일으키는 데 가장 널리 사용되는 방법이 바로 설득(persuasion)이다. 이는 논리적인 주장과 사실의 확인을 통해서 태도를 변화시키는 것이다.

주로 언어 혹은 문서, 영상 등의 메시지를 사용한다. 설득은 여러 가지 방법이 있으나 간접적인 의사소통보다는 대면설득이 가장 효과적이다.

설득의 유효성에 영향을 주는 요소는 전달자의 평소 신뢰성이다. 전달자가 평소에 믿을 만한 정보를 제공하고, 전문가적인 능력이 있었으면 더 효과적이다.

(2) 공포 유발과 감축

공포 유발(fear arousal)과 공포 감축(fear reduction)도 태도변화의 방법이 될 수 있다. 즉, 공포감 또한 위협감을 유발시키는 메시지를 전달하게 되면 효과적인 태도변화가 일어나게 된다. 그러나 공포 유발은 현실적이라고 생각되는 내용을 적당한 수준에서 유발시켜야 한다. 비현실적인 공포를 사용하거나 과도한 공포가 유발되면 메시지 자체가 거부될 수 있기 때문이다. 반대로 공포를 줄이게 되면 종업원들이 그 변화를 수용할 수 있는 분위기 조성되어 태도의 변화를 가져올 수 있다.

(3) 참여제도의 활용

개인들을 의사결정과정에 참여시키는 참여제도(participation method)도 효과적인 태도변화의 방법이다. 조직에서 개인들에게 자신의 직무와 관련된 결정에 참여할 수 있는 기회를 제도적으로 보장하면 부정적 태도보다는 호의적인 태도를 구축할 수 있다. 이때 형식적인 참여제도보다 실질적으로 의사결정에 참여할 수 있는 방법이 제시되어야 한다.

(4) 여론지도자로서의 역할

태도변화를 가장 효과적으로 수행할 수 있는 담당자 중의 하나는 여론지도자(opinion leader)이다. 여기서 여론지도자는 조직구성원들로부터 신뢰를 얻을 수 있는 지위가 높은 인물로서 태도변화를 꾀하고자 하는 관계자들에게 정보를 해석해 주고 전달해 주는 인물이다. 이 때 중요한 것은 여론지도자가 편협적하고 폐쇄적인 사고를 가지기 보다는 개방적이고 탄력적인 성격을 소유하고 평소 구성원들로부터 도덕적으로 존경받을 수 있으면 더욱 효과적으로 그 역할을 수행할 수 있다.

(5) 인지부조화의 유발

인지부조화(cognitive dissonance)란 원래 인지의 일관성을 유지하려는 인간심리의 기본적 속성을 이용해 태도변화를 시도하는 방법이다.

인간의 심리 중에는 개인이 어떤 대상에 대해 가지는 태도, 사상, 신념, 행동에 있어 일관성을 유지하려는 경향이 있는데, 만약 비일관성이 되면 불편하기 때문에 조화 상태로 가기 위해 노력하게 되는데 이러한 과정에서 태도변화가 야기될 수 있다.

(6) 모델링학습

모델링학습은 태도를 포함한 인간행동 변화를 효과적으로 예언하는 이론 중의 하나인 모델링이론(modeling theory)을 적용한 것이다.

이 이론에 의하면 직접적인 경험을 통해 습득되는 모든 현상은 다른 사람들의 행동과 그 행동에 수반되는 결과를 관찰하거나 간접경험을 통해서도 발생할 수 있다는 것이다.

따라서 모델의 행동을 통해 습득한 반응결과는 다음과 같이 영향을 미친다.

1 학습과정에서 관찰된 여러 반응은 학습자의 미래 행동의 지침이 된다(정보기능).

2 인간의 능력은 예상되는 결과에 따라서 동기유발을 가능하게 한다(동기유발기능).

3 강화를 통해 이미 학습된 행동을 조정하고 촉진하는 효과적인 수단이 될 수 있다(강화기능).

쉼터 혈액형과 태도의 관계

우리 인간은 각자 다른 혈액형을 지니고 있다. 그런데 혈액형별로 독특한 성격과 태도를 보이고 있다는 것이다. 혈액형별 태도를 살펴보면 다음과 같다.

A형 : 적극적이진 않지만 한 사람만 오래도록 사랑하는 스타일이다.

B형 : 자유분방하고 속박당하는 것을 싫어하는 스타일이다.

O형 : 로맨스를 중시하고 연애 상대에 집중하는 스타일이다.

AB형 : 우정에서 사랑으로 발전하는 스타일로 정열적인 면에서는 약하다.

언제부턴가 우리 사회에는 '혈액형'이라는 선천적인 특징이 그 사람의 연애관을 결정짓는다는 믿음이 생겨났다. 각종 대중매체에는 위와 같은 내용의 혈액형별 사랑 유형이 빠짐없이 오르고 있으며, 인터넷에서 혈액형별 궁합을 찾는 것이 그리 어렵지 않은 일이 됐다. 심지어 결혼정보회사에서는 가능하면 A형은 O형과, B형은 AB형과 연결시켜 주기도 한다. 이렇게 남녀를 불문하고 혈액형은 사랑에 있어 어떤 중요한 요소인 것처럼 신봉되고 있다.

그렇다면 정말로 혈액형은 연애 태도에 영향을 미치는 걸까. 결론부터 말하면 '전혀 그렇지 않다'가 정답이다. 한국심리학회 사회 및 성격 심리학회지 20-3호에는 국내 최초로 혈액형별 사랑유형과 연애태도의 연관 관계를 조사 분석한 '혈액형이 사랑을 결정하는 요인이 될 수 있는가'라는 논문에서 혈액형과 연애태도 및 애정유형은 차이가 없었다. 대신 연애 경험이 많고 적음 혹은 남녀 성별에 따라 차이가 나타나는 것으로 나타났다.

따라서 어느 혈액형이 더 정열적이거나, 친구 같은 관계를 선호하거나, 연애관계에서 보다 자유분방하다고 할 수 없었다. 또한 어떤 혈액형이 보다 더 다정하고 개방적이고, 포용적이거나 집중성이 높다고 할 수도 없다. 즉, 혈액형이 사랑유형과 연애태도에서의 차이를 가져온다는 가설은 입증되지 않았다. 다만 남성이 여성보다 더 정열적이고, 헌신적인 편이고 반대로 여성은 사랑하는 데 있어 좀 더 현실적인 것으로 나타났다. 연애 태도에 있어서도 남성이 자신을 여성보다 더 개방적이라고 평가했다. 또한 연애 경험에 따라 사랑 유형과 연애태도에서도 많은 차이가 나타났다. 연애경험이 많은 집단이 다른 집단에 비해 열정적이고 다정했으며, 반대로 연애경험이 없는 사람들이 더 친구 같은 사랑을 추구하거나 현실적이었다. 그러나 과학적인 입증 여부와는 별개로 사람들은 혈액형 유형론에 근거한 혈액형별 궁합이나 연애스타일을 받아들이고 의존하는 경우가 흔하다. 보다 과학적이고 쉬운 심리 척도를 다양하게 제공해 일반인들이 현실에서 보다 나은 선택을 할 수 있도록 돕는 것이 심리학의 중요한 당면 과제 중의 하나가 되었다.

연/습/문/제

01. 태도의 정의에 대해 이야기해 보자.

02. 태도의 구성요소에 대해 이야기해 보자.

03. 태도 형성에 영향을 미치는 요인에 대해 이야기해 보자.

04. 태도의 기능에 대해 구체적으로 이야기해 보자.

05. 태도변화 이론 중 행동주의 접근법에 대해 알아보자.

06. 태도변화 이론 중 장(場)이론에 대해 알아보자.

07. 태도변화 이론 중 인지부조화이론에 대해 알아보자.

08. 태도변화의 과정에 대해 알아보자.

09. 태도변화에 대한 저항에 어떤 것이 있는지 알아보자.

10. 태도변화의 방법에 대해 이야기해 보자.

Chapter 06

지 각

제 1 절 지각이란 무엇인가?

1. 지각의 개념

개인행동에 있어 개인 차이를 만드는 하나의 요인이 지각이다. 인간은 외부로부터 주어지는 자극(stimulus)을 감각기관을 통해 받아들이는데, 이때 자극에 대하여 의미를 부여하고 해석하는 과정을 지각(perception)이라고 한다. 또한 지각은 사람이 사람 또는 사물 등의 외부환경(외부자극)에 대하여 어떠한 의미를 부여하고, 심리적 영향을 형성하는 과정이라고 할 수 있다.

이와 같이 지각은 환경과 개인을 연결시켜주는 교량 역할을 하며, 개인행동연구에 있어서 주요 변수이다.

이러한 지각의 개념 정의에 대한 여러 학자들의 견해를 살펴보면 다음과 같다.

▷ 스티어스(R. M. Steers)

지각이란 사람이 자극에 대해 의미를 부여하기 위하여 자극을 체득하고 선택, 조직화 하며 해석하는 과정이다.

▷ 이반세비치(J. M. Ivancevich)

지각이란 사람이 환경(자극)에 대해 의미를 부여하는 과정이다.

▷ 로빈스(S. P. Robbins)

지각이란 사람이 환경에 의미를 부여하기 위해 감각적인 인상을 조직화하고, 해석하는 과정이다.

이상의 여러 학자들의 정의를 종합해 보면 지각은 사람들이 외부환경이나 자극에 대해 감각기관을 통해 어떠한 의미를 부여하고, 인지하는 심리적 과정이라 할 수 있다. 즉, 지각은 개인이 외부의 감각적 자극에 대해 의미를 부여하고 심리적인 영상을 형성하기 위해 외부로부터 들어오는 감각적 자극을 선택(select), 조직화(organize), 해석(interpret)하는 심리적 과정이다.

2. 지각의 차이

인간은 내적 자극 또는 외적 자극에 의해 일어나는 욕구 불균형 상태나 긴장감 해소를 위해 행동하게 된다. 그런데 동일한 정보나 사건 또는 사물 등을 보더라도 [그림 6-1]에서 보는 바와 같이 사람에 따라서는 상당히 다른 해석이나 반응을 보이게 된다.

사람은 사물을 지각할 때 의미 있게 눈에 띄는 부분에 대해서만 관심을 기울이고 나머지 부분은 중요하지 않은 것으로 여기게 되는데, 이러한 경향을 그림-배경의 원리(figure-ground principle)라고 한다. 그 이유는 개인 각자가 자기의 독특한 특성을 가지고 있기 때문이다.

그림 6-1 어느 쪽의 검은 점이 더 크게 보일까?

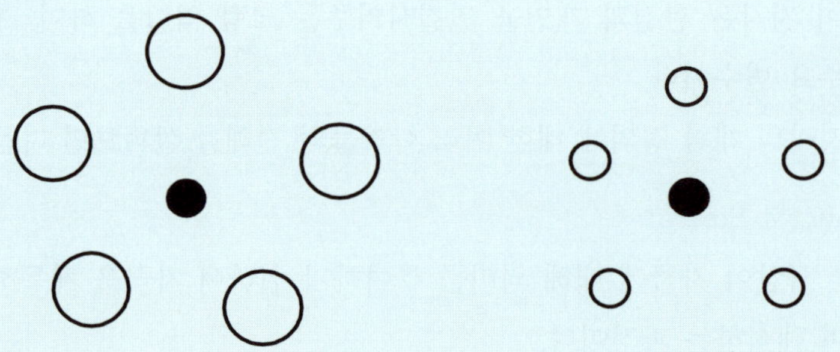

3. 지각의 중요성

사람은 누구나 각자의 고유한 신체적 특징과 지식, 기술, 취미, 성격, 가치관 등 여러 면에서 차이를 나타내는 것과 마찬가지로 어떤 사물이나 사건에 대한 각자의 지각도 다르다. 지각은 학습과 태도, 그리고 개인의 행동에도 중요한 영향을 미치게 된다.

인간은 어떤 사물이나 사건에 대한 지각의 차이에 따라 서로 다른 행동을 하게 된다. 그러므로 인간행동을 이해하기 위해서는 지각에 대한 이해가 대단히 중요하다. 지각이 조직행동에 있어 중요한 이유를 살펴보면 다음과 같다.

1. 조직구성원은 서로가 서로를 지각하고, 타인에 의해서 지각되어진다.
2. 지각상의 차이가 의사소통을 왜곡시킬 수 있다.
3. 객관적인 현실세계와 지각된 세계관에는 차이가 있을 수 있다.
4. 지각의 차이로 서로 갈등을 야기하기도 한다.
5. 대개 인간은 사실보다는 지각된 바에 따라 현실에 대한 관점을 가지고 이를 기초로 행동하게 된다.

쉼터

빈손의 의미

내가 누구의 손을 잡기 위해서는 내 손이 빈손이어야 한다.
내 손에 너무 많은 것을 올려놓거나 너무 많은 것을 움켜쥐지 말아야 한다.
내 손에 다른 무엇이 가득 들고 있다면 남의 손을 잡을 수 없다.
소유의 손은 상처를 입게 되지만, 텅 빈 손은 다른 사람의 생명을 구한다.
그동안 내가 빈손이 되어 다른 사람의 손을 얼마만큼 잡았는지 참으로 부끄럽다.
어차피 빈손으로 와서 빈손으로 가는 인생인데 무엇을 욕심내고 무엇이 못마땅한 것인가?
내가 오만과 욕심을 버리지 않는 한 세상에 어느 누구가 내 손을 잡아주겠는가?
용서와 배려를 모르는 사람은 어느 누구에게도 손을 내밀 수 없다.
손에 더 많은 것을 쥐려고 하지 말고 타인에게 따뜻한 온기를 전해줄 수 있는
난로와 같은 손을 내밀어 따듯한 마음을 전해 줄 수 있는 손이야말로
세상에 가장 아름다운 손이다.
얼마만큼 비우고 비워야 빈손이 될 수 있을까?
비울수록 빛이 나는 빈손!!!

제 2 절

지각 과정

환경으로부터 자극이 지각되면 그에 대한 반응으로 행동이 형성되기까지는 복잡한 과정을 거쳐 나타나게 된다. 이러한 지각 과정에 대한 견해는 학자에 따라서 다르다.

화이트(B. White)는 [그림 6-2]에서 보는 바와 같이 ① 선택, ② 조직화, ③ 해석 등 3단계과정으로 설명하고 있다.

그림 6-2 지각 과정

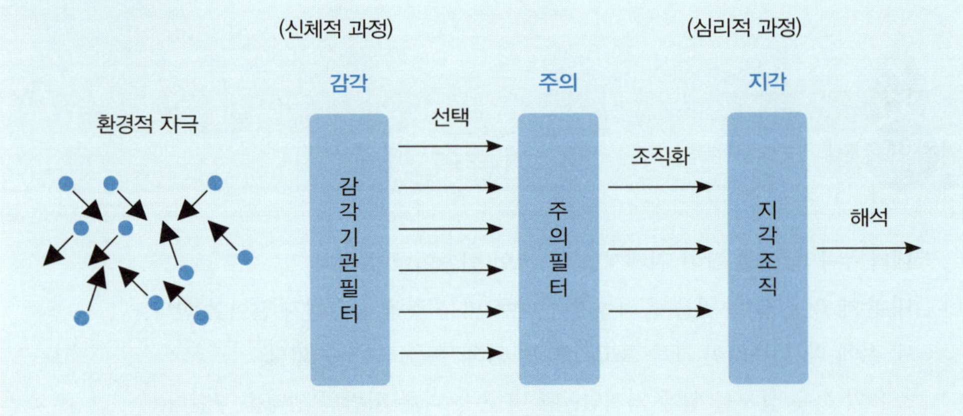

[그림 6-2]에서 보면 환경적 자극(stimulus)은 언어, 문자, 색깔, 냄새, 물체, 사람, 모양, 촉각, 표현, 불빛 등과 같은 복잡하고 다양한 형태를 모두 포함한다. 환경으로부터 자극이 지각되어 이에 대한 반응으로 행동이 형성되기까지는 복잡한 과정을 거쳐 나타나게 된다.

즉, 개인은 인지과정에서 지각을 통하여 환경으로부터 학습하고, 평가하며 선택한 결과에 따라 행동하게 된다.

이러한 지각 메커니즘은 [그림 6-3]에서 보는 바와 같이 선택, 조직, 해석의 세 가지 과정을 거치게 된다.

그림 6-3 지각 과정과 영향요인 모델

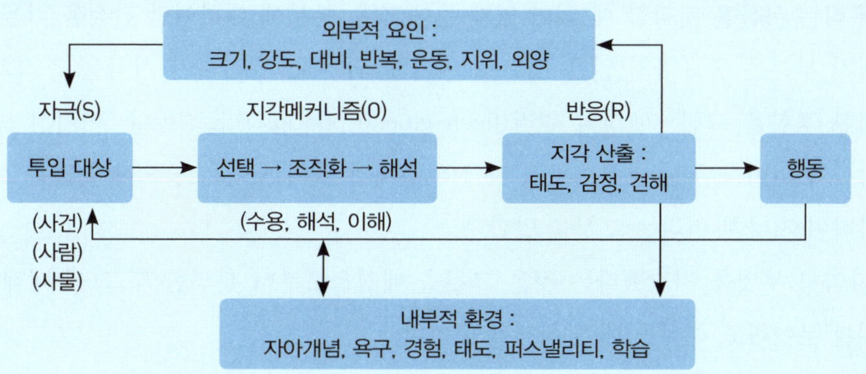

1. 선택

지각의 첫 번째 과정은 환경으로부터 상황이나 자극이 개인의 생리적인 시스템에 의하여 감지되는 것이다. 즉, 개인은 사물, 사람 등과 같은 환경자극을 시각, 후각, 청각, 미각, 촉각 등을 통하여 자신의 지각 영역 안으로 받아들인다.

인간은 일반적으로 자기와 관련된 자극이나 유리한 자극만을 선택하는 경향이 있다. 이와 같이 자기와 관련된 사항만 선택하여 지각하는 것을 선택적 지각이라고 한다.

2. 조직화

인간은 선택된 투입물에 대하여 의미 있는 것으로 만들어 지각이 용이하도록 형성화하게 되는데 이것을 지각의 조직화라 한다. 왜냐하면 선택적으로 감지된 자극은 대부분 완전하지 못한 부분적인 조각으로 존재하기 때문에 그 자체로는 의미 있는 정보를 제공해 주지 못한다.

따라서 지각자는 이것을 조합하거나 재구성하여 보다 구체적이고 완전한 사물이나 형상으로 만들어 의미를 찾게 되는 것이다.

개인은 자기에게 주어진 자극, 즉 지각대상의 조직화과정에는 여러 가지 형상을 구성하게 된다.

(1) 그림 – 배경의 원리

우리는 사물을 지각할 때 의미 있게 눈에 띄는 부분에 대하여만 관심을 기울이고, 나머지 부분은 중요하지 않은 것으로 여기게 되는데, 지각자가 자극을 조직화하는 이러한 경향을 그림 – 배경의 원리(figure-ground principle)라고 한다. 여기서 그림은 지각자가 의미를 두는 부분으로서 자극의 주체가 되며 배경은 중요하지 않은 것으로 생각하여 지나쳐 버리는 부분을 말한다.

따라서 무엇을 지각했다는 것은 그것을 배경으로부터 분리한 후 그에 대해 어떤 의미를 부여하고 해석을 내린 상태를 말한다.

(2) 지각의 집단화

지각의 집단화(perceptual grouping)란 받아들인 자극을 어떤 방식을 통하여 의미 있는 형태로 조직화하는 것을 말한다. 자극을 집단화하여 조직화된 형태로 만드는 데에는 다음과 같은 원칙이 적용된다.

1 근접성(proximity) : 가까이 있는 자극끼리 한데 묶어 지각하는 경향이 있다.

2 유사성(similarity) : 자극들이 근접해 있으면 그중에서도 유사한 자극끼리 한데 묶어 지각하는 경향이 있다.

3 완결성(closure) : 실제 존재하지 않는 것을 전체적인 하나의 완결된 형태로 지각하는 경향이 있다.

4 연속성(continuity) : 어떤 형태가 규칙성을 가지고 있다면, 그 패턴을 계속 유지할 것으로 지각하는 경향이 있다.

5 공통성(commonality) : 함께 움직이고 있는 대상들은 주변과는 별개인 하나의 집합으로 지각하는 경향이 있다.

6 단순화(simplification) : 지각자의 눈에 덜 띄는 정보는 빼버리고 지각하려는 경향이 있다. 즉, 복잡한 사회적 문제에 직면하게 되면, 여러 가지를 모두 고려하기보다는 자신의 신념에 따라 축소시키는 것은 단순화에 속한다.

(3) 지각 항등성

지각 항등성(consistency)이란 지각대상이 변화하고 있는데도 불구하고 대상들을 비교적 안정적이고 변화하지 않는 것으로 지각하는 경향을 말한다. 사람들이 일상에서 자주 접하는 대상은 그 특성을 잘 알고 있기 때문에 그 지식을 근거로 하여 사물을 판단하게 되어 항등성을 갖게 되는 것이다.

(4) 지각맥락

지각맥락은 지각 조직화에 있어서 가장 정교하면서 복잡한 형태로서, 지각상황에 대한 참여와 전·후 관계의 이해가 있어야 지각이 가능하게 된다. 시각적으로는 아무런 의미를 주지 못하는 그림을 말로 표현하여 설명할 때 의미부여가 가능하게 된다. 조직 구성원이 아니면 이해할 수 없는 지식, 메모, 몸짓 등은 지각에 있어서 여러 맥락이 있음을 보여주는 것이다.

(5) 지각방어 및 공격

지각방어 및 공격은 지각맥락과 관련이 있다. 지각방어는 개인적으로 용납할 수 없는 상황적 사건 내지 자극에 대해 인식하기를 거부함으로써 스스로 담을 쌓는 것을 말하며 거부나 왜곡 등으로 나타난다. 이와 반대로 지각공격은 자극이 자기에게 호의적이든 비호의적이든 모든 것을 받아들이는 것을 말한다.

3. 해석

지각의 마지막 단계로 지각된 것을 해석하게 된다. 이것은 태어날 때부터 타고난 것으로 감각 정보를 처리하는 것을 말한다. 인간은 자신의 목적에 맞도록 지각된 현상을 해석한다. 해석은 주관적인 판단 과정이므로 쉽게 왜곡 될 수도 있다. 지각에 대한 해석 능력은 경험과 기대 또는 상황에 대한 적응 과정에서 형성된다. 예를 들면 동물의 형상을 닮은 바위를 보고 동물의 이름을 붙이고, 큰소리를 들으면 그것이 자기의 경험에 의해 폭탄소리나 비행기 소리 등으로 해석을 하는 경우와 같다.

제 3 절
지각의 영향요인

지각 형성에 영향을 미치는 요인은 다양하다. [그림 6-4]에서 보는 바와 같이 외적 영향요인, 내적 영향요인, 상황적 영향요인이 대표적인 지각형성의 영향요인에 해당된다.

그림 6-4 지각 형성의 영향요인

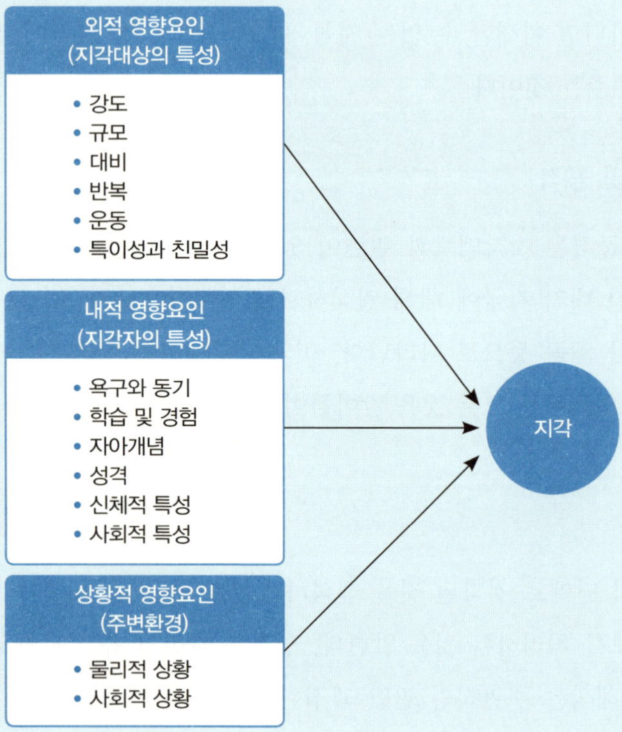

1. 외적 영향요인

외적 영향요인은 지각대상의 강도, 규모, 대비, 반복, 운동, 특이성과 친밀성 등과 같은 지각대상의 특성을 의미하며, 이에 따라 지각이 다르게 나타난다.

(1) 강도

자극의 강도(intensity)가 강하면 강할수록 지각이 잘 되는데 이것을 강도의 원칙(principle of intensity)이라고 한다. 소리를 높이 지르거나, 진한 색이나 조명을 사용하는 것 등이 좋은 예에 해당된다. 낮은 소리보다는 강한 소리, 약한 냄새보다는 강렬한 냄새, 어두운 빛보다 밝은 빛이 주목의 대상이 된다.

(2) 규모

대상물이 클수록 더 쉽고 빨리 지각되는데 이것을 규모의 원칙(principle of size)이라고 한다. 신문광고에서 전면광고가 몇 줄의 광고보다 더 많은 효과가 있는 것도 이 규모의 원칙의 좋은 예에 해당된다.

(3) 대비

다른 것과 대비가 되도록 하면 잘 지각되는데 이것을 대비의 원칙이라고 한다. 대비되는 색깔을 보여주거나, 경쟁기업의 제품을 제시하여 비교 설명하는 것은 대비의 원칙에 따른 지각의 효과를 증대시키기 위한 것이다.

(4) 반복

단 한 번의 자극보다 반복되는 자극이 더 많은 주의를 끌게 된다. 이를 반복의 원리라고 한다. 예를 들면 네온사인은 이러한 반복 효과를 높이기 위한 것이다.

(5) 운동

사물이 정지해 있을 때보다 움직임이 있을 때 더 잘 지각하게 되는데 이를 운동의 법칙이라고 한다. 예를 들면 네온사인은 반복효과도 있지만 운동효과도 동시에 있다. 고정되어 있는 광고판보다 다양한 모양으로 움직이는 네온사인이 눈에 잘 띄기 때문에 쉽게 그리고 오래 기억하게 되는 것이다.

(6) 특이성과 친밀성

지각의 대상이 특이하면 주목의 대상이 된다. 또한 대상에 대해 친근감을 느끼고 있을 때 더 많은 관심을 기울이게 된다. 친밀한 상황에서 새로운 업무를 할당 받거나, 익숙한 업무를 담당하면 지각자의 관심이 높아지게 된다.

2. 내적 영향요인

내적 영향요인이란 지각자의 욕구와 동기, 학습 및 경험, 자아개념, 성격, 신체적 특성, 사회적 특성 등이 지각에 영향을 미치는 것을 말한다. 그리고 이에 의해 지각이 다르게 된다.

(1) 욕구와 동기

인간의 욕구와 동기는 지각 선택에 중요한 역할을 한다. 배가 고픈 사람은 음식에 대해 민감하게 반응하게 될 것이고, 경제적으로 어려운 사람은 봉급이나 상여금에 민감하며, 새로운 경험을 쌓겠다는 욕구를 가진 사람은 일에 관심을 갖게 될 것이다. 권력욕구가 강한 사람은 권력의 획득과 행사하는 데에, 친교욕구가 강한 사람은 다른 사람들과 친밀하게 지내는 것에 더 많은 관심을 기울이게 된다.

(2) 학습 및 경험

학습 및 경험은 특정 자극에 대해 어떤 일정한 방식으로 지각할 준비를 갖추게 함으로써 지각선택에 영향을 미친다. 학습과 경험에 의해 지각구조가 형성되면 그 패턴에 따라 지각하게 된다. 사람을 사귈 때도 자신과 비슷한 유형의 사람에게 호감을 갖게 되고, 운동을 좋아하는 사람은 취미가 운동인 사람에 관심을 갖는다.

(3) 자아개념

자아개념(self concept)은 자신을 지각하는 방식으로 사람들이 자기 주위의 사물이나 타인을 지각하는 준거의 틀이 된다. 개인이 자신을 어떻게 지각하고 있느냐에 따라 외부 세계도 동일한 방식으로 지각하게 된다. 예를 들면, 자신이 무능하다고 생각하면 길거리에서 들려오는 즐거운 음악소리에도 관심을 갖지 않게 되는 것이다.

(4) 성격

성격(personality)도 사물을 지각하는 데 영향을 미친다. 외향적인 성격의 소유자와 내향적인 성격 소유자 사이에는 외부 자극을 선택하는 것이 다를 것이다. 또한 낙관적인 사람은 사물을 긍정적으로 보고, 비관적인 사람은 사물을 부정적으로 보게 된다.

(5) 신체적 특성

지각 대상자의 신체적 특성인 얼굴모양, 나이, 성, 키 등 신체적 특징이 지각의 선택에 영향을 미친다. 예를 들면 수려한 얼굴, 젊고 널씬한 몸매, 고운 피부, 젊은 여인 등은 지각에 영향을 준다.

(6) 사회적 특성

지각 대상자의 사회적인 지위, 역할, 직업, 종교 등이 그 사람에 대한 지각에 영향을 미친다. 일반적으로 그 사람의 지위와 역할, 직업, 종교 등에 따라 사람을 범주화하게 된다.

3. 상황적 영향요인

상황적 요인은 주변 환경요인을 의미하는데, 동일한 자극이라도 장소, 시간, 주변환경에 따라 다르게 지각된다. 이것은 지각대상의 첫인상을 형성함에 있어서 중요한 영향을 미친다. 상황적 영향요인에는 물리적 상황과 사회적 상황으로 대별 할 수 있다.

(1) 물리적 상황

지각대상이 되는 사물이나, 사건은 지각되는 상황에 따라 영향을 받게 된다. 예를 들면 다 같은 호랑이지만 동물원의 우리 안에 있는 것과 숲 속에 있을 때 느끼는 지각의 차이는 다르다.

(2) 사회적 상황

사회적 상황이 변함에 따라 동일한 사물이나 행위에 대한 지각도 달라진다. 예를 들면 새벽 6시에 울리는 전화벨 소리와 저녁 퇴근시간에 울리는 전화벨 소리에서 느끼는 지각은 차이가 난다.

제 4 절 지각의 제 이론에 대한 고찰

지각을 설명 할 수 있는 지각이론에는 학자에 따라 여러 가지 이론을 제시하고 있는데, 지각에 관한 이론들은 주로 사람들이 타인에 대한 인상을 어떻게 형성하는가에 대한 인상형성 이론, 타인의 행동을 보고 그 동기를 추론하는 귀인이론, 타인과의 관계에서 발생하는 인지상의 부조화를 어떻게 극복할 것인가에 초점을 맞추는 인지부조화이론이 대표적이다.

1. 인상형성 이론

인상형성 이론은 대인지각에 있어서 사람이 다른 사람에 대해 어떻게 인상을 형성하는가를 다루는 이론이다. 사람은 다른 사람과의 관계에서 인상을 통해 사람을 판단하려는 경향이 많으며, 인상은 오랫동안 남아 작용하게 된다. 따라서 사람들은 가급적 좋은 인상을 주기 위해 노력하며, 또한 계속 유지하고자 한다.

인상형성 이론은 애쉬(S. Asch)에 의해 체계적인 연구가 이루어졌으며, 루친스(A. S. Luchins)의 초두 효과(primacy effect) 등이 대표적이다. 인상형성의 특징과 과정을 살펴보면 다음과 같다.

(1) 일관성

인상을 형성함에 있어 사람들은 단편적인 정보를 통합하여 타인에 관하여 일관성 있는 특징을 형성하려고 한다. 즉, 타인에 대해 서로 모순되는 정보가 있다 하더라도 특정의 정보에 입각하여 한쪽으로만 일관되게 지각하려고 한다는 것이다. 이러한 경향은 사물을 지각할 때 평가의 의미가 강한 사회적 지각에서 자주 발생한다.

(2) 중심적 특질과 주변적 특질

하나의 인상을 형성하는 데 있어 중심적 역할을 수행하는 특질과 주변적인 역할밖에 하지 못하는 특질이 있다.

중심적 특질(central traits)이란 어느 한 사람의 전부를 평가해버리는 결정적인 역할을 하는 특질을 말하며, 주변적 특질(peripheral traits)은 부수적 역할밖에 하지 못하는 특질을 말한다.

예를 들어 삼식이가 근면 성실함에도 불구하고 냉정한 것이 뚜렷하여 그를 '냉정한 사람'으로 평가하게 된다면 냉정함은 중심적 특질이고, 근면 성실함은 주변적 특질이 되는 것이다.

이와 같이 지각은 지각 대상자의 중심적 특질에 의해 이루어지며, 타인을 지각할 때 좋다 혹은 나쁘다와 같이 평가차원의 특질들이 중심적 특질의 역할을 하게 된다.

(3) 초두 효과

루친스(A. S. Luchins)는 인상형성 이론에서 초두 효과(primacy effect)를 예를 들면서 인상을 형성하는 데는 처음 들어온 정보가 나중에 들어온 정보보다 중요한 역할을 한다고 주장하였다. 즉, 먼저 들어온 정보가 나중에 들어온 정보보다 인상형성에 더 큰 영향을 미친다고 보았으며, 먼저 들어온 정보에 따라 인상의 형성이 좌우되는 것을 가리켜 초두 효과라고 한다.

따라서 한번 형성된 인상은 수정되기 어렵고 이것은 인상형성에 있어서 첫인상이 얼마나 중요한지를 보여주고 있다.

쉼터

첫인상과 초두 효과

상대방이 느끼는 첫 인상은 6초 안에 본인이 갖고 있는 이미지의 80% 이상을 본인의 의사와는 상관없이 평가를 받는다고 한다. 초두 효과(primacy effect)란 첫 이미지 정보의 전달 효과이다. 상대방에게 전달되는 이미지 중에서 처음에 강하게 들어 온 정보는 전체적인 이미지의 판단에 결정적이라는 것이다.

이처럼 사람의 인지구조에 영향을 미치는 초두 효과는 "맥락 효과(context effect)"로 이어진다. 맥락 효과란 처음에 내린 판단에 따라 입력되는 정보들에 대한 판단이 맥을 잇게 된다는 것이다.

첫 이미지가 긍정적이면 다음에 들어오는 정보도 긍정적으로 처리될 가능성이 훨씬 높아지게 된다. 예를 들어 처음 이미지가 좋게 여겼다면 만일 약속에 늦었더라도 일이 너무 바쁘기 때문일 거라고 생각하는 반면, 첫 이미지가 좋지 않았던 사람의 경우는 불성실하기 때문이라고 생각한다.

첫인상은 보통은 외모에서 느끼는 것으로 용모, 복장, 태도 등 대부분이 외양적인 것에서 이미지를 느끼게 된다. 따라서 심리학에서도 상대방을 처음 만났을 때 느끼는 모습을 초두 효과라고 표현하는데 이러한 첫 이미지를 잘 형성하지 못하였을 때 초두 효과가 좋지 않다고 할 수 있다. 초두 효과가 좋지 않을 때는 부정적인 모습으로 비쳐지므로 초두 효과의 개선을 위하여 첫인상의 관리는 무엇보다 중요하다.

2. 귀인이론

우리는 타인을 지각할 때 그 사람의 행동을 의도적인 것으로 생각하고 왜 그가 그런 행동을 했는가 하는 원인을 찾으려고 한다. 그리고 이러한 정보를 바탕으로 타인을 평가하고 판단하게 된다.

이와 같이 피지각자의 행동을 지각하고 평가하는 데 있어서 그 행위의 원인을 추리·분석하는 과정을 귀인 과정(attribution process)이라고 하며, 이러한 측면에 초점을 두고 연구된 사회적 지각이론을 귀인이론(attribution theory)이라고 한다.

따라서 귀인과정은 행위의 원인을 찾고 그것을 해석하는 과정을 말한다. 귀인이란 행위의 원인을 내적이냐 혹은 외적이냐를 판단하여 어느 쪽으로 귀속시키느냐 하는데서 붙여진 이름이다. 귀인 과정을 살펴보면 [그림 6-5]와 같다.

그림 6-5 귀인 과정의 모형

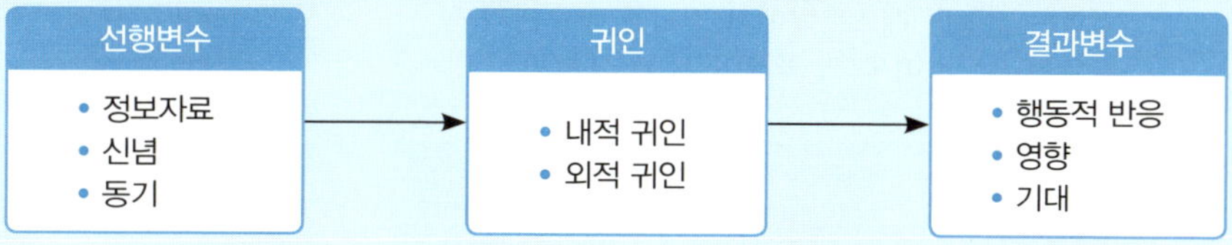

[그림 6-5]에서 선행변수들은 행위의 원인을 찾는 데 중요한 역할을 하는 요인들로서 지각자가 파악하고 있는 지각대상자의 사전 정보자료와 지각자가 가지고 있는 신념과 동기 등이 포함된다.

귀인은 선행변수를 통해 지각자가 지각대상자의 행동의 원인을 내적인 것과 외적인 것으로 구분한 다음 그 행위에 대해 어떤 의미를 부여하고 어떤 행동을 취할 것인가를 결정하게 되는 것을 말한다.

결과변수는 귀인에 의해 얻게 되는 결과들로, 지각대상자의 행동에 대해 나타나는 지각자의 행동적 반응, 지각자가 지각대상자에게 영향을 주게 되는 지각자의 견해 그리고 지각대상자의 행동에 대해 갖게 되는 지각자의 기대 등이 있다.

타인의 행동을 관찰하고 그 원인을 귀속시키는 데에는 내적인 것과 외적인 것이 있다. 먼저 내적 귀인은 능력, 동기, 성격 때문인 것으로 이해하는 것이며, 외적 귀인은 어떤 행위의 원인을 외적인 것, 즉 환경적인 것으로 돌리는 것으로 이해하는 것이다.

켈리(H. H. Kelly)는 입방체 이론에서 대부분의 지각대상자가 지니는 행동특성 가운데, 특이성(distinctiveness), 합의성(consensus), 일관성(consistency)을 근거로 하여 그 행동의 원인을 한쪽으로 귀속시킨다고 주장하였다.

특이성이란 지각대상자의 행동이 그 사람의 다른 행동과 어떻게 다른가를 따지는 것이다. 이때 지각대상자의 이번 행동이 지금까지의 행동과 다르다면, 외적 귀인으로 판단하고 그 행동이 이전과 동일하다고 판단되면 내적 귀인으로 판단한다. 만약 어떤 사람이 지각을 했는데 그가 평소에 성실했다면 상사는 부하의 지각에 대해 외적인 것(교통 혼잡, 집안 사정, 건강 문제 등)으로 돌리게 되지만, 부하가 평소 지각을

그림 6-6 켈리의 귀인이론

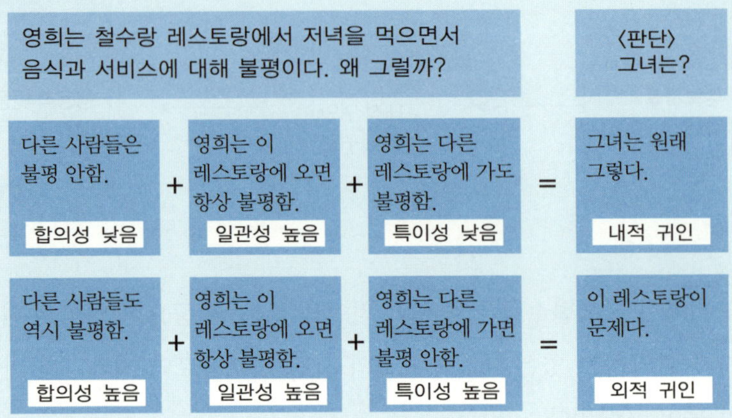

자주했다면 내적인 것(게으른 성격, 불성실한 태도 등)으로 돌리게 된다.

합의성이란 지각대상자의 행동이 그와 비슷한 처지에 있는 사람들의 행위와 얼마나 일치하였는가를 말한다. 이때 지각자는 관찰된 행동이 합의성이 높으면 외적인 것으로, 합의성이 낮으면 내적인 것으로 판단한다.

출근 시간에 지각한 김대리의 경우, 같은 출근길의 박대리도 늦게 출근했다면, 상사는 김대리의 지각을 외적인 것(교통 혼잡)으로 귀속시키지만, 박대리와 다른 종업원이 모두 정시에 출근했다면 김대리의 지각에 대해 그 원인을 내적인 것으로 귀속시키게 된다.

일관성이란 지각대상자의 행동이 지금까지 얼마나 빈번하게 있어 왔던 것인가 하는 것을 의미한다. 지각자는 관찰된 행위가 일관성이 높은 경우에는 그 원인을 내적인 것으로 귀속시키게 되고, 일관성이 낮은 경우에는 외적인 것으로 귀속시키게 된다.

예를 들어 김대리가 평소에 지각을 자주했다면 상사는 김대리의 지각을 내적인 것으로 귀속시킬 것이고, 그가 평소에는 늘 정시에 출근했다면 그 원인을 외적인 것에 귀속시킬 것이다.

따라서 외적 귀인은 특이성과 합의성이 높고 일관성이 낮을 때 발생할 가능성이 높고, 내적 귀인은 특이성과 합의성은 낮고, 일관성이 높은 경우에 이루어질 가능성이 크다.

3. 인지부조화이론

우리의 인지구조는 일관성이 있어서 정서적으로 편안하고, 유쾌한 상태를 유지하려는 방향으로 작용하려는 경향이 있다. 즉, 지각자는 지각대상에 대해 평소 가지고 있는 신념, 태도, 행동 사이에 일관성이 없다고 느껴지면 심리적으로 불안하기 때문에 일관성을 유지하기 위해 노력한다.

페스팅거(L. Festinger)에 의해 창시된 인지부조화이론(cognitive dissonance theory)은 이러한 인간심리의 기본적 속성에 의해 전개된 이론이다.

인지부조화란 인지상의 비일관성에서 비롯되는 것으로 태도와 신념, 태도와 행동 사이에 부조화가 나타나면 불편한 인지상태를 경험하기 때문에 노력을 기울여서라도 조화상태로 돌아가려는 경향을 보인다.

예를 들어 "나는 담배를 즐겨 피운다."라는 사실과 "담배는 몸에 해롭다."라는 사실이 있다고 하면, 지각자는 담배를 피우는 것이 마음이 편하지 못한 상황으로 부조화를 경험하게 된다.

이런 경우 부조화를 줄이는 방법은 우선 부조화요소의 중요성을 감소시키거나(인명은 재천이다), 조화요소들을 첨가시켜 부조화의 크기를 줄이는 방법(사회생활을 하려면 담배를 피울 줄 알아야 한다)이 있다.

또는 부조화요소 자체를 제거하거나 극소화시키는 방법(할아버지는 하루에 담배 2갑을 매일 피웠는데도 장수를 하더라)도 있다.

이처럼 인지부조화이론은 타인과의 관계에서 발생하는 인지상의 부조화를 어떻게 극복하는지 하는 심리적인 과정을 체계적으로 설명해줄 뿐만 아니라 개인이 태도 및 행동변화에 대한 가능성을 이해하는 데 도움을 준다.

쉼터

손금에 들어있는 비밀

- 인생의 축소판 -

손이 인체의 축소판이라는 것은 이미 잘 알려진 사실이다. 하지만 손이 '인생'의 축소판이라고 한다면 많은 사람들의 운명이란 한 번 정해지면 고정 불변하는 것으로 생각한다.

요즘 유행하는 혈액형이나 별자리, 혹은 연말연시가 되면 누구나 한 번쯤 보고 싶어 하는 토정비결, 이 모든 것들은 태어날 때부터 정해진 것으로 운명을 점친다. 하지만 정말 운명이라는 것이 태어날 때부터 결정되는 것일까?

손금은 깍지를 껴서 엄지가 위로 올라오는 손은 타고난 운명으로, 밑에 오는 손은 현재의 상황으로 본다. 사업가의 운명을 타고나서 공무원으로 살아가는 사람도 있으며, 선이 생겼다가 없어졌다 하면서 손금이 시시때때로 변하기도 한다.

손금을 통해 어느 정도 미래를 예견하거나 타고난 성격이나 적성 등을 알아볼 수 있지만, 그보다 더 중요한 것은 자신에게 주어진 시간을 어떻게 사용하고 어떻게 쌓아 가느냐에 따라 손금이 변한다는 사실이다. 어디로 가야 할지 갈팡질팡할 때, 손금은 분명 인생의 친절한 조언자가 되어줄 수 있다. 하지만 답은 언제나 자기 안에 있다는 사실을 잊어서는 안 된다.

손금은 타고난 운명, 현재의 상황을 나타내주는 것뿐만 아니라 내가 걸어온 인생의 시간까지도 드러낸다. 노력하면 노력한 만큼 그 노력이 손금에 반영된다는 말이다. '사주를 보니 나는 이런 성격이라더라, 그러니까 내가 이렇게 행동하는 건 어쩔 수 없어', '올해는 뭘 해도 안 된다던데', '나는 운이 안 좋아'라며 실망하기보다 스스로 운명을 개척해 나가는 자세가 중요하다. 무엇을 어떻게 개선시켜야 할지 손금으로 파악하고, 또한 자신의 노력을 손금으로 확인해나간다면 분명 어느 순간 운도 나의 편이 되어 있을 것이다.

제 5 절
지각상의 오류와 관리방안

우리는 지각을 통하여 타인을 평가하고 그 사람의 행동을 예측할 수 있다. 그러나 지각자가 지각과정만을 통하여 타인의 행동을 완벽하게 평가하고 예측한다는 것은 쉬운 것이 아니다. 지각자가 가지고 있는 여러 가지 심리적 왜곡요인이 지각과정에 개입되어 평가와 예측의 정확성을 떨어뜨리기 때문이다.

우리는 생활하면서 사람이나 사물을 지각할 때 흔히 올바르게 지각하고 있다고 생각하지만 실제로는 많은 오류를 범하게 되는데 이것을 지각상의 오류라고 한다.

1. 지각상의 오류

(1) 상동적 태도

상동적 태도는 1922년 리프만(Walter Lippmann)에 의해 최초로 사용된 용어로서 경직된 편견을 가진 지각을 뜻하는 것으로, 지각대상자가 속해 있는 집단의 특성을 기초로 하여 형성되어진 편견을 가지고 지각대상자를 평가하는 것을 말한다. 즉 지각대상자를 독립적인 존재로 인식하기보다는 그가 속한 사회적 집단에 대한 지각을 기초로 해서 그 역시 똑같은 부류의 사람으로 판단하는 것으로 유형화하는데서 오는 오류를 말한다.

이러한 상동적 태도에 의한 지각상의 오류를 줄이기 위해서는 논리적 체계나 도덕적 기준을 확고히 정립할 필요가 있다.

(2) 후광효과

후광효과(halo effect)란 한 분야에 있어서 어떤 사람에 대한 호의적 혹은 비호의적인 인상이 다른 분야에 있어서도 그 사람을 평가하는 데 영향을 주는 경향을 말하는데 이것을 현혹효과라고 한다.

예를 들어, 용모가 뛰어나면 공부를 잘할 것이라고 판단한다든지, 성실한 사람이 무조건 능력이 있는 사람으로 판단해 버리는 것 등이 이에 속한다.

(3) 관대화 경향

관대화 경향(lenient tendency)이란 개인을 평가할 때 가급적이면 후하게 평가하려는 경향을 말한다. 여기서 관대화는 '치우침'의 정도를 의미한다. 이런 경향이 발생하는 이유는 집단 가운데 우수한 사람이 많거나 평가자가 후한 성격을 가지고 있기 때문이기도 하지만, 나쁘게 평가하면 평가자를 미워하게 되고, 나쁜 원인을 평가자의 탓으로 돌리게 된다거나, 타 부서보다 더 나쁘게 평가되는 것은 자기의 책임으로 여기기 때문에 이를 회피하기 위해서 관대화가 이루어진다.

(4) 중심화 경향

중심화 경향(central tendency)이란 대다수의 평가가 평균을 중심으로 가운데 몰리는 것을 말한다. 이것은 극단적인 평가를 피하고 보통으로 집중시키려는 인간의 자연적인 성향 때문이다. 이것을 집단화 성향이라 부르기도 한다.

이러한 중심화 경향을 제거하기 위해서는 정규분포곡선을 이용하여 각 등급의 해당자를 강제로 배분함으로써 어느 정도 해결할 수 있다.

(5) 선택적 지각

선택적 지각(selective perception)은 개인이 가장 범하기 쉬운 지각적 오류로서, 환경으로부터의 모든 자극을 다 감지하지 않고, 개인의 준거체계에 유리하거나 일관성 있는 자극만을 수용하려는 경향을 말한다.

(6) 지각방어

지각방어(perceptual defense)란 습관적으로 자기에게 유리하거나 도움이 되는 정보는 받아들이면서 불리하거나 위협을 안겨주는 정보는 인정하려고 하지 않는 경향으로서 특히, 그 정보가 상동적 태도와 일치하지 않을 경우 이를 제거하기 위해 정보를 회피하거나 왜곡하는 것을 말한다.

(7) 대비오류

대비오류(contrast error)란 사람을 평가할 때 객관적인 평가기준을 따르기보다는 평가자 자신이 설정한 기준에 따라 평가하는 것을 말한다.

예를 들면 자신이 깔끔한 성격을 가진 경우 상대방이 조금만 허점을 보여도 아주 낮게 평가하거나, 반대로 자신이 허술한 경우 상대방이 조금만 깔끔해도 매우 높게 평가하는 것이 이에 속한다.

(8) 유사 효과

유사효과(similar to me effect)는 평가자가 태도, 취미, 성, 종교적 견해에 있어서 자기와 유사한 사람을 호의적으로 평가하게 된다. 또한 상대방도 자기와 비슷할 것으로 생각하여 자신이 직무에서 도전과 책임을 원한다면 상대방도 똑같이 그렇게 바랄 것으로 보는 것은 이 효과에 속한다.

2. 지각상 오류관리

사람은 누구나 지각할 때 여러 가지 요인에 의해 지각상의 오류를 범하기 쉽다. 던햄(R. B. Dunham)은 지각상의 오류를 줄일 수 있는 방법으로 자기이해, 자기수용, 의식적 정보처리활용, 현실성 테스트를 제시했다.

(1) 자기 이해

자기 이해(self understanding)는 사람은 누구나 상동적 태도나 후광효과 등에 의하여 지각상의 오류를 범할 가능성이 있다는 것을 인정하게 하는 것이다. 지각해석은 무의식적으로 작용하는 경향이 있으므로 지각해석의 오류를 인식하게 함으로써 이에 대한 세심한 주의를 기울여야 한다.

(2) 자기 수용

자기 수용(self acceptance)이란 인간은 완전하지 않고 자기 자신도 바람직하지 않은 특성과 성격을 지니고 있을지도 모른다는 것을 인식하게 하는 것이다. 이러한 사실을 인정하게 되면 어느 정도 오류는 감소할 수 있다.

(3) 의식적 정보처리 활용

의식적 정보처리(conscious information processing)란 지각과정에 "사실"을 신중하고, 의식적으로 검토하도록 하는 것이다.

지각선택에서 필요한 정보를 목록화하여 체계적으로 선택하게 하고, 조직화 단계에서도 선택된 정보를 검토하여 분류를 하고, 지각해석에 있어서 핵심문제를 중심으로 처리한다. 의식적 정보처리는 무의식적인 지각과정을 보다 정확하고 명확하게 하는 데 의미가 있다.

(4) 현실성 테스트

현실성 테스트(reality testing)란 자극에 대한 지각해석을 다른 측정치와 비교함으로써 지각해석이 정확한지를 결정하는 방법이다. 즉, 동일한 지각대상에 대하여 다른 관점을 지닌 사람과 자신의 지각을 비교하는 것이다.

여기서 자신의 지각과 타인의 지각이 비슷하다고 해서 반드시 지각의 오류가 없다고 볼 수는 없다. 왜냐하면 다른 사람도 자신과 같은 지각상의 오류를 가질 수 있기 때문이다.

지각 테스트는 지각되는 대상을 하나 또는 그 이상의 측정치와 비교함으로써 오류를 감소시킬 수 있다.

연/습/문/제

01. 지각의 개념에 대해 알아보자.

02. 지각의 차이와 중요성에 대해 이야기해 보자.

03. 지각과정에 대해 알아보자.

04. 지각의 영향요인에 대해 살펴보자.

05. 인상형성 이론에 대해 살펴보자.

06. 귀인이론에 대해 살펴보자.

07. 인지부조화이론에 대해 이야기해 보자.

08. 지각상의 오류에 어떤 것이 있는지 이야기해 보자.

09. 지각상의 오류관리를 어떻게 해야 되는지 이야기해 보자.

Chapter 07

학 습

제 1 절 학습에 대한 이해

1. 학습의 개념

개인의 행위 변화란 경영자가 계획적인 영향력을 발휘하여 조직구성원들로 하여금 바람직한 행위를 학습하게 하는 것이다. 여기서 행위의 변화는 행위의 형성이고 심리학적으로는 학습이라는 과정을 통해 이루어진다.

학습(learning)이란 문자 그대로 보고 배우는 것으로 '경험의 결과로 인한 영속적인 행위의 변화'라고 정의할 수 있다. 학습의 정의에서 중요한 점은 학습이 일어났다는 것은 행위의 변화가 반드시 있어야 한다는 점이다. 행위의 변화는 일시적인 것이 아니며 경험의 결과로 지속적이어야 한다.

조직행동론에서 학습이란 바람직한 태도와 행동을 새롭게 배워 익숙하게 하는 데 관심이 있다. 학습은 경험의 결과로서 유발되는 비교적 지속적인 행동의 변화과정이므로 개인의 행동변화를 위해서는 경험을 변화시켜야 하고, 경험을 변화시키기 위해서는 강화된 연습으로서의 학습이 필요하다.

따라서 학습이란 좋은 태도나 행동의 버릇들이기라고 할 수 있으며 새로운 버릇이 습관이 되었다면 이를 '학습되었다'라고 말할 수 있다.

2. 학습의 속성

학습은 반복적인 연습이나 경험에 의해서 이루어진 비교적 영구적인 행동의 변화로 다음과 같은 속성을 지니고 있다.

(1) 행동변화

학습은 행동변화(behavioral change)를 수반한다. 이때 행동의 변화란 행동잠재력의 변화까지 포함하기 때문에 성격, 판단, 태도, 동기, 의도의 변화까지 포함한다. 이런 것들이 긍정적인 방향으로 변하는 것을 목표로 하지만 때로는 부정적으로 변하기도 한다.

(2) 영구적 변화

학습에서의 행동변화는 비교적 영구적인 성격을 지니고 있다. 따라서 개인이 환경조건에 대해 일시적인 행동변화는 학습이라고 볼 수 없다.

(3) 연습과 훈련

학습은 신체적인 발육이나 본능적 행동과 같은 자연적인 성숙, 또는 피로나 약물복용으로 인한 일시적인 행동과는 구별되어야 한다. 학습은 이와 같은 자연적인 행동변화나 일시적인 행동변화가 아니라 당사자의 경험이나 연습에 의하여 변화가 이루어지는 것을 의미한다.

(4) 강화작용

행동을 영구적인 변화로 정착시키기 위해서는 연습이나 경험을 되풀이시키는 강화작용(reinforcement)이 필요하다. 이러한 강화가 없으면 새로운 행동은 지속되지 못하고 소거되어 버린다. 그러므로 학습에는 반복적인 연습과 경험이 수반됨으로써 영구적인 행동변화로 정착될 수 있다.

쉼터

참치 회 제대로 먹는 법 배우기

■ 1. 얼마나 녹여 먹나

참치는 잡자마자 초저온으로 냉동해 두었다가 해동해 가며 먹는 생선이다. 젓가락으로 집을 때 탄력을 유지한 채 약간 휘어지는 정도가 제일 먹기 좋을 때이다.

■ 2. 레몬즙은 회에 뿌리지 않는다.

참치 회를 먹을 때 접시에 레몬이 나오는 이유는 장식과 향기를 더하기 위한 것이다. 다른 사람이 먹기도 전에 레몬즙을 회 위에 짜놓는 것은 배려가 아니라 실례이다. 레몬의 상큼한 맛을 즐기는 사람은 자신의 간장 종지에 넣어 혼자 즐기도록 하는 것이 좋다.

■ 3. 김은 따로 먹는다.

참치 회를 먹는 문화가 정착되면서 가장 잘못 보급된 부분이다. 담백한 맛으로 즐기는 참치 맛을 모르는 단계에서 소비자에게 억지로 먹이려다 보니 김을 내놓게 된 것이다. 하지만 맛과 향이 강한 김으로 참치를 싸먹는 것은 비싼 횟감의 제 맛을 포기하는 것이다. 김은 가끔 입맛을 살리기 위해 따로 먹는다. 때로 초생강 등을 먹어 입맛을 개운하게 하고 다음 부위를 맛본다.

■ 4. 초밥을 먹을 때는 간장을 바꾼다.

참치 회에 이어 참치초밥을 먹게 됐을 때는 고추냉이(와사비)를 푼 간장 종지를 바꿔 새 종지에 간장만 따로 부어 찍어 먹는다. 간장을 찍을 때는 초밥을 뒤집어 생선살 부분에 찍는 것이 좋다.

제 2 절 학습의 원리

학습은 개인이 조직체나 일상생활에서 자신의 행동을 형성해 나아가는 중간역할로 작용하는 중요한 과정이다. 따라서 학습은 개인행동을 이해하는 데 있어서 매우 중요할 뿐만 아니라, 학습과정에 관한 연구를 통하여 학습 환경을 조건화시킴으로써 학습을 효율적으로 실시할 수 있다. 학습의 제 원리를 설명하면 다음과 같다.

1. 강화법칙

강화법칙은 자극-반응과정에서 반응행동으로부터 만족스러운 결과를 얻기 위하여 반응행동을 작동하기 때문에 이러한 작동행동을 유도해 내는 것을 강화작용(reinforcement)이라고 한다. 이는 학습과정에서 매우 중요한 역할을 한다. 즉, 강화작용은 어떤 행동에 대하여 보상을 줌으로써 그와 같은 행동의 반응을 증가시키고자 하는 것이다.

2. 소거법칙과 망각

소거(extinction)는 벌과 마찬가지로 바람직하지 않은 행위를 감소시킬 수 있는 방법이다. 학습되었거나 사전에 조건화된 반응에 대한 적극적 강화가 억제될 때, 당분간은 그 반응을 보이지만 계속해서 적극적 강화가 뒷받침되지 않으면 그 행위는 감소되고 결국 사라지게 된다. 이렇게 보상되지 않은 상황이 반복되어 그 결과로 반응률이 하락하는 것을 소거라고 한다.

소거는 불필요한 행동이 전적으로 제거되지 않을 경우 그것을 약화시키는 한 가지 반응으로, 바람직하지 않은 행동을 못하게 하기 위해 다른 기법과 함께 사용된다.

그런데 소거와 비슷한 망각은 구별되어야 한다. 즉, 소거는 반응이 반복해서 일어나지만 강화는 되지 않는 반면, 망각은 해당되는 반응이 나타나지 않고 일정한 기간이 지난 후 반응이 사라지는 것을 말한다. 따라서 망각률을 줄이려면 반복학습이 이루어져야 한다.

3. 피드백(feedback)

피드백은 목표달성의 지식이라고 할 수 있다. 적절한 피드백은 작업상의 실수를 바로잡고, 직무성과를 개선시키는 데 필요한 정보를 제공해 준다. 따라서 피드백을 통한 올바른 행위에 대한 지식은 예상되는 행위를 강화하고 유인하게 하는 반면, 올바르지 못한 반응으로부터 얻어지는 지식은 강화되지도 않을 뿐만 아니라 다음에 일어나게 될 행동을 소멸시킬 수도 있다.

따라서 행동개선과 수정에 있어서 모든 정보와 자료를 피드백시켜 주는 것은 매우 중요하다. 학습과정에서 정확한 정보피드백은 행동수정에 있어서 단계적인 행동변화 목표를 설정하는 데에도 큰 도움을 주어 종업원의 성과에 영향을 미치는 반면, 불완전하거나 잘못된 피드백은 오히려 낮은 성과를 가져오기 때문에 경영자는 종업원에 대한 정확한 평가와 분석을 통한 적절한 피드백을 함으로써 나은 목표를 달성할 수 있게 된다.

4. 학습패턴

학습과정은 학습내용과 환경상황에 따라서 다르지만 효과발생에 있어서 일반적으로 공통된 패턴을 보이고 있다.

학습패턴은 ① 적응단계, ② 가속단계, ③ 플래토(plateau)단계, ④ 회복단계, ⑤ 정착단계의 5단계로 구성되어 있다.

(1) 적응단계

적응단계는 학습의 필요성을 인식하고 학습 환경에 익숙해지는 단계로 새로운 변화에 대한 물질적인 환경적응은 물론이고 심리적 저항을 극복하고 동기를 유발시키는 것이 가장 중요한 과제이다.

(2) 가속단계

가속단계에서는 학습자가 학습에 대한 필요성이 인식되고 학습 환경에도 익숙해짐에 따라 학습효과가 나타나기 시작하고 강화작용을 통하여 학습결과에 만족을 느끼게 되면 동기유발도 가중되어 학습효과가 크게 나타난다.

(3) 플래토단계

학습과정은 어느 시점에 가서 학습 환경에 효율적 제한이 있고 동기도 소멸되어 버리기 때문에 플래토 현상(plateau phenomenon, 고원현상 : 연습 도중 일정기간 중 진보가 정체되어 연습효과가 나타나지 않은 때)이 발생한다. 따라서 새로운 학습방법과 환경을 모색할 필요성이 생기게 된다.

(4) 회복단계

회복단계에서는 새로운 학습방법이 모색되고 학습동기도 유발됨에 따라서 학습효과가 재생되어 회복단계로 들어가서 학습효과가 정상에 도달하게 된다.

(5) 정착단계

정착단계에서는 학습 결과를 수없이 되풀이하여 새로운 기술이나 행동을 자극-반응 학습이론에 의한 작동적 조건반응 행동으로서 정착시키는 단계에 이르게 된다.

위와 같은 학습패턴은 학습의 내용이나 학습자의 특성에 따라서 다소 다르게 나타날 수 있다.

5. 잠재학습

구구단을 암기하다가 몇 달 암기하지 않더라도 구구단 암기를 새로 시작하는 사람보다 빨리 학습되는 것이 잠재학습이다. 잠재학습에 의해 조직학습의 효과가 조직 내에 저장되어 있기 때문에 추후 다시 시도할 때는 이전보다 노력을 덜 들여도 된다.

6. 과도학습

목적한 행동이 반복적으로 발생하는 수준까지 학습이 이루어졌더라도 계속해서 반복학습이 이루어지면,, 즉 과도학습을 시키면 시간이 많이 경과하더라도 학습된 행동이 쉽게 사라지지 않는다.

7. 학습의 전이

학습의 전이는 조직의 학습효과가 어느 한 부분에서만 진행되더라도 조직의 다른 분야에도 쉽게 이끌어 낼 수 있다는 것이다. 따라서 조직 내의 정보력, DB구축, Know-how 축적 등 기존에 학습된 것이 있을 경우 그러한 것들이 조직 내의 다른 분야를 학습할 때 간접효과를 발휘하게 된다.

8. 학습방법 학습

이는 학습내용을 학습하는 것이 아니라 학습이 이루어지는 방법을 학습하는 것이다. 일단 학습방법을 터득하고 나면 그 이후의 학습은 훨씬 쉬워지게 된다. 학습의 속도도 빨라지게 된다.

쉼터

우리 아이가 달라졌어요!

아이를 키우는 부모로서 여러 가지 바람이 있겠지만 좋은 태도와 생활 습관을 가진 아이로 키우는 것을 빼놓을 수 없을 것이다. 부모들은 통제 불능 상태에 놓인 아이들을 바로 잡아 주는 프로그램에 대한 관심이 많다.

흔히 미운 다섯 살이라 하지만 미운 정도를 넘어서는 경우를 주변에서 어렵지 않게 볼 수 있다. 무조건 떼를 쓰기만 하거나 부모의 통제가 전혀 받아들여지지 않거나 심지어 무턱대고 타인을 공격하는 폭력 경향에 이르면 지금 당장도 그렇지만 이 아이가 자라 겪게 될 여러 문제를 걱정하지 않을 수 없다.

나이가 들어 갈수록 몸에 배인 생활 습관이나 살아가는 자세는 고치기 어렵다. 어른이 되어 갈수록 원인을 찾아 고쳐볼 기회를 잡기보다는 현상에만 대처하게 된다. 어떤 경우에는 그 현상에 대한 대처가 개인이 반성하는 차원을 넘어서서 직장에서 해고되거나 법에 의해 처벌받는 결과에 이르기도 한다.

전문가들에 따르면 나이가 어릴수록 생활 습관을 바로 잡는 것이 쉽다고 한다. 또 이왕이면 처음부터 좋은 생활 습관을 키우는 게 중요하다고 하는데 특히 만 2~3세를 시작으로 만 5~7세에 이르는 기간에 탄탄한 기본을 세워 줄 것을 강조하고 있다.

이 시기에 키워줘야 할 것들은 여러 가지가 있겠지만 그중에서 가장 중요한 것을 꼽는다면 '대화로 문제를 해결하는 원칙과 방법'이라 한다. 떼를 써서는 결코 원하는 것을 얻지 못하고 대화를 통해서만 문제를 해결할 수 있다는 것을 깨달은 아이들은 커서도 원만한 대인 관계를 가질 수 있다는 것이다.

울기만 하는 아기 곰은 원하는 것을 얻지 못하고 말로 표현하는 친구들은 원하는 것을 얻는 과정을 견줘 보면서 자연스럽게 대화로 문제를 풀어가는 습관을 길러나가야 한다.

제 3 절
학습이론에 대한 이해

학습과정을 설명하는 대표적인 이론은 행태론적 학습과정이론과 인지론적 학습과정이론을 들 수 있다.

행태론적 학습과정이론은 학습을 어떤 자극으로부터 행동을 유도해 내는 기계적인 과정으로 보고, 직접 경험을 통한 행동변화에 초점을 두고 있다.

반면 인지론적 학습과정이론은 학습을 환경적 요소와 개인의 기대와의 복잡한 관계로 보고 자극과 반응뿐만 아니라 개인의 기억, 목적, 기대감 등도 포함하여 개인의 변화를 설명하고 있다.

1. 행태론적 학습과정이론

행태론적 학습과정이론에는 고전적 조건화의 이론을 전개한 파블로프(I. Pavlov)와 작동적 조건화의 이론을 전개한 스키너(B. F. Skinner) 등이 있다.

이들은 모두 조건화의 개념을 통하여 학습과정을 설명하려는 데 그 특성이 있다. 이때 조건화 또는 동작형성이란 자극과 반응의 연쇄과정에서 하나의 행동패턴으로 발전시키는 것을 말한다.

(1) 고전적 조건화

가장 초보적이고 고전적인 방법으로서 파블로프(I. Pavlov)가 동물을 학습시킬 때 사용한 방식이다. 개에게 종을 치면 침을 흘리도록 훈련시키는 실험을 통해 밝혀 낸 것이다. 파블로프는 간단한 외과학적 절차를 이용하여 개가 분비한 타액의 양을 정확하게 측정하면서 일련의 실험을 하였다.

파블로프가 개에게 고기(무조건 자극)를 보여 주면 개가 분비하는 침(무조건반응)의 양이 눈에 띄게 많아졌으나 고기를 치우고 단지 종(조건자극)만 치면 개는 침을 흘리지 않았다. 그는 다시 고기와 종을 치는 것을 병행했다. 즉, 개에게 고기를 주

표 7-1 고전적 조건화

자극(stimulus)		반응(response)
학습 이전 : 고기(무조건자극)	→	타액분비(무조건반응)
종소리	→	무반응
학습과정 : 고기(무조건자극) 종소리(조건자극)	→	타액분비(무조건반응)
학습 이후 : 종소리(조건자극)	→	타액분비(조건반응)

기 직전에 종을 치는 일을 반복하였던 것이다. 그러자 얼마 후부터 개는 종소리를 듣자마자 침(조건 반응)을 흘리기 시작하였을 뿐만 아니라, 나아가서 고기를 주지 않고 단지 종만 울려도 침을 흘리는 것이었다. 즉, 고전적 조건화란 무조건자극(고기)을 조건자극(종소리)과 짝지어서 학습에 의한 행동(타액 분비)을 유도해 내는 과정을 말한다.

이러한 고전적 조건화 이론은 학습이론에 많은 공헌을 하였다. 파블로프와 같이 행태이론의 선구자인 왓슨(J. Watson)은 학습과정에서 외부로부터의 보상을 강조하였다. 즉, 자극-반응에 있어서 반응행동은 이에 따른 보상이 수반됨으로써 그 반응행동이 반복될 수 있기 때문에 보상을 조정함으로써 바람직한 반응행동만을 유도해 낼 수 있다고 주장하면서 자극-반응의 빈도와 반응행동에 대한 신속한 보상을 중요시하였다.

이들 이론은 자극-반응 이론에 있어서 반응행동의 결과가 학습효과에 미치는 영향을 강조함으로써 조건화에 있어서 행동유도의 작동적 개념이 보완되기 시작하였다.

(2) 작동적 조건화

손다이크(E. L. Thorndike)는 고양이와 토끼를 가지고 한 실험에서 "기쁜 결과(보상)를 얻는 행동은 반복되고, 나쁜 결과(벌)을 얻는 행동은 반복되지 않는다."라는 것을 발견했다. 스키너(B. F. Skinner)는 손다이크의 효과의 법칙을 한층 발전시켜 인간행동이 단순한 자극에 의한 반응이 아니라, 행동의 결과(보상)를 이성적으로 예측한 후 그 결과를 도구로 사용하여 학습을 유발할 수 있다면서 행동을 그 결과의 함수라고 보았다. 원하지 않는 것을 회피할 수 있도록 행동의 방법을 학습한다는 것이다.

그는 인간의 행동은 반사적 또는 비학습적인 것이 아니라 작동적 행동으로서 자발적 또는 학습적인 것이며 이러한 행동이 반복되는 경향은 그 행동의 결과에 의해 주어지는 강화에 따라 영향을 받게 된다는 것이다. 즉, 행동의 결과가 그 행동을 강화시키거나 약화시키며 그 행동이 반복될 가능성을 증대시키거나 감소시키게 되는 것이다.

작동적 조건화(operant conditioning)에 있어서 행동은 본능에 의해 결정되는 것이 아니라 후천적으로 학습되어지는 반응이다. 즉, 효과의 법칙과 강화법칙 등 행태학자들의 개념이 작동적 조건화의 이론적 기반을 형성하고 있다. 이러한 학습은 행동(반응)에 수반되는 결과의 경험에 의해 이루어진 것이다.

작동적 조건화는 조직체나 일상생활에서 흔히 볼 수 있다. 조직체에서 열심히 일을 하면 이에 대한 인정을 받게 되고 여기서 받은 만족감을 작동시키기 위하여 더욱 열심히 일을 하게 된다. 여기서 상사의 인정은 만족감을 불러일으키고 열심히 일하는 행동을 유도하는 데 결정적인 역할을 하게 된다.

작동적 조건화는 작동적 과정에서 개인의 욕구와 동기를 자극하게 되고 강화요인을 통하여 반응행동의 결과가 만족스러울 때 똑같은 반응행동이 반복되고, 이것이 습관화되어 학습으로 연결된다.

고전적 조건화의 차이점은 학습자의 행동의 결과가 일어나기 전에, 즉 보상이 되기 전에 행동을 먼저 한다는 데 있다.

단순한 반응적 행동이란 자극에 대하여 반사적으로 취하는 행동이지만 작동적 행동이란 결과를 위해 의식적으로 하는 행동이다. 그러므로 작동적 행동을 유발하기

그림 7-1 작동적 조건화의 과정

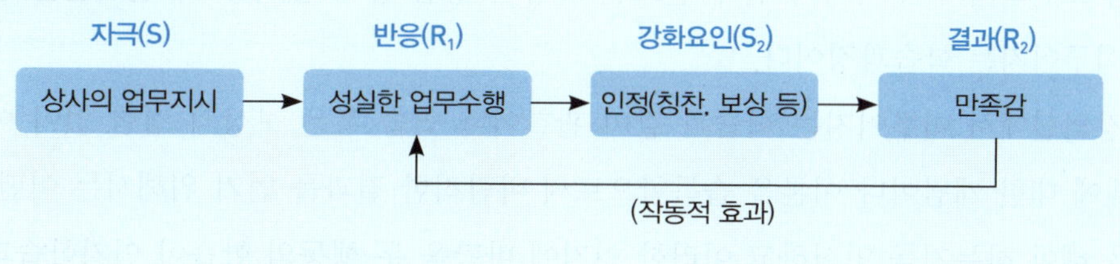

위해서는 결과를 조장해야 하고 그 결과를 얻기 위해 작동적 행동이 되풀이되다 보면 습관화, 즉 학습이 되는 것이다. 즉 능동적 행동을 하도록 조건을 만드는 것이 작동적 조건화이다.

2. 인지론적 학습과정이론

(1) 관찰학습 과정

이는 모델의 행동을 관찰함으로써 이루어지는 학습과정이다. 즉, 타인의 행동을 관찰하고 그 행동의 결과를 평가하여 만약 관찰한 행동이 긍정적인 결과를 가져다주는 경우에는 그 행동을 모방하고 부정적인 결과를 가져다 줄 때에는 모방하지 않는 방식으로 학습이 이루어지는 과정이다.

예를 들어, 종업원이 높은 성과를 달성한 결과로 보상을 받게 되면 다른 종업원들은 자신이 실제로 보상을 받지 않았더라도 성과와 보상 사이에 정(+)의 상관관계가 있다는 것을 인식하게 되고 이러한 인지에 바탕을 둔 학습(조건화)이 이루어지는 것이다.

관찰학습은 학습자에게 직접 주어지는 자극이나 결과와 관련이 없다는 점에서 고전적 조건화나 작동적 조건화와 다르지만 이러한 과정을 통해 학습된 행동이 계속 유지되기 위해서는 결국 직접적인 보상이 주어져야 한다는 점에서 일치한다. 관찰학습 과정은 조직에 있어서 구성원의 행동을 변화시키는 데에 편리하면서도 비용이 들어가지 않기 때문에 효과적인 학습방법이다.

(2) 인지학습 과정

이 방법은 관찰이나 고전적 조건화가 이루어지기 위해 필요한 반복 연습 또는 작동적 조건화가 이루어지기 위해 필요한 보상의 경험 등이 없이 오직 인지만을 통해서 이루어지는 학습과정이다.

강의실에서 이루어지는 학습과 같이 관찰이나 연습 혹은 보상의 경험 없이 어떤 주제에 대한 개념이나 이론을 습득함으로써 바람직한 결과를 얻기 위해서는 어떤 행동을 해야 하는지를 인식하고 이러한 인지에 바탕을 둔 행동의 학습이 인지학습과정이다. 이런 과정은 학습자가 지루함과 좌절을 느낄 수 있는 시행착오의 경험을 최소화시킨다. 즉, 조건화를 통하여 올바른 행동을 학습하려면 오랜 시간에 걸친 반복적인 경험을 쌓아야만 하지만 인지학습 과정을 통해서는 곧바로 올바른 행동을 학습할 수 있는 가능성이 매우 높은 것이다. 이러한 점에서 인지학습 과정은 학습과정상 중요성을 갖는다.

쉼터

영성지수(SQ : spiritual quotient)

SQ란 의미와 가치의 문제를 다루고 해결하는 창조적 지능을 측정하는 지수를 말한다. IQ(지능지수)와 EQ(감성지수)에 대응하는 새로운 개념으로 영성지수라고도 한다. 영국의 옥스퍼드 브룩스대학교 교수인 도너 조하와 정신과 의사 이언 마셜이 처음 사용하였다. 이들은 IQ나 EQ가 특정한 환경의 테두리 안에서 적절하게 행동하게 하는 일종의 적응 능력인 데 비해, SQ는 규칙이나 상황을 바꿀 수 있는 창조적 능력으로서 IQ와 EQ의 토대가 되는 인간 고유의 지능이라고 주장하였다.

이들에 따르면 SQ는 기존의 가치를 인식하는 데 그치지 않고 새로운 가치를 창조적으로 발견하는 지능이기 때문에 IQ나 EQ가 나빠 학습능력이 떨어진다 하더라도 SQ가 좋으면 탁월한 리더십으로 새로운 가치를 창조해 나갈 수 있다. 종교인·최고경영자(CEO) 등이 그 대표적인 예이다.

인간에게 제3의 지능이 있다는 신경학적 증거로는 1990년대 오스트리아의 신경학자 볼프 싱어의 연구가 있다. 싱어는 뇌신경 조직에는 IQ의 기초가 되는 순차적 신경 연결과 EQ의 기초가 되는 신경망 조직만 있는 것이 아니라, SQ의 기초가 되는 신경 진동 과정도 있다는 것을 밝혀냈다. 인간은 신경 진동을 통해서 경험의 의미와 가치를 파악하고, 삶의 목적을 결정할 능력을 갖게 된다는 것이다.

조하 교수는 이 같은 증거를 토대로 IQ, EQ와 마찬가지로 SQ도 훈련과 학습을 통해 높일 수 있으며 측정도 할 수 있다고 주장했다. 그에 따르면 유연한 사고와 확고한 자기 인식을 갖고 고통을 생산적으로 활용하는 사람, 비전과 가치에서 영감을 얻고 다양성 사이의 연관을 파악하며 인습에 역행해서 행동할 능력을 소유한 사람이 SQ가 높다.

그러나 SQ에 관한 이러한 주장을 아직 학계에서는 정설로 받아들이지 않고 있다. IQ와 EQ에 대한 이론을 비롯하여 다른 많은 지능 관련 이론과 함께 지속적인 논의와 연구가 필요한 시점이다.

제 4 절
강화전략의 유형과 관리방법

오늘날 사용되고 있는 강화라는 개념은 손다이크(E. L. Thorndike)의 '효과의 법칙'에서 비롯되었다고 볼 수 있다. 이 효과의 법칙은 반응을 한 결과가 만족스럽게 되면 S→R 연합이 강화되고 반대로 불쾌한 결과가 뒤따르면 약화된다는 것이다.

손다이크는 벌보다는 보상이 더욱 효과 있다고 생각했으며, 보상이 따르지 않는 단순한 연습만으로는 S-R 연합이 일어나지 않는다고 주장하였다. 그리고 강화는 그 양이 많아짐에 따라 학습에 끼치는 영향보다는 오히려 반응에 더 많이 영향을 준다고 할 수 있다.

이러한 행동 결과의 결합방식에 따른 강화전략의 유형과 그에 따른 관리에 대하여 알아본다.

그림 7-2 행동변화 전략

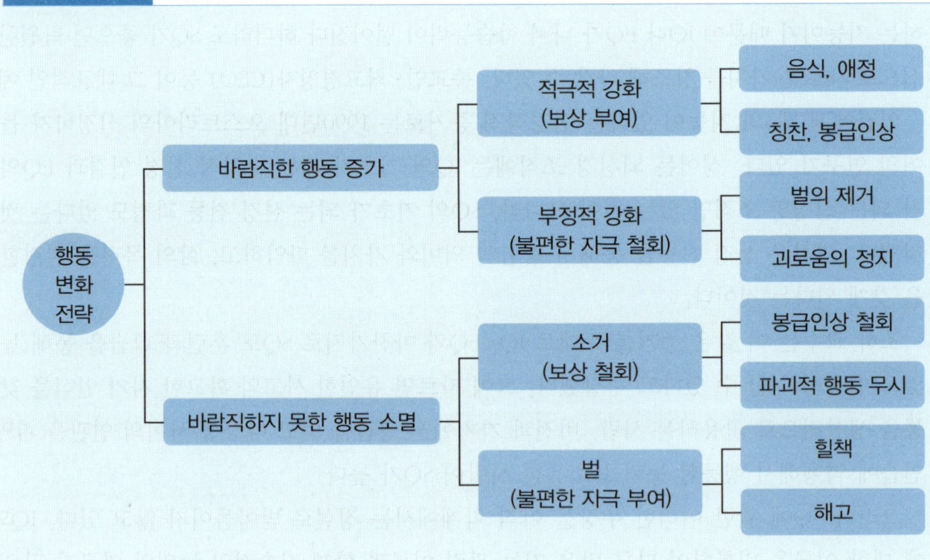

1. 강화전략의 유형

(1) 바람직한 행동의 강화

1) 적극적 강화

적극적 강화(positive reinforcement)란 작동적 조건화의 반응 확률을 강하게 해주는 방식이다. 즉, 원하는 결과를 얻기 위해서는 바람직한 행동을 수행할 가능성을 높여주는 방식이다. 이러한 방식은 개인에게 만족을 주며 그가 바람직한 것으로 생각하는 보상을 특정 행동과 관련짓는 방식이다.

적극적 강화의 관리 방법은 다음과 같다.

1 보상으로 제공되는 강화요인이 개인의 욕구나 바람과 결부되어야 한다. 즉, 개인에게 절실하며, 항구적으로 바람직한 것으로 받아들여지는 강화요인을 선택해야 한다.

2 보상이 요구되는 행동과 결속관계를 유지할 수 있는 방식으로 제공되어야 한다.

3 요구되는 행동을 수행할 수 있는 가능성과 그 행동의 수행에 대한 보상을 받을 수 있는 가능성이 현실적이어야 한다.
즉, 현재 행동이 요구되는 행동과 큰 차이가 날 경우, 점진적인 개선에 대해서 보상을 해줌으로써 보상과 행동 간의 결속관계를 보여줄 수 있지만 처음부터 요구되는 행동을 완벽하게 수행하는 경우에만 보상을 해준다면 보상받을 가능성이 낮아서 보상과 행동 사이의 결속관계를 종업원이 파악할 수 없다.

2) 부정적 강화

부정적 강화(negative reinforcement)란 적극적 강화와 마찬가지로 요구되는 행동을 수행할 가능성을 높여주는 방식이지만 보상을 제공하는 적극적 강화와는 달리 불쾌한 자극(결과)을 제거해 줌으로써 행동을 강화하는 방식으로 회피학습(avoidance learning)이라고도 한다.

종업원은 불쾌한 상황을 회피하기 위한 행동방법을 학습하게 된다. 종업원이 일을 정확하게 수행하고 정시에 출근했을 경우 상사는 종업원을 꾸지람하거나 괴롭히는 것을 삼가는 것이 그 예이다. 따라서 이와 같은 것이 반복되면 정확한 행동을 함으로써 상사로부터 훈계를 회피하는 것을 학습하게 된다.

부정적 강화의 관리방법으로는 다음 2가지가 있다.

1. 불편한 자극이 강화하고자 하는 행동과 결속관계를 가지고 있어야 한다.
2. 어떤 구체적인 행동이 이루어짐으로써 제거될 수 있는 불유쾌한 자극이 있어야 한다.

(2) 바람직하지 못한 행동의 소멸

1) 소거

소거(extinction)는 바람직하지 않은 행위를 감소시킬 수 있는 방법이다. 학습되었거나 사전에 조건화된 반응에 대한 적극적 강화가 억제될 때, 처음 당분간은 그 반응을 보이지만, 계속해서 적극적 강화가 뒷받침되지 못하면 그 행위는 감소되고 결국에는 사라지게 된다. 이렇게 보상되지 않은 상황이 반복되어 그 결과로 반응률이 하락하는 것을 소거라 한다.

예를 들어, 특근수당의 기회를 주지 않거나, 봉급인상을 철회하는 등의 보상의 철회를 통해 바람직하지 않은 행위를 감소시켜 행동의 개선을 유도하는 것을 말한다.

소거는 불필요한 행동이 전적으로 제거되지 않을 경우 그것을 약화시키는 한 가지 반응으로 바람직하지 않은 행동을 없애기 위해 다른 기법과 결합되어 사용되어야 한다.

2) 벌

소거와 마찬가지로 바람직하지 못한 행동의 반응률을 낮추는 또 다른 방식의 하나로 벌(punishment)이 있다.

벌은 어떤 행동에 대해 불편한 결과를 부여하거나 혹은 이전에 그 행동과 관련 없이 부여해 오던 보상을 제거하는 방식이다. 보상이 행동을 강력하게 해주는 것과는 대조적으로 벌은 행동을 약하게 만드는 것이다.

벌은 바람직하지 못한 행동을 소멸시킬 수는 있지만, 결코 바람직한 행동을 촉진할 수 있는 방식은 아니다. 아울러 소거는 불편한 결과가 직접 적용되지 않기 때문에 벌보다는 덜 고통스러운 것으로 생각할 수 있으나 어떤 경우에는 벌만큼이나 가혹할 수 있다는 사실을 알아야 한다.

벌에 대한 효과적인 관리방법을 살펴보면 다음과 같다.

1 벌은 바람직하지 못한 행동이 미처 강력해지기 전에 적용되면 보다 효과적이다. 바람직하지 못한 행동이 너무 오랫동안 방치되면 어떤 행동 형성 수단도 무용지물이 되기 쉽기 때문에 경영자는 늦기 전에 어떤 조치를 취해야 하는데 이때 벌이 가장 효과적이다.

2 벌은 바람직하지 못한 행동이 나타난 직후에 신속하고도 비교적 강도 높게 부과하는 것이 효과적이다. 그렇지만 벌의 강도를 점차로 높여 가는 방식은 벌에 대한 적응력을 길러 주게 되어 비효과적이다.

3 벌은 특정 개인이나 그의 일반적인 행동패턴 전반에 대해 부과해서는 안 되며, 구체적이고 개별적인 행동에 대해 부과되어야 효과적이다. 특히 벌은 개인적 감정이 개입되어서는 안 되며, 경영자 자신의 개인적인 앙갚음이나 자신의 좌절을 발산하는 수단으로 사용되어서는 안 된다.

4 벌의 적용은 그 적용대상과 적용시기에 있어서 일관성이 유지되어야 한다. 벌은 모든 사람에게 공평하게 적용되어야 하며 시간적으로도 항상 같은 행동에 대해 같은 정도의 벌이 적용되어야 효과적이다. 또한, 벌은 효과적인 가치를 가지고 있어야 한다. 다시 말해서 벌은 왜 그 행동이 바람직하지 못한가, 어떻게 고칠 수 있는가, 그 행동을 계속하면 어떤 결과가 초래되는가에 대한 설명이 수반되는 동시에 따뜻하고 교육적인 차원에서 부과되어야 효과적인 것이다.

5 벌을 줄 때에는 충분한 정보가 뒷받침되어야 한다. 즉, 벌을 받는 사람이 왜 벌을 받게 되었는지를 충분히 이해할 수 있도록 설명되어져야 한다.

6 가능하면 벌을 전담하는 공식적 기구를 통하여 시행하는 것이 좋다. 예를 들면 징계규정, 징계위원회 등을 이용하는 것이 좋다.

지금까지 강화전략의 유형을 살펴보았다. 어떤 강화요인이 가장 적합한지는 학습상황과 조직의 여건에 따라 달라질 수 있다. 일반적으로 개인에게 미치는 영향과 개인의 자발적 행동 형성으로 보아 부정적 강화보다는 적극적 강화를 적용하는 것이 더 효과적이다.

2. 강화전략의 관리

강화전략이란 다양한 강화요인을 어떻게 적용할 것인가의 문제이다. 강화작용은 반복행동을 통하여 나타나는 학습효과에 많은 영향을 준다. 따라서 강화요인의 적용 시기를 중심으로 살펴보면 다음과 같다.

(1) 연속강화법

연속강화법(continuous reinforcement schedule)은 바람직한 반응행동이 작동될 때마다 강화요인을 적용하는 방법이다. 그러므로 연속강화법은 학습의 효과를 단기간에 높일 수 있는 장점이 있다.

반면, 강화요인이 중단되면 작동행동도 반복되지 않음으로써 학습의 효과가 감소될 수 있다. 그리고 강화요인의 연속적인 작용으로 말미암아 강화요인에 대한 싫증이나 당연하다는 태도 등의 포만효과가 발생함으로써 강화요인의 효과가 감소될 수 있다. 이러한 현상은 특히 외재적 강화요인에서 흔히 볼 수 있다.

(2) 단속강화법

단속강화법(intermittent reinforcement schedule)은 작동행동이 있을 때마다 강화요인을 적용하지 않고 부분적으로 또는 불규칙적으로 적용하는 방법이다. 따라서 단속화법은 강화작용의 예측성이 비교적 낮다.

따라서 학습효과가 연속 강화법에 비해 느린 반면 학습의 항구적인 보존효과가 유지될 수 있는 장점이 있다. 단속 강화법에는 다음과 같은 4가지 방법이 있다.

1) 고정 간격법

고정 간격법(fixed interval schedule)은 작동행동이 얼마나 많이 발생했든지 간에 어느 일정한 기간을 간격으로 강화요인을 적용하는 방법이다.

이 방법의 예로서 일정기간 동안의 정규적인 급여제도인 주급, 월급 등을 들 수 있는데 강화의 효과가 일반적으로 가장 낮은 편이다.

2) 변동 간격법

변동 간격법(variable interval schedule)은 강화요인의 적용시기에 일정한 간격을 두지 않고 변동적인 간격으로 강화요인을 적용하는 방법이다. 강화작용의 예측성이 낮기 때문에 고정 간격법에 비하여 동기적 행동형성에 더 효과적이다. 예를 들면 부하를 칭찬하거나 승급, 승진시켜 주는 것 등이 해당된다.

3) 고정 비율법

고정 비율법(fixed ratio schedule)은 작동행동의 일정한 비율에 의하여 강화요인을 적용하는 방법이다. 즉, 작동행동의 일정한 수에 따라 강화요인을 작용하는 것이다. 생산량에 비례하여 지급하는 성과급제가 좋은 예이다.

4) 변동 비율법

변동 비율법(variable ratio schedule)은 작동행동의 일정한 비율을 사용하지 않고 변동적인 비율을 사용하여 강화요인을 적용하는 방법이다. 급여제도의 경우, 보너스를 여러 차례 나누어서 성과에 따라 불규칙적인 비율로 지급하는 경우가 좋은 예이다.

이들 강화방법 중 어느 것이 가장 적합한지는 학습의 성격과 환경에 따라서 다르다. 그렇지만 일반적으로 연속강화법보다는 단속강화법이 조직에서의 실제 적용성이 높고 단속강화법 중에서도 간격법보다는 비율법이 성과와 강화요인과의 직접적인 연관성으로 보아 더 높은 학습효과를 가져오게 된다.

쉼터

자기계발 방법

우리는 평소 '자기개발'과 '자기계발'을 모두 쓰고 있다. '개발'과 '계발'의 의미를 보면, '자기개발'은 '자기에 대한 새로운 그 무엇을 만들어냄. 또는 자신의 지식이나 재능 따위를 발달하게 함' 정도의 뜻을 지니고 있다. '자기계발'은 '잠재되어 있는 자신의 슬기나 재능, 사상 따위를 일깨움' 정도의 뜻이다. '계발(啓發)'은 '슬기나 재능, 사상 따위를 일깨워 줌'이라는 뜻으로, '상상력 계발/외국어 능력의 계발/평소에 자기계발을 계속한 사람은 좋은 기회가 왔을 때에 그것을 잡을 수 있다'와 같이 쓰게 된다.

■ 자신의 강점을 살리는 데 주력하라.

사람은 누구나 자신의 약점을 어떻게 보완할 것인가를 고민한다. 예를 들어 내가 언변이 약하다고 생각하면 말하는 능력을 기르는 법을 배우기 위해 처세술에 대한 책을 읽는다거나 웅변학원에라도 등록한다.

자기계발을 위해서는 자신의 약점보다 자신이 잘하는 것을 살리는 데 주력하는 것이 중요하다. 자신이 잘하는 것이니 실력도 빨리 늘고 즐겁게 배울 수 있다. 또 약점을 보충하는 것에 비해 성과가 뚜렷해 훨씬 큰 효과를 볼 수 있다.

■ 자격증에 대한 타당성 분석을 하라.

최근 자격증 취득에 열을 올리고 있다. 남들과 차별성이 있는 경쟁력을 위해라고 하지만 이 중에서는 '남들이 하니 나도 해야 할 것 같다'는 사람들이 많다. 물론 자신의 목표를 위해 자격증이 필요하다면 죽기 살기로 매달려야 한다. 대신 자기에게 주어진 시간과 돈을 들여 시작하는 일이기에 무작정 시작하기보다 타당성 분석을 철저히 할 필요가 있다.

■ 인적 네트워크를 형성하라.

인맥을 넓히는 것 또한 자기계발의 과정이라 할 수 있다. 노력 없이는 결코 인적 네트워크가 형성될 수 없다. 자신이 아는 사람들에게 메일과 문자메시지를 보내 인맥관리를 하는 A씨와 일이 있을 때만 전화를 하는 B씨 중 누가 나중에 성공할 수 있을까.

■ 정보를 내 것으로 만들어라.

정보화 사회에서 얼마나 많은 정보를 가지고 있느냐에 따라 그 능력이 평가될 정도로 정보수집 능력이 중요하다. 자신의 업무와 관련된 분야는 누구보다 많은 정보를 가지고 있어야 함은 물론이고, 자신의 영역이 아니더라도 알고 있다면 분명 도움이 될 때가 있다.

시간이 없어 모든 신문이나 TV를 챙겨 보지 못한다면 중요한 정보만을 뽑아서 서비스하는 인터넷사이트에 가입해 메일링 서비스를 받는 것도 짧은 시간 안에 양질의 정보를 얻을 수 있는 방법이다. 또한 각종 서적들이 다양하게 출판되고 있으니 시대에 뒤떨어지지 않는 사람이 되기 위해서는 책을 손에서 놓지 말아야 한다.

제 5 절
효과적인 학습방법

효과적인 학습이 이루어지려면 학습자의 특성, 학습할 내용의 성격, 그리고 학습의 방법 등 여러 요인을 제대로 파악하여 학습의 각 장면에 적용하여야 한다. 여기서 각 요인에서 고려하여야 할 사항을 살펴보고자 한다.

1. 인성적 측면

(1) 동기

인간의 학습 동기는 결과에 많은 영향을 준다. 우리가 학습하려고 할 때, 동기가 내적 유인자극과 외적 유인자극 두 가지에 의해서 발생한다. 흥미로운 소설을 밤새워 읽는 것은 내적 유인자극이고, 어쩔 수 없이 해야 되는 시험공부는 외적 유인자극이다.

칭찬과 꾸중 중에 어느 것이 학습효과를 더 올릴 수 있을까? 일반적으로 칭찬이 꾸중보다 더 효과가 큰 것으로 알려져 있다. 또한 경쟁과 협동을 적절히 활용하면 좋은 효과를 기대할 수 있다. 경쟁과 협동은 학습효과를 올리는 데 둘 다 효과적이다.

개인적 경쟁이 집단적 경쟁보다, 즉 경쟁이 협동보다 효과가 크다. 경쟁의 경우 반감, 적대감, 열등감, 정서 불안 등이 있지만, 협동의 경우에는 비록 효과는 적더라도 실패에 대한 불안이 적어 안정감을 가질 수 있다는 장점이 있기 때문에 어떤 방법을 선택하느냐에 따라 학습효과가 달라질 수 있다.

(2) 정서

지적 활동은 정서의 영향을 크게 받는다. 산딘(Sandin, 1944)은 인위적으로 성공감을 갖게 한 집단과 반대로 실패를 맛보게 한 집단을 비교 분석하였다. 그 결과 실패한 집단은 일에 집중하지 못하고 백일몽을 많이 꾸었다.

반면 성공감을 갖게 한 집단은 일이 끝난 후에도 기록카드를 들여다보며 자기가

한 일에 대한 평가를 함으로써 생산적인 일에 시간을 많이 소비하였다.

실패감을 느낀 집단은 다하지 못하고 남겨 놓은 일에 집착하며 시간을 낭비함으로써 비생산적인 행동을 거듭하였다. 결과적으로 건전한 정서를 갖도록 하는 것이 학습을 하는 데 매우 중요하다는 것을 알 수 있다.

(3) 성취

맥클리랜드(D. C. McClelland)는 성취동기이론에서 개인의 특성에 따라 높은 성취욕구를 가진 사람과 낮은 성취욕구를 가진 사람이 있기 때문에 학습소재를 선택할 때 고려해야 한다.

2. 학습재료에 관한 측면

학습재료에 관한 요인은 학습의 소재로 학습내용에 따라 학습효과에 영향을 미칠 수 있다는 것이다.

① 학습재료의 길이

학습재료의 길이가 길면 그만큼 반복학습이 이루어져 오랫동안 학습이 계속되기 때문에 학습효과가 떨어진다.

② 학습재료의 곤란도

학습재료가 쉬우면 학습속도는 초반에는 빠르고 후반에는 느리다. 그렇지만 학습재료의 곤란도가 보통이면 비교적 일정한 학습속도를 유지한다.

③ 학습재료의 의미도

학습재료가 학습자에게 최대한 의미 있는 것으로 만드는 것이 중요하다. 즉, 상호관련성이나 중요도가 있을 경우에는 그렇지 않는 경우보다 학습의 효과가 더 높다.

④ 학습재료의 위치에 따르는 곤란도

처음 부분이 가장 쉽게 학습되고, 그 다음이 마지막 부분이며 중간 부분이 가장 어렵다고 한다. 따라서 처음이나 끝보다 중간 부분에 더 많은 반복학습을 집중시킬 필요가 있다.

3. 학습방법에 관한 측면

(1) 결과에 대한 지식

학습 후 그 결과를 곧 알려 주는 것을 피드백 정보를 준다고 한다. 즉, 결과에 대한 정확한 지식을 알 때 반복학습효과를 볼 수 있다. 이에 관한 연구를 종합해 보면 다음과 같다.

1 결과에 대한 지식을 알지 못할 때는 학습이 일어나지 않는다.
2 학습은 반응이 있은 후 그 결과에 대한 정확한 지식을 알게 되는 시간간격과 밀접한 관계가 있다.
3 학습은 결과에 대한 지식으로서 강화를 받는 반응수와 밀접히 관계된다.

(2) 집중학습과 분산학습

집중학습은 연습을 집중적으로 장기간 계속하는 것이고, 분산학습은 휴식을 가지면서 나누어 하는 것을 말한다. 휴식시간이 너무 짧거나 휴식이 전혀 없으면 학습효과가 크게 떨어진다.

반대로 휴식시간이 너무 길어도 전에 학습한 내용을 잊어버리기 때문에 학습효과가 낮아진다. 의미가 적거나 긴 문장을 암기할 때는 분산학습이 효과적이고, 짧은 재료는 집중학습이 효과가 크다고 할 수 있다.

그 밖에 학습의 시행횟수, 학습자의 연령, 지능, 성격, 과거의 경험, 휴식시간 중의 학습자의 다른 활동 여부, 학습방법 등에 따라 달라진다.

(3) 전체학습과 부분학습

전체학습은 학습 자료를 처음부터 마지막까지 한꺼번에 반복하며 학습하는 것이고 자료를 부분적으로 나누어 학습하는 방법을 부분학습방법이라고 한다. 학습자의 능력에 따라 학습재료를 전체적으로 파악할 수 있는 범위 내에서 학습하는 것이 유리하다.

연/습/문/제

01. 학습의 속성에 대해 이야기해 보자.

02. 학습의 원리에는 어떤 것이 있는지 알아보자.

03. 고전적 조건화이론에 대해 설명해 보자.

04. 작동적 조건화에 대해 설명해 보자.

05. 인지론적 학습과정이론에 대해 설명해 보자.

06. 강화전략의 유형 중 바람직한 행동의 강화에 알아보자.

07. 강화전략의 유형 중 바람직하지 못한 행동의 소멸방법에 대해 알아보자.

08. 강화전략의 관리법에 대해 알아보자.

09. 효과적인 학습방법 중 인성적 측면에 대해 알아보자.

10. 효과적인 학습방법 중 학습방법에 관한 측면에 대해 알아보자.

Chapter 08

모티베이션

제 1 절

모티베이션의 개념

조직이 구성원들에게 규칙과 절차를 가지고 어떻게 행동할 것인지에 대해 리더를 하게 되면 조직은 움직이게 되고 어느 정도의 성과를 달성할 수 있다. 그러나 기업 간의 경쟁이 치열하고 환경이 급변하게 되면 일상적인 관리에 의한 성과로는 기업의 존속과 성장이 어렵게 된다.

따라서 모티베이션을 통한 조직의 성과를 달성할 수밖에 없는데 모티베이션은 주관적 성숙도로서 태도, 자세, 의욕, 자발성, 몰입감 등이 해당된다. 모티베이션을 통해 조직 구성원의 목표달성을 위한 노력을 분발시키고 고무하여야만 일반적인 기대성과 이상을 확보할 수 있다.

1. 모티베이션의 의미

모티베이션을 나타내는 Motivation은 라틴어의 움직인다는 뜻인 movere에서 나온 것으로 구성원들이 조직의 목표를 달성하기 위해 노력을 발휘하고자 하는 자발성을 향상시키는 것을 의미한다.

어떤 사람이 모티베이션이 되었다고 한다면 그 사람이 바람직한 결과를 얻기 위해 열심히 노력하는 것을 의미한다. 따라서 모티베이션은 목표지향적인 지속적 노력의 정도를 의미한다.

모티베이션에 대한 정의를 구성하고 있는 개념요소들을 살펴보면 다음과 같다.

(1) 노력

모티베이션된 사람은 모티베이션이 되지 않은 사람보다 목표달성을 위한 노력을 더 많이 한다. 조직의 목표 달성을 위해 필요한 노력의 종류와 수준은 다양하지만 다른 조건이 동일할 경우 노력의 강도가 클수록 조직의 목표달성에 더 많은 공헌을 하게 된다.

(2) 목표

모티베이션이 이루어지기 위해서는 지향하는 목표가 있어야 한다. 조직의 목표로는 생산성 10% 향상, 순수익 100억 달성, 불량률 zero(0) 도전 등이 있다. 모티베이션된 행동은 이러한 조직의 목표달성을 하는 데 크게 기여하게 된다.

(3) 지속성

목표달성에 공헌하기 위해서는 노력의 지속성이 중요하다. 노력의 양(量)도 중요하지만 노력의 질(質)인 지속성이 중요하다. 노력과 지속성은 노력의 양과 질이다.

(4) 방향

모티베이션이 목표달성에 공헌하기 위해서는 노력의 방향이 목표의 달성에 유리한 방향으로 발휘되어야 한다. 단순히 열심히 노력하기보다는 목표달성을 위한 현명한 노력이 요구된다.

(5) 모티베이션과 성과의 관계

모티베이션의 기본목표는 우선 조직의 성과를 향상시키는 데 있다. 그러나 조직의 성과를 향상시키기 위해서 모티베이션이 유일한 요인은 아니다. 높은 수준의 모티베이션 자체만으로는 높은 성과가 달성되지는 않는다.

성과는 조직 목표 달성에 대한 공헌 정도에 의해 결정된다. 성과에는 생산성, 집단응집성 등이 될 수 있다. 모티베이션이 되어 열심히 일하려고 해도 주어진 일이 적성에 맞지 않거나 일을 수행할 수 있는 기능이 없을 때 높은 성과를 달성할 수 없다.

노력의 강도가 높고, 지속성이 있으며, 그것이 목표달성 지향적일 때 종업원의 모티베이션 수준은 높다. 이런 종업원에게 적성에 맞는 직무를 할당하고, 직무수행에 필요한 지식과 기능을 가지고 있고, 직무를 수행할 수 있는 기회가 주어지면 높은 수준의 성과를 달성할 수 있다.

2. 모티베이션 과정

모티베이션을 일어나게 하는 데는 욕구가 중요한 역할을 한다. 욕구는 어떤 결과를 매력적으로 보이게 하는 내적 상태이다. 그러나 욕구만으로 모티베이션 과정을 설명할 수는 없다.

욕구가 개인 내에서 존재하는 것이라면 욕구 충족의 대상인 목표는 환경에 존재하기 때문이다. 모티베이션의 과정을 살펴보면 다음과 같다.

(1) 욕구와 목표

모티베이션의 기본과정을 보면 [그림 8-1]과 같다.

그림 8-1 모티베이션 과정의 욕구와 목표

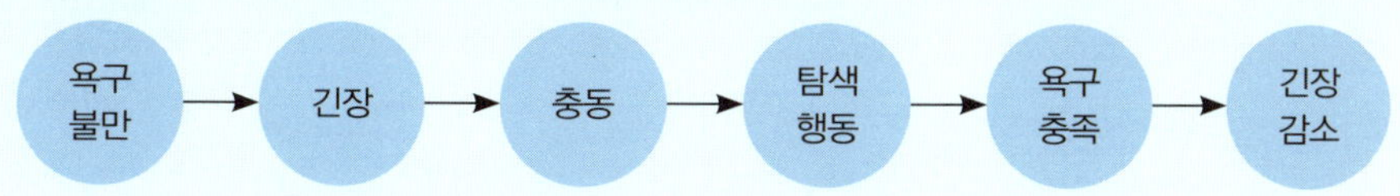

모티베이션은 욕구의 불만에서 출발한다. 충족되지 않은 욕구는 개인 충동을 자극하는 긴장감을 야기시킨다. 사람은 충동 때문에 욕구를 충족시킬 특정의 목표를 발견하려는 탐색적 행동을 하고, 욕구가 충족되면 긴장감이 감소된다. 그러나 충족되지 않은 욕구와 목표에 의해서만 모티베이션 과정을 모두 설명할 수는 없다.

모티베이션 과정에 있어 주요 핵심 요인을 살펴보면 다음과 같다.

1 특정의 방법으로 행동하도록 하는 충동이라는 활성화된 힘이 있다.
2 충동은 무엇인가를 지향한다. 즉 모티베이션 과정은 강한 목표 지향성을 가지고 있다.
3 모티베이션 과정은 하나의 시스템이다.

모티베이션 과정을 이해하기 위해서는 개인의 내부에 존재하는 힘과 그 힘의 강도와 방향에 피드백과 강화를 제공하는 환경을 동시에 조사해야 한다.

모티베이션 과정에 의하여 개인의 행동은 활성화되고 방향이 결정되며, 시간을 두고 지속된다. 모티베이션 과정의 시스템을 구성하는 요소는 욕구와 기대, 행동, 목표, 피드백 등이다.

그림 8-2 모티베이션 과정의 구성요소

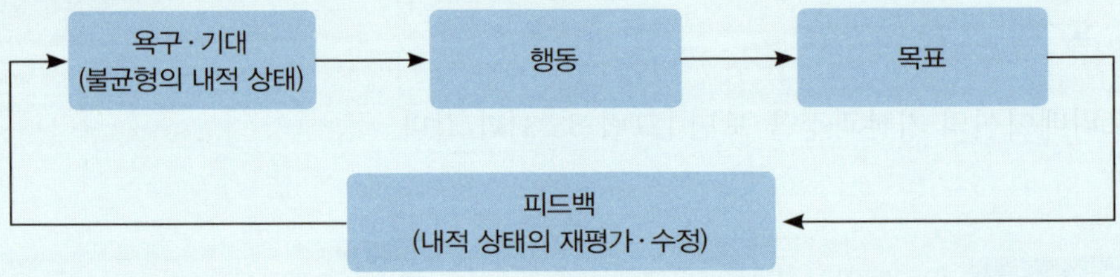

(2) 기대와 효용

사람의 행동은 일회성에 의해서 설명할 수는 없다. 욕구충족을 위하여 탐색을 한 결과가 피드백되어 개인의 인지 시스템에 저장된다.

예를 들면, 사람이 갈증을 느낄 경우 유기체 내의 수분에 대한 균형이 파괴되어 불균형 상태가 발생했기 때문이다. 따라서 수분결핍 때문에 긴장감을 느끼고 물을 먹고 싶은 충동이 일어난다. 이러한 충동에 의하여 물을 찾으려는 탐색적 행동을 하게 된다.

대부분의 경우 물이나 청량음료를 마시고 갈증을 해소함으로써 만족하게 된다. 이러한 행동을 반복하게 되면 이것이 피드백되어 갈증이 나면 언제나 우물을 찾게 되는 것이다. 이와 같이 인간의 과거 경험은 현재 행동의 기대에 영향을 미친다. 따라서 과거의 경험은 현재의 행동을 강화하게 된다.

그러나 탐색행동 과정에서 환경으로부터 제약이나 방해가 있을 수 있다. 개인이 자신의 욕구충족을 위한 탐색적 행동을 할 경우 환경적 제약에 대한 지각도 모티베이션 과정에 영향을 미친다.

허시와 블랜차드(P. Hersey, K. H. Blanchard)는 모티베이션 과정에서 환경적 제약에 대한 지각을 효용(availability)이라 불렀다.

모티베이션 과정의 기대와 효용에 대해 정리해 보면 [그림 8-3]과 같다.

그림 8-3 모티베이션 과정의 기대와 효용

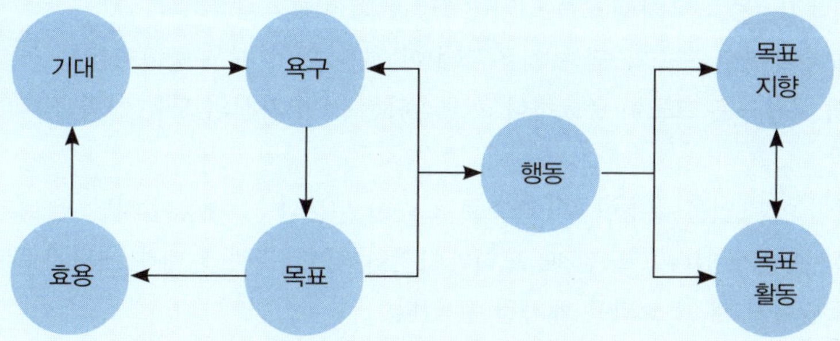

쉼터

모티베이션의 원리

모티베이션을 위해서는 다음과 같은 원리가 필요한데 구체적으로 살펴보면 다음과 같다.

■ 모티베이션은 구체적이며 창의적이어야 한다.

모티베이션라는 것은 당신이 무엇을 하느냐에 따른 것이 아니라, 어떻게 하는가에 달려 있다. 상담원에게 감사하다는 뜻으로 직원에게 선물을 전해주는 한 매니저가 있다고 가정해 보자. 감사의 마음을 작은 선물로 구체화한 행동은 자발적이고 진정한 모티베이션 행위임에 틀림이 없으나, 그러한 매니저의 행동을 따라하는 다른 매니저는 남의 행동을 모방하는 사람에 지나지 않는다.

■ 다양한 모티베이션의 방법들을 개발해야 한다.

모든 사람들에게 동일한 모티베이션 방법을 사용하거나, 어떠한 상황에서도 변함없는 하나의 모티베이션 방법을 고수한다면 모티베이션에 대한 효과는 오히려 계속 떨어지게 될 것이다.

따라서 항상 여러 가지 모티베이션 방법과 종류를 개발하기 위해 고민해야 한다.

■ 자발적인 모티베이션은 외부에서 오는 어떠한 모티베이션보다 강력하다.

가장 강력한 모티베이션 요소가 되는 것은 그들이 하는 일이 매우 중요하다고 스스로 믿는 것이다. 대부분의 사람들은 그들이 중요하다고 생각하는 것에 자신의 모든 전력을 다하는 습관이 있기 때문이다.

사람들은 자신이 어떤 일을 수행한 후, 스스로 노력한 부분과 그 과정이 지난 후 나타나는 결과 사이에 밀접한 관계가 있다고 느낄 때 모티베이션이 되며, 결과에 대해 매니저로부터의 직접적인 피드백이 병행될 때 그 효과는 배가될 수 있다.

■ 자발적인 모티베이션 이후에는 반드시 결과를 인정해주는 피드백이 있어야 한다.

스스로에게서 나오는 모티베이션 이후에는 타인으로부터 인정받기를 원한다. 자발적 모티베이션에 대해서 진정한 가치를 부여해 주는 것이 보다 더 중요하다.

■ 구성원의 모티베이션을 상실시키지 않기 위해 노력해야 한다.

조직의 일원이 되었다면 이미 어느 정도 모티베이션이 되어 있는 상태임을 의미하는 것이다. 그렇기 때문에 관리자는 종업원이 갖고 있는 모티베이션을 훼손시키지 않도록 노력해야 한다.

제 2 절

모티베이션이론의 접근방법

모티베이션은 개인행동에 있어 많은 요소가 작용하면서 매우 복잡한 과정을 형성하고 있다. 따라서 모티베이션 과정에 있어서 어떤 부분과 요소를 더 중요시하느냐에 따라 여러 가지 접근법이 있는데 심리학과 경영학에서 오랫동안 매우 중요한 주제로 다루어 왔다. 이 두 학문분야에서 다루고 있는 모티베이션이론의 접근법을 살펴보기로 한다.

1. 모티베이션에 대한 심리학의 견해

모티베이션에 대한 심리학에서의 관점은 4가지로 살펴볼 수 있다. ① 쾌락주의, ② 본능이론, ③ 강화이론, ④ 인지적 동기이론으로 발전해 왔다.

(1) 쾌락주의

쾌락적 접근법(hedonistic theory)은 역사적으로 가장 오래된 개인행동의 접근법으로서 초기 그리스 시대에 시작되어 18세기와 19세기에 Locke, Bentham, Mill 등과 같은 철학자에 의하여 인간을 설명하는 방법으로 재등장하였다.

쾌락주의의 원리는 개인은 쾌락을 추구하고 고통을 회피한다는 것이다. 자신에게 만족감을 가져다주는 일을 좋아하고, 불쾌감을 초래하는 일을 회피하려고 한다.

쾌락주의가 오늘날 모티베이션이론에서 광범하게 수용되고 있기는 하지만 모티베이션된 행동의 포괄적 설명을 위해서는 지나치게 단순한 측면을 가지고 있다. 이러한 견해는 사람들이 유쾌하지 않는 일에 종사하는 현상을 설명할 수 없다. 따라서 포괄적인 설명을 할 수 있는 이론이 필요한데 이것이 본능이론이다.

(2) 본능이론

쾌락주의적 연구에 뒤이어 심리적인 관점에서 개인행동을 연구하기 시작한 것이 본능주의적 접근법(instinct theory)이다.

본능이론은 인간행동이 쾌락주의가 제시하듯이 의식적이거나 합리적이지 않고 개인행동의 무의식적인 동기를 중요시하고 있다.

1920년대 초반까지 본능이론은 광범하게 수용되었으나 1925년 이후 여러 가지 비판을 받게 되었다. 우선 본능의 종류가 거의 6,000여 종에 이르기 때문에 변수가 너무 많아 인간의 행동원인을 설득력 있게 설명하기가 어렵다는 것이다.

이와 같이 수많은 본능 중에 어느 것이 개인의 행동에 더 강한 영향을 미치는지를 설명하는 것은 어렵다.

경험적 연구결과 본능과 행동 간의 인과관계는 매우 약하다는 것이다. 실제 개인의 행동은 본능 이외의 여러 가지 요인이 더 많이 영향을 미치기 때문이다.

(3) 강화이론

행동주의 심리학자들인 Thorndike, Woodworth, Hull 등에 의해 제시된 강화이론(reinforcement theory)은 1920년대 광범위하게 수용된 이론이다.

이 이론은 사람은 과거 행동에 대한 결과나 보상이 현재 행동하고자 할 때 의사결정에 중요한 영향을 미치게 된다는 것이다. 만약 과거의 행동에 대한 결과가 긍정적인 결과를 얻었다면 그 행동은 반복될 가능성이 있다.

반면 행동의 결과가 부정적이거나 벌을 받았다면 그 행동을 반복하지 않는다는 것이다. 이것이 효과의 법칙으로서 인간의 행동에서 학습의 역할을 강조하고 있다.

(4) 인지적 동기이론

모티베이션에 대한 1940년대 연구는 인지적 동기이론(cognitive motivation theory)이다. 과거 보상과 강화의 영향을 중요하게 생각하는 강화이론과는 반대로 인지적 동기이론은 미래의 기대와 신념을 중요하게 생각한다.

사람들은 미래에 발생할 것이라고 믿는 것에 기초하여 현재와 미래에 대한 의식적인 의사결정을 할 수 있는 합리적인 존재라고 보는 것이다. 즉, 의사결정에 인지과정(cognitive processes)을 사용한다고 보는 것이다.

과거의 행동의 인과 관계가 미래의 사건에 영향을 미칠 것이라고 믿는 정도만큼 현재의 의사결정에 영향을 미친다. 따라서 행동은 의도적이고 목표 지향적이며 개인의 의식적인 행동의도에 기초하게 된다.

이 이론은 현재의 이론 중에서 가장 설득력이 있는 것으로 목표 설정이론, 기대이론 등이 여기에 속한다.

2. 모티베이션에 대한 경영학의 견해

모티베이션에 대한 경영학의 접근은 전통적 관점, 인간관계론적 관점, 인적자원 모델로 구분할 수 있다.

(1) 전통적 관점 : 생산에 대한 관심

산업혁명으로 경영자들은 작업의 성격과 조직계층에 대한 사회적 관계를 재규명할 필요성을 느꼈다. 왜냐하면 그 시대의 경영철학은 그 시대의 경영관과 일치하기 때문이다.

산업화 초기의 경영관은 종업원들은 게으르고 주로 물질적 보상에 의하여 모티베이션되고 직무수행에서 자율성을 원하기보다는 지시받기를 더 선호한다는 것이다.

이 시대에 경영현장에서 가장 중요한 것은 생산성을 향상시킬 방법을 찾는 것이 주요 목적이었으며, 작업조건이나 종업원들의 복지 향상은 부차적으로 여겼다.

이러한 이념에 기초하여 종업원을 모티베이션시키는 최선의 방법은 성과급에 의한 급여제도와 종업원의 생산량을 극대화할 수 있도록 직무를 재설계하는 것이었다.

테일러의 과학적 관리법은 직무의 단순화, 전문화가 핵심이다. 직무가 보다 단순할수록 산출량이 커진다고 생각하였다. 테일러는 이러한 모티베이션 방법이 종업원을 착취하는 것이라기보다 추가적인 산출에 따라 급여가 상승되기 때문에 종업원의 이해관계를 가장 잘 반영한다고 보았다.

(2) 인간관계론적 관점 : 인간에 대한 관심

과학적 관리법이 확산되어 산업현장에서 시행되자 몇 가지의 문제점이 발생하였다. 구체적인 문제점을 살펴보면 다음과 같다.

1 임금은 중요하지만 유일한 모티베이션 요인이 아님에도 불구하고 과학적 관리법은 유일한 모티베이션 요인으로 보았다.
2 경영자들은 종업원들이 자율적이어서 자기통제를 할 수 있기 때문에 철저한 관리나 통제가 필요하지 않다는 것을 깨달았다.
3 일부 경영자들은 산출의 증가와 임금의 증가를 연결시키지 않고 직무의 단순화에만 관심을 가졌다.
4 생산성 향상으로 종업원에 대한 해고가 증가하여 경영자에 대한 불신이 팽배하게 되었다.

따라서 장기적으로 종업원들은 성과향상을 위한 노력을 줄이고 노동운동을 가속화하기 시작했다. 이러한 종업원들의 태도 변화에 대해 경영자들은 장기적으로 높은 생산성을 유지하기 위해서는 인간적 요소를 고려해야 된다는 것을 알게 되었다.

조직목표 달성에 인간적 요소가 중요하다는 생각은 1930년대에 인간관계운동으로 널리 알려지게 되었다. 사람들이 일에서 유용하고 중요한 존재로 대우 받기를 원한다는 방향으로 인간관이 변화했다.

기계적인 관계의 연구에서 인간관계의 연구로, 그리고 직무에서 집단관계의 연구로 초점이 옮겨졌다. 하바드대학의 심리학자인 메이요와 뢰슬리스버그의 호손 연구에서 이런 사실이 명백히 밝혀졌다. 이들은 사기와 성과가 낮은 이유가 종업원을 인간으로 다루지 않았기 때문이라는 것을 밝혔다.

이와 같은 문제를 해결하기 위해서는 경영자는 종업원 스스로가 중요한 존재로 느끼도록 해야 한다. 뿐만 아니라 조직과 새로운 의사소통 채널을 개방하여야 한다. 종업원들이 회사에서 중요한 존재라는 것을 느끼도록 하기 위하여 부서회의, 사보, 의사소통의 효율성을 높이기 위한 세미나 등을 개최하고 집단역할에 대한 이해가 조직의 이익에 영향을 미친다는 것을 경영자들이 이해하도록 해야 한다.

(3) 인적자원모델 : 사람과 생산성에 대한 관심

최근에는 인간관계론이 인간에 대하여 갖는 가정이 작업에서의 인간행동을 이해하는 데 불완전하다는 것을 인식하게 되었다. 작업행동에 영향을 미치는 요인은 많고 복잡하다. 인센티브 시스템의 특성, 사회적 영향, 직무의 특성, 감독 스타일, 종업원의 욕구와 가치관, 작업환경에 대한 지각 등 수많은 요인이 작업행동에 영향을 미친다.

인적자원 모델에서는 경영자는 성과와 생산성을 무시해서는 안 된다는 인식을 하게 되었다. 종업원들이 작업장에서 효율적인 공헌을 극대화하면서 성장할 수 있다고 생각하게 되었다.

이 접근법에서는 종업원들은 사람에 따라서 직무로부터 요구하는 보상이 다르다고 생각하였다. 종업원들은 일에서의 자율과 자기통제를 통하여 회사에 공헌하기를 원한다고 보았다. 말하자면 종업원들을 인적자원(human resource)으로 인식한 것이다. 인적자원의 욕구와 목표를 조직의 목표와 통합시키는 것이 경영자의 책임인 것이다.

제 3 절 모티베이션의 이론

모티베이션에 관한 여러 이론을 연구 초점에 따라 구분하면 모티베이션 내용이론(motivation content theory)과 과정이론(motivation process theory)으로 나눌 수 있다. 이처럼 2개의 범주로 구분하는 기준은 내용(content)과 과정(process)인데 전자의 내용은 인간행동을 모티베이트시키는 원동력이 무엇인가?, 무엇이 행동을 일으키는가에 대한 연구들이다.

반면 과정이론은 행동이 어떻게 유도되고 어떤 단계를 밟아 진행되는가의 과정을 연구한 이론들이다.

모티베이션이론에 관한 초기 연구들은 주로 내용이론에 더 많은 관심을 보였다. 그러나 최근 사람들이 욕구충족을 위해 어떠한 과정을 거쳐 행동을 선택하는가에 초점을 두고 연구가 진행되었다.

1. 내용이론

모티베이션에 대한 내용이론에는 매슬로우의 욕구계층이론, 알더퍼의 ERG이론, 허즈버그의 2요인이론, 맥클리랜드의 성취동기이론 등이 있다.

(1) 매슬로우의 욕구계층이론

매슬로우(A. H. Maslow)의 욕구계층 이론은 1940년대에 소개된 이후 1950년대에는 심리학에서 주로 적용되다가 1960년대 초기에 산업조직의 인간행동 이해를 위하여 적용되기 시작했다.

매슬로우의 욕구계층이론에서 주장하는 욕구 단계의 작동원리는 다음과 같다.

1 개인마다 5가지 욕구가 저차원에서 고차원으로 순서대로 나타난다. 따라서 한 단계를 뛰어 넘어 상위의 욕구가 나타나는 경우는 없다.

2 욕구의 출현과 소멸은 결핍과 충족의 원리에 이해 이루어진다. 즉, 순서에 의해 어떤 특정욕구가 결핍되어 있으면 그 욕구가 개인의 의식을 지배한다. 이러한 결핍－지배－충족－새로운 욕구 출현의 과정은 자아실현의 욕구가 출현될 때까지 계속된다.

3 결국 개인의 행동에 동기를 부여하는 것은 결핍이다.

4 자아실현의 욕구는 다른 욕구와는 달리 충족되면 될수록 욕구의 크기가 더 커진다.

5 매슬로우는 5가지 욕구들을 묶어 결핍욕구(생리적, 안전, 사회적 욕구)와 성장욕구(존경, 자아실현 욕구)로 나누었다.

매슬로우가 주장하는 욕구단계는 [그림 8－4]와 같다.

1) 생리적 욕구

생리적 욕구(physiological need)는 동기의 시발점이며 가장 강력한 욕구이다. 음식, 의복, 거처, 수면 등과 같이 삶 그 자체를 유지하기 위한 기초적인 인간의 욕구를 말한다. 조직에서 제공할 수 있는 생리적 욕구의 충족수단으로는 작업조건 개선과 적정한 임금, 휴식 등이 해당된다.

그림 8-4 인간의 욕구계층

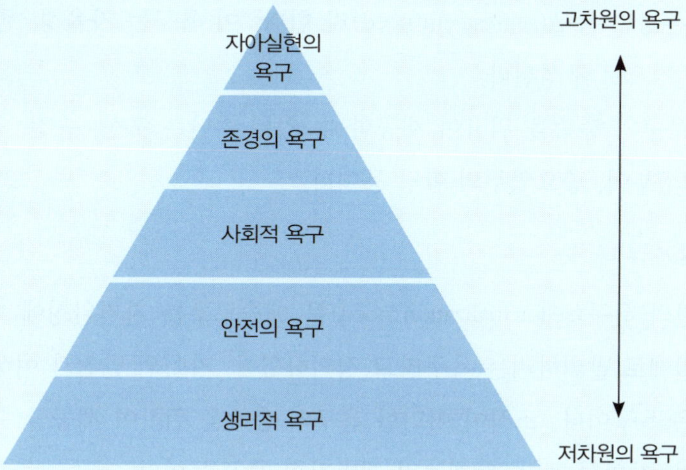

2) 안전의 욕구

일단 생리적 욕구가 충족되면 상위욕구인 안전의 욕구(safety need)가 행동을 조직화하는 역할을 한다. 이것이 물질적 욕구나 타인의 위협과 재해로부터의 안전을 확보하는 것과 관련된다. 조직에서 안전의 욕구는 작업환경의 안전, 직무안정, 생계수단의 보장 등이다.

3) 사회적 욕구

생리적 욕구와 안전의 욕구는 초기의 욕구이론상에서 말하는 1차적 욕구이다. 1차적 요구가 충족되면 2차적 욕구의 가장 기초적인 욕구인 사회적 욕구(social need)가 행동의 원인이 된다. 애정, 사랑, 소속, 관계의 욕구이다.

조직이 제공할 수 있는 사회적 욕구의 충족수단은 작업집단에서의 인간관계, 우호적인 감독자 등이다.

4) 존경의 욕구

집단과 조직에서 노동을 통하여 생리적 욕구와 안전의 욕구가 충족되면 타인과의 관계에 관심을 두고 집단에 소속하여 그 관계를 통하여 애정을 주고받는 것이 가장 지배적인 욕구가 된다. 그러나 일반인의 경우 그러한 관계를 통하여 타인으로부터 존경을 받고, 집단이나 조직에서 자신이 중요한 존재라는 것을 느끼고 싶어 하게 되는데 이를 존경의 욕구(self-esteem need)라 한다. 이 욕구는 자율성, 존엄성, 타인으로부터의 존경으로 구성된다.

기업이 욕구의 충족을 위하여 제공할 수 있는 수단은 포상, 승진, 동료나 상사의 인정, 책임의 부여, 중요업무의 할당 등이다.

5) 자아실현의 욕구

자아실현의 욕구(self-actualization need)를 매슬로우는 자기완성에 대한 갈망으로 잠재력을 실제로 발휘하려는 욕구라고 정의하였다. 자아의 발전과 이상적 자아를 실현하고 싶은 욕구이다. 조직이 이러한 욕구의 충족을 위하여 제공할 수 있는 수단은 도전적 과업, 창의성 개발, 잠재능력 개발기회 제공 등이다.

(2) 알더퍼의 ERG이론

알더퍼(C. P. Alderfer)는 1969년에 매슬로우의 욕구 단계이론의 한계점을 극복하기 위한 시도로서 출발하였다. 그는 저차원적 욕구와 고차원적 욕구간의 기본적 구분이 필요하다고 보고 매슬로우의 5단계를 세 범주로 나누었는데, 인간의 욕구를 존재의 욕구(existence : E), 관계의 욕구(relatedness : R), 성장의 욕구(growth : G)로 하여 ERG이론을 제시하였다.

먼저 존재욕구(E)는 매슬로우의 생리적 욕구와 안전의 욕구이며, 관계의 욕구(R)는 사회적 욕구와 존경의 욕구이고, 성장의 욕구(G)는 존경욕구와 자아실현 욕구이다. 매슬로우의 존경욕구의 외재적 측면은 ERG이론의 관계욕구로, 그리고 내재적 측면은 성장욕구로 나누어진다.

알더퍼의 이론과 매슬로우의 욕구계층이론의 유사점은 다음과 같다.

1. 존재욕구, 관계욕구, 성장욕구 순으로 욕구의 계층을 정리하였다.
2. 일정한 욕구의 충족은 그 욕구의 중요성에 영향을 미칠 뿐만 아니라 그보다 상위욕구의 중요성에도 영향을 미친다는 점에서 공통점이 있다.

그러나 알더퍼의 ERG이론과 매슬로우의 욕구계층이론에는 차이점이 있는데 다음과 같다.

1 ERG이론에서는 상위욕구의 충족이 결핍될 경우 하위욕구의 중요성이 커진다고 보았다. 알더퍼는 하위 욕구가 충족되기 전에도 상위욕구가 출현될 수 있다고 보았다. 이것이 좌절-퇴행의 원리이다.

[그림 8-5]에서 욕구좌절은 상위의 욕구가 충족되지 않을수록 하위의 욕구충족을 더욱 갈망하게 된다는 것을 말한다. 이것이 매슬로우의 이론과의 차이점이다.

욕구강도는 하위의 욕구가 충족될수록 상위 욕구의 충족에 대한 바람이 커지는 것을 말한다. 이것은 매슬로우의 견해와 동일하다. 욕구만족은 충족되지 않은 욕구에 대한 갈망이 더욱 커지는 것을 말한다.

2 매슬로우는 욕구충족에 있어 한단계식 점차적으로 충족된다고 본 반면에 알더퍼는 하나 이상의 욕구가 동시에 작동될 수 있다고 보았다. 예를 들면 존재 욕구와 관계욕구가 만족되지 않았을 경우에도 성장욕구가 작동될 수 있으며 3가지 욕구가 동시에 작동될 수가 있다고 보았다.

ERG이론은 매슬로우의 이론과 전체적인 면에서 비슷하기는 하지만 그러나 욕구계층과 그 작동에 대하여 보다 현실적인 접근을 했다고 볼 수 있다.

그림 8-5 알더퍼의 ERG이론

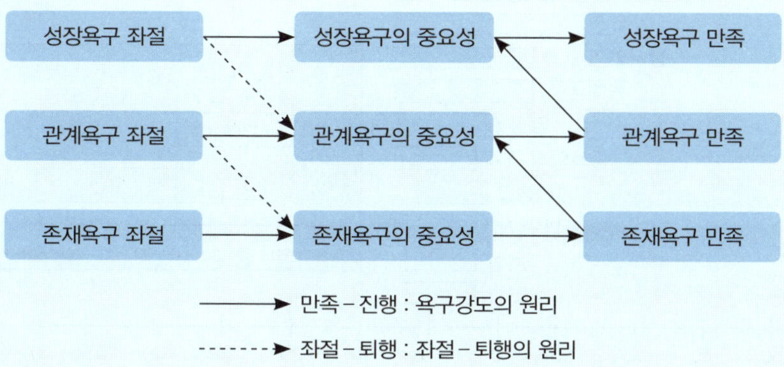

(3) 허즈버그의 2요인이론

모티베이션의 내용이론에서 가장 많이 알려진 이론 중의 하나가 허즈버그(F. Herzberg)의 2요인이론이다.

이 이론은 피츠버그 지역의 여러 산업체에서 선정된 약 200명의 기술사와 회계사를 대상으로 실시된 욕구충족에 관한 최초의 연구로서 욕구충족이 모티베이션에 미치는 효과에 대한 연구를 기초로 성립되었다.

그는 사람들이 일로부터 원하는 것을 파악하기 위하여 "직무로부터 극단적으로 만족한 경우와 불만족한 경우"에 대해 질문을 하였다. 그 결과 직무에 대한 사람들의 반응을 [그림 8-6]과 같이 유형화하였다.

[그림 8-6]에서 보는 바와 같이 직무수행 결과 만족을 가져오는 요인과 불만족을 가져오는 요인은 매우 상이하다.

그림 8-6 허즈버그의 2요인이론의 범주

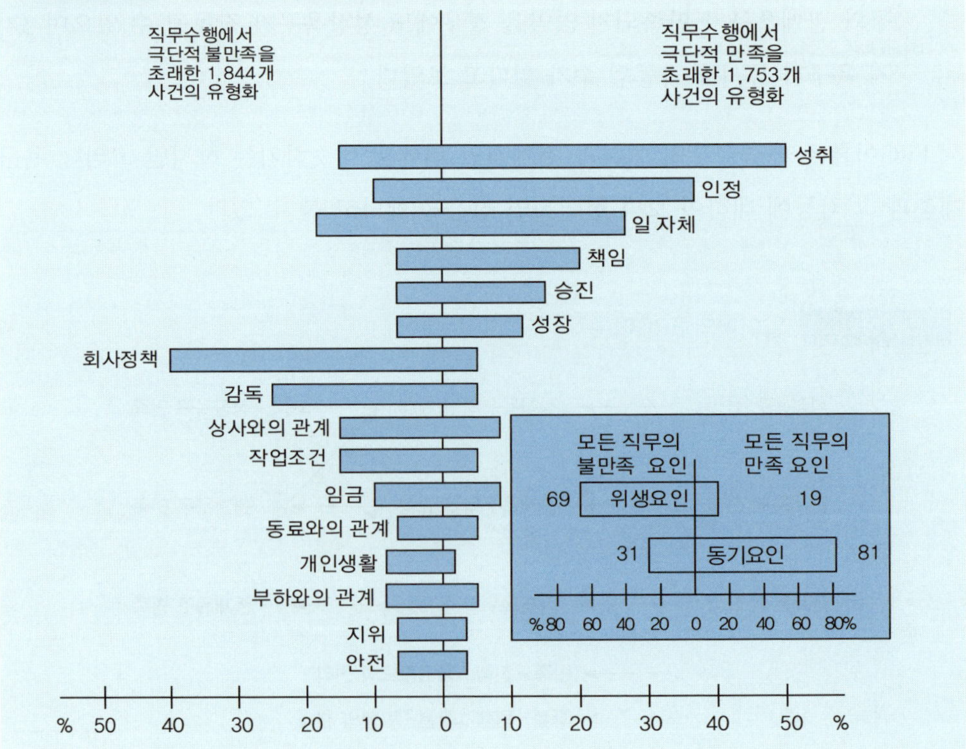

오른쪽 요인은 직무만족 요인이며 왼쪽 요인은 직무불만족 요인이다. 성취, 인정, 일 그 자체, 책임, 성장 등과 같은 내재적 요인은 직무만족과 관련되어 있으며, 회사의 정책, 감독, 상사와의 관계, 지위, 임금, 작업조건 등과 같은 외재적 요인은 직무불만족과 관련이 있었다.

허즈버그 연구에서 직무만족 요인과 불만족 요인에 대한 견해가 전통적인 견해와는 완전히 차이를 보여주었다. 직무만족에 대한 전통적 견해는 임금수준이 적절하면 만족하고, 임금수준이 적정하지 못하면 불만족하게 된다고 보았다. 즉, 만족의 반대는 불만족이며 만족 요인과 불만족 요인은 동일하다고 보았다.

허즈버그는 임금수준이 적정하더라도 불만족하지 않을 뿐이지 그것이 만족의 유지나 향상에는 기여하지 못한다고 보았다.

그러나 직무수행 결과에 대해 성취감은 직무만족의 향상에 기여하고 종업원들을 모티베이션시키게 된다.

따라서 위생요인은 불만족을 예방하는 효과가 있지만 종업원들을 만족시켜 모티베이션시키지는 못하기 때문에 위생요인(hygiene factor)이라 불렀다.

허즈버그의 2요인이론이 시사하는 바는 다음과 같다.

1. 직무태도를 중심으로 직무 동기를 최초로 연구한 현장 연구라는 점이 중요하다.
2. 직무수행을 통하여 일 자체에서 얻을 수 있는 내재적 보상과 만족의 중요성을 강조함으로써 이전까지 직무환경요인의 관리를 중시하던 방식에서 직무 자체가 중요하다는 것을 알게 되었다.
3. 허즈버그의 2요인이론에서 동기요인은 매슬로우의 욕구단계설에서 상위욕구와 유사하며 위생요인은 하위욕구와 유사하다.

그러나 허즈버그의 2요인이론은 다음과 같은 비판을 받고 있다.

1. 허즈버그가 사용한 방법론의 한계에 대한 비판이다. 우리 인간은 일이 잘 진행되면 자기 탓이라고 생각하나 실패할 경우에는 그것을 환경의 탓으로 돌린다. 귀속이론에 의하면 직무만족 요인과 불만족 요인은 객관적인 것이라기보다는 귀속과정에 의한 주관적일 가능성이 있다.

② 직무만족이 모티베이션의 원인이라는 증거가 없음에도 불구하고 직무만족 → 모티베이션의 명제를 제시하고 있다.

③ 다양한 조직의 상황요인을 무시했다.

④ 만족하면 생산성이 증가한다고 하였는데 그 인과관계를 검증 없이 제시했다.

쉼터

칭찬 10계명

1. 칭찬할 일이 생겼을 때는 즉시 칭찬하라.
2. 잘한 점을 구체적으로 칭찬하라.
3. 가능한 한 공개적으로 칭찬하라.
4. 결과보다는 과정을 칭찬하라.
5. 사랑하는 사람을 대하듯 칭찬하라.
6. 거짓 없이 진실한 마음으로 칭찬하라.
7. 긍정적으로 관점을 전환하면 칭찬할 일이 보인다.
8. 일의 진척사항이 여의치 않을 때 더욱 격려하라.
9. 잘못된 일이 생기면 관심을 다른 방향으로 유도하라.
10. 가끔씩 자기 자신을 스스로 칭찬하라.

출처 : 켄 블레차드의 '칭찬은 고래도 춤추게 한다' 중에서

(4) 맥클리랜드의 성취동기이론

성취동기이론(achievement motivation theory)은 매슬로우의 욕구단계이론과 마찬가지로 인간의 욕구에 기초하여 모티베이션을 설명하려는 이론이다.

맥클리랜드(D. C. McClelland)는 개인의 성격은 인간의 행위를 동기화시킬 수 있는 잠재력을 지닌 여러 욕구로 구성된다고 보고, 그중에서도 성취욕구, 친교욕구, 권력욕구 등의 3가지 욕구가 가장 중요한 욕구라고 강조하였다.

1) 성취욕구

성취욕구(need for achievement)는 뭔가 어려운 일을 달성하려는 욕구, 장애를 극복하여 높은 목표를 이루려는 욕구, 다른 사람들과 경쟁하여 자신의 능력을 유감없이 발휘하여 자신의 가치를 높이려는 욕구 등으로 정의된다.

따라서 성취욕구가 높은 사람은 도전받기를 좋아하고, 매우 어려운 목표를 설정하여 오랜 시간 동안 일하여 그것을 달성함으로써 성취감을 느낀다.

2) 친교욕구

친교욕구(need for affiliation)는 타인과 관계를 맺고 소속하고 싶은 욕구로 귀속욕구라고도 한다. 이러한 욕구를 가진 사람은 다른 사람과 친근하고 밀접한 관계를 맺으려는 욕구가 강하다.

3) 권력욕구

권력욕구(need for power)는 타인에게 영향력을 행사하여 사람들이 자기가 원하는 방향으로 행동하게 하려는 욕구이다. 맥클리랜드는 높은 권력욕구를 가진 사람은 영향력과 통제를 행하는 데 관심을 많이 가지고 있다는 것을 발견하였다.

맥클리랜드는 욕구를 과거의 쾌락이나 고통과 연합되어 있는 일정한 단서들에 의하여 발생하는 강한 감정의 연합체로 욕구는 학습된다고 보았다. 성취욕구가 높은 사람은 성취를 일으키는 상황이 유쾌한 감정을 유발시키는 단서가 된다.

개인의 욕구는 유쾌하거나 불쾌한 단서들과 연합되도록 학습되기 때문에 성취욕구가 높은 사람들은 성취를 함으로써 유쾌한 상황을 만들려고 노력한다.

대부분의 성취욕구가 높은 사람들은 다음과 같은 특징을 가지고 있다.

1. 개인적 책임, 피드백, 적절한 수준의 위험이 수반되는 직무상황을 추구하는 것을 선호한다. 이러한 조건이 충족되면 성취욕구가 높은 사람들은 높은 수준으로 모티베이션이 된다.
2. 과업지향성을 보인다. 능률적으로 일을 수행하거나 자신의 능력을 도전적으로 시험하는 데 흥미를 느낀다. 성취를 통해서 결과적으로 얻게 되는 보상보다는 성취 그 자체를 목적으로 한다.

3 성취 가능성에 대한 자신감(self-confidence)을 보인다. 성취욕구가 높은 사람들은 성취 가능성을 긍정적으로 확신하고 나름대로의 자신감을 갖는다.

4 미래 지향성(future-orientation)이다. 성취욕구가 높은 사람들은 장래에 발생할 상황을 예견하여 현재의 행동을 이끌어가는 경향이 있다. 미래 지향적인 문제해결 상황에서 성취욕구가 발생하는 것이다.

맥클리랜드의 성취동기이론이 모티베이션의 관리에 시사하는 점은 다음과 같다.

1 성취동기이론은 경영자, 특히 최고 경영자의 행동을 이해하는 데 기여하였다. 즉, 성취욕구가 직무수행에 중요한 영향을 미친다는 것을 분석한 것이다.

2 성취욕구가 높은 사람은 위험의 선호, 책임감, 수행결과에 대해 알고자 하는 욕구, 미래지향성 등 경영의 효율성에 중요한 영향을 미친다.

3 성취동기이론은 욕구가 학습된다고 봄으로써 욕구의 구성과 작용이 문화에 따라 상이할 수 있기 때문에 훈련에 의하여 성취욕구를 개발할 수 있다는 것을 제시하였다.

4 성취동기이론은 욕구이론을 거시경제 수준으로 확대하여 성취욕구가 경제 발전의 주요 변수가 된다는 것을 지적하였다.

2. 과정이론

모티베이션이론 중 과정이론은 어떻게 해서 모티베이션되는지의 과정과 방법에 대한 이론으로서 대표적인 이론으로는 공정성이론과 기대이론이 있다.

(1) 공정성이론

사회적 비교이론에 기초를 둔 공정성이론(equity theory)은 모든 사람들이 공정하게 대접받기를 원한다는 전제 하에 모티베이션, 업적평가, 만족수준 등에서 공정성이 중요한 영향을 미친다고 본다.

아담스(J. S. Adams)는 조직이 공정성을 실천함으로써 구성원들을 모티베이션시킬 수 있다고 믿었다. 공정성의 평가 기준은 절대적이라기보다 일정한 보상을 받기 위해 자신이 투입한 노력과 그 결과 받은 보상의 비율을 준거인의 그것과 비교하는 상대적인 것이다.

조직공정성은 세 가지 측면에서 살펴볼 수 있는데, 배분적(distributive), 과정적(procedural), 상호적(interactional) 공정성이 있다.

배분적 공정성은 회사의 지원을 구성원들 사이에 공평하게 분배했는지 여부에 따라 결정이 되며, 과정적 공정성은 회사의 의사결정과정이 공정했느냐의 여부에 달려있으며, 상호적 공정성은 인간관계에서 인간적 대우를 포함한 질적인 보상차원에의 공정성을 뜻한다.

이러한 3가지가 조직구성원들의 모티베이션에 영향을 미친다는 것이다. 그중에서도 아담스의 공정성이론은 배분적 공정성에 기초를 하고 있다.

1) 공정성이론의 내용

아담스는 직무수행에서 종업원이 투입한 공헌과 그 대가로 받은 보상의 비율을 준거인과 비교하여 공정성 여부를 판단하고 그 결과 불공정성을 느낄 경우 그것을 감소시키기 위한 노력을 한다고 주장하였다.

공정성이론은 자신이 타인과 비교하여 형평의 원리에 어긋나는 대우를 받으면 그

표 8-2 공정성 판단의 평가요소

투입(공헌)	산출(보상)
• 시간 • 지식 • 교육·훈련 • 경험 • 기술(숙련) • 창의성 • 구속 • 사회적 지위 • 조직에 대한 충성심 • 나이 • 성격적 특성 • 도구소유 • 노력 • 출석 • 건강	• 급여·상여금 • 각종 복리혜택(fringe benefit) • 도전적 직무 • 직업안정 • 내재적 보상 • 경력 상승 • 지위상징물 • 안락한 근무환경 • 성장·자기개발의 기회 • 상사의 지원 • 인정과 칭찬 • 의사결정 참여 • 허즈버그의 위생요인

그림 8-7 공정성이론의 모델

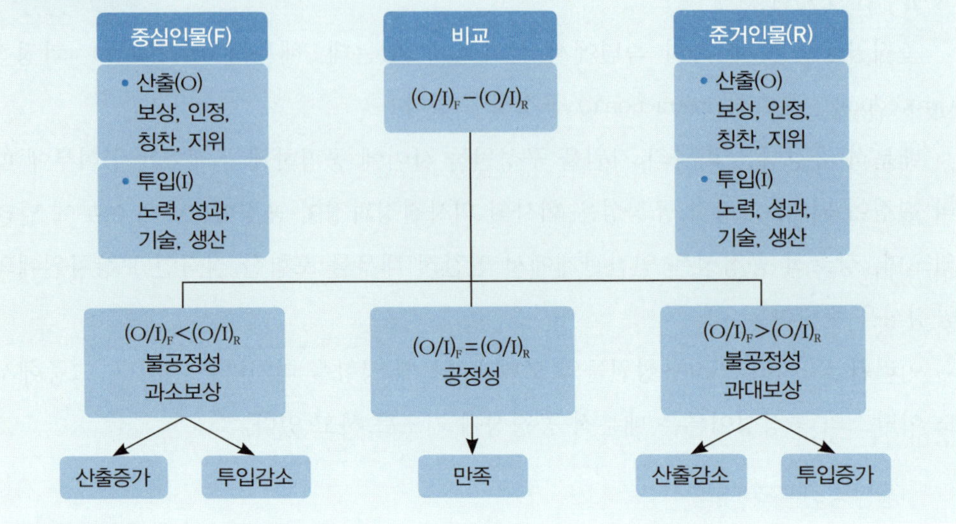

것을 감소시키기 위한 동기가 유발된다는 것이다.

개인이 자신의 직무에 대한 노력과 직무수행의 수준 및 직무만족을 결정짓는 요인이 그가 지각하고 있는 공정성이다. 여기서 말하는 공정성이란 직무를 통하여 얻게 되는 성과(예 : 봉급)에 대해서 직무를 위해 노력하는 투입(예 : 시간과 노력)의 비율을 자기와 관련 있는 타인(준거인)과 비교하는 개념이다.

아담스의 공정성이론을 그림으로 표시하면 [그림 8-7]과 같다.

개인은 직무수행에서 자신의 노력투입의 비율인 $(O/I)_F$와 유사한 여건의 다른 직무수행자의 $(O/I)_R$을 비교하게 되는데 그 결과 동일한 경우 공정성을 느끼고 현재 직무수행 상태를 계속 유지하려고 한다.

그러나 $(O/I)_F>(O/I)_R$이거나 $(O/I)_F<(O/I)_R$일 경우는 불공정성을 느끼게 된다. 전자는 과대보상에 의한 불공정성으로 산출에 대한 만족을 감소시키거나 향후 투입을 증가시킴으로써 공정성으로 이동하게 되며, 후자의 경우에는 과소보상에 의한 불공정성으로 산출에 대한 만족을 증가시키거나 투입을 감소시킴으로써 공정성으로 이동한다.

조직구성원이 직무수행 결과에 대한 불공정성을 느낄 경우 다음과 같은 행동을 하게 된다.

① 투입의 변경

$(O/I)_F > (O/I)_R$인 경우는 투입을 증가시켜 불공정을 감소시킨다.

구체적으로 자신의 생산성을 향상시키거나 작업의 질을 높이는 방법을 선택하게 된다. $(O/I)_F < (O/I)_R$인 경우는 투입을 감소시켜 불공정을 감소시킨다. 생산을 제한하는 여러 가지 활동을 할 수 있다.

투입의 변경에는 개인이 불공정의 원인을 어떻게 보느냐에 따라 여러 가지 방법이 있다. (O/I) 비율의 차이의 원인이 산출보다도 투입에 있을 경우는 투입을 변경하는 행동을 할 것이다. 투입요소의 변경이 어느 정도 용이한가도 중요한 요인이다. 교육수준, 기술수준 등은 변경이 용이하지만 그렇게 쉽지는 않고 노력의 수준을 변경시키는 것이 가장 용이하다. 어떤 경우이던 투입의 증가는 조직에 바람직한 영향을 미치지만 투입의 감소는 부정적 영향을 미친다.

② 산출의 변경

공정성의 비교에서 $(O/I)_F > (O/I)_R$인 경우는 산출을 감소시키는 활동을 하고 $(O/I)_F < (O/I)_R$인 경우 산출을 증가시키는 활동을 하게 된다. 대부분의 사람들은 산출을 감소시키는 활동을 할 가능성은 적다.

조직 구성원들이 동종 산업의 타 기업과 비교하여 불공정성을 느낄 경우 노동조합의 활동을 통하여 임금 인상을 위한 노력을 하게 된다. 현실적으로 산출을 증가시키는 활동은 조직 내에서 쉽지 않다. 특히 과소보상에 따른 불공정이 장기간 지속되면 불만족을 증가시키고 이것을 해소하기 위해 종업원은 조직을 이탈할 가능성이 높다.

③ 투입과 산출에 대한 인지적 왜곡

투입과 산출 자체를 변경하는 것이 현실적으로 어려울 경우 투입과 산출을 인지적으로 왜곡함으로써 불공정성을 해결하기도 한다. 이것은 대부분 투입과 산출의 중요성과 관련성을 변경시키는 것이다.

임금에 대한 주관적 만족을 변경하거나 자신이 투입하는 노력의 질에 대한 판단을 주관적으로 높이 평가하는 경우가 있다.

④ 직장의 이동

이것은 불공정성을 해결하는 가장 극단적인 방법이다. 직무수행을 포기하고 이직하거나, 결근하거나 극렬한 노조활동을 하는 등의 일탈행동을 할 수 있다.

⑤ 타인에 대하여 영향을 미침

자신의 투입과 산출을 변경시키는 것이 사실상 어렵고 불공정성이 장기적으로 지속될 경우 준거인물의 투입과 산출을 변경시키는 활동을 할 수 있다.

작업집단에서 초과 작업자들에게 집단 응집력을 사용하여 압력을 행사함으로써 투입을 변경시킬 수 있다.

⑥ 준거인물의 변경

이론적으로 이 방법은 비교인물 자체를 변경시키는 것이지만 현실적으로는 어려운 일이다. 비교대상에서 경험이 많은 준거인물을 변경시키는 것은 쉽지 않기 때문이다. 그러나 비교할 차원들이 변화되었을 경우 준거인물이 바뀔 수 있다.

2) 문제점과 시사점

과소보상에 의한 불공정성에 대한 연구에 대해 이론의 타당성이 있다. 그러나 대부분의 경우 과대보상의 경우 종업원들이 불공정성을 느끼지 않거나 지각자체를 왜곡하는 경우가 많다는 것이 이 이론의 문제점이다. 공정성이론이 조직행동의 관리에 시사점은 다음과 같다.

첫째, 공정성이론은 경영자들에게 조직에서 발생하는 사회적 과정을 인식할 필요가 있다는 점을 일깨워 주었다. 직무동기가 사회적 역동성에 의해 결정되기 때문에 관리자들은 직무수행과 직무만족에 대하여 종업원뿐만 아니라 이들이 설정하고 있는 준거인물과 준거집단에 대하여 이해할 필요가 있다.

둘째, 공정성에 대한 지각은 주관적이기 때문에 관리자들은 구성원들에게 공정한 대우를 받고 있다는 것을 확신시킬 수 있는 방법을 찾아야 한다. 구성원들의 불공정성 지각이 타당한 근거를 가지고 있을 때 사전에 해결해야 한다.

셋째, 공정성이론은 경험적으로 금전적 보상을 중심으로 연구되었다. 따라서 금전적 보수체계의 공정성을 확보할 수 있는 제도를 마련하는 것이 종업원들의 모티베이션에서 매우 중요하다.

(2) 기대이론

1) 기대이론의 의미

기대이론(expectancy theory)은 수단성이론(instrumentality theory), 기대-유의성이론(expectancy-valence theory)이라고 하는 것으로서 브룸(V. Vroom)과 포터-로울러(L. W. Porter, E. E. Lawler)의 이론이 가장 널리 수용되고 있다.

기대이론은 인간행동의 결정에 있어서 본능적 결정론을 거부하고 이성을 가진 존재로서 인간은 의식적인 선택을 한다는 것이다.

개인의 행동에 대한 모티베이션 정도는 그 행동이 가져오게 되는 결과와 그 결과에 개인이 느끼는 매력의 정도에 의해 결정된다. 기대이론의 가정을 도식으로 나타내면 [그림 8-8]과 같다.

그림 8-8 기대이론의 도식

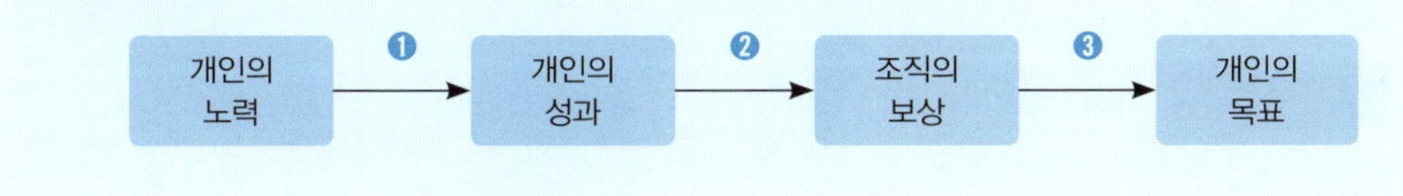

[그림 8-8]의 기대이론에서 ❶의 관계는 노력-성과의 관계로서 개인의 노력이 일정한 성과를 가져오리라고 생각하는 주관적 확률이다.

❷의 관계는 성과-보상의 관계로서 특정의 성과에 대해 조직에서 자신이 원하는 결과를 가져다 줄 것이라고 믿는 정도이다.

❸의 관계는 조직의 보상이 개인의 욕구나 목표를 만족시키는 정도로서 개인이 조직의 보상에 대하여 부여하는 매력도를 말한다.

2) 브룸의 기대이론

브룸의 기대이론을 구성하고 있는 변수에 대해 살펴보면 다음과 같다.

① **결과·보상**(outcomes or reward)

이것은 특정행동의 결과로서 여기에는 1차 수준결과(first level outcomes)와 2차 수준결과(second level outcomes)가 있다. 1차 수준 결과는 개인의 노력에서 조직의 성과와 관련된 것이다.

개인이 조직으로부터 프로젝트를 맡았을 때 그 성과의 수준은 기간 내에 완성하는 것과 같이 높은 생산성을 달성할 수도 있고, 기간 내에 완성하지 못하는 결과가 발생할 수도 있다.

2차 수준 결과는 1차 수준 결과가 가져다주리라고 생각하는 임금인상, 승진 등과 같은 보상을 의미한다. 개인에게 귀속되는 결과이다.

② 기대감

기대감은 노력의 결과로 1차 수준 결과를 가져오리라고 믿는 확률이다. 이것은 0~1의 값을 갖는다. [그림 8-9]에서 보면 자신의 노력 결과 기간 내에 완성할 확률이 0.5로 보고 있다. 1차 수준 결과가 발생하리라고 인지하는 주관적 확률인 것이다.

그림 8-9 기대이론의 예

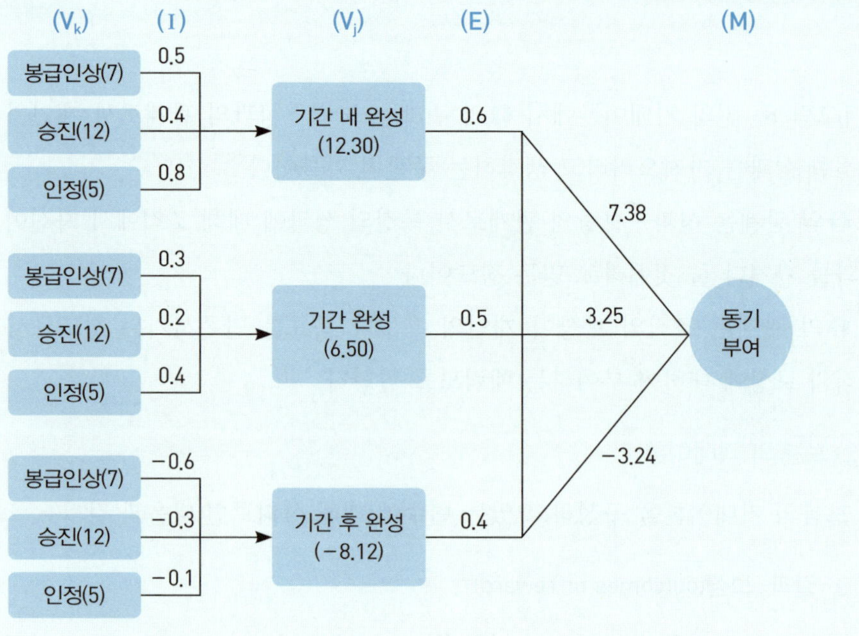

③ 수단성

수단성(instrumentality)은 1차 수준의 결과가 2차 수준의 결과를 가져오게 되리라고 믿는 주관적 확률로서 +1～-1의 값을 갖는다.

④ 유의성

유의성(valence)은 1차 수준 결과와 2차 수준 결과에 대하여 개인이 느끼는 매력의 정도이다. 1차 수준 결과에 대한 유의성(V_j)은 2차 수준의 결과의 유의성(V_k)에 수단성을 곱하여 결정한다.

이상과 같은 4가지 변수를 종합하여 개인의 모티베이션 방향을 예측할 수 있다.

[그림 8-9]에서 1차 수준결과의 유의성(V_j)는 2차수준의 결과의 유의성(V_k)에 수단성(I)을 곱한 것이다. 즉, $12.3(V_j)=(7\times0.5)+(12\times0.4)+(5\times0.8)$이다.

모티베이션의 수준(M)은 1차 수준 결과의 유의성에 기대(E)를 곱한 것이다. 즉 $M_1=12.3\times0.6=7.38$, $M_2=6.5\times0.5=3.25$, $M_3=-8.12\times0.4=-3.24$이다. 따라서 프로젝트를 관리자에게 맡길 경우 가장 가치 있는 보상으로 이끌어주는 행동, 즉 기간 내에 완성하고자 하는 행동을 선택할 것이다.

(3) 포터-로울러의 기대이론

브룸의 기대이론은 성과와 만족 간의 관계를 충분히 설명하지 못하였다. 포터와 로울러(L. W. Poter & E. E. Lawler)는 성과와 만족 간의 관계에 공정성에 대한 지각이라는 변수를 첨가하였으며, 또한 노력하면 성과가 있다고 하는 브룸의 기대감에 개인의 노력과 특성, 역할에 지각이라는 변수를 추가하여 독자적인 이론을 개발하였다.

[그림 8-10]에서 보상의 가치는 브룸의 유의성과 같은 개념이며 노력 대 보상의 확률에 대한 지각은 기대(E)와 수단성(I)을 합한 개념이다. 이 양자가 노력의 수준을 결정한다. 브룸의 기대이론에서는 모티베이션 수준에 능력을 곱하면 성과가 결정되었으나 포터-로울러 모델에서는 역할지각을 추가하였다.

먼저 개인의 노력수준을 결정하는 것은 일정한 노력을 할 경우 그 노력이 보상을 가져올 노력 대 보상의 확률에 대한 지각과 그 보상에 대해 개인이 부여하는 보상의 가치이다. 이때 보상의 가치는 과거에 유사한 노력을 한 결과 받은 보상에 대해서 느

그림 8-10 포터-로울러의 모티베이션 모델

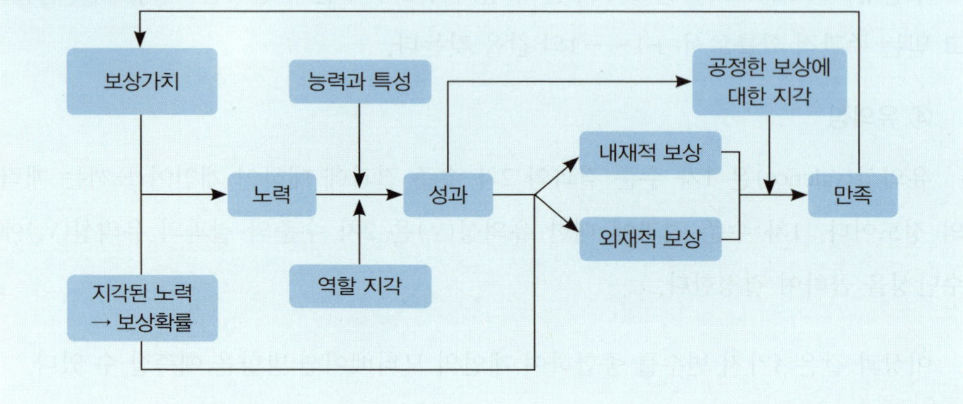

꼈던 보상의 공정성 지각으로부터 피드백을 받는다. 또한 노력 대 보상의 확률에 대한 지각도 개인이 자신의 성과에 대해서 내재적 보상과 외재적 보상을 받은 경험으로부터 피드백을 받는다.

개인의 노력과 능력이 상호작용하고 조직이 자신에게 할당한 역할이 적합하면 일정한 성과가 발생한다. 조직은 이 성과에 대해 내재적 보상과 외재적 보상을 한다. 사람에 따라서 양자로부터 느끼는 만족의 정도는 상이하다. 개인은 자신의 성과와 받은 보상을 비교하여 공정성을 느끼면 만족하게 된다.

이 이론은 브롬의 이론보다 구성원들이 수행하고 있는 작업관련 변수를 더 구체화시켰다는 장점이 있다.

(4) 기대이론의 문제점과 시사점

기대이론은 조직 구성원들이 왜 모티베이션되지 않는지를 설명해 준다. 이와 관련하여 조직구성원들은 다음과 같은 3가지 질문을 할 수 있다.

첫째, 내가 만일 최선의 노력을 한다면 성과에 대한 평가에서 그것이 인정될 것이라는 질문을 한다. 여기에 대하여 대부분의 구성원들의 대답은 부정적이다. 그 이유는 여러 가지가 있을 수 있는데 자신의 능력이 높은 성과달성에 부적절할 수도 있고, 조직의 성과평가 시스템이 성과인자가 아닌 충성심, 솔선수범, 용기와 같은 것일 수도 있다. 어떤 경우에는 종업원이 자신의 상사가 자기를 좋아하지 않기 때문에 노력의 수준과 상관없이 나쁘게 평가할 것이라고 지각할 수도 있다.

이상에서 알 수 있는 것과 같이 모티베이션의 수준이 낮은 것은 구성원들의 신념 때문으로 자신들이 노력을 하더라도 낮은 성과평가를 받을 것이라고 생각하기 때문이다.

둘째, 만약 내가 좋은 성과 평가를 받는다면 조직은 보상을 해줄 것인가라는 질문을 한다. 성과-보상의 관계가 약하다고 생각하는 구성원들이 많다. 그 이유는 조직은 성과 이외의 여러 가지 기준에 의하여 구성원들을 보상하기 때문이다.

예를 들면 급여가 연공서열, 협력적 태도, 상사에게 잘 보임 등과 같은 기준에 의하여 결정될 경우 성과-보상의 관계가 약화될 뿐만 아니라 역 모티베이션 현상이 나타날 수도 있다.

셋째, 조직이 부여하는 보상을 받았을 경우 그것에 대해 내가 개인적으로 매력을 느끼는가라는 질문을 한다. 구성원이 열심히 일하여 승진하기를 원했는데 승진은 하지 못하고 급여가 인상되었거나, 보다 도전적인 직무를 할당받기를 원하였으나 몇 마디의 칭찬만을 들었을 경우 모티베이션 효과에 문제가 있을 수 있다.

따라서 조직의 보상이 구성원의 욕구체계에 부합해야 한다. 뿐만 아니라 많은 경영자들은 그들이 제공할 수 있는 보상에는 한계가 있기 때문에 보상의 개별화가 어렵다. 더구나 경영자들은 대부분의 구성원들이 동일한 것을 원할 것이라고 잘못 생각할 수도 있다.

기대이론이 개인의 목표와 노력과 보상, 성과-보상 및 보상과 개인목표를 연결시켜 모티베이션을 설명한 것은 공헌이지만 방법론과 기준 및 측정에 있어서 문제를 가지고 있다. 구체적인 문제점은 다음과 같다.

1. 기대이론은 내용이 너무 복잡하여 타당성의 검증이 매우 어렵다.
2. 만족이 큰 쪽으로 인간의 행동이 모티베이션될 것이라는 쾌락주의적 가정에 대한 비판이 있을 수 있다.
3. 기대이론은 명확한 목표가 존재하고 성과와 보상의 관계가 확실하며 보상자원의 풍부한 상황에서만 적합하다는 한계점을 가지고 있다.

연/습/문/제

01. 모티베이션의 개념적 요소에 대해 이야기해 보자.

02. 모티베이션의 과정에 대해 살펴보자.

03. 모티베이션이론의 접근방법에 대해 이야기해 보자.

04. 내용이론과 과정이론의 차이점에 대해 이야기해 보자.

05. 매슬로우의 욕구계층이론에 대해 살펴보자.

06. 알더퍼의 ERG이론에 대해 살펴보자.

07. 허즈버그의 2요인이론에 대해 살펴보자.

08. 맥클리랜드의 성취동기이론에 대해 살펴보자.

09. 공정성이론에 대해 이야기해 보자.

10. 브룸의 기대이론에 대해 이야기해 보자.

11. 포터 – 로울러의 기대이론에 대해 이야기해 보자.

PART 03

집단행동 관리

ORGANIZATIONAL BEHAVIOR

Chapter 09

권력과 권한

제 1 절

권력에 대한 이해

1. 권한 · 권력 · 영향력의 관계

권력과 권한 및 영향력은 상호간에 밀접한 관계를 가지고 있다. 이들 세 가지는 모두 영향력을 행사하여 타인에게 무엇을 하도록 하는 것이다.

먼저 권력(power)은 개인(집단)이 어떤 결정을 내린다든가, 어떤 과업이 완수되기 위해 다른 사람이나 조직을 움직일 수 있는 능력이다. 또한 권력은 사회적 인간관계에서 상대방 의지와 무관하게 나의 의지를 상대방에게 관철시킬 수 있는 능력이라고 할 수 있다.

따라서 권력이란 능력을 가리키는 말이지 반드시 겉으로 드러나야만 하는 것은 아니다. 로빈스(S. Robbins)는 권력이란 "A가 B로 하여금 자신이 원하는 것을 하도록 B의 행위에 영향을 미칠 수 있는 능력"이라고 정의했다.

달(R. Dahl)은 "A가 B에 대해 권력을 갖는다는 것은 B가 하고 싶지 않은 일일지라도 A의 요구에 따라 B가 그 일을 하도록 할 수 있는 힘"이라고 정의하였다.

한편 권한(authority)이란 the right to do something으로 합법적이며 윤리적 측면에서 정당한 권력이다. 따라서 권한은 권력의 공식적 측면을 표현하는 것으로 어떤 '사람'이 아닌 그 사람의 '직위'를 바탕으로 위에서 아래로 흐르는 것이며, 부하에 의해서 받아들여질 때 행사되었다고 볼 수 있다.

마지막으로 영향력(influence)은 조직의 결정사항을 실천하기 위한 노력이다. 어떤 개인이 집단이 바람직한 방향으로 움직이도록 변화를 위해 권력을 활용하는 것이다. 영향력은 권력과 동의어로 쓰이기도 하지만 권력의 상위개념이며 리더십이라는 수단을 통하여 행사되는 경우가 많기 때문에 리더십과 동의어로 사용되기도 한다.

2. 권력과 리더십

권력과 리더십은 밀접한 관계가 있다. 리더는 조직의 목표 달성을 위해 권력을 수단으로 사용하게 된다. 이때 권력은 목표달성을 촉진하는 수단이다.

리더십과 권력의 차이에 대해 살펴보면 다음과 같다.

첫째, 목표의 양립 가능성이다.

권력은 오로지 의존성을 필요로 하지만 리더십은 리더의 목표와 추종자의 목표 간에 일치성이 요구된다.

둘째, 영향력의 방향에 관한 것이다.

리더십은 부하에 대한 하향적인 영향력에 초점을 두기 때문에 수평적, 상향적 영향력을 최소화한다. 그러나 권력은 조직구성원들 사이의 지위의 차이나 상하관계와는 무관하게 모든 방향으로 그 영향력이 미치게 된다.

셋째, 연구의 강조점이다.

리더십의 초점은 대부분 스타일에 관한 것이다. 리더는 어느 정도 지원적이어야 하는가, 의사결정은 부하와 어느 정도 공유해야 하는지 등 비교적 단순하고 좁은 범위에 초점을 두는 것이 보통이다. 그러나 권력 연구의 초점은 순응(compliance)을 획득하는 전술이라든가 집단 사이에 작용하는 힘 등과 같이 복잡하고 광범위 한 곳에 초점을 둔다.

권한, 권력, 리더십, 영향력의 관계를 표시하면 [그림 9 - 1]과 같다.

그림 9-1 권한, 권력, 리더십, 영향력의 관계

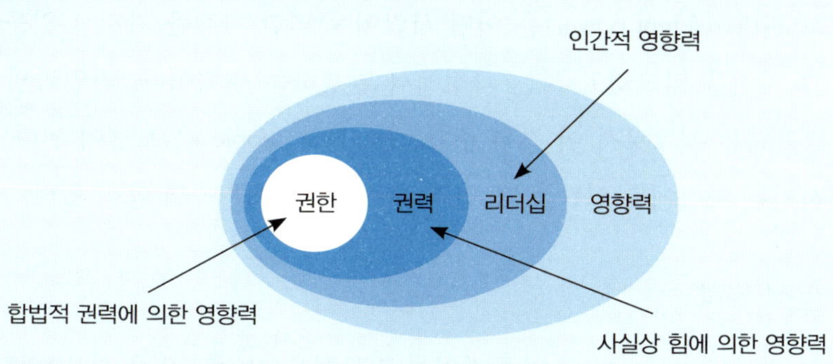

3. 권력의 원천

프렌치(J. R. French)와 레이븐(B. H. Raven)은 권력의 원천을 다음과 같은 5가지로 분류하였다.

(1) 강제적 권력

강제적 권력(coercive power)은 힘을 통하여 다른 사람에게 영향력을 행사하는 것으로부터 발생한다. 처벌, 신체적 위해(危害), 예상되는 보상의 박탈 등이 여기에 해당된다.

(2) 보상적 권력

보상적 권력(reward power)은 권력 행사자가 보상할 수 있는 능력을 가지고 있기 때문에 발생하는 권력이다. 강제적 권력과 보상적 권력은 상호 관련성이 있다. 예를 들어 어떤 근로자가 상급자의 처벌이 두려워서 상사의 지시에 따를 경우 그것은 강제적 권력이 작용한 것이다. 그러나 승진, 칭찬 등의 보상을 받기 위하여 상사의 지시에 따랐다면 그것은 보상적 권력이 작용한 것이다.

따라서 권력이 영향력을 발휘하기 위해서는 보상이 권력 수용자에게 의미 있는 것이어야 한다.

(3) 준거적 권력

준거적 권력(referent power)은 어떤 사람이 특별한 자질을 가지고 있을 경우 다른 사람이 그 자질을 닮으려고 하는 과정에서 발생하는 권력이다. 타인과의 동일시 과정에서 발생하는 것으로서 이 경우 준거인(referent people)은 모델이 된다. 준거 권력을 발생시키는 자질에는 인간성, 도덕적 수준, 인간관계 능력 등이 있다.

(4) 전문적 권력

전문적 권력(expert power)은 특정인이 전문성을 가지고 있을 때 발생하는 권력이다. 높은 수준의 지식이나 기술, 정보 등을 소유하고 있을 경우에 전문적 권력이 발생한다. 조직에서의 계층과 관계없이 직무에 대한 전문지식을 가지고 있을 경우 부하도 상사에 대하여 전문적 권력을 행사할 수 있다.

(5) 합법적 권력

합법적 권력(legitimate power)은 수용자의 입장에서 권력 행사자가 당연히 영향력을 행사할 권리를 가지고 있고, 자신은 그것에 따라야 할 의무가 있다고 생각할 때 발생한다.

합법적 권력을 권한이라고 한다. 조직의 직위나 직무를 보유하고 있기 때문에 권한이 발생한다.

이상에 살펴본 5가지 권력의 원천은 상호 배타적인 것이 아니라 보완적이며 상호 관련성을 가지고 있다.

예를 들어 자신이 좋아하는 사람이 보상권력을 행사할 경우 준거적 권력의 영향력이 증가하지만, 싫어하는 사람이 강제적 권력을 강요하면 준거적 권력의 영향력이 감소한다. 또한 합법적 권력을 가진 사람을 좋아할 경우 준거적 권력의 영향력이 증가하며 그 사람이 전문적 지식이 있을 경우 전문적 권력에 영향력을 갖는다.

4. 권력과 의존성

(1) 권력과 의존성의 관계

의존성(dependency)은 권력에서 가장 중요한 측면이다. 권력이란 의존성의 함수이다. B가 A에 의존하는 정도가 클수록 A가 B에 행사할 수 있는 권력은 그만큼 커진다. 만약 어떤 사람이 다른 사람이 필요로 하는 것을 혼자 가지고 있어서 그것을 통제할 수 있을 경우에 그 사람은 다른 사람에게 권력을 행사할 수 있다.

따라서 의존성에서는 권력의 행사와 수용관계에서 획득하려는 것의 대체 가능성 여부가 중요하다. 어떤 권력의 원천이 풍부하다면 설사 누군가가 그것을 소유하고 있더라도 그 자체가 권력을 향상시키지는 않는다. 대체성이 확장될수록 의존성은 감소하고 따라서 권력은 약해진다.

(2) 의존성의 원천

권력에 중요한 측면인 의존성을 결정하는 요인에는 권력원천의 중요성, 희귀성, 대체불가능성 등이 있다.

1) 중요성

자신이 가진 것을 남들이 갖기를 원하지 않을 경우 권력의 원천은 의존성을 발생시키지 않는다. 권력을 발생시키기 위해서는 원천이 중요한 것으로 인식되어야 한다.

2) 희귀성

권력의 원천이 희귀하다고 인식될 경우 의존성이 발생한다. 조직에서 하위계층에 속한 사람들이라도 매우 중요한 직무관련 지식을 가지고 있을 경우 상위계층의 관리자들이라도 그들에게 의존해야 한다. 조직의 하위계층의 사람들이 그들이 사용하는 직무 매뉴얼을 공개하지 않거나 그들의 독특한 언어를 만드는 것은 희귀성을 유지하기 위한 활동의 일환이다.

3) 대체 불가능성

권력의 원천이 되는 자원을 대체할 수 없을 경우 의존성은 커진다. 조직 구성원들이 현재의 직무 외에 다른 직무를 얻을 기회가 많다면 조직이나 상사에 대한 의존성은 줄어들고 따라서 상사나 조직은 그런 구성원에게 큰 영향력을 행사할 수 없다.

따라서 권력은 보상, 강제, 전문성, 준거, 합법성 등의 원천이 있고 그 원천이 권력수용자의 입장에서 중요하고, 희귀성이 있으며, 대체 불가능한 것일수록 권력은 강해진다는 것을 알 수 있다.

5. 직위권력과 개인권력

조직에 소속된 구성원은 2가지의 권력을 가진다. 그것은 자신이 위치하고 있는 직위에 의하여 주어진 공식적인 권력과 개인적인 특성이나 개인적인 관계에 의하여 주어진 비공식적인 권력이다. 전자를 직위권력이라고 하며, 후자를 개인권력이라고 한다. 조직에서 행사되는 권력은 직위권력과 개인권력의 합이라고 할 수 있다.

(1) 직위권력

직위권력은 직무를 가지고 있는 사람과는 관계없이 그 직위 자체로 인해 부여받는 권력이다. 따라서 합법적 권력, 보상적 권력, 강제적 권력, 전문적 권력 등이 직위권력과 관련이 있다.

조직에서 하나의 직위가 만들어지면, 조직은 그 직위를 수행하는 사람을 위해 권력행사의 범위를 설정해 준다. 일반적으로 직위를 수행하는 사람은 직무수행을 위해 부하들에게 지시를 할 수 있는 권력을 갖고, 부하들에게 제공하는 보상의 일부를 통제할 수 있으며, 부하들에 대한 처벌 및 징계를 하는 데 발언권을 가질 수 있다.

그러나 상사라고 하여 이러한 권력의 행사를 무제한적으로 할 수 있는 것은 아니다. 예를 들면 불법행위를 강요한다든지, 상사 자신의 사적인 일을 시킨 것 등은 자신의 직위권력을 벗어나는 것으로 지시하거나 통제할 수 없다.

(2) 개인권력

개인권력은 조직 내의 직위와 관계없이 그 개인 자체로 인해 발생하는 권력이다. 따라서 준거적 권력, 전문적 권력, 강제적 권력, 보상적 권력 등이 개인권력과 상관이 있다.

그림 9-2 직위권력과 개인권력의 상호작용

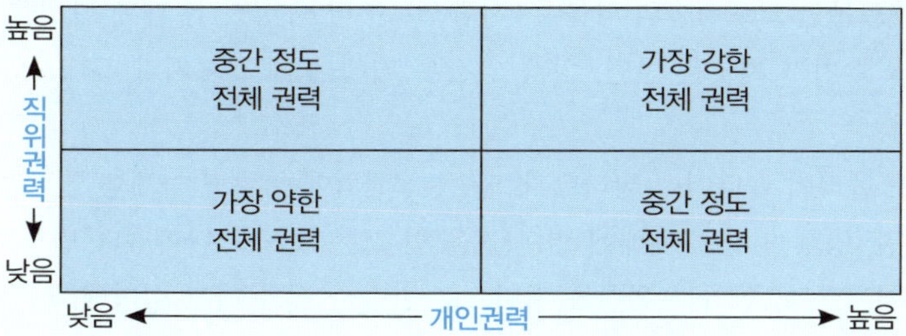

예를 들어 논리적으로 부하를 설득하여 업무를 지시하는 상사는 개인권력이 있는 상사이다. 상사가 논리적으로 부하를 설득하여 업무를 지시하면 부하는 지시를 논리적으로 납득했기 때문에 상사의 지시를 따르게 된다. 따라서 이런 상사는 직위권력만을 가진 상사보다 부하들의 충성심과 일에 대한 열정을 더욱 많이 유발시킬 수 있다.

[그림 9-2]는 전체 권력의 크기를 결정하는데 개인권력과 직위권력이 어떻게 상호작용하는지를 나타내고 있다.

쉼터

늑대형과 양형 인간 비교

美 미시간大연구진은 『지는 게 죽기보다도 싫은 사람』은 늑대형 인간이고, 『패배에 신경 안 쓰는 사람』은 羊(양)형 인간으로 분류하였다.

남에게 지는 게 죽기보다 싫다면 당신은 늑대형 인간이고, 패배하더라도 즐겁거나 위안이 된다면 양형 인간이라고 미국 ABC 뉴스 인터넷판이 보도했다.

미시간대학교 연구진은 권력욕과 패배를 받아들이는 자세 사이에 어떤 연관이 있는지 알아보기 위해 50명을 대상으로 심리 실험을 했다. 실험 참가자들은 2명씩 짝을 이뤄 사람들이 등장하는 사진들을 살펴본 뒤 5분 동안 각 사진에 대한 설명을 썼다.

연구진은 이 설명을 통해 실험 참가자를 늑대형과 양형으로 분류했다. 같은 사진을 놓고도 '교양 있는 토론 장면'이라고 묘사한 사람(양형)이 있는가 하면, '격렬한 논쟁 중'이라고 한 사람(늑대형)도 있었다.

이어 연구진은 두 집단에 속한 사람들에게 묘사가 옳았는지 임의로 승패(勝敗)를 판정해 알려주고 스트레스 호르몬인 코르티솔의 양을 두 사람으로부터 측정했다. 패배 판정을 받은 늑대형 인간은 코르티솔 수치가 치솟은 반면, 양형 인간은 패배를 해도 수치가 그대로였고 오히려 이겼을 때 올라갔다.

이번 연구를 이끈 올리버 슐타이스 심리학과 교수는 "권력에 굶주린 늑대형 인간들은 패배에 큰 충격을 받는 반면, 양형 인간은 패배에 별 신경을 안 쓰는 것으로 나타났다"면서 "이는 모두가 정상의 위치에 서고 싶어 한다는 통념을 정면으로 반박한 결과"라고 설명했다. 독일에서 실시한 실험에서도 비슷한 결과를 얻었다.

이 연구에 참여한 미셸 워스 연구원은 "승리가 어떤 사람들에겐 전부이지만, 어떤 사람에겐 부담이 되기도 한다"면서 "양형 인간은 다른 사람을 누르고 싶은 마음이 전혀 없고, 오히려 남을 이기는 상황을 불편해 한다"고 덧붙였다"

제 2 절

권력의 행사과정

권력은 행사되어야만 존재하는 것은 아니고, 그대로 보유한 채 평생 사용하지 않을 수도 있다. 그러나 권력이란 보유하고 있는 것만이 중요한 것은 아니다. 권력을 효율적으로 사용하는 것이 더욱더 중요한데 그 사용 시기를 잘 포착하는 것이 중요하다. 필요할 때 사용하지 못하면 권력이 없는 것과 마찬가지다.

권력을 실제로 행사하여 상대방에게 영향을 미치는 과정과 효과는 권력행사자와 권력수용자특성에 관련되는 몇 가지 요인들에 의하여 결정된다.

[그림 9-3]에서 보는 바와 같이 권력행사의 과정은 권력행사자의 특성과 권력수용자의 특성, 상황요인, 그리고 협동전략에 의해서 이루어진다. 이렇게 형성된 권력은 권력행사자에 의하여 권력수용자에게 순종하거나 동일시 또는 내면화의 과정을 통하여 받아들이게 되는데, 그러한 영향력이 수용되는 정도는 권력수용자의 특성에 의하여 영향을 받는다.

그림 9-3 권력의 행사과정

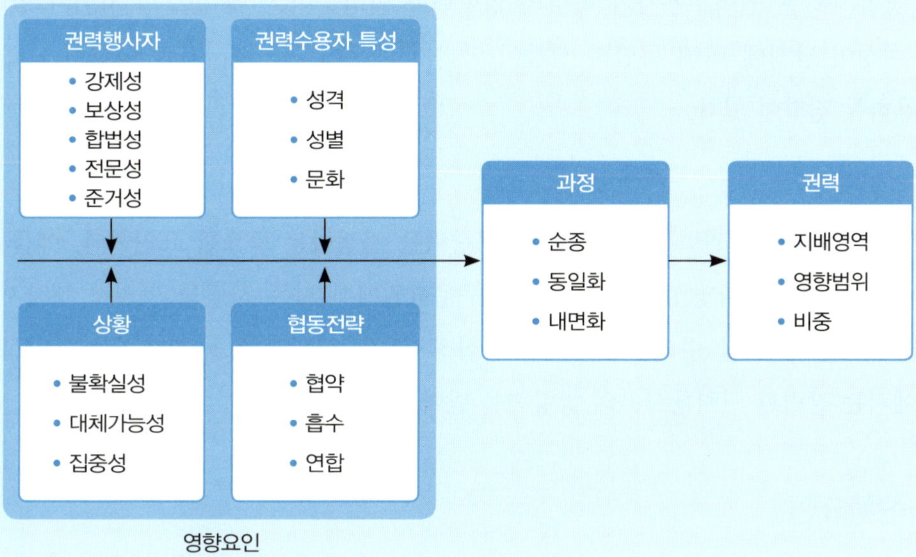

1. 권력행사자의 특성

권력행사자는 상대방에게 영향력을 행사하기 위해서 권력이라는 수단을 이용한다. 권력행사자는 개인적인 노력과 조직의 지위를 이용하여 강력한 권력을 보다 많이 보유하려고 노력한다.

일반적으로 조직에 있어서 권력행사자들은 여러 가지 권력의 원천으로부터 권력행사의 수단을 얻으려고 하는데 대표적으로 강제적 권력, 보상적 권력, 준거적 권력, 전문적 권력, 합법적 권력 등이 있다.

2. 권력수용자의 특성

1) 성격

성격(personality)은 영향력에 대한 개인의 민감도로서 나타난다. 즉 권력수용자가 받아들이는 영향력은 그의 성격에 따라 큰 차이가 있다. 예를 들면 사회적 친교욕구가 높은 사람은 권력행사자에 의해 쉽게 영향을 받는다.

2) 성별

성별(sex)은 권력수용자가 리더의 영향력을 받아들이는 데 정도의 차이가 있다. 즉 여성이 남성에 비해 독립적 성향이 약하기 때문에 권력행사자의 영향력을 쉽게 수용하는 경향이 있다.

3) 문화

문화(culture)는 권력수용자에 대한 영향력을 결정하는 중요한 요인이다. 예를 들면 개성·독립성·다양성을 강조하는 서구문화권에서 사는 사람들은 권력 행사자의 영향력에 저항을 할 수 있다. 그러나 응집성·조화·팀워크 등을 강조하는 동양문화권에서는 강력한 권력행사자의 영향력을 받아들이게 된다.

3. 상황요인

권력형성에 중요한 영향을 주는 요인 중에 하나가 상황이다. 즉, 상황요인은 집단 간의 활동을 통해서 경영자의 직무에 영향을 미치게 된다.

1) 불확실성

불확실성은 미래에 대한 정보의 부족뿐만 아니라 어떤 행동이나 의사결정의 성공 여부를 예측할 수 없는 경우에 주로 발생한다. 이러한 불확실성이 권력에 영향을 주는 것이 아니라, 불확실성을 효과적으로 처리할 수 있는 능력이 권력의 형성에 영향을 준다.

2) 대체가능성

대체가능성은 조직 내의 한 부서가 다른 부서의 활동을 대신 수행할 수 있을 때를 말한다. 그러나 어떤 부서의 작업이 대체가능성이 낮을 때 대체가능성이 높은 부서에 비해서 상대적으로 많은 권력을 갖게 된다.

3) 집중성

집중성이란 어떤 경영자가 조직의 전반적인 성과나 성공에 대해서 갖는 통합적인 중요성의 정도로서, 어떤 경영자가 부재 시 조직이 받게 되는 영향의 정도를 의미한다.

4. 권력행사자의 협동전략

권력관계는 불확실성·대체가능성·집중성과 같은 상황요인에 의하여 형성되기도 하지만, 그 외에도 권력행사자의 권력획득을 위한 협동전략이 이용될 수 있다.

협동전략이란 2개 이상의 집단이 여러 가지 방식으로 협력관계를 형성하여 상대방에 대한 불확실성을 제거하고 서로 통합함으로써 일정한 수준의 권력을 획득하려는 전략이다.

1) 협약

두 개 이상의 집단이 상호간의 불확실성을 감소시키기 위해서 협상을 통하여 일정기간의 상호작용 또는 활동을 사전에 통제하기로 약속하는 것을 말한다.

예를 들면 노동조합과 사용자 집단은 일련의 협상과정을 통하여 쌍방이 모두 만족할 수 있는 단체협약을 이끌어 내려고 노력한다.

2) 흡수

한 조직체가 외부집단이나 새로운 요소를 자기의 의사결정구조 내로 끌어들임으로써 상호간의 불확실성을 감소시키는 전략이다.

예를 들면 정유회사의 경우에 원유를 정기적·안정적으로 공급받기 위해서 원유탐사 및 개발회사를 인수 또는 합병을 통하여 흡수할 수도 있다. 이때 흡수하는 집단이나 조직은 조직 전체에 강력한 영향력을 행사할 수 있다.

3) 연합

한 조직이나 집단이 다른 조직과 결합하거나 합작투자(joint venture)를 통해 불확실성을 감소시키기 위한 전략이다. 이 전략은 협약과 흡수가 모두 불가능하거나 집단 상호간의 의존성을 감소시키지 못함으로써 여전히 높은 불확실성에 직면하고 있는 경우에 주로 사용된다. 기업조직에 있어서 지배적 연합은 조직의 의사결정에 중요한 역할을 수행할 수 있다.

5. 권력의 수용과정

권력행사자가 아무리 강력한 권력을 지니고 있더라도 권력수용자가 그것을 받아들이지 않는다면 권력은 영향력으로서 힘을 발휘할 수 없게 된다.

권력의 수용과정은 순종, 동일화, 내면화 등의 과정에 의해 이루어진다. 순종은 보상적·강압적·정보적 권력에, 동일화는 준거적 권력에, 내면화는 전문적·합법적 권력과 각각 관계된다.

1) 순종

순종(compliance)은 권력의 수용자가 보상을 받거나 처벌을 피하기 위해서 하는 행동이다. 효율적인 순종을 위해서는 다음의 조건들이 갖추어져야 한다.

1. 권력의 행사자가 보상 원천을 충분히 통제할 수 있어야 한다. 약속한 보상을 실시하지 않았을 경우 차후의 복종은 약해진다.
2. 권력행사자가 권력수용자의 행동을 관찰할 수 있는 능력과 기회를 가져야 한다. 보상과 처벌이 효력을 발휘하는 지를 관찰해야 한다.

2) 동일화

동일화(identification)는 타인과의 관계를 갖거나 유지하기 위해서 지시에 복종하는 경우를 말한다. 즉, 권력을 수용함으로써 얻을 수 있는 결과가 매력적이고, 권력행사자와의 관계를 유지하는 것을 높이 평가할 경우 발생하는 것이 동일화이다.

예를 들면 신입사원이 선임 관리자의 행동을 그대로 본받는 경우가 그 예이다. 어떤 경우에는 선배가 입는 옷, 사무실 공간배치, 말투까지 닮으려고 한다.

조직의 경우 멘토링(mentoring)을 통하여 동일화를 활용한다. 멘토링을 통하여 하위 관리자들은 상사의 행동을 관찰하고 상호작용하며 경험함으로써 공식적, 비공식적으로 관리적 기능을 배운다.

동일화에 있어 두 가지가 중요 요소를 살펴보면 다음과 같다.

1. 권력행사자와 그 권력행사의 목표가 매력적이야 한다.
2. 동일시를 통하여 모방하고자 하는 행동이 양자의 관계에서 중요한 것이어야 한다.

3) 내면화

내면화(internalization)는 보상이나 관계보다도 권력의 행사에 따른 행동의 내용이 권력수용자의 가치관과 일치하기 때문에 발생한다. 권력의 수용자는 권력행사가 올바르고 타당하다고 믿기 때문에 권력을 수용한다.

내면화의 중요한 요소를 살펴보면 다음과 같다.

1 영향력의 원천이 믿을 만해야 한다.

2 권력행사에 따른 행동은 관련된 문제해결에 타당해야 한다.

이와 같은 순종, 동일화, 내면화를 행위자의 권력원천, 권력수용의 이유, 상황의 요구 등의 관점에서 정리하면 〈표 9-1〉, [그림 9-4]와 같다.

표 9-1 순종, 동일화, 내면화의 특징 비교

종류	권력 원천	권력수용 이유	상황의 요구
순종	보상, 강제, 정보	보상획득, 처벌회피	권력행사자는 자원을 통제하고 보상과 처벌이 가능해야 함
동일화	준거	권력행사자와 좋은 관계	권력행사자와 그가 요구하는 행동에 매력을 느끼고 그 행동이 중요해야 함
내면화	합법적, 전문적	행동이 적절하고 가치관에 일치	권력행사자가 신뢰성이 있어야 하고 행동이 조직에 합당해야 함

그림 9-4 권력행사에 따른 상대방의 반응

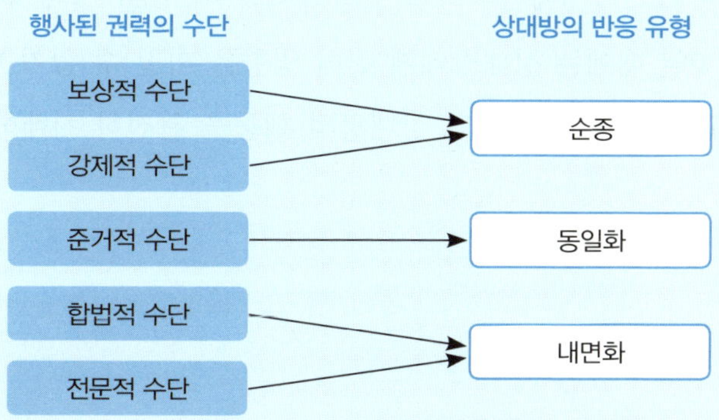

6. 권력의 특성

권력이 행사되어 권력수용자에게 영향을 주게 되는데 그때 권력의 특성에 대해 살펴보면 다음과 같다.

1) 지배영역

지배영역은 권력의 영향을 받는 사람 또는 집단의 수를 말하는데 어떤 경영자가 감독하고 있는 모든 부하와 하위집단을 포함한다. 따라서 지배영역이 넓어진다는 것은 권력의 크기가 확대된다는 것을 의미한다.

2) 영향범위

어떤 사람의 영향을 받는 범위를 말하는 것으로 권력행사자가 동원할 수 있는 자극의 폭이나 권력수용자가 보이는 반응의 폭을 의미한다.

예를 들면 상사가 부하직원이 수행하는 업무에 관해서만 영향력을 행사할 수 있고 업무 외의 문제에 대해서는 영향력을 미칠 수 없다면 권력의 범위는 업무에 관한 것으로 한정된다. 경영자의 부하에 의한 영향범위는 직무할당·훈련참가·성과평가·임금인상·승진·이동 등을 포함한다.

3) 비중

비중은 어떤 개인이나 집단이 다른 사람들에 영향을 주는 권력의 강도나 수준을 말한다. 즉 영향력을 받아들이는 권력수용자의 행동을 얼마나 효과적으로 지배할 수 있는가를 나타내는 것이다.

권력의 비중은 크기가 0에서부터 최고점까지의 어느 한 점에 위치한다고 볼 수 있다. 즉 비중이 0일 때에는 상대방에게 전혀 영향을 미칠 수 없기 때문에 권력으로서의 의미가 없고, 최고점에 이르면 상대방의 행동을 완전히 지배하는 통제의 상태에 이르게 된다.

제 3 절

권력의 위임

1. 권력위임의 의의

권력과 그 위임은 상호 불가분의 관계에 있다. 오늘날 많은 기업들이 권력의 위임을 통하여 참여 경영을 실시하고 있는데 대표적인 사례가 MBO(목표에 의한 관계)나 직무의 재설계 등이다.

권력이 위임되지 않고 지나치게 집권화가 이루어지면 구성원들의 책임의식이 약해져서 책임을 회피하게 된다. 의사결정에 구성원을 참여시키지 않는 관료제 조직에서 집권화의 역기능 때문에 책임경영과 자율관리가 곤란하게 된다.

오늘날 일본식 경영에서는 품질을 매우 중요하게 생각하는데 품질향상은 권력과 권한이 위임된 상황에서만 가능하다. 효율성이 높은 조직의 특징은 계층이 적고 평평한 것으로 권력이 광범하게 위임되어 있다.

조직이 위기에 처해 있거나 역동적인 환경에 놓여 있을 경우 조직을 혁신하기 위해서는 권력위임에 의한 현장 위주의 관리와 유연성이 매우 중요하다.

허즈버그의 2요인 이론에서 자신이 맡은 일을 책임지고 수행함으로써 더 많은 책임감, 도전성신, 성취감을 느끼고 일에 몰입이 일어난다고 하였다. 따라서 자신의 결정성에 책임감을 느끼도록 하며, 이런 책임감이 직무의 수행에서 더 많은 성과를 달성하도록 하는 것이다.

2. 권력위임의 중요성

"권력은 빼앗기는 것이 얻는 것이다"라는 말이 있다. 권력은 상대적이라서 한쪽의 권력이 증대되면 상대편의 권력은 감소한다고만 생각했다.

따라서 기업조직에서 관리층과 부하들 간의 권력배분을 놓고 상호대립과 불만이 일어나게 되는 것이다. 그래서 조직의 하위계층 구성원들에게도 권력을 부여하는 전

그림 9-5 권력의 진화과정

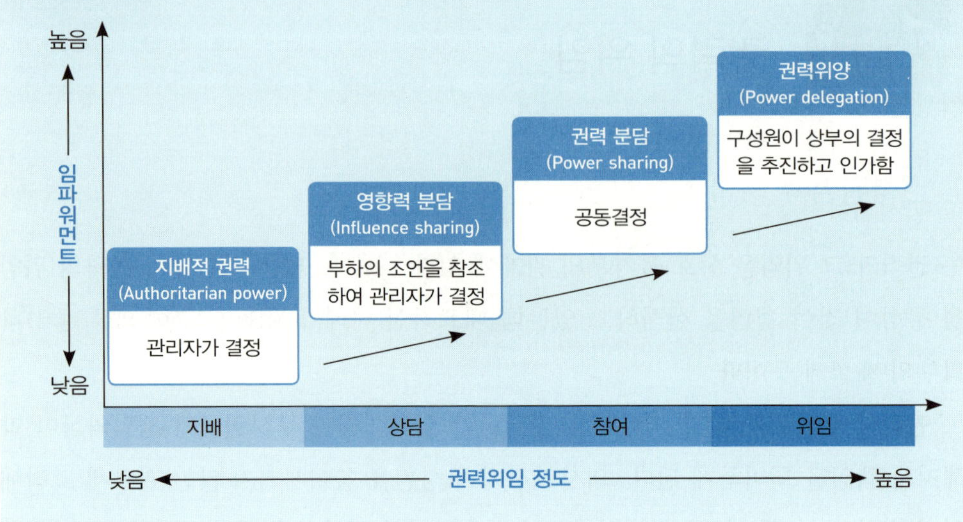

략이 있는데 이를 가리켜 임파워먼트(empowerment)라고 한다. 즉, 조직구성원들에게 자신들이 조직에 무력한 존재가 아니라 반대로 조직을 위해 많은 공헌을 할 수 있는 능력(권력)이 있음을 확신시켜 주는 과정이다.

예를 들면 자율권을 위임해 주고 의사결정에 참여시키며 도전의식과 비전을 심어주는 일이다. 상하 간에도 긍정적 상호관계를 갖게 함으로써 조직이나 집단의 권한이 효율적으로 행사되도록 해야 조직유효성을 높일 수 있다.

이와 비슷한 용어로는 참여경영, 의사결정참여, 권한위양(delegation) 등인데 모두 권력을 분산시킨다는 의미가 있다.

GE에서는 임파워먼트는 가장 낮은 현장에 결정권을 주는 것이라고 말한다. 물론 하루아침에 되는 것은 아니지만 단계적으로 권력을 전부 내어주는 것이 궁극적 목적이며 그것이 조직에서 가장 진화된 권력의 형태라고 믿고 있다.

3. 임파워먼트

전통적 조직이론에서는 권력의 양은 고정되어 있어 상위계층일수록 하위계층보다 더 많은 권력을 가지고 있는 것으로 인식하였다.

그러나 현대적 조직이론에서는 권력이란 고정되어 있는 것으로 보지 않고 조직의 문제를 주도적으로 해결하기 위해 사람들에게 권한과 기회와 동기를 제공하는 권력화의 개념으로 보고 있다. 이것은 구성원들에게 권한과 권능을 부여하는 것으로 참여경영, 참여적 리더십과 유사하다.

임파워먼트(empowerment)는 단순한 권한의 분배 의미보다 구성원의 역량을 키우고 활성화하여 확산하는 내재적 모티베이션 차원의 의미가 더 크다. 즉 임파워먼트는 조직 내 구성원들 간에 권한이 자유롭게 움직이며, 개인차원에서의 모티베이션을 넘어서 과업, 직무, 성과의 상호연관성에 대한 인식을 고취시키면서 개인수준으로 확대되어 조직의 목표를 달성할 수 있도록 하는 것이다.

이러한 임파워먼트는 크게 개인 스스로가 자신의 부족한 점을 명확하게 인식하고, 자신에 대해 긍정적인 자기 암시를 통하여 자긍심을 증진하는 방식으로 개인의 임파워먼트를 향상시키는 것과 증대된 자신의 역량을 다른 구성원들에게 확신시켜 조직 전체의 파워를 향상시키는 집단 임파워먼트로 구분된다.

임파워먼트와 유사한 개념으로서 권한위임(delegation)이 있다. 위임의 경우 의사결정과 책임의 공유가 아니고 경영자의 권한을 하부에 위양(委讓)하는 것이기 때문에 경영자의 권한은 그만큼 줄어들고 위양을 받은 종업원의 권한만 증가하는 것이다.

권한의 하부위양은 경영자의 권한만 줄어드는 것을 의미하기 때문에 경영자의 입장에서는 위양하기를 꺼리게 된다. 따라서 권한위임의 경우에는 가급적 권한을 주지 않으려는 상사와 권한을 위임받으려는 부하 사이에 갈등이 빚어질 가능성이 있다.

권한의 위임이 파이(pie)의 몫을 상·하급자 간에 나누려는 제로섬게임(zero sum game)인 데 반해 임파워먼트는 상·하급자 간의 권력의 분점과 공유가 시행되므로 모두에게 득이 되는 대안이라고 할 수 있다.

그린리프(R. K. Greenleaf)는 임파워먼트를 다음과 같이 공식화하였다.

$$\text{Empowerment} = \underset{(\text{자율성})}{\text{Autonomy}} \times \underset{(\text{방향})}{\text{Direction}} \times \underset{(\text{후원})}{\text{Support}}$$

즉, 임파워먼트의 강도는 부하에게 허용되는 자율성의 정도, 상·하급자간 추진

방향의 합치성 정도, 상사의 후원 정도에 비례한다는 것이다.

킬만(R. H. Kilmann)은 리더의 임파워먼트 역할을 제시했다.

1. 부하의 의사결정 참여를 통한 임파워먼트
2. 자율관리팀의 구성과 활동을 통한 임파워먼트
3. 경청과 인정(recognition)을 통한 임파워먼트
4. 교육과 재훈련을 통한 임파워먼트
5. 인센티브 제공을 통한 임파워먼트
6. 고용보장을 통한 임파워먼트
7. 조직구조의 간소화(수직에서 수평조직으로 이행)를 통한 임파워먼트
8. 중간관리자 역할의 재인식을 통한 임파워먼트
9. 관료제적 요소의 제거를 통한 임파워먼트

개인의 임파워먼트에 대한 측정방법으로는 "나는 업무수행 그 자체에서 만족을 느끼며, 업무성과에 따른 보상을 반드시 기대하지는 않는다.", "나는 직무를 수행함에 있어 문제가 발생할 때 노력을 지나치게 낭비하기보다는 적절한 노력을 통해서 해결할 수 있다.", "나는 내게 주어진 직무를 능숙하게 수행할 수 있다.", "나는 상사의 도움 없이 중요한 문제를 해결할 수 있는 능력을 가지고 있다.", "내가 하는 일은 나의 목표와 기준에 비추어 볼 때 중요한 의미가 있다." 등의 질문을 통해 가능하다.

집단 임파워먼트의 측정은 "상사가 나에게 업무를 위임할 때 나는 보통 혼자서만 책임지고 수행하려 한다"는 질문을 통해 측정이 가능하다.

임파워먼트는 부하에게 무조건 권력을 제공하는 것이 아니라 조직의 효율성을 위하여 필요한 곳에 권력을 부여하는 것을 말한다. 권력의 양과 성과의 관계는 권력이 부족하거나 초과하게 되면 성과가 떨어지고, 권력이 적당하면 성과가 높아지게 된다.

제 4 절

권한의 본질

1. 권한의 개념

권한(authority)이란 조직을 결속시켜는 아교와 같은 역할을 하는 것으로서 '어떤 일을 하게 하는 권리'와 같은 것이다. 즉, 조직의 관점에서 보면 권한이란 '관리자가 부하들로 하여금 조직의 목적 달성을 위해 어떤 일을 하도록 요구할 수 있는 것'을 말한다.

그러므로 권한의 본질은 의사결정을 통해 명령을 내리는 것이다. 구체적으로 조직관리자의 권한을 살펴보면 다음과 같다.

1 자신에게 주어진 권한 범위 내에서 의사결정을 내린다.
2 의사결정을 바탕으로 부하들에게 과업을 할당한다.
3 과업에 대해 만족할 만한 성과를 기대하는 권리를 포함하고 있다.

이러한 권한의 개념에 대한 각 학자들의 견해를 살펴보면 다음과 같다.

▷ 그림스(A. J. Grimes)

권한을 '합법적인 권력'(legitimate power)이라고 정의하고 있다.

▷ 바나드(C. I. Barnard)

권력을 '비공식적인 권한'(informal authority)이라고 개념화하고 부하들이 상사의 권한을 인정하고 수용할 경우에 비로소 그 권한이 효력을 발휘하게 된다고 주장하였다.

▷ 이반세비치와 매트슨(J. M. Ivancevich & M. J. Matteson)

권한에 대해 개인적 특성이 아닌 직위에 따라 부여되며, 부하들에 의하여 합법적인 권리로 수용되어야 하며, 위에서 아래로 수직적으로 이동한다고 주장하였다.

이상 여러 학자들의 견해를 종합해 보면 권한이란 조직 내 직무를 수행하는 데 필요한 합법적인 권력으로 부하에 의해 수용되어야 한다는 것이다.

2. 권한의 속성

권한에 대한 개개인의 생각은 주관적 판단에 따라 달라진다. 따라서 개인이 얼마나 많은 권한을 가져야 하는가에 대한 문제는 도덕이나 윤리에 의해서 많은 영향을 받는다. 일반적으로 권한의 속성은 다음과 같다.

(1) 복종을 요구할 수 있는 능력

권한은 그것이 행사되는 대상인 상대방의 복종을 요구할 수 있는 능력이다. 이 점에서 권한이 능력과 동일한 속성을 가지고 있다. 그러므로 권한은 보상이나 벌과 같은 수단에 의해서 뒷받침되어야 한다.

(2) 합법성이 부여된 권력

권한은 합법성이 부여된 권력으로 조직의 지배적인 규정에 의해 합법성을 인정받을 뿐만 아니라 그것이 행사자나 그 상대방이 다 같이 합법적으로 받아들이는 권력이다.

(3) 공식적인 역할에 부여

권한은 공식적인 역할에 의해 주어진다. 그러므로 조직의 규범은 하나의 역할담당자가 다른 역할담당자에 대하여 일정한 권한을 가진다는 것을 규정하며, 이해 관계자들은 그러한 관계를 정당한 것으로 받아들인다. 따라서 권력의 행사에 대한 복종은 일반적으로 역할기대에 포함된다.

(4) 역할담당자 간의 관계 설정 요소

권한은 역할담당자 간의 관계를 설정하는 요소이다. 권한의 존재는 상대방에 대한 행사를 전제로 하는 것이며, 권한은 그것을 행사하는 사람과 그 상대방의 관계를 설정하는 데 의미가 있다.

권한의 행사는 대상이 있는 것이므로 상대방의 특성이나 그가 처한 상황은 권한의 효율성에 영향을 미친다. 따라서 권한의 행사가 언제나 완벽한 복종을 가져온다는 보장은 없다.

3. 권한의 원천

권한은 본질적으로 강제력을 동반하는 복종을 요구하는 힘이다. 따라서 일반적으로 상사와 부하의 관계를 권한의 관계라고 한다. 권한이 어디에서 나오는지에 대한 권한 원천에 대한 학설로는 권한위양설, 권한수용설, 권한직능설이 있다.

(1) 권한위양설

권한위양설은 권한법정설이라고도 하는데, 권한은 상위자가 하위자에게 위양하여 줌으로써 발생하며, 권한을 위양한 자는 위양한 일에 대하여 피위양자를 감독할 책임이 있고, 피위양자는 위양된 일을 위양자가 정한대로 수행하여야 할 의무가 있다.

(2) 권한수용설

권한이란 위양되는 것만으로는 불충분하고, 하위자가 그것을 수용(acceptance)함으로써 비로소 권한이 발생한다는 것이다.

바나드(C. I. Barnard)는 "어떤 명령이 권위를 갖는지의 여부는 수령자 측에 있으며, 발령자 측에 있는 것이 아니다"라고 했다. 따라서 부하의 동의를 확보하기 위해서는 다음의 4가지 조건을 동시에 충족시켜야 한다.

1. 전달을 이해할 수 있어야 한다.
2. 결정에 있어서 전달이 조직목적과 모순이 되어서는 안 된다.
3. 결정에 있어서 전달자가 자기의 개인적 이해관계와 양립할 수 있다고 믿어야 한다.
4. 정신적으로나 육체적으로 전달에 복종할 수 있어야 한다.

(3) 권한직능설

권한은 직능(일)으로부터 생기는 것으로서, 조직상의 어떤 직능이 주어지면 그에 따라 권한이 생긴다는 견해이다. 권한직능설은 직능을 공적으로 수행할 수 있는 권리로 보는 것이다.

4. 권력과 권한관계

권력과 권한은 형성과정에서 보면, 권력은 상대방이 필요로 하는 수단을 보유함으로써 상대방의 행동에 영향력을 끼치는 힘이기 때문에 권력은 권한보다 포괄적인 개념이다.

권한은 권력의 한 부분으로 조직 내에서 개인이나 집단을 지배할 수 있는 합법적인 권리(right)이다. 따라서 권한은 조직의 규범에 의하여 합법적으로 인정된 권력이라고 할 수 있다.

관리자가 해야 할 가장 중요한 직무 중에 하나는 부하들에게 균형적인 권한과 권력을 부여해 주는 일이다. 즉, 업무 담당자는 업무수행을 하는데 필요한 권리(권한)와 그에 상응하는 수단(권력)을 가져야 한다.

이러한 관점에서 보면 권력과 권한은 다음 〈표 9-2〉에서 보는 바와 같이 여러 측면에서 차이가 있다.

표 9-2 권력과 권한의 특성 비교

기 준	권 력	권 한
정의	능력(ability)	권리(right)
근거	개인적 특성	직위
목표	개인 또는 집단이익	조직 이익
집행자	리더	관리자
행동준거	의존	준수
원천	공식·비공식조직	공식조직

연/습/문/제

01. 권한·권력·영향력의 여러 관계에 대해 이야기해 보자.

02. 권력의 원천에 대해 이야기해 보자.

03. 권력과 의존성에 대해 이야기해 보자.

04. 직위권력과 개인권력을 서로 비교해 보자.

05. 권력의 행사과정에 대해 이야기해 보자.

06. 권력의 수용과정에 대해 알아보자.

07. 권력위임의 의의에 대해 이야기해 보자.

08. 권한의 본질에 대해 이야기해 보자.

09. 권한의 속성에 대해 이야기해 보자.

10. 권한의 원천에 대해 알아보자.

Chapter 10

갈 등

제 1 절 갈등에 대한 이해

1. 갈등의 정의

사람과 사람이 모여 있는 곳에는 언제나 갈등이 존재하기 마련이다. 갈등(conflict)의 어원은 라틴어의 '콘플리게레'(configere)로 '상대가 서로 맞선다'는 뜻이다. 즉 갈등에는 의견이 맞서는 상대가 있고, 서로간의 대립과 충돌이 발생한다.

대부분의 갈등에는 이해관계의 대립, 자원의 희소성, 방해 등이 포함된다. 방해를 통해 상대방의 이익추구에 대한 목표달성을 저지시키기 때문에 갈등이 생긴다.

갈등에 대한 정의는 다양하지만 일반적으로 다른 조직구성원에게 대립되는 조직구성원의 행위를 말하며, 행위의 당사자가 상대방이 어떤 일을 방해하려는 것을 인지하는 경우에 갈등은 시작되는데, 여러 학자들의 정의를 살펴보면 다음과 같다.

▷ 로빈스(S. P. Robbins)

갈등이란 A가 의도적으로 방해하여 B의 노력을 상쇄시키는 것으로서, 그 결과 B는 자신의 목적 달성이나 이해를 증진하는 데 있어서 좌절을 초래하게 하는 과정으로 정의하였다.

▷ 리터러(J. Litterer)

어떤 개인이나 집단이 다른 사람이나 집단과의 상호작용이나 활동에서 상대적 손실을 지각한 결과 대립·적대감이 발생하는 행동의 한 형태로 보았다.

▷ 마일즈(R. H. Miles)

조직의 한 부서나 전체 구성원들의 행동과 기대로부터 방해를 받는 것으로 정의하였다.

▷ 레이츠(H. J. Reitz)

갈등이란 관련된 개인이나 집단이 함께 일하는데 애로를 겪는 형태로 정상적인 활동이 방해되거나 파괴되는 상태로 정의하였다.

이상 조직 내에서 구성원 간 혹은 집단 간에 발생하는 갈등을 중심으로 살펴보았는데 다음과 같은 공통된 특징이 있다.

첫째, 갈등은 지각되어야 한다.

당사자들의 생각, 신념, 행동 등이 서로 양립할 수 없다는 지각이나 느낌이 없으면 갈등은 없다는 것이다. 따라서 갈등은 느껴지거나 지각된 만큼 존재한다는 것이다.

둘째, 갈등은 동태적 과정이다.

갈등은 안정적이거나 정태적이기보다는 상호작용적이며 동태적인 과정이다.

셋째, 갈등은 공공연하게 나타날 수도 있고, 잠재해 있을 수도 있고, 합리적이거나 논리적일 수도 있고, 비합리적이거나 감정적일 수도 있다.

넷째, 갈등은 실제 또는 감정의 문제에 대한 구성원 간의 불일치 상태이다.

갈등은 실제적인 것(목표, 자원배분, 보상배분, 방침과 절차, 직무배분 등)과 감정적인 것(분노, 불신, 증오, 공포 등)의 두 가지로 구분할 수 있다.

다섯째, 갈등은 대체로 개인 내 갈등, 개인 간 갈등, 개인과 집단 간 갈등, 집단 간 갈등, 집단과 조직 간 갈등, 조직 간 갈등으로 구분할 수 있다.

이상의 여러 학자들의 정의를 종합해보면 갈등은 둘 이상의 행위주체 사이에 일어나는 심리적인 현상으로, 목적 추구를 위한 상호 작용과정에서 이해관계가 대립하여 서로 상대방에게 방해를 할 때 발생한다.

그런데 갈등은 경쟁(competition)과 다르다. 경쟁은 상대방에게 해를 주기 위해 직접 행동하는 것이 포함되지 않는다.

2. 갈등에 대한 관점

조직에서 갈등은 반드시 좋지 못한 것일까? 이것은 갈등의 관점을 명확히 하고 갈등관리를 위해 반드시 선행되어야 할 문제이다. 대개 조직에서 갈등은 나쁜 것이기 때문에 제거되어야 하는 것으로 생각하기 쉽다. 그러나 적당한 갈등은 오히려 조직의 건전한 발전에 도움이 될 수 있다.

이러한 두 견해의 대립은 갈등이 바람직한지 바람직하지 않은 것인지 여러 가지로 생각하도록 만들어 준다. 갈등에 관한 관점의 변화를 살펴보면 다음과 같다.

(1) 전통적 관점(갈등 해악론)

전통적 관점(traditional view)은 19세기의 지배적인 사고체계로 1940년대 중반까지 지속되어 왔다. 즉, 갈등은 나쁜 것이고 조직에 부정적 영향을 주기 때문에 제거되어야 한다고 보았다. 모든 갈등은 바람직하지 못하다는 생각에서 갈등을 폭력·파괴 및 비합리성과 같다고 보는 것이다.

(2) 행동과학적 관점(갈등 불가피론)

행동과학적 관점(behavioral view)은 1940년대 후반부터 1970년대 중반까지 널리 받아들여졌다. 행동과학적 관점에서 갈등이란 조직 내에서 자연적으로 일어나는 불가피한 현상으로, 조직에서 이를 완전히 제거할 수 없으며, 갈등은 때로는 집단의 성과에 긍정적인 영향을 미치게 된다는 것을 수용할 수 있다는 입장이다.

행동과학자들은 갈등의 존재를 인정하기는 했지만, 갈등을 능동적으로 추구하지는 않음으로써 피상적 갈등수용자들이라는 평가를 받고 있다.

(3) 상호작용적 관점(갈등 촉진론)

상호작용적 관점(interaction view)은 1970년대 중반부터 각광을 받고 있다. 이러한 관점은 갈등의 피상적 수용차원을 넘어서 갈등이 오히려 새로운 아이디어를 촉진하며, 집단 내의 응집성을 향상시키고, 여러 의견을 통하여 보다 나은 의사결정을 가능하게 하고, 욕구불만의 탈출구를 제공하며, 조직의 업무를 효과적으로 수행하는 데 도움을 준다고 봄으로써 갈등을 조직 내의 추진력으로 보고 있다.

상호작용적 관점에서 보면 조직구성원이 조화를 이루어 다툼이 없고 협조를 잘하는 안정적인 집단일수록 정적이고 무기력한 상태에 빠져 변화가 요구되는 상황에서 신속하게 대응할 수 없다는 근거에서 갈등을 오히려 고무하고 있다.

상호작용적 관점은 갈등의 절대적 필요성을 인정하고, 기능적 대립을 조장하며, 갈등의 효과적 관리를 주장한다는 점에서 행동과학적 관점과 다르다. 따라서 경영자는 어느 정도 자기 비판적이고 창의적인 분위기를 유지해가면서 갈등을 계속 관리해 나갈 책임이 있다.

모든 형태의 갈등이 바람직하다든지 아니면 바람직하지 않다는 단순한 시각이 아니라 조직성과에 긍정적 영향을 주는 갈등도 있고 부정적 영향을 주는 갈등도 있기 때문에, 역기능을 하는 갈등은 제거하고 순기능을 하는 갈등은 고무시켜 갈등이 최적의 수준으로 유지시키는 것이 중요하다.

제 2 절 갈등의 원인

갈등의 원인은 개인차원뿐만 아니라 집단차원 등 갈등의 수준에 따라 다양하게 일어난다. 조직행동연구에 있어 중심적인 갈등은 집단 간 갈등이므로 집단 간 갈등의 원인을 중심으로 살펴보고자 한다.

집단 간 갈등의 원인으로는 상호의존성, 집단 간 행동특성의 차이, 자원의 제한성, 책임영역의 모호성 등이 있다.

1. 상호의존성

조직 내의 집단들이 각자의 목적과 과업을 효과적으로 수행하기 위하여 협조, 정보교환 등 서로 간에 의존하고 있는 상태를 상호의존성이라고 한다. 이러한 상호의존성은 한 집단이 다른 집단에 대한 의존성, 혹은 두 집단 간의 연합이나 합의를 필요로 하는 상황 등의 형태로 나타나게 된다.

특히, 각 부서간 기능이 전문화, 분업화 될수록 한 집단의 활동이 다른 집단의 작업과 성과에 영향을 주기 때문에 갈등이 발생할 가능성이 그만큼 커진다.

각 집단의 상호의존관계는 상호의존 정도에 따라서 4가지로 형태로 분류할 수 있다.

(1) 공유적 의존관계

공유적 의존관계는 집단이 조직체의 자원을 공동으로 사용하지만 집단 상호간에 일상적인 연관성이 없고, 비교적 상호간의 독립성을 유지하고 있는 관계이다.

(2) 연속적 의존관계

연속적 의존관계는 공유적 의존관계보다 비교적 복잡한 관계로 집단이 자원을 공동으로 이용할 뿐만 아니라 집단 사이의 인적 활동과 산출활동에 연쇄적 관계가 존재함으로써 집단 간에 빈번한 관계가 유지된다. 그리고 하나의 집단이 과업을 완전히 수행해야만 또 다른 집단의 과업수행이 가능하다.

그림 10-1 작업흐름의 상호의존도

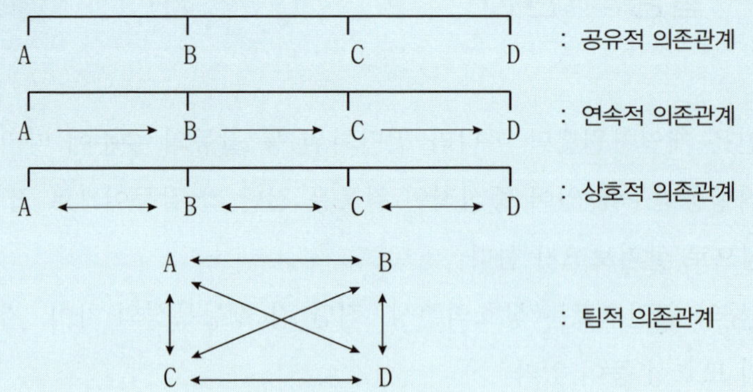

(3) 상호적 의존관계

상호적 의존관계는 가장 복잡한 관계로 조직체의 자원을 공동으로 사용하는 것은 물론이고 집단 간 입출력 연쇄작용이 일방적으로 나타나지 않고, 집단 상호간에 나타나는 관계이다. 따라서 집단 간의 상호작용이 가장 빈번하게 일어난다.

(4) 팀적 의존관계

팀적 의존관계는 상호적 의존관계보다 더 상호의존성이 높은 형태이다. 그러나 팀적 의존관계는 상호적 의존관계보다 상호의존성이 높지만 팀부서 간에 자율성이 많이 부여되기 때문에 갈등이 적은 편이다.

2. 집단 간 행동특성의 차이

집단 간의 행동특성은 행동경향의 차이, 목표 차이, 지각 차이 등으로 나타난다.

(1) 행동경향의 차이

집단은 각자 업무를 수행하는 과정에서 업무의 성격과 목적, 기능, 환경에 맞추어 이에 적절한 행동경향을 형성하게 된다. 집단행동의 경향을 측정하는데 주로 지향하는 목표, 장·단기 발전방안, 공식적 행동 경향의 측면이 적용된다.

(2) 목표 차이

집단은 같은 조직의 한 부서로 소속되어 있지만 그 과정에서 집단마다 추구하는 목적이 다르기 때문에 집단 간 갈등의 원인이 된다.

예를 들어 생산부서의 목적은 생산과정에 있어 원가절감과 불량률 감소에 있지만, 연구개발부서는 신제품개발이 최우선의 목표이기 때문에 각각의 집단 구성원에게 상이한 행동을 요구하게 되고, 두 집단은 어떤 문제를 해결할 때 목표의 차이로 갈등이 유발된다.

(3) 지각 차이

집단 간의 상호지각 차이는 의견의 불일치를 촉진시키고 공동의사결정이나 협력을 어렵게 만드는 요인이 된다. 라인과 스태프의 지각 차이는 라인과 스태프의 갈등의 원인이 된다.

라인 관리자는 스태프 관리자들이 전체적인 안목이 없다고 생각하며, 스태프 관리자들은 라인 관리자들이 자신의 권한과 임무를 침해한다고 생각하기 때문에 갈등이 유발된다.

3. 자원의 제한성

조직 내에 존재하는 인적자원, 자금, 기계설비 등은 조직의 목표를 달성하는 데 필수적이다. 그러나 조직의 자원이 제한되어 있어 상호간에 제한된 자원을 더 많이 확보하기 위해 서로 경쟁하게 된다.

자원의 제한성으로 인해 극단적인 경우에는 서로 간에 적대감이 조성되기도 하며, 부서 이기주의로 표면화될 수도 있다.

4. 책임영역의 모호성

두 부문 사이에 각 단위업무 및 책임영역의 모호성은 각 부문 간의 갈등의 가능성을 증가시킨다. 이러한 관할권의 모호성은 불만족한 조직이 다른 조직으로 하여금 방어적 전략을 쓰게 하고, 자기 부서는 공격적인 전략을 활용하는 부서 이기주의로 인해 부문 간 불신과 대립을 조장시키게 된다.

제 3 절
갈등의 기능

갈등은 조직 전체의 성과를 향상시킬 수도 있고, 저해할 수도 있는데, 전자의 경우를 갈등의 순기능이라 하고, 후자의 경우를 갈등의 역기능이라고 한다.

1. 갈등의 순기능과 역기능의 개념

(1) 갈등의 순기능

갈등의 순기능이란 조직성과를 향상시키고, 성과달성에 도움을 주는 집단 간의 대결이다.

예를 들면 병원의 두 부서가 저소득층 가정의 진료에 대해 가장 효과적인 방법에 대해 서로 상반된 견해로 인해 갈등이 야기되었을 경우 이러한 갈등은 오히려 저소득층 가정에 보다 질 높은 진료를 받게 한다.

(2) 갈등의 역기능

조직의 목적 달성을 위한 활동에 잠재되어 있는 집단 간의 어떤 대결이나 상호작용이 오히려 역기능적일 수도 있다. 조직관리 차원에서 이런 형태의 갈등은 제거되어야 한다.

일반적으로 갈등의 순기능은 시간이 지나면 갈등의 역기능으로 변하게 되는데, 이런 변화시점을 정확히 알아내기는 불가능하다. 뿐만 아니라 한 집단의 목적에 대해 건전하고 긍정적인 움직임을 가져다주는 갈등수준이 다른 집단이나 혹은 동일 집단이라도 시간적 차이가 날 경우 파괴적이고 역기능적일 수 있다.

갈등의 역기능은 집단의 상호불신과 폐쇄적 경향을 조장하고 구성원들의 심리적 성장을 저해함으로써 조직성과에 나쁜 결과를 가져오게 된다.

2. 갈등의 순기능과 역기능의 비교

갈등의 기능(순기능·역기능)을 균형, 통합, 안정, 창의성, 혁신성의 차원으로 나누어 살펴보면 다음과 같다.

(1) 균형차원

균형차원에서 보면 갈등은 개인·집단·조직의 균형을 깨뜨리고 무질서를 초래한다는 점에서 역기능적이다. 그러나 이러한 불균형을 통해 정태적이고, 무사안일에 빠진 개인·집단·조직을 동태적으로 만들어 성장과 발전의 계기를 만들어준다는 점에서는 순기능적이다.

(2) 통합차원

갈등은 개인·집단·조직의 통합과 조화를 파괴할 수 있다. 그러나 갈등은 오히려 조직의 내적 응집성과 충성심을 높여 갈등이 있은 후, 오히려 새로운 조화와 통합력의 향상을 가져올 수도 있다.

(3) 안정차원

갈등은 개인·집단·조직에 불안과 긴장을 가져와 안정성을 파괴한다. 그러나 어느 정도의 갈등으로 인한 불안은 오히려 동태적인 변화와 발전의 돌파구를 제공해주기도 한다.

(4) 창의성 및 혁신성 차원

갈등은 조직 내의 창의성과 혁신성을 저해시킬 수 있다. 그러나 어느 정도의 갈등은 오히려 조직 내에 창의적인 아이디어를 자극하고 유도한다.

대부분의 경우 갈등이 전혀 없는 집단은 대개 정태적이고 구성원 대부분이 자신의 능력 이하의 업적을 달성하는 경우가 많은데, 갈등이 어느 정도 있을 경우 오히려 변화와 개혁을 가져온다.

제 4 절
갈등의 유형

조직 내에서 발생하는 갈등에는 수직적 갈등, 수평적 갈등, 라인-스태프 간 갈등, 역할 갈등이 있다. 또한 갈등의 당사자가 누구냐에 따라 개인이 혼자 겪는 개인 내 갈등, 개인과 개인 간에 발생하는 대인간의 갈등, 집단과 집단 사이에 발생하는 집단 간의 갈등 그리고 조직과 조직 사이에 존재하는 조직간 갈등 등 크게 네 가지로 나눌 수 있다.

1. 조직 내 갈등 유형

(1) 수직적 갈등

수직적 갈등은 조직 계층 간에 발생하는 갈등이다. 이러한 갈등은 주로 상위부서가 하위부서의 자율권을 지나치게 통제하는 과정에서 발생하게 된다. 예를 들어 전산부서와 그 부서를 통제하는 관리본부 사이에 일어나는 갈등이 예이다.

(2) 수평적 갈등

수평적 갈등은 동일 조직계층에서 발생하는 갈등을 말한다. 대개 집단 내 개인들은 자기부서에 대해 1차적 관심을 보이고, 타부서에 대해서는 2차적 관심만 보이는 경향이 있기 때문에 갈등이 야기된다.

(3) 라인-스태프 간 갈등

라인-스태프 간의 갈등은 양측이 상대방의 업무를 이해하지 못하거나 영역을 침범함으로서 발생하는 갈등이다. 즉, 스태프가 라인 업무에 지나치게 간섭하거나, 라인이 스태프의 역할을 탁상공론으로 무시하는 경우에 갈등이 초래된다.

(4) 역할 갈등

개인은 살아가면서 여러 가지 사회적 역할을 맡고 있다. 각자에게 부여된 역할에 따라 그 사람에 대한 요구와 기대가 달라진다. 그러나 개인에게 여러 가지 역할이 복합적으로 부여될 때 역할 갈등(role conflict)은 피할 수 없다.

이러한 역할 갈등은 불안을 초래하며 바람직하지 못한 결과를 낳게 된다. 역할 갈등은 주로 역할의 차이 때문에 발생하는데, 그 종류에는 역할 내의 갈등과 역할 간의 갈등이 있다.

1) 역할 내 갈등

역할 내 갈등(intrarole conflict)은 상위 관리층과 부하직원들 중간에서 중개자 역할을 함으로써 조직 전체의 목표나 방침과 부하직원들 사이에서 조화를 이루어야 하는 중간관리자가 자신의 업무를 상위 관리층의 입장에서 파악해야 하며 동시에 부하직원들의 입장에 서서 업무를 처리해야만 하는 과정에서 느끼는 갈등을 가리킨다.

전통적으로 남성의 직업에 종사하는 여성, 부모의 전통적 가치관에 벗어나 행동하려는 성숙한 자녀들이 역할 내 갈등을 체험하게 된다.

2) 역할 간 갈등

역할 간 갈등(inter role conflict)은 부하에게는 상사로서의 역할을 수행하지만 상사에게는 부하로서의 역할을 수행하는 중간관리자의 경우, 최고경영자들이 자신에게 요구하는 기대와 부하들이 자신에게 요구하는 기대가 다를 때 역할 간 갈등을 경험하게 된다.

즉, 부하로서의 역할과 상사로서의 역할 사이에 갈등이 일어나는 것이다. 역할 갈등은 양립할 수 없는 기대가 동시에 한 직위에 주어질 때 발생하는 갈등이다.

2. 갈등수준의 유형

(1) 개인적 갈등

개인적 갈등(intrapersonal conflict)은 주로 개인 내부의 심리적인 측면과 관련이 있다. 따라서 개인적 갈등은 일반적으로 관리자의 통제가 어려운 부분에 속한다. 조직 내의 개인은 자신의 다양한 욕구와 역할을 나타내는 방법이 다양한데 그 욕구나 역할이 목표에 대해 많은 장애를 받을 때 개인은 갈등을 경험하게 된다.

개인적 갈등의 대표적 예는 다음과 같다.

1 조직 내의 역할에서 오는 심리적 불안, 압박으로 주어진 역할에 따른 업무 수행에서 발생되는 역할갈등이 있다.
2 어떤 동기화된 충동이 목표에 도달하기 전 장애에 부딪칠 때 나타나는 좌절갈등이 있다.
3 둘 이상의 동인들이 상호간에 장애가 되어 나타나는 목표 갈등이 있다.

(2) 개인 간 갈등

개인 간 갈등(interpersonal conflict)은 개인적 갈등의 확대라고 할 수 있는데, 두 사람이 동일한 문제에 대해 서로 불일치할 때 발생하는 갈등이다. 이는 관리자의 갈등 해결 방안이 특히 요구되는 갈등이다.

1) 개인 간 갈등의 원인

① 개인적 차이

개인은 서로 다른 성장 배경과 가족과 문화와 전통이 다르며 사회화 과정도 서로 다르기 때문에 개인 간 갈등이 일어나게 된다.

② 정보부족

두 사람이 서로 다른 정보를 사용하고 있거나 잘못된 정보에 의존하기 있기 때문에 갈등이 발생하게 된다.

③ 역할의 양립불가능성

이런 유형의 갈등은 개인적 갈등인 역할 갈등과 집단 간 갈등에서 비롯된 것이다. 조직 내 관리자는 조직 내의 서로 다른 구성원들과 상호 의존적인 과업과 기능을 수행하고 있으며 이러한 과정에서 양립이 불가능한 역할을 수행해야 할 상황에 놓이게 되면 갈등이 일어나게 된다.

④ 환경으로부터의 스트레스

이런 유형의 갈등은 스트레스가 있는 환경으로부터 유발되는 것이다. 자원이 희소하고 경쟁이 치열하며 불확실한 환경의 상황에서는 다양한 유형의 갈등이 존재하게 된다.

2) 죠하리 창

개인 간 갈등의 해결방안으로 죠하리의 창이 있다. 죠하리 창은 원래 자기노출과 피드백이라는 두 가지 중요한 개념을 토대로 대인관계 유형을 연구하는 개념체계이다.

이 모델은 심리학자인 조셉 루프트(Joseph Luft)와 해리 잉햄(Harry Ingham)에 의해 개발되었으며, 이들 두 사람의 이름을 합쳐서 '죠하리(Joe+ Harry=Joehari)'라고 하고, 마음의 문을 연다는 뜻에서 '죠하리 창'이라고 한다.

이 모델은 대인관계에 있어서 어떻게 타인들에게 자신을 노출시키고 그들로부터 정보를 피드백 받는가를 제시하는 모델이다.

[그림 10-2]에서 보는 바와 같이 이 모델은 네 가지 영역, 즉 공공 영역, 맹목적 영역, 사적 영역, 미지의 영역 등을 제시하고 있다.

① 공공 영역

이 영역은 자신과 타인 두 사람에게 다 알려진 영역으로 공공(public) 혹은 공개(open)적인 부분으로 두 사람의 영역이다. 예컨대, 자신이 알고 있는 사람이 있다면 그 사람이 나에게 알려준 정보와 그 사람이 나에 대해서 알고 있는 정보가 이 영역에

그림 10-2 죠하리 창

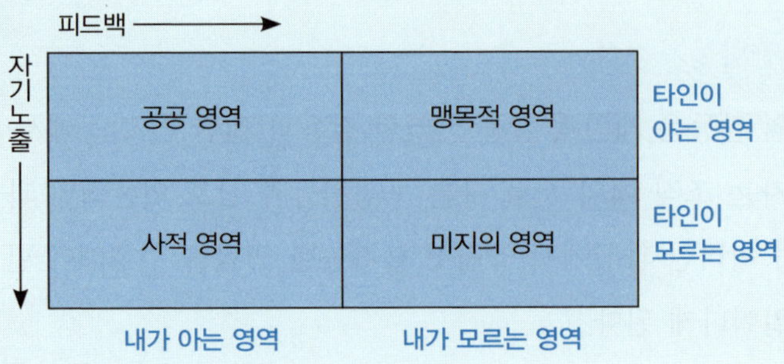

속한다. 즉, 나와 상대가 모두 알고 있는 영역이다. 그러므로 공공 영역이 넓으면 넓을수록 공감대도 넓기 때문에 두 사람의 관계가 돈독해질 수 있다.

② 사적 영역

자신에게는 알려져 있지만 타인에게는 알려지지 않은 영역으로 비공개(hidden) 영역이라고도 한다. 여러 가지 이유로 자신의 정보를 타인에게 알려줄 수 없는 부분이다. 즉, 자신이 타인에게 공개하고 싶지 않은 정보를 은닉한 부분이다.

예컨대, 하루에 공부를 몇 시간이나 하며, 몇 시에 잠을 자는지 등 타인이 알아도 괜찮을 대수롭지 않은 문제에서부터 나만 알고 있는 심각한 문제, 그리고 내가 남몰래 지은 죄, 자신의 행동과 관련된 아주 중요한 정보에 이르기까지 사적 영역은 매우 다양하다.

이러한 사적 영역은 나 자신을 타인에게 공개함으로써 타인으로부터 공격을 받을까 두려워서 사적 영역을 공개하지 않는 경우도 있다. 그러나 상호간의 신뢰수준에 따라 사적 영역의 공개 정도가 결정된다.

③ 맹목적 영역

타인에게는 알려져 있지만 자신에게는 알려지지 않은 부분, 즉 자신은 모르고 상대만 알고 있는 영역이다. 인간은 자신이 모르는 맹점(blind spots)을 가지고 있는데 그 맹점이 바로 이 영역에 해당된다.

예컨대, 자신이 가지고 있는 독특한 버릇, 동작, 자주 쓰는 언어 등이 이 영역에 속한다. 이러한 상태에서는 자신의 감정이 상하거나, 상대방이 나에게 어떤 말을 해주기를 주저하기 때문에 의사소통이 원활하지 못하여 갈등이 발생할 가능성이 잠재해 있다.

자신이 타인과의 신뢰 관계를 형성함으로써 상대방이 자신이 알지 못하는 부분에 대해 정보를 제공해 줌으로써 상호간에 신뢰감을 바탕으로 맹목적 영역이 줄어들고 반면 공감대는 넓어지게 된다.

④ 미지의 영역

자신과 타인 모두에게 알려지지 않은 영역이다. 이 영역에서는 수많은 정보가 인간의 심층부에 위치하고 있기 때문에 자신과 상대방이 전혀 알 수 없다. 그러나 어떤 사람들은 심리치료, 충격적인 경험, 경우에 따라서는 우발적인 사건 등을 통해서 전혀 알지 못했던 정보를 알 수도 있고, 극적인 통찰을 통해서 파악할 수 있다.

자아의 노출과 피드백 과정을 통해 미지의 영역에서 공개적 영역으로 새로운 정보의 이동을 촉진시키기도 한다. 이런 경우는 순간적으로 일어나는데, 이를 우리는 통찰이라고 부른다.

(3) 집단 간 갈등

집단 간 갈등(intergroup conflict)은 집단 사이에서 발생하는 갈등으로서 부서 간의 갈등이 가장 보편적이다. 따라서 집단 간 갈등은 과업활동의 조정과 통합을 어렵게 만든다.

모든 집단은 상호작용 하는 다른 집단과 적어도 부분적으로 갈등을 가지고 있다. 그러나 이때 갈등은 갈등의 수준이 중요한 것이 아니라 중요한 것은 집단 간의 갈등이 일어난다는 것이다.

1) 집단 간 갈등의 의의

조직에서 갈등은 피할 수 없으므로 집단 간에 발생하는 갈등의 장·단점을 파악할 수 있어야 한다. 그리고 파악된 장·단점이 조직의 목적달성에 어떠한 영향을 미치는가를 이해하는 것이 매우 중요하다.

갈등이 변화나 혁신을 위한 도구로 사용하거나, 문제해결을 위해 사용할 경우에는 갈등이 조직에 필요한 존재이지만, 너무 지나친 갈등은 조직의 무질서를 가져온다. 인간은 다양한 능력을 가지고 있기 때문에 갈등 그 자체보다는 그것을 어떻게 관리하느냐가 더 중요한 문제이다.

2) 집단 간 갈등의 원인

집단 간 갈등의 원인은 상호 의존관계, 목표의 차이, 지각의 차이, 라인과 스태프의 견해차이 등을 들 수 있다.

① 상호의존 관계

둘 이상의 집단이 집단의 과업을 완성하기 위해 서로 의존해야 하는 경우 작업의 상호의존성이 생긴다. 이와 같은 상황하에서는 갈등의 잠재성이 높다. 집단 간에는 3가지 형태의 상호의존 관계가 있다. 공동적 상호의존성, 연속적 상호의존성, 호혜적 상호의존성이 있다.

㉠ 공동적 상호의존성

공동적 상호의존성(pooled interdependence)은 전체 조직을 통해서 볼 때 집단 간에 빈번한 상호작용이 필요하지 않는 집단 간에 발생한다.

예를 들면, 어느 한 지역 내의 자동차 영업소는 다른 지역에 있는 그들의 동료 영업소와 상호작용을 필요로 하지 않는다. 또한 2개의 은행지점도 거의 상호작용이 필요하지 않는다. 그러나 이런 경우에도 전체 조직이 발전하기 위해서는 상호의존을 필요로 하는데, 이때 공동적 상호의존성 관계가 이루어진다. 그러나 공동적 상호의존성에서 갈등의 잠재성은 비교적 낮은 편이며, 경영은 서로 협동할 수 있도록 본사에서 개발한 표준규칙과 절차에 의존하게 된다.

㉡ 연속적 상호의존성

연속적 상호의존성(sequential interdependence)은 한 집단이 과업을 완수하기 전에 다른 집단이 과업을 완성해야 되는 경우에 일어난다. 예를 들면 제조공장에서 제품은 도색하기 전에 조립되어야 하고, 조립부서는 최종 완성부에서 완성하기 전에 과업을 마쳐야 한다. 이러한 상황하에서 한 집단의 산출은 다른 집단의 투입이 되기 때문에 집단 간의 갈등이 일어나기 쉽다. 이런 형태의 상호의존성을 조정하는 것은 경영기능의 하나인 효율적인 계획의 수립을 통해서 해결될 수 있다.

㉢ 호혜적 상호의존성

호혜적 상호의존성(reciprocal interdependence)에 놓여 있는 한 진단의 산출은 조직 내의 다른 집단에 대한 투입의 결과이다.

예컨대, 병원수술실에서 마취팀, 간호팀 등의 지원을 받는 외과의사 집단은 높은 수준의 호혜적 상호의존성이 있다. 이런 상황하에서 갈등의 잠재성이 높다. 이러한 갈등을 조정하기 위해서는 커뮤니케이션과 조직적인 의사결정 과정을 효과적으로 활용해야 한다.

보편적으로 조직은 집단 간에 공동적 상호의존성의 관계를 갖고 있다. 그러나 약간 복잡한 조직은 연속적 상호의존성을 갖고 있으며, 매우 복잡한 조직은 공동적·연속적·상호의존성을 모두 가진다. 조직이 복잡하면 복잡할수록 갈등의 잠재성이 커져 과업수행을 어렵게 한다.

② 목표의 차이

조직에서의 각 집단은 여러 가지 목표를 갖는다. 조직의 하위단위가 전문화됨에 따라 각 부문마다 서로 상의한 목표를 설정하게 된다.

조직의 기능적 차이, 즉 서로 다른 기능으로 인해 많은 분야에서 서로 다른 기대를 하게 된다. 조직이 복잡하면 복잡할수록 기능적 차이가 커지므로 갈등에 대한 잠재성도 커진다.

이와 같은 갈등에 대한 예로 생산부서와 판매부서, 판매부서와 신용부서 간의 갈등을 들 수 있다. 생산부서는 낮은 생산비용으로 그들의 목적을 달성할 수 있다. 그러나 이것은 모델이나 색상의 수가 적은 경우에 국한될 수밖에 없으므로 소비자를 만족시키기 위해서 제품라인의 수를 늘리거나, 다양한 모델 등을 요구하는 마케팅 목표와의 갈등을 유발할 수 있다. 또한 판매부서는 수익극대화를 추구하는 대신에 신용부서는 신용손실을 최소화하려고 하는 것도 그 예라 할 수 있다.

집단 간의 갈등을 야기시키는 목표 차이의 원인은 제한된 자원과 보상구조 때문이다.

㉠ 제한된 자원(limited resource)

자금, 공간, 노동력, 재료 등에 제한이 없다면 대부분의 집단은 목표를 달성할 수 있다. 그러나 자원이 제한되어 있기 때문에 이들 자원을 공유하거나 배분해야만 한다. 이때 상호의존관계는 더욱 증가하게 되고, 집단 목표의 차이는 점점 더 뚜렷하게 된다.

㉡ 보상구조(reward structures)

집단갈등은 보상시스템이 전체 조직의 성과보다 개별 집단의 성과와 관련되어 있을 때 발생하기 쉽다. 이러한 상황하에서 실제로 성과는 집단의 성과가 현실적으로 상호의존적이라도 독립변수로 간주된다.

앞에서 언급한 예에서 판매부서에게는 판매량에 대한 보상이 주어지고, 신용부서에게는 신용손실에 대한 보상이 주어질 경우, 이런 경우 경쟁은 직접적으로 강화될 것이고, 역기능적 갈등이 무의식중에 발생하게 될 것이다. 그러므로 효율적인 갈등관리를 위해 집단 간에 합리적인 보상체계를 수립해야 한다.

③ 지각의 차이

목표에서 나타나는 집단 간의 차이는 현실적으로 지각의 차이에 의해서도 나타난다. 이와 같은 현실적 지각의 차이는 갈등을 일으키기 쉽다. 이러한 점은 지각의 차이가 커뮤니케이션의 장애요인이 된다. 조직에서 집단이 서로 다르게 지각하도록 하는 요인으로는 다음과 같다.

㉠ 목표 차이

집단의 목표 차이는 서로 다르게 지각을 하는 요인이다. 예컨대, 판매부서의 목표가 판매량을 극대화시키는 것이라면, 생산부서의 목표는 생산비용을 최소화하는 것이므로 판매부서와 생산부서는 서로 다르게 지각한다.

㉡ 지위의 불일치

타 집단과의 상대적인 지위와 관련되어 갈등이 발생하는 것은 일반적인 현상이며, 이는 지각에 영향을 미친다. 일반적으로 지위에 따라 다양한 기준이 이용되므로 이용되는 기준에 따라 여러 계층에서 갈등이 발생하게 된다.

예를 들면 라인과 스태프의 관계에서 보면 라인은 실무적인 관전에서 업무를 집행하는 반면 스태프는 전체 조직의 관점에서 정보나 자료를 라인부서에 제공하는 입장이므로 상호작용 과정에서 지위의 불일치로 인한 지각차이로 갈등이 유발될 수 있다.

㉢ 부정확한 지각

부정확한 지각은 다른 집단의 상동적 태도(stereotype)를 갖게 된다. 집단 간에 확실한 차이가 있음에도 불구하고 집단 간에 실제 차이가 적게 나타나면 각 집단은 서로 과장하게 된다.

④ 라인과 스태프의 견해 차이

라인과 스태프의 집단 갈등은 가장 일반적인 형태이다. 오늘날 조직의 모든 영역에서 전문지식에 대한 필요성이 증가함에 따라 스태프의 역할이 확대됨으로 인하여 라인과 스태프의 갈등이 생기게 되었다.

라인과 스태프의 갈등은 상대방의 업무를 이해하지 못하거나 영역을 침범함으로써 발생하는 갈등이다. 즉, 스태프가 라인 업무에 간섭하거나, 라인이 스태프의 역할을 무시하는 것들이 원인이 되어 갈등이 유발된다.

3) 집단 간 갈등과 조직성과와의 관계

갈등은 그것이 어떻게 다루어지는가에 따라 조직성과에 영향을 미친다. 모든 조직은 목표달성을 위해서 아주 기능적이고, 성과에 좋은 영향을 미치는 최적수준의 갈등이 필요하다.

만약 갈등수준이 너무 낮으면 성취욕구가 낮아지고, 혁신이나 변화정도도 낮아져 조직이 환경의 변화에 능동적으로 적응하기 곤란하다. 이와 같은 낮은 수준의 갈등이 계속된다면 조직은 생존의 위협을 받는다.

반대로 갈등수준이 너무 높으면 무질서로 인해 조직의 생존을 위협 받게 된다. 이러한 현상을 그림으로 나타내 보면 [그림 10 - 3]과 같다. 여기에서는 갈등 수준을 세 개의 상황으로 설명하고자 한다.

선행 연구 결과에 의하면 어떤 집단에서 갈등이 거의 없거나 높은 경우에 성과가 낮게 나타나 갈등관리에 대한 개선책이 마련되어야 한다는 사실이 밝혀졌다. 실제 각 집단의 구성원들의 의사결정을 보면, 갈등이 있는 집단의 의사결정이 갈등이 없는 집단의 의사결정보다 의사결정의 질이 좋았다.

4) 집단 간 갈등의 관리기법

조직 관리자들은 집단 간 갈등 속에서 생활하기 때문에 집단갈등을 관리하는 문제에 대해 이해가 필요하다. 그러므로 집단 간 갈등을 해결하는 기법에 대해 살펴보고자 한다.

그림 10-3 집단 간 갈등과 조직성과 간의 관계

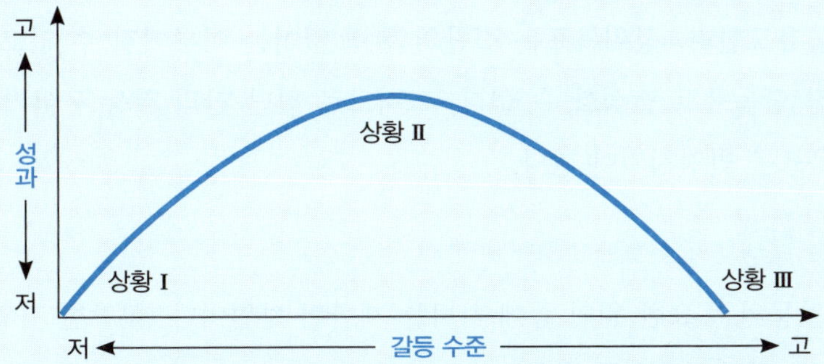

	갈등수준	조직에 대한 영향력	조직의 특성	성과
상황 Ⅰ	없거나 낮음	역기능적	• 환경변화에 대한 느린 적응 • 낮은 도전의식 • 낮은 아이디어창출의식 • 무관심 • 불황	낮음
상황 Ⅱ	최적	기능적	• 목표에 대한 적극적 행동 • 혁신과 변화 • 문제해결을 위한 조사 분석 • 환경변화에 대한 창의적이고 빠른 적응	높음
상황 Ⅲ	매우 높음	역기능적	• 붕괴·활동의 간섭 • 조정곤란·혼란	낮음

① 문제해결

문제해결(problem solving)은 갈등이 있는 집단의 대인 간 접촉을 통하여 갈등을 해결하는 것이다. 이러한 접촉의 목적은 문제를 명확히 하고, 그 해결책을 모색하려는 것이다.

갈등이 있는 집단은 의사결정이 이루어질 때까지 모든 관련정보를 바탕으로 해서 문제를 함께 토의한다. 잘못 이해되거나 언어상의 장애에 의한 갈등을 해결하기 위해서는 이 방법이 효과적이지만, 그러나 복잡한 문제를 해결하는 데 이 방법은 부적합하다.

② 상위목표

상위목표(superordinate goals)는 하위목표의 통합 및 조정을 꾀하는 한편, 하위목표의 개발을 유도한다. 상위목표는 집단의 협력 없이는 이루어질 수 없고, 일반적으로 어떤 집단 단독으로 달성할 수 없다. 그러므로 집단 간의 갈등을 야기시킬 수 있는 집단의 목표를 변경시켜야 한다,

③ 자원의 확대(expansion of resource)

집단 간 갈등의 주요한 원인 중에 하나는 제한된 자원이다. 부족한 자원이란 특정의 직위, 자금, 공간, 시설 등이다.

이 기법은 자원의 확대를 통해 모든 구성원들이 갈등 없이 만족하기 때문에 대부분의 경우 성공할 수 있다. 그러나 현실적으로 쉽게 확대할 수 있을 만큼의 자원이 존재하지 않는다는 사실이 문제점이다.

④ 회피(avoidance)

대부분의 다른 불쾌한 상황처럼 갈등을 회피함으로써 어떤 방법들을 모색할 수 있다. 이 방법은 장기적 관점에서는 도움이 못되지만, 단기적으로는 도움이 되는 경우가 많다. 그러나 갈등에 대해 회피하는 것은 궁극적으로 갈등을 해결하거나 제거하지는 못한다. 또한 갈등을 회피하는 데 한계가 있고, 어떤 환경에서는 순간적인 갈등 모면에 불과하다.

⑤ 원활화(smoothing)

이 방법은 갈등이 있는 집단 간의 차이를 좁히는 것이다. 우선 집단 간의 공통된 관심사에 역점을 두어 상호이해를 도모하려는 것이다. 즉 어떤 문제에 대해 공유된 견해를 강조함으로써 일반적 사항에 대한 태도를 용이하게 하고자 하는 것이 기본적인 본질이다. 만약 집단 간의 차이가 심각하면 최선의 방법은 되지 않지만 차선의 해결방법은 될 수 있다.

⑥ 타협

타협(compromise)은 갈등을 해결하기 위해 사용하는 전통적인 방법이다. 결정된 사항이 어느 집단에도 이상적이지 못하기 때문에 승자와 패자가 명확하지 않기 때문

에 타협은 매우 효과적으로 이루어질 수 있다.

타협이 가능하지 않다면 한 집단은 양보를 위해 어떤 가치를 포기하게 된다. 타협은 전체 집단이나 대표자의 협상, 투표, 그리고 제3자의 개입 등의 방법이 있다.

⑦ 권위적 지시

공식 권한계층에 의한 권위적 지시(authoritative command)는 집단 내 갈등을 해결하는 데 가장 전통적 방법이다. 부하들이 동의하던, 하지 않던 간에 상사의 의사결정을 따르게 된다. 이것은 주로 단기적 방법으로 사용되고, 회피, 원활, 타협처럼 갈등의 원인에 대한 해결보다는 결과에 중점을 둔다.

⑧ 구조적 변화

구조적 변화(altering the structural variables)는 공식적 조직구조의 변화를 의미한다. 직무설계, 직무분화를 포함한 직무간의 관계를 재확립함으로써 갈등을 해결하는 것이다. 집단갈등을 해결하는 한 수단으로써 조직의 구조적 변화는 집단구성원의 전환, 직무순환 또는 조정자의 역할을 하는 직위를 새롭게 만드는 것 등이다.

이상에서 살펴본 바와 같이 집단 간 갈등을 관리하는 기법이 무엇이든 간에 경영자들은 갈등의 존재를 인식하고, 갈등의 원인을 이해하며, 갈등을 처리하기 위한 적절한 관리기술을 개발해야 한다.

(4) 조직 간 갈등

조직 간 갈등(interorganizational conflict)은 조직 간에 일어난 갈등을 말한다. 기업과 경쟁기업 간의 갈등, 노동조합과 기업 간의 갈등, 기업과 원료공급업체 간에 발생하는 갈등이 여기에 속한다.

연/습/문/제

01. 갈등의 정의에 대해 이야기해 보자.

02. 갈등의 전통적 관점에 대해 이야기해 보자.

03. 갈등의 행동과학적(갈등 불가피론) 관점에 대해 이야기해 보자.

04. 갈등의 상호작용적(갈등 촉진론) 관점에 대해 이야기해 보자.

05. 갈등의 원인에 대해 이야기해 보자.

06. 집단 간 행동특성의 차이에 대해 이야기해 보자.

07. 갈등의 순기능과 역기능에 대해 알아보자.

08. 조직 내 갈등의 유형에 대해 이야기해 보자.

09. 갈등수준의 유형에 대해 이야기해 보자.

10. 죠하리 창에 대해 이야기해 보자.

Chapter 11

스트레스

제 1 절

스트레스의 개념과 기능

1. 스트레스의 개념

스트레스의 어원은 '팽팽하게 조이다'라는 뜻을 가진 라틴어 '스트링게그'라는 단어에서 유래하여 string, strest, straisse 등 여러 말로 사용되다가 14세기에 스트레스라는 용어로 정착되었다. 당시에는 고뇌, 억압, 곤란, 역경 등을 의미했다.

스트레스는 긴장시키고 압박감을 준다는 의미에서 갈등과 비슷하지만 갈등과는 달리 생리적인 측면이 강하다. 갈등은 개인 간, 집단 간, 조직 간에 발생할 수 있으나 스트레스는 주로 개인적인 차원에서 접근한다.

스트레스에 대한 관심은 처음에는 의학 분야에서 관심을 가졌으나 최근 조직행동론에서 연구 주제로 다루게 된 것은 조직에서 실제 스트레스로 야기되는 비용이 너무 크기 때문이다. 최근 스트레스로 인한 결근, 생산성 저하, 의료비 부담 등이 날이 갈수록 증가하고 있기 때문이다.

일반적으로 스트레스란 "요구가 제약에 직면하게 될 때 발생하는 것", "한 개인의 기능 및 능력과 직무요구 간의 부적합", "환경에 의해서 충족가능한 개인의 욕구와 실제 직무환경에서 제공하는 욕구 사이의 불일치", "위협적인 직무환경에 대한 반응" 등으로 정의되고 있다.

이상의 스트레스에 대한 정의를 종합해 보면, 환경의 요구가 지나쳐서 개인의 능력한계를 벗어날 때 발생하는 개인과 환경과의 불균형, 부적합 상태를 가리키는 것이다.

2. 스트레스의 기능

스트레스는 많은 사람들에게 불안, 긴장 및 걱정 등을 유발하며 과업과 관련하여 부정적인 측면을 내포하고 있다. 그런데 스트레스는 회피하고 싶은 경험만을 의미하지 않고 기쁨이나 자극 또는 흥분을 유발하는 상황에서도 개인에게 발생하는 경우도 있다.

이와 같이 스트레스는 개인에게 편의적인 측면과 파괴적인 측면을 동시에 갖고 있다. 따라서 적정한 수준까지 스트레스의 양을 증가시키면 성과를 증대시킬 수 있다는 것이 입증되었다.

이러한 스트레스의 양면적 효과를 유스트레스와 디스트레스의 개념으로 분류할 수 있다.

(1) 유스트레스

유스트레스(eustress)는 스트레스의 반응이 건전하고 긍정적이며 건설적 결과로 나타나게 하는 현상을 의미한다.

조직에서 유스트레스는 성장, 융통성, 적응성 및 높은 성과수준 등과 관련되는 개인 및 조직의 복지혜택이 포함된다.

(2) 디스트레스

디스트레스(distress)는 좋지 않은 일로 인해 발생하는 부정적인 유해스트레스로서 건강에 해를 주게 된다. 일반적으로 개인의 능력이나 그가 지닌 자원을 초과했을 때, 과도하고 불쾌한 요구에 의해 괴로움을 느낄 때 발생한다. 이런 경우 불안, 우울, 좌절 등과 함께 높은 결근율과 같은 개인적·조직적 역기능적 결과를 초래한다. 디스트레스는 직장과 가정에서 발생하는 필연적인 결과가 아니라 스트레스를 잘못 관리함으로써 나타나는 일반적인 결과이다.

따라서 모든 스트레스가 나쁜 것은 아니다. 지나친 스트레스는 부정적인 결과를 가져오지만 적당한 스트레스는 오히려 유용하다. 모든 심리적 성장, 창의적 활동, 새로운 기술의 습득에는 적당한 스트레스가 필요하다.

이런 관점에서 스트레스를 완전히 없애기보다는 그것이 지나쳐서 부작용이 발생하지 않을 수 있는 통제 가능한 범위 내에서 스트레스를 유지하는 것이 바람직하다. 이상의 내용을 정리해 보면 [그림 11-1]과 같다.

그림 11-1 스트레스의 기능

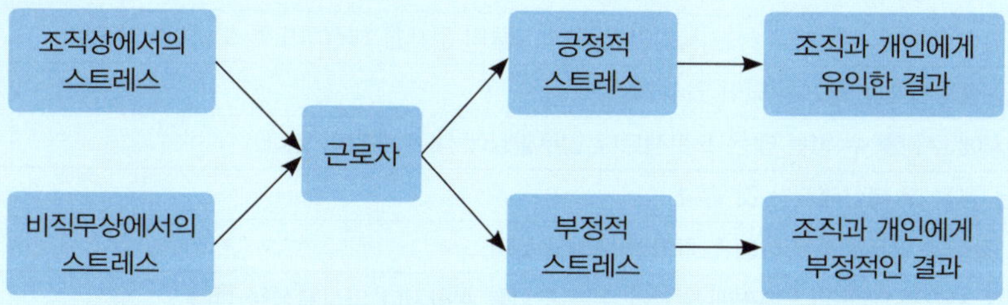

쉼터 스트레스 측정해 보기

아래 설문은 다양한 개인 수준의 스트레스 요인 중에서 어떤 요인이 귀하에게 스트레스를 일으키는 원인이 되는가를 알려주는 내용입니다.

각 문항에서 설명하는 상황이 얼마나 자주 스트레스의 원인이 되는지를 각 상황을 설명하고 있는 가장 적당한 숫자를 적어주십시오.

1. 전혀 스트레스의 원인이 아니다.
2. 거의 스트레스의 원인이 아니다.
3. 가끔 스트레스의 원인이다.
4. 때때로 스트레스의 원인이다.
5. 자주 스트레스의 원인이다.
6. 통상 스트레스의 원인이다.
7. 언제나 스트레스의 원인이다.

1	나의 업무책임과 작업 목표는 불분명하다.	
2	나는 불필요한 작업 또는 프로젝트를 한다.	
3	나는 밤에 집으로 일거리를 가지고 가거나 주말에도 일에 붙잡혀 있다.	
4	내게 요구되는 업무의 질이 부당하다.	
5	이 조직에는 내가 승진할 적당한 기회가 부족하다.	
6	나는 다른 종업원들을 개발시켜야 하는 책임이 있다.	
7	누구에게 보고를 받아야 하고 누구에게 보고를 해야 하는지 불분명하다.	
8	나는 나의 상사와 부하 사이에서 곤란을 겪는다.	
9	나는 나의 업무와 관계가 먼, 중요하지 않은 회의에 참석하느라 너무 많은 시간을 보낸다.	
10	내게 할당된 업무들은 때때로 너무 어렵거나 복잡하다.	
11	내가 승진하기를 원한다면, 다른 조직에서 일자리를 찾아야 한다.	
12	나는 직무를 수행하기 위한 권한이 부족하다.	
13	나는 나의 부하들을 상담해야 하는 책임이 있으며 그들의 문제를 해결하도록 도와주어야 한다.	
14	공식적인 명령체계가 확고히 되어 있지 않다.	
15	나는 동시에 수행할 수 없는 많은 프로젝트나 업무할당에 대한 책임이 있다.	
16	작업들은 점점 더 복잡해지는 것 같다.	
17	나는 이 조직에 머무르면서 나의 경력이 퇴보하고 있다.	
18	내가 다른 사람의 안전이나 복리에 영향을 주는 조치를 취하거나 의사결정을 한다.	
19	나는 내게 기대되는 것을 완전하게 이해하지 못한다.	
20	내가 수행하는 직무는 다수가 아닌 소수사람에 의해서만 용인되는 일이다.	
21	나는 평상시 할 수 있는 것보다 더 많은 일을 해야 한다.	
22	조직은 내가 제공하는 나의 기술과 능력보다 더 많은 것을 내게 요구한다.	
23	나는 나의 업무를 하면서 새로운 지식이나 기술을 배우고 기를 기회가 거의 없다.	
24	이 조직에서 나의 책임은 일에 대한 것보다 사람에 대한 것이 더 많다.	
25	나는 조직 전체의 목표에 나의 업무가 기여하는 부분을 잘 모르겠다.	
26	나는 둘 혹은 그 이상의 사람들로부터 상충되는 요구를 받는다.	
27	나는 일하는 중에 쉴 시간이 없다.	
28	나는 나의 임무를 적절하게 수행하기 위한 훈련이나 경험이 충분하지 않다.	
29	나의 경력은 정체된 상태에 있다.	
30	나는 다른 사람의 미래(경력)에 대한 책임이 있다.	

• 점수 환산법

각 문항은 특정한 개인수준의 스트레스 요인과 관련이 있으며, 문항 번호와 적절한 영역은 아래와 같다. 각 영역의 문항 번호에 해당하는 점수를 쓰고 합산하십시오.

요인	문항	합산 점수
1. 역할모호성	1, 7, 13, 19, 25번	(　　　　) 점
2. 역할 상충	2, 8, 14, 20, 26번	(　　　　) 점
3. 역할과중(양적)	3, 9, 16, 21, 27번	(　　　　) 점
4. 역할과중(질적)	4, 10, 16, 22, 28번	(　　　　) 점
5. 경력개발	5, 11, 17, 23, 29번	(　　　　) 점
6. 사람에 대한 책임	6, 12, 18, 24, 30번	(　　　　) 점

각 스트레스 요인 영역의 총점은 개인에 따라 다르지만, 일반적으로 아래 제시되고 있는 지침이 각 점수에 대한 스트레스 수준 지표이다.

- ▶ 총점 10점 이하 : 낮은 스트레스 수준지표
- ▶ 총점 10~24점 : 중간 정도의 스트레스 수준지표
- ▶ 총점 25점 이상 : 높은 스트레스 지표

제 2 절 스트레스의 모델

로빈슨(Robinson)은 스트레스에 대한 체계적 연구를 통해 스트레스 모델을 제시했는데 [그림 11 - 2]와 같다.

스트레스의 잠재적 원천으로 환경적 요인에는 경제·정치·기술적 불확실성 등이 있고, 조직적 요인으로는 과업요구, 역할요구, 대인관계 및 리더십, 조직구조, 조직수명주기 등이 있으며, 개인적 요인으로는 가족, 경제문제, 개인의 퍼스낼리티 등이 있다.

이들 스트레스의 원천과 결과 사이의 조절변수로 개인 차이를 들고 있는데, 이에는 지각, 직무경험, 사회적 지원, 통제의 위치, 적개심 등이 있다.

이 모델의 특징은 지금까지 간과되었던 개인 및 가정, 경제적 요인 등 조직 외적 요인을 직무스트레스의 중요 원천으로 설정했다는 것이다.

그리고 개인은 스트레스로 인하여 생리적·심리적 및 행동적인 증상으로 나타나게 된다. 따라서 조직의 관리자는 이런 관계를 파악하여 스트레스 관리방안을 마련해야 한다.

그림 11-2 스트레스 모델

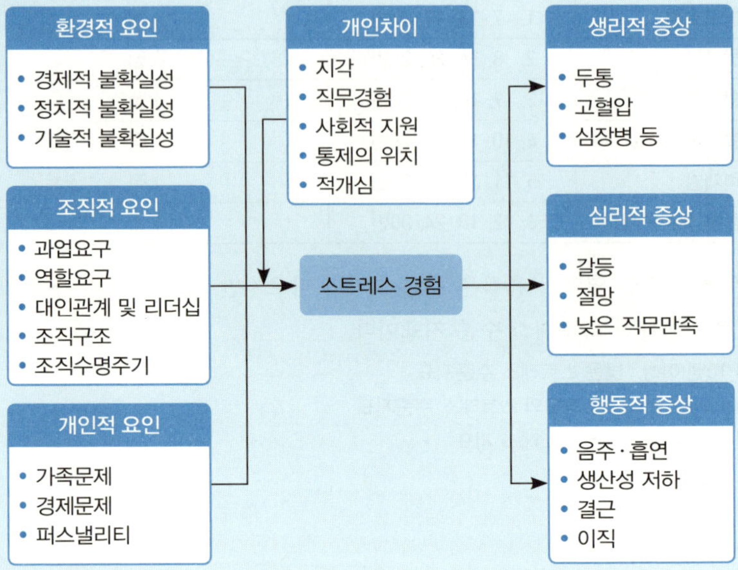

제 3 절

스트레스 증상

스트레스로 나타나는 증상은 다양하다. 스트레스의 대표적인 증상으로는 생리적·심리적·행동적 증상이 있다.

1. 생리적 증상

생리적 증상은 심리적 현상과 밀접하게 관련이 있는데 심리적 스트레스가 크고 장기화되면 신체에 좋지 않은 영향을 미친다. 단기적 증상으로는 심장 박동수 증가, 호흡수 증가, 두통이 그것이다. 장기적 증상으로는 식욕상실, 위궤양, 혈압상승, 생리불순, 체중감소(혹은 비만) 등이 있다.

2. 심리적 증상

심리적 증상은 스트레스 중 일반적으로 1차로 나타나는 증상이다. 이러한 스트레스와 관련된 단어들은 일반적으로 불안정, 감정적, 공격적, 매사에 싫증, 하찮은 일에 집착, 속으로 끙끙, 불만족, 꾸물댐, 고착, 도피, 무관심, 퇴행, 거부, 망각, 우유부단 등이 있다.

3. 행동적 증상

행동적 증상은 스트레스가 개인행동으로 표출되는 급작스런 변화로서 안면 표정, 말투의 이상 등으로 나타난다. 또한 시차를 둔 변화로는 음주, 흡연, 머리형, 용모 등이 행동적 증상으로 나타난다. 또한 생산성 저하, 결근율, 이직률, 사고율, 사고 등을 들 수 있다.

제 4 절

스트레스의 원인

스트레스의 원인은 다양하지만 대표적으로 개인적 스트레스, 집단적 스트레스, 조직적 스트레스, 조직 외적 스트레스로 구분하여 살펴보고자 한다.

1. 개인적 스트레스 원인

(1) 인성특성

프리드맨과 로젠맨(M. Friedman & R. H. Rosenman)은 스트레스와 심장질환에 관한 연구를 통해 A, B형의 성격을 발견하여 그 특징을 발표하였다.

먼저 A형 성격은 말이 많고, 참을성이 없고, 성취에 대한 갈망이 크며, 단기적이고, 성급하며, 공격적이고 경쟁적인 성격의 특성을 가지며, B형은 A형과 반대의 성격 특성을 가지고 있다.

A형 성격은 단기적으로는 과업을 훌륭히 수행하여 성과를 증대시키나 장기적으로 보면 지나친 직무몰입으로 인하여 B형보다 스트레스를 더 많이 받아 성장하지 못하는 경우가 있다. A형 행동과 스트레스와 관련된 연구결과를 보면 다음과 같다.

1. A형은 B형보다 자신이 스트레스를 더 많이 받고 있다고 지각하는 경향이 있으며, 이러한 인지적 평가는 상황의 영향을 결정하는 데 중요하다.
2. A형은 B형보다 스트레스에 대응하는 데 있어 생리적 반응을 더 많이 보인다.
3. A형은 자신이 해야 할 일을 스스로 알아서 하고 대부분의 사람이 스트레스라고 생각하는 상황을 만드는 행동을 하는 경향이 있다.

따라서 A형 행동을 보이는 사람은 스스로 스트레스를 주는 작업환경을 만들기 때문에 스트레스가 주는 부정적 영향으로 인해 피해를 볼 가능성이 높다.

(2) 사회적응도

한 개인의 인생에서 일어나는 중요한 사건들 중에서 재적응을 필요로 하는 사건들은 스트레스를 유발할 수 있다.

사건들이 연속해서 발생하면 스트레스가 쌓여 간다는 사실에 근거를 두고 스트레스와 관련된 질병, 쇠약, 사고 등을 예측하는 데 유용한 점수 척도(rating scale)가 개발되었다.

개인의 스트레스 발생요인으로는 결혼생활, 직장생활, 경제생활 등이 중요한 변수로 작용한다는 사실을 발견할 수 있는데, 여기에서는 상대적으로 비율이 높은 서로 다른 몇 개의 사건을 단기간에 경험하는 사람은 어떤 형태로든 스트레스에 의해 건강이 나빠질 가능성이 높다.

홀메스와 루치(T. H. Holmes & L. O. Ruch)에 따르면 〈표 11－1〉에서 보는 바와 같이 가장 스트레스를 많이 받는 배우자의 죽음을 100으로 하고 각 사건(LCU : Life Change Unit)에 점수(LCU value)를 부여하였다. 그 결과 이혼 73, 퇴직(은퇴) 45, 친구

표 11-1 생애사건과 스트레스 점수

사건	스트레스 상대적 지수
배우자의 죽음	100
이혼	73
부부간의 별거	65
교도소 복역기간	63
친밀한 가족구성원의 죽음	63
개인적인 상처 또는 병	53
결혼	50
직장으로부터 해고	47
퇴직(은퇴)	45
임신	40
친한 친구의 죽음	37
집을 떠나는 아들과 딸	29
인척들과 분쟁	28
주인과 분쟁	23
거주지 이사	20
방학	13
크리스마스	12
중요하지 않는 법의 위반	11

의 죽음 37 등이다.

조사결과 한 해의 점수의 합계가 150점 미만이면 다음 해에 비교적 건강이 양호하고, 200점 이상이면 다음 해에 건강에 문제를 야기할 수 있는 확률이 50% 이상이 되며, 300점 이상이 되면 그 가능성은 75% 이상 높아진다.

(3) 통제 위치에 대한 신념

개인을 통제의 위치에 따라 자신의 성공 혹은 실패의 원인을 어디에 귀인시키느냐에 따라서 내재론자와 외재론자로 구분할 수 있다.

내재론자는 자신의 성공 혹은 실패를 자신의 행위와 능력 및 노력과 같은 내적 요인에 귀인시키는 반면, 외재론자는 기회나 운동의 외적 요인에 귀인시키는 경우가 많다. 내재론자는 스트레스 상황에 직면하면 인내심을 가지고 자신의 노력으로 극복하려고 한다. 외재론자는 지원을 받는 상황에서 능력을 최대한 발휘한다. 그러나 환경이 스트레스 상황으로 변하면 이에 적응하지 못하고 비생산적인 활동을 통해 스트레스를 해소하려 한다.

통제 위치와 스트레스에 관한 연구 결과 내재론자들은 외재론자보다 자신이 맡고 있는 직무가 스트레스를 준다고 생각하지 않으며, 조직에서의 일반적인 스트레스 수준도 외재론자보다 낮은 것으로 밝혀졌다. 즉, 내재론자는 자기행위를 잘 통제하며 외재론자보다 스트레스 상황에서의 적응력이 높아 스트레스를 적게 받으며 직무에 높은 만족을 나타내는 것이다.

(4) 요구, 기회 및 제약

스트레스의 발생요인은 열악한 환경이나 육체적, 정신적 건강에 대한 위협과 더불어 요구, 제약, 기회 등도 직무스트레스를 유발하게 된다.

2. 집단적 스트레스 원인

(1) 집단응집력의 결여

집단의 응집력이 부족하거나 협동심을 제한하거나 기회가 부여되지 않을 때 스트레스를 느끼게 된다.

(2) 사회적 지원의 결여

집단 구성 간의 문제점을 공유하지 않거나 고통과 즐거움을 나눌 지원이 없으면 스트레스를 느끼게 된다.

(3) 개인적, 개인상호간, 집단 간의 갈등

개인목표, 모티베이션 욕구, 가치 등과 같은 개인의 내부차원 간에 모순되거나 집단 내의 개인이나 집단 간의 행동이 서로 모순될 때 스트레스를 느끼게 된다.

이 외에도 집단에의 참여 기회가 결여될 경우에도 스트레스를 느끼게 된다.

3. 조직적 스트레스 원인

조직적 스트레스 원인은 잠재적 스트레스 원인으로 내재하는 거시적 차원의 원인이다. 조직적 차원에서 스트레스를 느끼게 되는 원인으로는 조직구조, 정책, 근무조건, 절차 등이 있다. 주로 조직적 차원에서는 역할특성 때문에 일어나는 스트레스가 많다.

(1) 역할요구사항

이는 조직적 역할의 계기를 마련하고 동시에 행동에 책임을 지고 임무를 수행하는 과정과 관련된 역할 요구사항으로 구성된다. 역할 요구사항과 관련한 스트레스 유발요인은 역할 갈등과 역할 모호성이 있다.

1) 역할 갈등

역할 갈등(role conflict)은 양립될 수 없는 2가지 이상의 기대가 개인에게 동시에 주어질 때 발생한다. 즉, 하나의 역할상에서 개인이 한 사람 또는 그 이상의 구성원의 역할 집합의 기대에 순응할 수 없을 때 발생한다.

따라서 역할 기대는 이해되어지고 있으나 여러 이유 때문에 역할 수행에 따를 수 없는 것을 의미한다. 대부분의 역할갈등은 다음과 같은 경우에 발생한다.

1. 상급자가 윤리적으로 수행할 수 없다고 생각되는 행위를 요구할 때
2. 조직 내 역할이 외부역할과 상충되는 경우
3. 부하가 두 사람 이상의 상사의 상이한 지시를 따라야 할 때
4. 두 사람의 상사가 서로 상충되는 요구를 할 경우 등

2) 역할 모호성

역할 모호성(role ambiguity)은 자신의 직무에 대한 책임영역과 직무목표에 대하여 명확하게 인식하고 있지 못할 때 발생되는 것으로 대부분의 모든 사람이 역할 모호성을 경험하고 있으며 다음과 같은 요인에서 발생한다.

1. 개인이 이해할 수 없을 정도로 조직구조가 복잡할 경우

2 조직이 급속한 성장을 하는 경우

3 사회구조의 변화를 요구하는 빈번한 기술의 변화가 일어나는 경우

4 상호의존을 배제하는 빈번한 인사이동

5 조직 환경의 변화에 적응하도록 요구할 때

6 조직에 투입되는 정보에 대하여 제재를 가하는 관리 등이 역할 모호성을 생성하게 된다.

이러한 역할 모호성은 시간이 지남에 따라 대부분은 자연스럽게 해결되는 것이 보통으로 장기적인 직무스트레스 요인으로 작용하지는 않는다. 역할 모호성은 급격한 환경변화에 적응을 필요하기 때문에 하위계층보다 중·상위 계층에서 많이 나타나고 있다.

(2) 역할과소 및 불충분한 활용

별로 할일이 없거나 또는 자신의 능력을 충분히 발휘할 수 있는 도전감 있는 일을 맡지 않은 상황에서 스트레스가 유발된다. 또한 개인을 제대로 활용하지 못하는 직무는 흥미를 불러일으키지 못하기 때문에 직무스트레스를 야기한다.

(3) 기타 조직적 요인

극단적으로 불편하거나 위험이 높은 작업조건, 온도, 소음 등이 직무와 관련하여 스트레스를 유발하게 된다.

4. 조직 외적 스트레스 원인

사회적·기술적 변화, 가족, 재배치, 경제, 재정상태, 주거상태와 주거지역 상태 등의 요인 등 조직 외적 원인에 의해 스트레스를 받게 된다.

제 5 절

스트레스의 결과

조직에서 발생하는 스트레스는 크게 개인에게 영향을 주는 개인적인 것과 직무에 영향을 미치는 것으로 구분할 수 있다.

1. 개인적 결과

스트레스의 반응이 지나치게 격렬하거나 자주 나타나서 개인이 이를 적절하게 해소할 수 없을 때 그 결과는 개인적 디스트레스로 나타난다.

이러한 디스트레스에 대한 반응은 개인별로 다양한데 주로 행동적·심리적·의학적 결과를 포괄한다.

(1) 행동적 결과

개인적인 스트레스의 행동적 결과는 스트레스의 격증현상으로 나타나는 행동의 변화를 말한다. 이러한 행동적 변화는 부정적인 결과를 가져올 뿐만 아니라 건강에 중요한 영향을 행사하는 요소로 전환이 가능하기도 한다.

1) 흡연

개인적으로 강한 스트레스를 느낄 수 있는 사람의 46%가 흡연가이고, 직업적 스트레스와 흡연 사이에 상관관계가 있는 것으로 나타났다. 또한 흡연은 스트레스의 대표적인 행동적 증상으로 사회구성원들이 받는 스트레스 정도를 나타내는 지표이기도 하다.

따라서 스트레스가 격증된 상태에서 신경안정과 사고의 기회조성을 위한 흡연은 어쩌면 당연한 결과이기도 하다. 따라서 흡연은 사회적 관계를 위하여 또는 스트레스를 해소하는 데 한편으로는 도움이 될 때가 있다.

2) 음주

음주는 스트레스 반응의 대표적인 현상이다. 음주는 극단적 행동 결과를 초래하게 되며, 심할 경우에는 중독현상이 나타나 개인적으로나 국가적으로 심각한 문제를 야기 시킨다. 그러나 고도의 스트레스를 느낄 수 있는 작업에서는 일시적인 스트레스 해소방법으로 음주가 도움이 된다는 연구결과도 있다.

3) 사고 취약설

조직적 스트레스는 재해를 일으킬 수 있는 가능성을 크게 하는데 이러한 현상을 사고 취약설(accident proneness)이라고 한다. 사고는 개인은 물론 조직에서도 악영향을 미치게 된다. 또한 스트레스는 사고 발생의 중요한 원인이 될 뿐 아니라 회복을 느리게 하고 무능력한 상태를 지속시키기도 한다.

4) 폭력

가장 과격한 스트레스의 표현은 폭력이라고 할 수 있다. 이는 스트레스를 준다고 생각되는 원천에 대해서만 행해지는 것이 아니라 배우자나 자녀에 대한 학대 등의 형태로 흔히 나타나 사회 문제가 되기도 한다.

5) 과식

식욕상실은 노인들에 있어 우울증의 증상이며, 젊은 여성들에게 있어 심한 체중의 감소는 신경성 식욕감퇴의 결과라 할 수 있다. 그러나 스트레스를 느끼고 있는 사람들은 포화지방산으로 명명되는 고지방 음식을 과식함으로써 스트레스 반응을 나타내기도 한다. 따라서 비만증 현상이 나타나며 이로 인해 높은 심장병의 발생, 관절염 및 호흡상의 곤란 등의 결과가 나타나기도 한다.

6) 약물남용

약물남용은 스트레스 반응의 일종으로 일시적이고 잠정적인 스트레스의 망각상태를 조장하기 때문에 건강을 해칠 뿐만 아니라 결근, 사고율 증가, 생산성 저하의 결과를 유발시키는 원인이 된다.

(2) 심리적 결과

스트레스에 의한 심리적 결과는 디스트레스의 행동적 결과와 밀접하게 관련이 있다.

1) 가족문제

배우자나 가족관계는 직장에서의 스트레스를 해소하는 데 도움을 주거나 아니면 스트레스를 가중시킬 수 있다. 따라서 기업은 가정문제와 조직문제 간에 상호작용을 효과적으로 조정·통제해야 한다.

스트레스의 심리적 현상인 불만족, 긴장 및 고립감, 공격성 등은 이혼율 증가의 원인 중의 하나로 결혼생활에 부정적인 영향을 준다.

2) 수면방해

직업적 스트레스는 만성적 수면방해의 원인이 된다. 상사에게 보고할 것이 있거나, 주요한 업적 평가를 받거나, 승진, 구성원 간의 갈등, 직무이동 등도 수면방해의 원인이 되기도 한다.

이 같은 수면방해는 조직 구성원의 건강과 기분을 해칠 수 있으며 그 결과 성과달성에 부정적 영향을 주기도 한다.

3) 우울증

우울증은 흔히 극심한 불안을 동반하게 되는데, 심할 경우 자살이라는 심리적 결과를 유발할 수 있는 잠재력을 갖고 있다.

사업의 실패, 승진누락, 해고, 배우자의 사망, 가족의 질병 등은 개인적인 문제이지만 직무성과에 많은 영향을 미치게 된다.

4) 소진증상

소진이란 개인이 이용 가능한 만족의 원천이 뚜렷하지 않아 그로 인하여 회피할 수 없는 압력에 직면하게 될 때 경험하는 기력쇠진이라고 정의된다. 특히 이런 현상은 개인적인 욕구와 만족이 일치하지 못하는 심리적 상태에서 유발된다. 이런 현상은 고도의 전문성을 요구하고 있는 전문직에서 많이 발생하는 경향이 있다.

5) 성욕 감퇴

스트레스를 잘못 관리하게 되면 성욕이 감퇴되어 성관계를 불가능하게 한다. 여러 연구에서 스트레스가 남성과 여성의 성호르몬을 감소시킬 수 있다는 연구 결과를 발표하고 있다.

그러므로 성적 관계의 만족은 정신 건강과 밀접한 관계가 있기 때문에 예방관리와 성적 역기능 문제를 해결하기 위한 스트레스 관리가 필요하다.

6) 심리적 무능력

심리적 쇼크가 때로는 신체적 증상으로 나타나기도 하는데 이를 전환 반응이라 하며, 심리적 무능력이나 불안을 가져와서 개인의 활동에 영향을 미친다. 이런 증상은 보통 단기적으로 지속되고 특별한 노력 없이 해소되지만 때로는 정신과 의사의 치료가 필요하기도 한다.

(3) 의학적 결과

스트레스의 개인적 결과 중에서 의학적 결과로 나타나는 반응은 개인의 건강과 생리적 현상에 대해서도 많은 영향을 미친다. 특히, 심장마비, 폐결핵, 뇌출혈, 위궤양, 천식, 암, 당뇨병, 고혈압, 두통 등은 대표적인 스트레스의 의학적 결과이다.

2. 직무에 대한 결과

스트레스는 개인의 건강에도 여러 가지 영향을 미치지만 직무와 관련하여서도 여러 가지 결과를 가져오게 된다.

(1) 결근율과 이직률

스트레스는 결근율과 이직률에 영향을 미친다. 스트레스로 건강이 쇠약해지면 직장에 출근하지 못하거나 출근을 하더라도 정상적인 직무수행이 힘들게 된다. 만약 근로자가 지정된 시간에 작업에 참여하지 않거나 조직을 떠나려고 한다면 조직은 작업을 수행하지 못하게 되어 많은 비용을 부담하여야 한다.

결근, 파업, 지각, 이직 등은 스트레스에 대한 대응전략으로 조직구성원이 택할 수 있는 방법이지만, 스트레스는 결근율과 이직률 등에 직접적인 영향을 미친다. 스트레스와 결근율 및 이직률은 상당한 상관관계가 있는 것으로 연구결과 나타나 있다.

(2) 불만족

직무만족이란 한 개인이 직무에 대해 가지고 있는 태도로서 근로자에게 바람직하거나 긍정적인 감정 상태라면, 불만족은 상대적으로 불쾌하거나 부정적인 감정 상태로 생각할 수 있다. 조직구성원의 불만족과 스트레스 사이의 상관관계가 강한 것은 분명하지만 이 관계의 인과성은 불분명하다.

직무에 대한 불만족과 몇 가지 형태의 질병들을 결합시켜 연구한 많은 조사들이 있지만 불만족이 스트레스를 초래하는지, 스트레스가 불만족으로 초래하는지는 밝혀 주지 못하고 있다.

(3) 성과

성과에 대한 스트레스의 단기적 효과는 대체로 긍정적이다. 많은 사람들의 경우 적당한 정도의 스트레스는 스트레스가 전혀 없거나 거의 없는 상태에 비해 어떤 과업을 잘 수행하는 것으로 나타났다.

일반적으로 조직에서의 성과 개선은 보다 높은 수준의 환기(arousal)에서 비롯되는 것으로 간주된다. 그러나 성과에 대한 스트레스의 긍정적인 효과는 스트레스의 수준이 보다 높아지거나 스트레스가 장기간 지속되면 오히려 성과를 감소시키게 된다.

이러한 결과는 스트레스가 오히려 개인의 에너지 자원을 고갈시키기 때문이다. 또한 스트레스를 야기하는 상황이 효과적으로 업무를 수행할 수 있는 개인의 능력을 초과하기 때문이다. [그림 11-3]은 스트레스와 성과와의 관계를 나타내 주고 있다.

그림 11-3 스트레스와 성과의 관계

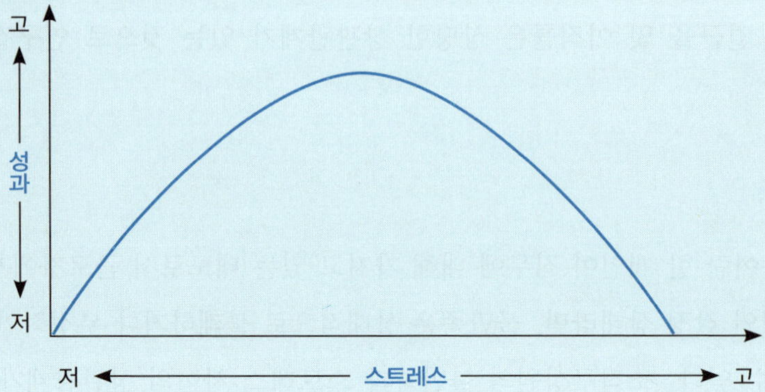

제 6 절

스트레스의 관리 방안

오늘날 조직생활을 하는 사람들에게 스트레스란 피할 수 없는 것이 되고 있다. 또한 스트레스의 원인이 다양하고 스트레스에 대한 반응도 개인에 따라 다양하기 때문에 스트레스 관리 프로그램은 매우 복잡하다.

스트레스의 관리 방안으로 개인차원과 조직차원에서의 관리방안으로 구분하여 살펴보고자 한다.

1. 개인차원의 관리방안

(1) 긴장이완 훈련

대부분의 사람들은 스트레스로 인하여 긴장을 하게 되고 이에 적절히 대처하지 못하면 심한 불안을 경험하게 된다. 이런 경우 자율신경계의 교감신경이 흥분하게 된다. 이런 상태가 지속되면 일상생활에 제대로 적응하지 못하게 된다. 이런 경우 스트레스 관리방안으로 긴장이완 훈련이 필요하다.

긴장이완 훈련 방법으로 다양한 방법이 있는데 가장 많이 사용하는 방법이 점진적 긴장이완(progressive relaxation)기법이다. 이 기법은 처음에는 병원에서 긴장한 환자들을 돕기 위해 이용되었다.

이 훈련방법은 특정근육을 수축했다가 이완하는 과정을 반복하는 것이다. 근육긴장은 사람들이 긴장하고 있을 때를 깨달을 수 있도록 가르치는 것이며, 긴장이완은 사람들이 물리적 긴장을 감소시키고 자발적으로 이완할 수 있도록 가르치는 것이다. 이 훈련은 처음에 특정근육을 긴장시키고 근육을 이완시킨 후에 다른 근육을 긴장시키며, 이러한 과정을 신체 전체에 걸쳐 계속함으로써 완전한 이완에 도달하게 하는 것이다. 따라서 긴장이완은 처음에 신체를 이완시킴으로써 나중에 마음을 편안하게 하는 것이다.

긴장이완 훈련에서 근육이완 훈련은 손, 팔, 어깨에서부터 하체에 이르기까지 근육의 긴장과 이완을 차례로 경험함으로써 인위적으로 근육을 이완시키는 기법이다. 근육을 이완시키면 긴장이 풀리고 마음이 편안해진다. 이런 상태를 인위적으로 유지할 수 있다면 상당한 긴장과 불안을 줄일 수 있다.

(2) 명상법

명상법도 긴장을 이완시키면서 주의를 집중하는 방법 중에 하나이다. 명상을 하기 위해서는 조용하고 쾌적한 분위기를 만들고, 내적으로도 편안한 상태를 유지하도록 근육긴장을 이완된 자세로 앉는다. 목의 긴장을 풀고 조용히 눈을 감고 조용한 마음에 주의를 집중한다. 이 기법은 대개 종교적 완성에 기여하기 위해 시행되었으나 현대에는 긴장이완을 위한 처방의 측면에서 주목 받고 있다.

(3) 바이오피드백

놀라거나 불안하거나 화가 나면 신체적, 생리적 변화가 일어난다. 이러한 변화는 전자장치를 이용해서 관찰할 수 있는데 이러한 관찰 도구를 이용해서 신체적, 생리적 상태를 변화시키는 방법이 바이오피드백(biofeedback)이다.

혈압, 콜레스테롤 농도, 심전도, 폐활량 등은 스트레스 허용수준을 나타내 주는 유용한 지표이다. 이러한 자료와 더불어 육체적 활동이나 건강상태, 흡연 여부, 음주 여부, 식사습관 등에 관한 정보를 종합하면 각 개인이 감당할 수 있는 스트레스 수준을 평가할 수 있다. 조깅과 같은 규칙적인 운동도 효과적이다.

(4) 자아인식의 확대

스트레스를 관리하는 방법 중 가장 분명한 것은 스트레스를 유발하는 요인을 극복하거나 회피하는 방법이다. 자신의 직무에서 스스로 어떻게 행동하고 있는가에 대한 자아인식을 확대하면 스트레스에 보다 효과적으로 대처할 수 있다. 즉, 자신의 한계를 인식하고 문제의 징후들을 인식할 수 있으면 언제 후퇴를 해야 하고, 언제 남의 도움을 받아야 할지를 효과적으로 결정할 수 있다. 스트레스가 많은 직무나 관계로부터 일시적으로 관여하지 않는 것도 때에 따라서는 필요하다.

(5) 약물사용과 음식조절

스트레스에 대한 반응으로 불안, 우울증이 나타나게 되는데 이를 해결하기 위해 신경안정제를 사용함으로써 불안과 우울한 상태를 완화시켜 적응력을 높일 수 있다. 그러나 약물사용은 반드시 의사의 진단과 처방에 따라야 한다. 각종 음식도 스트레스 반응에 예민하다. 따라서 스트레스 해소에 도움이 되는 음식을 섭취하는 것도 하나의 방법이다.

2. 조직차원의 관리방안

(1) 개인의 적응수준 제고

기업에서는 정기적으로 구성원의 건강상태 및 스트레스 수준을 평가하고 있다. 뿐만 아니라 이완훈련 프로그램을 실시하고, 신체단련을 위한 시간과 시설을 제공하고 있다. 그러나 이런 방법보다 더 이상적인 방법은 스트레스 수준과 관련하여 직무를 평가한 후 개인의 스트레스 감수능력과 직무를 통합시키는 것이다.

(2) 과업 재설계

직무와 개인 간의 적합 관계를 증진시켜 스트레스를 감소시킬 수 있다. 즉, 과업 재설계는 개인이 맡은 작업에 대한 직무 요구사항을 변경시키는 것으로 핵심직무 중에서 한 가지 이상 직무를 재설계함으로써 가능하다.

(3) 참여적 의사결정

근로자들을 의사결정에 직접 참여시키게 되면 보다 많은 정보를 근로자들이 공유하게 되고, 반면 근로자들은 기업경영에 대한 관심을 갖게 된다. 결과적으로 이런 방법으로 역할 모호성, 역할 갈등 및 역할 과부화와 관련된 스트레스가 감소하게 된다.

그러나 참여적 의사결정이 성공적으로 되기 위해서는 다음의 조건이 갖추어져야 한다.

1. 참여적 의사결정에 대한 최고경영층의 적극적인 관심이 있어야 한다. 근로자들의 충고와 제안에 대하여 최고경영층이 무시하게 되면 매우 낙담하게 된다.
2. 근로자들이 참여해서 제안할 수 있는 의사결정이 자신들에게 중요한 사안이 되어야 한다.
3. 의사결정에 상응하는 자율성이 부여되어야 한다.

만약 참여의 기회를 제약하게 되면 우울증과 쇠진, 발병률, 약의 남용을 가져오게 된다. 따라서 참여와 자율성의 증가는 행동에 더 큰 신축성을 부여하게 됨으로써 비록 제한된 범위 내에서라도 개인은 보다 자연스럽게 많은 스트레스를 해소할 수 있다.

(4) 목표설정

목표설정은 개인의 직무에 대한 특정 목표를 설정하는 것으로서 이러한 목표는 근로자의 행동을 이끌고 통합하며 동기를 부여하게 된다. 목표를 설정함에 있어 상사와 함께하며, 목표가 명확하면 개인의 직무와 작업환경에 대한 이해가 더욱 개선됨으로서 직무에 대한 스트레스는 감소하게 된다.

(5) 조직구조 및 직능변화

조직 내 스트레스의 많은 부분이 조직 내의 구조나 기능에서 발생하고 있다. 따라서 조직구조나 직능의 변화를 통해 스트레스를 경감시킬 수 있다. 이러한 방안으로는 다음과 같은 것들이 있다.

첫째, 분권화를 통해 스트레스를 줄일 수 있다.

분권화를 통해 근로자에게 자율성을 부여함과 동시에 직무수행에 활력소를 불러일으킬 수 있다.

둘째, 보상체계를 조정하는 방안이 있다.

업적평가에 따른 보상이 공정하면 스트레스는 자연적으로 최소화된다.

셋째, 훈련, 배치 등을 통해 개인과 직무 간의 부적합관계를 해소시킬 수 있다. 훈련에는 기술에 대한 훈련뿐만 아니라 인간관계 개선에 대한 훈련도 필요하다.

넷째, 의사결정과정에 대해 근로자의 직접적인 참여를 허용함으로써 스트레스를 감소시킬 수 있다.

다섯째, 작업집단의 응집성을 구축하는 것이다.

즉, 보다 생산적이고 후원적인 작업집단으로 발전시켜 응집력을 강화시키는 것이다.

여섯째, 조직구성원 간의 개방적인 커뮤니케이션을 활용하는 것이다.

정보가 많아질수록 역할 갈등이나 역할 모호성은 줄어들고 쌍방 의사소통이 원활히 이루어지면 스트레스는 크게 줄어들게 된다.

(6) 사회적 후원의 제공

가족이나 친구, 동료가 스트레스를 해소시켜 줄 수 있는 것처럼 직무에서의 사회적 후원시스템이 조직구성원의 직무상의 스트레스를 감소시켜줄 수 있다.

사무직 근로자를 대상으로 한 조사에서 동료들이나 하급자, 상급자들로부터 후원을 받는 사람들이 그렇지 않는 사람들보다 혈압이 낮고 흡연 양도 적었다는 조사 결과가 있다.

쉼터

'만병의 원인' 스트레스 대응법

가벼운 것이라도 스트레스가 계속되는 생활은 건강에 적잖은 걸림돌이 된다. 그만큼 스트레스 관리가 중요할 수밖에 없다. 미국 메이요 클리닉에서 발행하는 '메이요 클리닉 건강뉴스(Mayo Clinic Health Letter)'에서 매일 매일의 스트레스 관리법 9가지를 소개하고 있다.

■ 스트레스를 빨리 포착하라

두통, 위장장애, 근육긴장, 수면장애는 스트레스의 조짐이자 증세이다. 스트레스가 온다 싶으면 숨을 크게 쉬고 스트레스 관리에 나서야 한다.

■ · 운동하라

짧은 산보라도 긴장된 기분을 가라앉힐 수 있다.

■ 잘 먹어라

건전한 식사는 매일 매일의 스트레스에 대처할 수 있는 에너지를 공급한다. 식사를 거르거나 건강에 안 좋은 음식을 먹으면 피로가 오고 질병에도 쉽게 걸린다.

■ 일의 한계를 정하라

일의 한계를 정하면 오히려 일을 생산적으로, 성공적으로 수행할 수 있게 된다.

■ 친구를 만나라

친구는 격려를 통해 좌절감을 이기게 해 줄 수 있다. 친구가 당신에게 웃음을 찾아준다면 더욱 좋다. 웃음이 긴장을 푸는 데 효과가 크다는 것은 이미 널리 알려진 사실이다.

■ 여유시간을 활용하라

좋은 책을 읽는다거나 영화를 감상하면 비생산적인 걱정에서 벗어날 수 있다.

■ 쉬어라

휴식은 평온한 마음을 가져온다. 마을을 가라앉힐 수 있는 취미활동이나 운동도 좋다. 명상, 기도 그리고 깊고 느린 호흡도 도움이 된다.

■ 긍정적으로 생각하라

아무것도 하지 말고 그날 어떤 생각을 주로 했는지를 곰곰이 돌아보라. 그 생각들이 부정적인 것들이었다면 생각을 긍정적인 방향으로 전환하라

■ 필요하면 도움을 청하라

스트레스로 일이 제대로 안 되고 사는 게 재미없다고 느껴질 땐 의사나 정신건강 전문가를 찾아 도움을 청하는 것이 좋다. 도움을 얻는 것은 나약함의 표시가 아니다. 도움은 올바를 판단을 내리는 데 힘이 된다.

연/습/문/제

01. 스트레스의 개념에 대해 이야기해 보자.

02. 스트레스의 기능에 대해 살펴보자.

03. 스트레스의 모델에 대해 살펴보자.

04. 스트레스의 증상에 대해 이야기해 보자.

05. 개인적 스트레스의 원인에 대해 이야기해 보자.

06. 집단적 스트레스의 원인에 대해 이야기해 보자.

07. 조직적 스트레스의 원인에 대해 이야기해 보자.

08. 스트레스 결과로 개인에 어떤 영향을 미치는지 알아보자.

09. 스트레스 결과로 조직에 어떤 영향을 미치는지 알아보자.

10. 스트레스의 관리 방안에 대해 알아보자.

Chapter 12

집단역학

제 1 절

집단의 중요성과 의미

1. 집단의 중요성

조직행동의 연구에 있어 개인행동과 더불어 집단행동은 중요한 부분을 차지하고 있다. 집단행동이 조직행동에 있어 중요한 것은 개인행동의 단순한 합이 집단행동으로 이어지지 않고 개인행동의 합은 새로운 집단행동으로 도출되기 때문이다.

예를 들어 종업원 개개인은 조직변화에 따른 생산 스케줄의 변경을 수용할 수 있지만 그가 노동조합원일 경우 변화에 저항을 할 수 있다. 즉, 공식집단이든 비공식집단이든 모든 집단은 그들의 공통된 태도·감정·습관 등을 가지고 있으며 그들의 규범은 개인의 행동에 영향을 미치기 때문에 개인행동의 합만으로 조직행동을 설명할 수 없다.

따라서 개인은 집단 속에서 존재하며 개인의 행동이 집단행동으로 표출될 때 그 모습이 어떨 것인가는 집단행동에 대한 심층적 연구를 통해 가능하다.

2. 집단의 정의

집단에 대한 정의는 매우 다양하다. 집단은 상호 작용하거나 상호 의존적인 두 사람 이상의 개인들이 특정 목적의 달성을 위해 구성된다.

집단에는 공식집단과 비공식집단이 있다. 공식집단(formal group)은 조직구조 내에서 특정 과업의 수행을 위하여 설계된다.

공식집단 내의 모든 행동은 조직목표 지향적이며 반면 비공식집단(informal group)은 공식적으로 결성된 것이 아니라 자연스럽게 형성된 것이기 때문에 반드시 조직목표를 지향하지는 않는다.

집단은 명령집단(command group), 과업집단(task group), 이해관계집단(interest group) 등의 3가지로 분류할 수도 있다.

명령집단과 과업집단은 공식 조직에 의한 것이고 이해관계집단은 비공식적 연합체이다. 명령집단은 명령을 주고받는 상하간의 관계로 구성된 집단이다. 이것은 조직도(organization chart)에 나타나 있다.

과업집단은 조직의 특정 과업이나 문제를 해결하기 위한 집단으로서 반드시 명령을 주고받는 상하 관계로 구성될 필요는 없다.

하나 혹은 그 이상의 공통특성을 가진 사람들의 연합체가 이해관계집단이다. 이런 비공식 집단은 구성원들의 사회적 욕구를 충족시키는 데 매우 중요한 역할을 한다. 집단 내에서의 상호작용의 유형에 따라 비공식 집단이 공식조직의 성과에 미치는 영향은 다르다.

이와 같은 집단의 개념을 좀 더 구체적으로 살펴보면 다음과 같다.

첫째, 상호 작용하는 소집단으로서 두 명 이상의 사람들이 정규적으로 대면접촉을 하면서 상호작용을 하는 집합체이다. 이는 구성원 간의 상호인지와 동질성을 강조한다.

둘째, 조직과 마찬가지로 어떤 공통목적을 달성하기 위한 사람들의 집합체로서 집단은 집단의 목적을 강조하며, 조직의 목표보다 더욱 구체적이고 실질적이어야 한다.

셋째, 공통의 목적을 중심으로 일어나는 상호의존관계를 강조하며, 이때 커뮤니케이션이 상호의존관계와 상호작용에 중요한 수단이 된다.

넷째, 소집단은 공식조직을 구성하고 있는 부서 중 공식구조의 소단위를 의미하기 때문에 대부분 소집단은 구성원들 자신의 목적을 중심으로 상호작용과 정체성(identity) 개념에 토대를 둔 자생적인 비공식 집단을 의미한다.

이처럼 집단은 집단의 공통의 목적, 구성원들의 동기와 욕구충족, 상호의존성과 상호작용 그리고 커뮤니케이션 등의 개념을 의미한다.

3. 집단의 형성과 발전

집단의 형성과 발전을 설명하기 위해 로빈스(S. P. Robbins)는 5단계 모델을 제시했다. 5단계 모델(five stage model)에서 집단은 5단계의 과정을 거쳐서 형성, 발전된다고 볼 수 있다.

[그림 12-1]에서 집단은 형성기(forming), 격동기(storming), 규범화 단계(norming), 수행기(performing), 해산기(adjourning)를 거친다.

그림 12-1 집단형성 단계

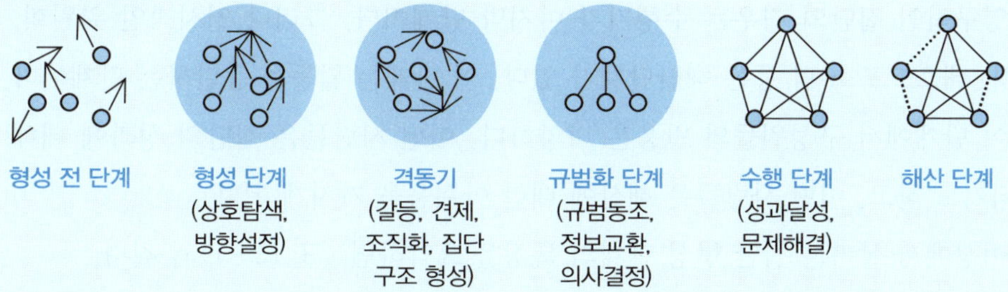

(1) 형성기

이 단계에서는 집단의 목표, 구조, 리더십 등에서 불확실성이 매우 크다. 구성원들은 어떤 행동이 수용될 것인가에 대해 서로 눈치를 보고 조심스러워 한다. 사람들이 집단의 구성원이라고 생각을 하면 다음 단계로 진전이 된다.

(2) 격동기

이 단계는 집단 내의 갈등이 일어나는 단계이다. 구성원들이 집단의 존재를 수용하기는 하지만 집단이 개인의 자유에 제약을 가하는 것에 대해 저항이 일어난다. 특히 누가 집단을 통제할 것인가에 대한 갈등이 생긴다. 이 단계가 마무리되면 집단 내에서 상대적으로 분명한 계층이 생겨나게 된다.

(3) 규범기

집단 내에 밀접한 관계가 형성되고 집단 응집성이 강화된다. 집단이 구조화되고 구성원들에 대한 기대행동이 체계적으로 만들어지면 이 단계는 완성된다.

(4) 수행기

이 단계에서는 집단의 구조가 완전히 기능적이며 집단의 에너지가 서로를 아는 것에서 벗어나 조직목표 달성을 위한 과업을 수행하는 것으로 옮겨간다.

(5) 해산기

영구적인 집단의 경우는 수행기가 마지막 단계이다. 그러나 일시적인 위원회, 팀 조직, 태스크포스 팀 등은 해산단계가 있다. 이 단계는 활동을 중단하는 단계이다.

이 단계에서 구성원들의 반응은 다양하다. 어떤 사람들은 집단의 성과에 대해 고무되기도 하고, 어떤 사람들은 해산에 대한 아쉬움을 가지게 된다.

이상에서 살펴본 집단 형성 단계의 특징을 요약하면 〈표 12-1〉과 같다.

대부분의 집단은 위에서 살펴본 5단계를 정상적으로 거칠수록 더욱 효율적이다. 그러나 집단의 효율성은 보다 복잡한 요인에 의하여 결정된다.

표 12-1 집단 형성 단계별 특징

단계	특징
형성기	• 상황이 불확실하여 구성원들이 불안해 한다. 리더에게 의존하기 때문에 강력한 리더십이 요구된다. • 문제를 즉시 해결해야 하며, 그렇지 못할 경우 시간이 낭비된다. • 적대감, 공격성, 감정 표출 등을 억제해야 한다.
격동기	• 과업과 제도와 관련하여 이해관계가 충돌된다. • 흑백이 분명하게 가려지지 않는다. • 타협과 양보로 규정과 제도를 확정해야 한다.
규범기	• 조화를 찾으려고 노력한다. • 갈등을 무조건 피하면 곤란하다. 너무 예의만 지키고 비판은 안한다. • 정보교환, 의견교환이 원활하다. • 동의, 타협이 많다.
수행기	• 집단 내에서 시너지 효과를 발휘한다. • 모든 문제가 쉽게 해결되며 업적을 달성한다.

어떤 조건하에서는 갈등의 수준이 높을 경우 집단의 성과가 높으며, 어떤 경우에는 2단계의 집단이 3단계의 집단보다 성과가 높을 수도 있다. 또한 어떤 경우에는 집단이 단계적으로 형성되지 않을 수도 있다. 여러 단계가 동시에 진행될 수도 있고 집단 이전의 단계로 퇴행할 수도 있다.

4. 집단행동의 분석 모델

집단의 집단적 노력은 대부분 좋은 성과를 가져오지만 어떤 집단은 그렇지 않은 경우가 있다.

그것은 집단과정이 복잡하고 영향을 미치는 변수가 많기 때문이다. 집단의 성과와 만족을 결정하는 변수와 그 변수들 간의 관계는 [그림 12-2]와 같이 표시할 수 있다.

집단의 외적 조건은 집단의 외부시스템에 관련된 변수들이다. 여기에는 조직전략, 조직구조, 공식적 관계, 자원, 인적자원 선발과정, 성과에 대한 평가와 보상시스템, 조직문화, 물리적 작업환경 등이 있다.

집단 구성원의 특성도 집단의 성과를 결정하는 중요한 변수이다. 여기에는 구성원들의 능력과 퍼스낼리티 특성이 있다. 집단의 구조변수는 공식적 리더십, 역할, 규범, 집단의 지위, 집단의 규모, 집단의 구성 체계, 응집성 등이 있다. 집단의 구조와 집단과정에 대해서는 제2절에서 상세히 설명하고자 한다.

그림 12-2 집단행동의 분석모델

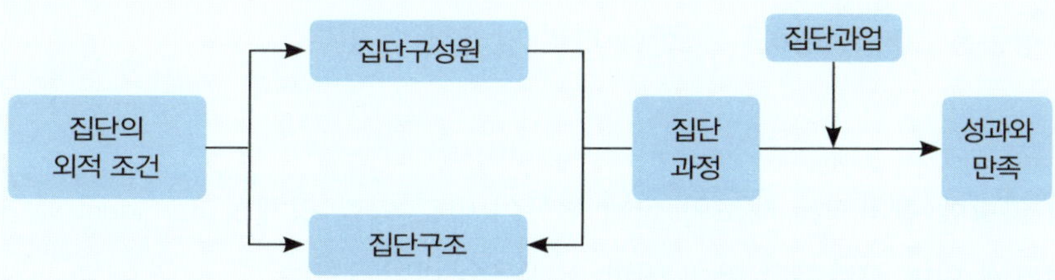

제 2 절

집단의 구조와 집단과정

1. 집단의 구조

집단의 구조는 집단 구성원의 행동을 형성하고 집단 자체의 성과뿐만 아니라 집단 내 개인행동의 많은 부분을 설명하고 예측하는 것이 가능하도록 해준다. 집단의 구조변수는 공식적 리더십, 역할, 규범, 집단의 지위, 집단의 규모, 집단의 구성, 응집성의 정도 등이 있다.

(1) 공식적 리더십

대부분의 작업집단에는 공식적 리더가 있다. 부서 관리자, 감독자, 공장장, 프로젝트 팀장, 테스크 포스 헤드(task force head), 위원장 등의 명칭이 공식적 리더에게 붙여지는 이름이다. 이런 리더가 집단의 성공에 매우 큰 영향력을 행사하는데 이를 리더십이라 한다.

(2) 역할

집단의 모든 구성원은 일정한 역할을 수행하게 된다. 사회적 단위에서 특정 직무를 맡고 있는 사람에게 기대되는 행동유형을 역할이라 한다.

따라서 집단 구성원들은 여러 가지 역할을 수행하게 된다. 그중에서 어떤 역할들은 집단과 개인 사이에 양립가능하기도 하지만 어떤 것은 상충되기도 한다. 따라서 개인의 행동은 그가 수행하는 역할에 따라 달라질 수 있다.

1) 역할 정체성

특정 역할에 합치되는 태도와 실제 행동이 바로 역할 정체성(role identity)이다. 상황이 변하게 되면 사람들은 빨리 역할 정체성을 변경시킨다.

예를 들어 예전에 노조의 간부였던 사람이 승진하여 경영자의 이익을 대변하게 되는 경우와 같은 것이 역할 정체성이 변한 것이다.

2) 역할 지각

특정 상황에서 어떻게 행동해야 하는가에 대한 지각이 역할지각(role perception)이다. 역할지각은 친구나 가족, 상사 등 자주 접촉하는 사람들이나 영화, TV, 서적 등으로부터 획득하게 된다.

3) 역할 기대

특정 상황에서 어떻게 행동해야 하는가에 대한 다른 사람들의 기대를 역할기대(role expectation)라 한다. 사람의 행동은 그가 속한 집단이 기대하고 있는 역할에 의하여 많은 영향을 받는다.

대학 교수는 근엄해야 하며, 권투선수는 과격하고 다이내믹해야 하며, 목사는 사람에 대해 깊은 애정을 가져야 한다고 생각한다.

따라서 역할기대는 심리적 계약(psychological contract)과 관련성이 깊다. 사용자와 고용자 간에는 상호간에 문서화되지 않은 기대가 있다. 그것이 심리적 계약이다. 경영자는 근로자를 공정하게 대하고 양호한 근로조건을 제공해야 한다. 근로자는 좋은 태도를 가지고 경영자의 지시와 명령을 따르며 조직에 충성해야 한다. 이것이 경영자와 근로자 간의 상호기대이고 심리적 계약의 기초가 된다.

4) 역할 갈등

한 사람이 여러 가지 역할을 수행할 경우 역할 갈등(role conflict)이 발생한다. 한 가지 역할의 요구에 순응함으로써 다른 역할에의 순응을 어렵게 하기 때문에 역할갈등이 일어난다. 즉 역할기대가 상반되기 때문에 역할 갈등이 발생한다. 역할갈등이 발생하는 구체적 원인은 다음과 같다.

① 역할 모호성

개인에게 역할수행에 대한 정보가 충분하지 않을 경우 발생한다. 역할에 대한 타인의 역할기대와 본인의 역할지각이 상이하거나, 역할기대에 따른 행동방법을 모르거나, 역할 정체성에 대한 생각이 다를 때 역할 모호성(role ambiguity)이 발생한다.

② 다양한 역할기대

여러 가지 역할을 동시에 수행함으로써 역할기대에 따른 요구를 충족시키지 못하게 되면 역할갈등이 발생한다.

③ 역할 수행 능력 부족

역할 수행자의 능력, 자질, 성격 등이 역할 기대에 못 미치거나 적절하지 못할 때 역할 갈등이 발생한다.

④ 역할 마찰

집단구성원들이 선호하는 역할과 실제 수행하는 역할이 다르거나 조화가 이루어지지 않을 경우 역할마찰(role friction)이 발생한다.

(3) 규범

규범(norms)은 집단 구성원들이 공유하고 있는 수용가능한 행동의 표준이다. 규범에 의하여 집단 구성원들은 일정한 상황에서 해야 할 것과 하지 말아야 할 것에 대한 기준에 따른다. 구성원들이 규범을 수용할 경우, 구성원들의 행동에 외부적 통제력을 행사하게 된다.

규범에는 ① 어떤 대상을 보는 준거체계(frame of reference), ② 그 대상에 대한 올바른 태도와 행동, ③ 태도의 올바름에 대한 감정과 위반자에 대한 관용, ④ 규범을 잘 준수하는 사람은 상을 받고, 위반하는 사람은 벌을 받는다는 상벌체계 등이 포함되어 있다.

조직의 공식적 규범은 매뉴얼에 나타나 있지만 그러나 대부분의 규범은 비공식적이다.

(4) 지위

지위(status)는 집단, 혹은 집단 구성원이 타인에 의하여 평가받는 사회적 위치나 서열을 나타낸다. 타인이 지각하는 지위와 자신이 믿는 지위 간에 불일치가 있을 경우 그것이 중요한 모티베이션 요인이 되거나 중요한 행동적 결과를 발생시키기 때문에 지위는 인간의 행동을 이해하는 데 있어서 중요하다.

지위에는 공식적 지위, 비공식적 지위, 사회적 지위, 직업적 지위, 조직적 지위, 귀속적 지위, 그리고 획득한 지위가 있다.

(5) 규모

집단의 규모(size)는 집단의 전반적 행동에 영향을 미친다. 집단의 규모가 작으면 참여도, 응집성, 만족도, 의사소통, 의사결정 속도 등에서 규모가 큰 집단보다 장점이 있지만, 건설적 비판, 구성원의 이탈 등에서는 단점이 된다.

집단의 규모와 관련해서 사회적 나태(social loafing)라는 용어가 있다. 사람들이 혼자 일할 때보다 집단에서 일할 때 노력을 덜 하는 현상을 말한다. 이러한 현상이 있을 경우 집단의 생산성은 각 개인의 생산성을 산술적으로 합한 것보다 적게 된다. 그러나 사람들은 집단에서는 팀워크가 발생하여 혼자 일할 때보다 더 많은 노력을 한다는 상식을 가지고 있다.

사회적 나태가 발생하는 이유는 구성원들이 다른 사람들은 집단에서 자기 몫을 수행하지 않는다고 생각하기 때문이다. 또한 책임이 분산되어 있기 때문이다. 따라서 자신의 노력을 정확하게 측정할 수 없다고 생각한다.

미국, 캐나다 등 개인주의 문화에서는 작업집단의 집단적 사기와 팀워크를 향상시키기 위해서는 개인의 노력을 확인하기 위한 방법이 있어야 한다. 그러나 일본, 중국, 이스라엘 등과 같은 집단주의적 문화에서는 그 결과가 정반대이다.

집단의 효율성을 증대시키기 위해서는 구성원의 수가 짝수보다는 홀수로 구성하고 그 수는 5~7명이 적당하다. 홀수로 구성하면 투표가 반반으로 갈라지는 경우가 없고 5~7명이 좋은 이유는 소수의 하위집단이 전체집단을 지배하여 다수구성원의 참여를 방해하는 것을 막으며 의사결정에 지나친 시간을 소비하지 않기 때문이다.

(6) 집단의 구성

대부분의 집단 활동은 다양한 기능과 지식을 필요로 한다. 이러한 필요성 때문에 동질성이 적은 사람들로 구성된 이질적 집단(heterogeneous group)이 집단의 효율성에 유리하다. 성, 퍼스낼리티, 의견, 능력, 기능, 관점 등이 다양하기 때문에 과업을 효율적으로 처리할 수 있다.

인종적·문화적으로 다양한 집단은 단기적으로는 집단과정의 처리에 효율성이 없다. 집단구성에서 나이, 성, 교육수준, 근속기간 등의 정도를 집단의 인구적 특성이라고 하는데 이러한 특성은 시간이 지나면 갈등은 감소되고 문제해결 능력이 높아진다.

(7) 집단 응집성

집단 응집성(group cohesiveness)이란 집단의 구성원들이 서로를 좋아하고 집단의 일원으로서 존재하고 싶어 하는 정도를 의미한다. 집단에서는 구성원들 간의 유대가 강하고 그들 동료들의 말과 행동에 의해 많은 영향을 받는다.

한편 구성원 간의 서로 매력을 느끼지 못하고 집단의 일원이 된 것이 삶의 일부분에 지나지 않는다고 느끼는 집단에서는 구성원 상호간의 행위에 있어서 서로 간에 거의 영향을 주지 못한다.

응집성이 강한 집단이란 소속된 집단에 많은 매력을 느끼고 있고, 성원들이 그들의 성원자격에 대하여 호의적으로 느끼며, 나아가서는 성원들이 서로 오랫동안 같이 있고 싶어 하는 집단이다. 또한 공동의 목표를 추구함에 있어서 하나의 단일체로서 행동할 수 있는 집단의 힘이라고 정의할 수 있다. 따라서 응집성은 집단의 생산성에 영향을 미친다.

그러나 응집성이 높다고 반드시 생산성이 높은 것은 아니다. 응집성과 생산성의 관계를 결정하는 것은 집단에 형성되어 있는 성과관련 규범이다.

성과관련 규범이 높다는 것은 높은 산출, 높은 작업의 질, 집단 외의 개인과 협조 등이 높다는 말이다. 생산성, 응집성, 성과관련규범과의 관계를 나타내면 [그림 12-3]과 같다.

그림 12-3 응집성, 생산성, 성과 관련 규범과의 관계

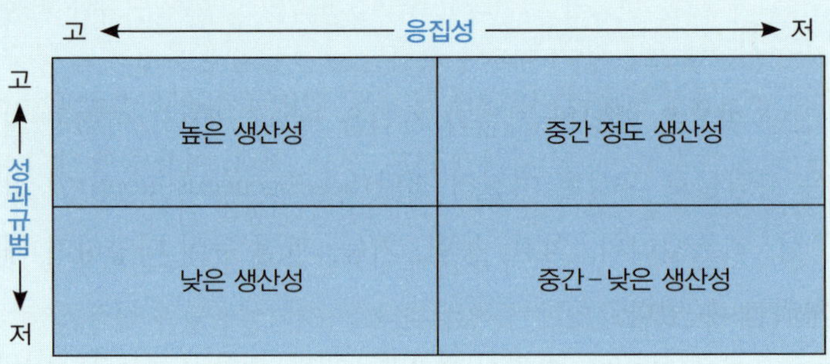

집단의 응집성을 높이기 위해서는 다음과 같은 노력들이 필요하다.

1 집단을 작게 만들어야 한다.
2 집단목표에 대한 협조가 필요하다.
3 집단의 구성원들이 함께하는 시간을 증가시켜야 한다.
4 집단의 지위와 집단 구성원의 자격 획득을 어렵게 한다.
5 타 집단과의 경쟁을 자극한다.
6 개인 중심이 아니라 집단 중심으로 보상한다.
7 집단을 물리적으로 고립시킨다.

2. 집단 과정

집단 과정(group process)은 구성원들이 정보교환, 집단의사결정 과정, 리더 행동, 권력, 갈등처리 등에 사용하는 의사전달 유형이다. 집단과정은 사회적 나태를 관리하는 데 있어서 매우 중요하다. 사회적 나태는 집단과정에 있어 손실이다. 그러나 집단과정은 긍정적 효과가 발생하게 된다.

시너지(synergy)는 2개 이상의 개별 실체가 작용한 결과 개별 실체가 갖는 에너지의 산술적 합계 이상의 결과를 도출하는 것을 말한다. 사회적 나태는 부(負)의 시너지이다. 전체가 개체의 산술적 합보다 적기 때문이다. 그러나 연구팀의 경우 개별 연구자가 독립적으로 연구하는 것이 보다 의미 있는 연구결과를 도출할 수 있는데, 이것이 정(正)의 시너지이다.

사회적 촉진효과(social facilitation effect)는 타인 앞에서 수행할 경우 그 성과가 향상되거나 낮아지는 것을 말한다.

단순하고 반복적인 일을 할 경우는 혼자의 경우보다 다른 사람 앞에서 수행할 때 성과가 높다. 복잡하고 주의를 요하는 일의 경우는 그 반대의 결과가 발생된다는 연구가 있다.

이것을 교육과 훈련에 적용시킬 경우 잘 학습한 과업은 타인 앞에서 더 잘 수행할 수 있지만, 잘 학습하지 않는 과업은 타인 앞에서 수행하는 것이 혼자 수행할 때보다 낮은 성과가 발생한다는 사실을 알 수 있다.

따라서 단순 반복적인 것은 집단으로 훈련시키고 복잡한 일은 개별적으로 훈련시키는 것이 훈련효과를 극대화시키는 데 효율적이다.

제 3 절 소시오메트리

소시오메트리(sociometry)는 모레노(J. L. Moreno)가 개발한 집단분석 기법이다. 이 기법은 집단 내의 개인 간의 친화(attraction)와 반발(repulsion)을 측정하여 집단의 구조를 분석하기 위한 것이다.

집단 구성원 간의 선호구조를 유형화할 때 이것을 소시오메트릭 구조(sociometric structure)라 한다. 소시오메트릭 구조는 소시오그램(sociogram)과 소시오매트릭스(sociomatrix)로 표현한다.

1. 소시오그램

소시오그램은 집단 구성원 간의 선호, 무관심, 거부관계를 나타낸 도표이다. 예를 들면, 어떤 부서의 직원들에게 가장 좋아하는 사람과 싫어하는 사람을 기록하여 제출하도록 하고, 기록지를 모아서 누가 누구를 좋아하는 것은 실선의 화살표로 연결하고, 싫어하는 것은 점선의 화살표로 연결해 보면 복잡한 하나의 도면이 나타나는데 이것을 소시오그램이라고 한다.

[그림 12-4]의 소시오그램의 예에서 A, B, C와 D, E의 두 하위집단이 존재하고 있는 것을 알 수 있다. 정규신분으로서 A, B, C와 주변신분으로서 D, E 그리고 고립신분으로서 F, G가 보이며 자생적 리더는 정규신분의 B임을 알 수 있다.

이러한 소시오그램은 비교적 작은 집단에서 효과적으로 적용할 수 있다. 그러나 집단의 규모가 클 경우에 작성이 어렵다는 단점이 있다. 이때 소시오그램에 나타난 관계를 수치에 의해 보다 정확하게 분석하는 '소시오매트릭스'를 이용하면 편리하다.

그림 12-4 소시오그램

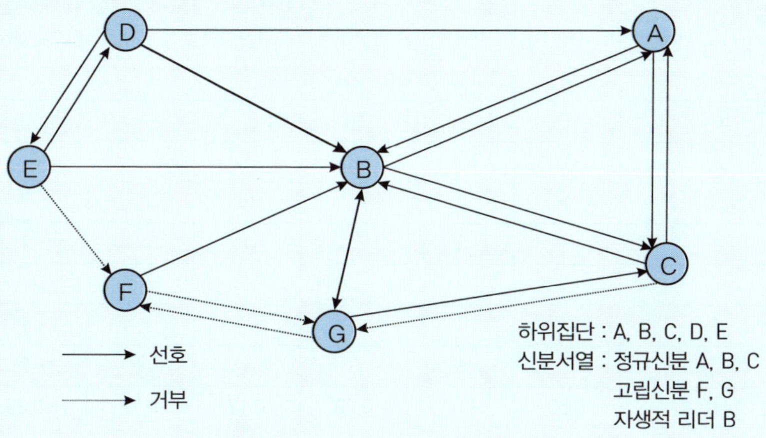

2. 소시오매트릭스

소시오그램이 구성원의 상호관계를 그림으로 나타낸 것이라면 소시오매트릭스는 산술적 계산으로 나타낸 것이다.

〈표 12-2〉에서 보면 구성원 각자와 다른 구성원 간의 선호관계를 선호(1), 무관심(0), 거부(−1)로 표시하고 모두를 종합하여 집단 내의 자생적 서열구조와 선호인물을 계산해 낼 수 있다. 이때 선호신분지수(choice status index)는 다음의 공식에 의해 계산되는데, 각자의 선호 총계를 총 구성원 수에서 자기를 뺀 수로 나누면 된다.

$$\text{선호신분지수} = \frac{\text{선호총수}}{\text{구성원}-1}$$

선호신분지수를 통하여 가장 높은 수치를 얻은 구성원이 집단이 가장 선호하는 인물로서 자생적 리더가 된다. 집단 내의 신분서열은 선호신분지수에 의하여 소시오그램에서 얻은 결과가 입증되고 있으며, B가 가장 높은 수치를 얻음으로써 자생적 리더로 인정할 수 있다.

표 12-2 소시오매트릭스

구성원 \ 선호거부	A	B	C	D	E	F	G
A	×	①	①				
B	①	×	①				
C	①	①	×				−1
D	1	1		×	①		
E		1		①	×	−1	
F		1				×	−1
G		1	1			−1	×
선호총계	3	6	3	1	1	−2	−2
선호신분지수	0.50	1.00	0.50	0.17	0.17	−0.33	−0.33

응집성 지수 : $4/7C_2=.190$
선호 : 1,　거부 : −1,　상호선호 : ①

3. 집단의 응집성 지수

소시오메트릭 연구는 집단구성원 간의 상호관계를 통하여 집단의 응집성을 측정해 준다. 응집성이란 구성원 상호간의 친밀도로서 구성원들이 집단에 대해 끌리는 정도를 말한다. 즉, 공동의 목표를 추구함에 있어 하나의 단일체로서 '우리'라고 생각하고 행동할 수 있는 집단의 힘이라고 볼 수 있다.

응집성이 높은 집단은 구성원의 참여도가 높고, 집단의 효율성과 성과가 높게 나타났다. 소시오메트릭 연구에서 집단의 응집성 지수는 다음과 같이 계산한다.

$$\text{응집성 지수} = \frac{\text{실제 상호 선호관계의 수}}{\text{가능한 상호 선호관계의 수}(nC_2)}$$

응집성지수는 선호관계가 완전 거부인 −1.00에서 완전선호인 1.00까지 가능한데, 〈표 12-2〉에서 나타난 7명의 집단에서 계산된 응집성지수는 0.190이다. 따라서 집단의 크기가 비교적 작은 7명이라는 점을 고려하면 집단 응집성지수는 비교적 낮은 편이다.

이처럼 소시오메트릭 연구는 집단구성원 간의 호·불호감의 정서적 관계를 중심으로 구성원 간의 상호관계와 하위집단구조, 그리고 선호인물과 응집성을 계량적으로 측정하는 방법을 제시해 줌으로써 집단을 진단하고 집단행동을 이해하는 데 도움을 준다.

쉼터

집단에서의 왕따

한 개인을 특별한 이유 없이 지속적으로 고립시키는 행위인 집단 따돌림, 즉 '왕따'가 언제부터인가 문제시되더니, 이제는 심각한 사회 병폐로 자리 잡게 되었다. 처음에는 '어차피 사람 사는 세상이므로 배제는 불가피하다', '이것도 잠시 스쳐 지나가는 청소년 문제일 것이다'라 가볍게 여겼지만, 이제는 그 정도가 너무나 심각해져 사회 병리 현상으로 그 폐해가 심각한 상태에 이르렀다.

집단 따돌림 현상은 다수가 형식적으로는 같은 공동체에 속해 있으면서도 정서적으로는 융화되지 못하는 특정인을 자신들과 같은 구성원으로 받아들이기를 거부하는 데에서 발생한다. 그렇다면 왜 오늘날 약한 집단이나 개인을 배제시키는 배타적인 분위기가 생겼을까? 대다수의 청소년들은 학교와 가정 등 그들의 삶이 만들어지는 모든 공간에서 불평등, 차별, 권위주의적 위계질서, 입시 위주의 학교 교육, 각종 규율에 의한 사회 통제, 소외감, 가치관의 충돌을 경험하고 있다. 심적 일체감을 형성한 집단이 한 개인에 대해 집단적인 폭력을 행사하여 쾌감을 경험하게 되는 집단 따돌림 현상은 바로 청소년들이 경험하고 있는 갈등과 억압이 축적되면서 나타난 불행한 결과이다.

그런 가운데 '학교'는 우리 가정과 사회의 부정적인 가치들을 그대로 답습하여 더 선명하게 투영해 보이고 있다. 타인과 더불어 살아가는 공동체의 가치를 심어 주지 않은 가정교육, 나와 다른 사람은 무조건 배제시키는 우리 사회의 집단 이기주의의가 '학교'라는 공간 안에 투영되고 있는 것이다. 따라서 이것을 청소년 문제로만 보는 것은 본질에 접근하지 못한 표피적인 것에 불과하다. 집단 따돌림 문제는 인간관계의 문제이며 집단역학의 문제이다. 그러므로 인간관계의 시작인 가정에서부터 타인을 배려하는 가치를 심어 주어야 하고, 학교에서는 인권을 존중하는 학교 풍토를 마련해 나가야 하며, 사회 전체도 차이와 다양성을 관용하는 분위기로 변모해 가야 한다. 왕따는 사회에서 혐오하는 집단 따돌림으로 배타적 사회분기의 투영물이다.

제 4 절

팀 관리

오늘날 기업에서는 팀(team)이 작업조직의 중요한 기본단위가 된다. 과업의 성격이 다양한 기능과 판단, 경험 등을 요구할 경우 개인의 성과보다는 팀의 성과가 더 높다. 팀은 부서나 집단보다 융통성이 있기 때문에 변화에 적응하기 용이하다는 장점이 있다.

1. 팀과 집단의 차이

집단을 특정목적의 달성을 위하여 상호작용하고 상호의존적 관계에 있는 2인 이상이 모인 것이라고 정의할 수 있다. 작업집단은 각 개인이 자기의 책임 영역 내에서 주로 정보를 공유하고 의사결정을 하여 타인의 수행을 도와주기 위하여 상호작용을 한다.

따라서 집단은 공동노력을 필요로 하지는 않는다. 그 결과 집단의 성과는 각 개인의 공헌을 산술적으로 합한 것이다. 투입의 산술적 합 이상의 성과를 내는 정(+)의 시너지를 요건으로 하지는 않는다.

그림 12-5 집단과 팀의 비교

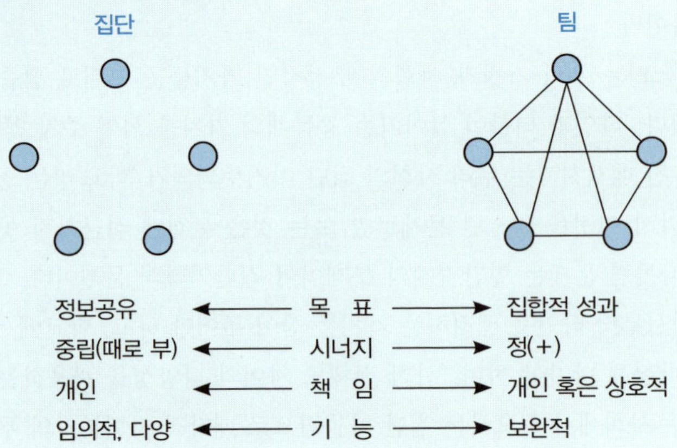

표 12-3 집단과 팀의 차이

집단	팀
• 한 명의 강한 리더	• 리더의 역할이 공유되고 순환됨
• 구성원 개개인에게 할당된 책임	• 책임공유, 혹은 개인 책임
• 조직의 하위 목표수행	• 팀이 목표설정
• 개인적 업무성과를 산술적으로 합한다.	• 공동의 업무성과

그러나 작업 팀은 협동적 노력을 통하여 정(+)의 시너지를 발생시킨다. 따라서 팀의 성과는 개별 구성원의 성과를 산술적으로 합한 것 이상이 되어야 한다. [그림 12-5]는 팀과 집단의 차이를 나타내고 있다.

그런데 실제 집단과 팀을 엄격하게 구분하기는 쉽지 않다. 팀은 협동성, 응집성, 팀워크가 강한 특별한 종류의 집단이라고 할 수 있기 때문이다. 집단과 팀의 차이를 살펴보면 〈표 12-3〉과 같다.

조직은 성과를 향상시키기 위해 정(+)의 시너지가 필요하고 따라서 팀을 중심으로 조직화 할 필요성이 있다. 팀을 활용하면 투입한 것보다 더 많은 산출을 확보할 수 있다. 그러나 팀을 구성하는 것 자체만으로는 시너지를 발생시킬 수는 없다. 조직이 높은 성과를 달성하기 위하여 팀을 활용할 경우 효율성이 높은 팀을 갖추어야 한다.

2. 팀의 유형

팀의 유형으로는 팀의 목적에 따라서 문제해결 팀, 자율적 관리 팀, 교차기능 팀으로 분류할 수 있다.

(1) 문제해결 팀

문제해결 팀(problem solving team)은 동일 부서 내의 구성원들이 모여 작업의 질, 능률, 작업조건의 향상을 위한 방법을 토론한다. 문제해결 팀에서는 작업과정과 방법을 향상시킬 아이디어를 공유하고 제안한다. 1980년대에 가장 광범하게 활용한 품질관리 팀(quality circle)이 이 유형에 속한다. 품질관리 팀은 8~10명의 근로자와 감독자로 구성되며 품질관리에 관련된 문제와 그 원인 및 개선방안에 대하여 정기적으로 모여 토론한다.

(2) 자율관리 팀

자율관리팀(self-managed work team)은 10~15명으로 구성되며 작업계획, 작업 스케줄, 작업속도에 대한 집단적 통제, 운영절차 마련, 문제해결안 마련 등에 대한 권한과 책임을 진다.

완전한 자율관리 팀은 팀 구성원을 스스로 선발하고 성과를 자율적으로 평가한다. 따라서 감독자 지위의 중요성은 크지 않다.

미국의 경우는 다섯 개 기업 중 하나의 기업이 자율관리 팀을 활용하고 있으며 전문가들에 의하면 향후 미국 전체 근로자의 40~50%가 스스로 관리할 것이라고 예측하고 있다.

(3) 교차기능 팀

교차기능 팀(cross-functional team)은 일정한 과업의 달성을 위해 각각 상이한 기능 영역에 동일한 계층의 구성원들로 구성되어 있다. 태스크포스(task force)와 위원회가 대표적인 교차기능 팀이다.

조직 내의 다양한 영역에서 구성원을 뽑아 정보를 공유하고 새로운 아이디어와 문제해결안을 만들어 복잡한 문제의 해결을 위한 조정을 확보하게 된다.

3. 팀의 효율적 관리

효율성이 높은 팀을 만들기 위해서는 집단과정에 관한 지식을 팀에 적용해야 한다. 팀의 효율성과 관련된 요인들을 살펴보면 다음과 같다.

(1) 팀의 규모

보통 팀의 구성원은 10~12명이 적합하다. 그러나 효과적인 팀을 위해서는 구성원의 수가 가능하면 적은 것이 좋다. 팀의 구성원이 많으면 건설적으로 상호작용하고 합의를 이끌어내는 데 어렵기 때문이다. 뿐만 아니라 응집성이나 몰입감, 책임감 등이 낮아지기 때문에 높은 성과를 달성하기 어렵다. 팀의 구성원은 12명 미만이 적당하고, 필요할 경우에는 하위 팀(sub team)을 만들면 된다.

(2) 구성원의 능력

팀이 효율적인 성과를 달성하기 위해서는 3가지의 상이한 기능이 필요하다.

첫째, 구성원들이 기술적 전문성을 가지고 있어야 한다.

둘째, 문제해결과 의사결정 능력을 가진 사람들이 문제를 확인하고, 대안을 개발하며, 대안을 평가하고, 유능한 대안을 선택할 수 있어야 한다.

셋째, 남의 말을 경청하고, 피드백을 하며, 갈등을 해결하는 등 대인관계 능력이 있는 구성원들이 있어야 한다.

이상과 같은 3가지 기능을 개발하지 않고서는 좋은 성과를 달성하기 어렵다. 따라서 3가지의 기능을 적절하게 활용하는 것이 중요하다. 다른 기능을 희생해 가면서 어느 한 기능을 확장하다고 해서 도움이 되지는 않는다. 어느 한 구성원이 이러한 기능을 모두 개발해도 의미가 없으며 팀이 전체로서 이러한 기능을 개발하도록 해야 한다.

(3) 역할 분배와 다양성 촉진

팀은 다양한 필요성에 의하여 구성되기 때문에 퍼스낼리티가 다양한 사람들을 선발하는 것이 좋다. 성과가 높은 팀은 사람들에게 다양한 역할을 할당한다. 팀에는 [그림 12-6]과 같은 다양한 역할을 수행하는 구성원들로 구성되게 된다.

따라서 팀의 성과를 높이기 위해서는 이상과 같은 9가지 역할을 수행할 수 있는 다양한 구성원들로 팀을 구성하는 것이 좋다. 기호, 퍼스낼리티, 기능 등이 다양한 구성원들에게 적합한 역할을 맡기면 된다.

(4) 공통목적에의 몰입

팀은 모든 구성원들이 열망하는 의미 있는 목표를 가지고 있어야 한다. 이것이 비전이다. 이것은 특정 목표보다 더 넓은 것으로 팀에게 방향을 제시하고 탄력을 제공

그림 12-6 팀 구성원의 역할관계

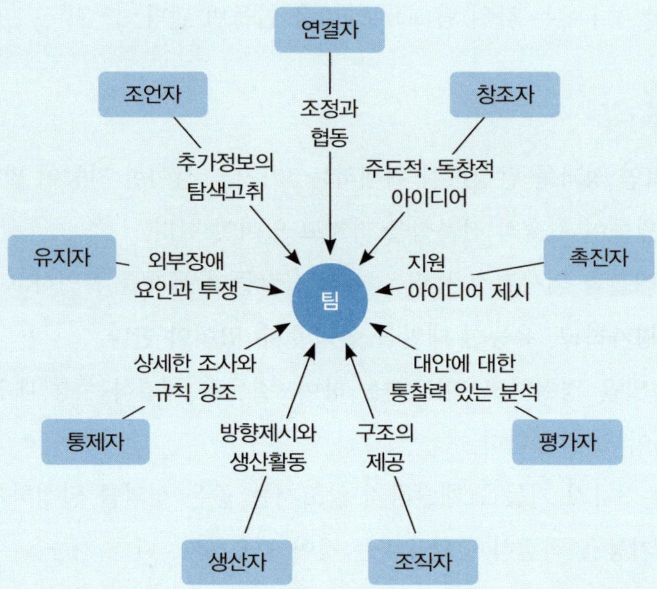

하며 구성원들의 몰입감을 불러일으킨다.

(5) 구체적 목표 설정

팀의 효율성을 확보하기 위해서는 공동목적을 구체적이고, 측정 가능하며, 현실적인 성과목표로 전환시켜야 한다.

(6) 리더십과 구조

리더십과 구조는 팀에게 초점과 방향을 제시한다. 리더십과 구조는 목표달성의 수단이다. 팀 구성원 각자는 어떤 일을 맡고, 어떤 역할을 누가 담당할지를 정해야 한다.

(7) 사회적 나태와 책임

사회적 나태를 방지하기 위해서 개인수준과 집단수준에서 책임을 규정하여 팀의 목적과 목표 및 접근방법에 대해 책임을 지도록 해야 한다. 개인 책임과 팀으로서 공동책임을 명백히 해야 한다.

(8) 성과평가와 보상시스템

팀의 구성원들이 개인적·공동적으로 책임을 지게 하는 방법은 전통적인 개인 지향적 평가와 보상 시스템을 팀의 성과를 반영하도록 수정하는 것이다.

개인성과 평가는 시간급, 개인적 인센티브 등에 기초를 두게 되는데 이런 방법이 팀의 성과를 확보해 주지는 않는다. 따라서 성과에 대한 개인적 평가와 보상 이외에 경영자들은 집단평가, 이윤 분배, 소집단 인센티브 등을 실시하여 팀의 노력과 몰입을 강화해야 한다.

(9) 상호신뢰성 개발

성과가 높은 팀은 구성원 간에 높은 수준의 신뢰성이 있다. 이것은 팀의 구성원들이 다른 구성원들에 대하여 성실성, 성격, 능력 등을 믿는다는 것을 의미한다. 그러나 신뢰성을 쌓는 데 많은 시간이 걸리고 때로는 파괴되기도 한다.

신뢰성은 성실성, 유능성, 일치성, 충성심, 개방성 등에 의해 형성되는데 성실성(integrity)은 바로 정직성이다. 유능성(competence)은 기술적, 대인관계적 지식과 기술이 요구되며, 일치성(consistency)은 예측 가능성, 일관성, 상황처리를 위한 판단력이 중요하고, 충성심(loyalty)은 개인의 자존심을 방어하는 자발적인 상태를 말하며, 개방성은 정보와 아이디어의 자유로운 공유로부터 가능하다.

연/습/문/제

01. 집단의 정의에 대해 이야기해 보자.

02. 집단의 중요성에 대해 이야기해 보자.

03. 집단의 형성과 발전과정에 대해 이야기해 보자.

04. 집단행동의 분석 모델에 대해 이야기해 보자.

05. 집단구조의 변수에는 어떤 것이 있는지 살펴보자.

06. 집단과정에 대해 이야기해 보자.

07. 소시오메트리가 무엇인지 이야기해 보자.

08. 팀과 집단의 차이에 대해 이야기해 보자.

09. 팀의 유형에는 어떤 것이 있는지 이야기해 보자.

10. 팀의 효율적 관리를 위한 방안에 대해 이야기해 보자.

PART 04

조직행동 관리

ORGANIZATIONAL BEHAVIOR

Chapter 13

커뮤니케이션

제 1 절

커뮤니케이션의 의의

조직의 효율성은 내·외부와의 관계가 유기적으로 상호작용할 때 높아진다. 공식·비공식조직에서의 상호작용이 원만히 이루어지도록 하는 구조, 과정, 기능을 커뮤니케이션(communication)이라 한다.

우리 인간은 커뮤니케이션을 통해 사회생활을 하고 있다. 바나드(C. I. Barnard)가 공식 조직의 3요소 중 하나로 커뮤니케이션을 제시하였듯이 조직의 운영도 직·간접적인 커뮤니케이션에 의해 이루어지고 있다.

조직은 커뮤니케이션을 통하여 정보를 교환하고 의사결정을 하며 조직의 목표를 추구하게 된다. 커뮤니케이션이 원활하게 이루어지지 않으면 조직의 효율성을 확보할 수 없다.

1. 커뮤니케이션의 개념

커뮤니케이션(communication)이란 사람들 사이에 정보를 전달하는 과정으로 의사전달, 정보전달, 의사소통이라고 하는데 원래 라틴어 'communis'에서 유래했다.

커뮤니케이션은 전달자와 수신자 사이의 정보의 교환으로 개인을 포함한 집단 간의 의미의 전달이라고 정의되기도 하고, 또는 일반적인 상징을 통한 정보나 의사의 전달이라고 정의되기도 한다. 여기에서 상징이란 언어적인 것과 비언어적인 것을 모두 포함한다.

커뮤니케이션은 의사나 정보를 가지고 있는 자가 이것을 타인에게 전달하고 해석되어지는 것을 말하는 것으로 단순히 정보를 전달하는 데 그치지 않고 그 결과 송신자와 수신자 간에 어떤 공통성 내지는 단일성이 조정되게 되는데 이런 경우의 커뮤니케이션을 효과적 커뮤니케이션이라고 한다.

커뮤니케이션의 정의에 대한 여러 학자들의 견해를 종합해 보면 다음과 같다.

▷ 스토너와 프리만(J. A. Stoner & R. E. Freeman)

커뮤니케이션이란 사람들이 상징적인 메시지의 전달을 통해 의미를 공유하려고 노력하는 과정으로 정의하였다.

▷ 이반세비치와 매티슨(J. M. Ivancevich & M. T. Matteson)

커뮤니케이션이란 언어적·비언어적인 보통의 상징을 통한 정보와 이해의 전달과정으로 정의하였다.

커뮤케이션에 대한 정의를 종합해 보면 "인간이 서로 정보와 메시지를 전달하고 수신해서 공통된 의미를 수립하며, 나아가서는 서로의 행동에 변화를 유발시키는 모든 과정"으로 정의할 수 있다.

조직에 있어서 이루어지는 커뮤니케이션의 대표적인 예로는 구두, 문서, 회의, 제안제도, 상담제도 등이 있다.

2. 커뮤니케이션의 중요성

경영관리의 모든 과정은 직·간접적인 커뮤니케이션이 수반되게 된다. 대부분의 사람들은 깨어 있는 시간의 약 70%를 커뮤니케이션으로 보낸다고 한다.

그러나 커뮤니케이션이 우리 생활의 대부분을 차지하고 있다고 해서 중요한 것은 아니다. 커뮤니케이션은 구성원의 역할관계와 상호간의 관계를 유지시켜 주는 집단행동의 중요한 요소이며, 집단의 의사결정과 성과에도 많은 영향을 미치고 있다. 만약 의사결정이나 정책을 발표할 때 그 내용이 제대로 전달되지 못하면 내용이 아무리 훌륭하더라도 그 효력이 상실된다.

따라서 효과적인 커뮤니케이션은 경영활동의 기본이며, 조직이 성장하고 발전하는 시발점이 된다. 커뮤니케이션이 중요한 것은 경영활동에 있어서 사실을 전달하는 수단이면서 동시에 의미 전달의 수단이기 때문이다. 즉, 커뮤니케이션은 사실적 정보를 전달하는 역할을 할 뿐만 아니라, 구성원들이 가지고 있는 정보해석의 결과나 의미, 문화의 전달 등을 조직 전반에 전파하는 역할을 한다. 비록 공식적 커뮤니케이션 경로를 통하는 경우도 많지만 의미와 가치, 문화의 전달을 하는데 커뮤니케이션이 중심적 역할을 한다.

조직에 있어서 커뮤니케이션이 원활히 이루어짐으로써 조직 목표달성을 위한 여러 구성원의 활동이 서로 조정·통합될 수 있게 된다. 각 개인이나 단위부서는 동료나 다른 부서와 의견을 조정하기도 하고, 조직 외부에 대한 정보나 자체 상황을 경영층에 보고하기도 한다. 경영자는 이를 토대로 전사적인 관점에서 필요한 의사결정을 하여 이를 다시 하달하기도 한다. 이런 점에서 볼 때 조직에서의 커뮤니케이션은 인체의 신경체계나 동맥에 비유되기도 한다.

이와 같이 커뮤니케이션은 조직운영에 있어서 주요한 요소로 커뮤니케이션 활동이 원활히 이루어지지 않으면 조직의 목표를 달성할 수 없다. 그러므로 조직행동관리에 있어 커뮤니케이션은 대단히 중요하다.

3. 커뮤니케이션의 기능

커뮤니케이션이 조직을 관리하는 데 매우 중요하다. 이러한 커뮤니케이션의 주요 기능에 대해 살펴보면 일반적으로 4가지로 요약할 수 있다.

(1) 정보적 기능

커뮤니케이션은 개인과 집단에 정보를 전달하는 기능을 한다. 올바른 정보가 제때 전달됨으로써 의사결정의 질을 높일 수 있다. 선택 가능한 여러 가지 대안을 파악 하고 평가하는 데 필요한 정보를 제공해 줌으로써 의사결정이 원활히 이루어지게 된다.

(2) 통제적 기능

커뮤니케이션은 조직구성원의 행동을 통제하는 기능을 한다. 조직에는 구성원들이 준수해야 하는 공식적인 규칙이 존재한다. 규칙이나 절차가 구성원을 특정한 방향으로 움직이도록 통제하게 된다.

(3) 모티베이션 기능

커뮤니케이션은 구성원의 동기유발을 촉진한다. 즉, 구성원이 해야 할 일이 무엇이고, 자신의 직무성과를 개선하기 위해서는 어떻게 해야 되는지 등을 구체적으로 알려주는 매개 역할을 한다.

(4) 정서적 기능

커뮤니케이션은 구성원이 감정을 표현하고 사회적 욕구를 충족시키는 돌파구 역할을 한다. 사람은 자신이 속한 집단 내에서 이루어지는 커뮤니케이션을 통하여 자신의 고충이나 즐거움, 슬픔, 만족감 등을 표출하게 된다.

조직의 유효성을 높이기 위해서는 어느 정도 구성원을 통제하거나, 구성원이 높은 성과를 달성할 수 있도록 모티베이션 시킬 필요가 있다. 또한 구성원들이 자신의 감정을 표출할 수 있는 계기도 마련해주어야 하며, 올바른 의사결정을 하는 데 필요한 정보를 전달해 주어야 한다.

따라서 커뮤니케이션의 기능을 올바르게 이해할 때 효과적인 커뮤니케이션의 관리가 이루어지게 된다.

쉼터

상대방을 설득할 수 있는 대화법

대화는 웅변가나 연설가처럼 말을 잘하는 것이 아니라, 상대방의 말을 잘 경청하고 이해하는 것이 가장 중요하다. 대부분의 사람들은 듣는 것보다는 말하는 것을 더 좋아한다.

그러나 대화에서 중요한 것은 가급적 상대방의 말을 듣는 것이다.

부부 갈등의 원인 중에 으뜸을 차지하는 것이 의사소통의 문제이다. 어느 드라마를 보더라도 성격 차이와 대화 단절이 이혼으로 이어지고 있다. 하지만 의사소통 문제는 부부만이 아니라 자녀 관계에서도 직장에서 동료나 상사 관계에서도 해결해야 될 숙제이다.

우리가 사용하는 말의 대부분은 부정적이다. 사실을 확인하고 싶다면 자신이 하루에 사용하는 말을 적어보면 얼마나 부정적으로 말을 하는지를 알 수 있을 것이다. 우리의 사용 언어는 비난, 판단, 강요, 낙인, 비교, 분석 등이 대부분이다. 이런 말은 상대방의 인격을 무시하게 된다. 그러나 이런 부정적인 말이 무조건 나쁘지는 않다. 그 말의 이면에는 자신의 열망이 숨어 있기 때문이다. 문제는 그 말의 이면에 숨어 있는 열망을 사람들이 읽어내지 못하고 일차적인 말에 집중해서 반응하기 때문이다.

부정적인 말의 이면에 있는 긍정적이고 생명력 있는 열망을 읽을 줄 알면 대화가 잘 이루어진다. “왜 이렇게 늦었어?”라는 말 속에는 “당신에게 나쁜 일이 일어났을까봐 걱정이 되었다”라는 열망이 담겨 있다. 혹은 “나는 당신과 저녁 시간을 함께 보내고 싶었는데 늦게 오니 아쉽네”라는 뜻이 숨어 있다. 상대방의 마음을 볼 줄 알고, 상대방의 말의 의미를 읽을 줄 알면 대화가 된다. 처음부터 상대방의 말 속에 열망을 찾기란 쉽지 않다. 연습하고, 부지런히 대화하는 법을 찾으면 길이 보인다. 상대방을 배려하고 대화의 장을 만드는 것은 대화의 기술에 달려 있다.

제 2 절
커뮤니케이션의 구성요소

1. 커뮤니케이션의 기본요소

커뮤니케이션의 기본요소에는 [그림 13-1]에서 보는 바와 같이 송신자, 부호화, 메시지, 전달매체, 수신자, 해독 및 피드백 등으로 구성된다.

그림 13-1 커뮤니케이션 구성요소

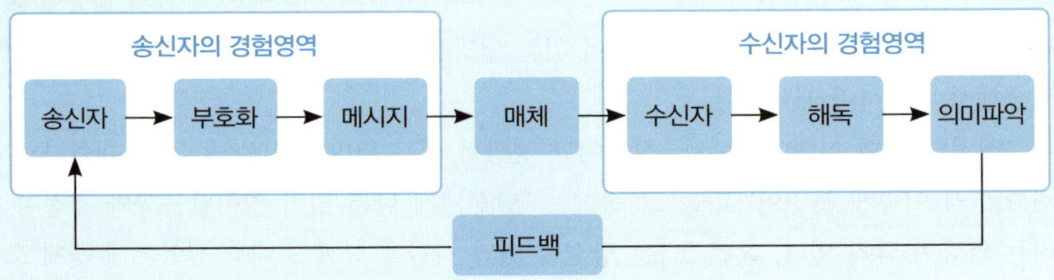

(1) 송신자

조직 내에서 송신자(communicator)는 자기의 의사를 전달하려는 목적을 가지고 아이디어, 의견, 정보를 조직 내의 타인에게 전달하려는 조직 구성원이다.

(2) 부호화

부호화(encoding) 또는 코드화란 정보를 조직 내의 다른 사람들에게 전달하기 위해 조직 내의 모든 구성원이 이해할 수 있는 부호로 바꾸는 것을 의미한다. 특히 의사결정에 있어서 필요한 여러 가지 정보를 언어나 비언어적 형태로 바꾸어야 한다.

(3) 메시지

메시지(message)란 송신자가 수신자에게 전달하고 싶어 하는 것 자체를 의미한다. 부호화의 결과는 송신자에 의해 언어적 또는 비언어적인 형태로 바뀐 메시지가 된다.

메시지 형태는 메시지 전달에 이용되는 전달매체에 따라 음파, 전파, 광파, 문서 등 다양한 형태로 나타나게 된다. 이 메시지는 의사결정과 밀접한 관련이 있다.

(4) 전달매체

전달매체(media)란 메시지를 전달하기 위한 수단으로 매개체로 경로를 말한다. 조직 내부에서는 다양한 방법으로 메시지가 전달된다.

즉, 직접 대화를 하거나, 전화, 집단회의, 컴퓨터, 메모, 방침제시 등의 방법이 있다. 그러나 이와는 달리 비언어적인 메시지는 표정, 목소리, 몸짓 등에 의해 전달된다.

(5) 수신자와 해독

수신자(receiver)는 정보가 전달되면 그 가운데서 필요한 것만 골라 접수하게 된다. 해독(decoding)이란 메시지를 해석하는 수신자의 사고과정을 말한다.

의사결정 과정이 완전하게 이루어지기 위해서 수신자는 메시지를 전달자의 입장에서 해독해야 한다. 이 단계에서 해독은 정보의 해석까지 포함하는데, 수신자는 자신의 경험과 준거에 비추어 가치가 있도록 해석하며, 해독이 된 메시지는 전달자의 요구에 부합되면 될수록 의사전달이 더욱 효율적이 된다.

(6) 피드백

피드백(feedback)이란 수신자의 반응을 송신자에게 전달하는 것이다. 피드백을 함으로써 메시지의 수신 여부나 의도한 반응이 나타났는지를 확인할 수 있다.

일방적인 커뮤니케이션은 전달자와 수신자 사이에 피드백이 없는 상태를 말하는데, 이는 전달자의 의도된 메시지와 수신자가 받아서 해독한 메시지와의 사이에 커뮤니케이션의 왜곡현상이 발생할 가능성이 높다.

이상의 각 요소는 커뮤니케이션에 있어 필수적인 요소로 이들을 서로 분리해서 생각할 수 없다. 조직 내에서의 커뮤니케이션의 형태가 다양하더라도 이들 요소가 없으면 커뮤니케이션이 이루어질 수가 없다.

2. 커뮤니케이션의 과정

커뮤니케이션은 2개 이상의 다른 요소 사이의 상호작용을 의미하는데, 메시지로 표현된 의사소통은 송신자에서 수신자에게로 전달된다.

커뮤니케이션 과정이란 송신자가 메시지를 상징적인 기호의 형태로 부호화하여 매체를 통해 수신자에게 전달하고 수신자는 부호화된 내용을 원래의 메시지로 해석하게 된다. 이러한 과정을 거쳐 전하고자 하는 의미가 송신자에게서 수신자에게 전달된다.

일반적인 커뮤니케이션 과정을 살펴보면 [그림 13 – 2]와 같다.

그림 13-2 커뮤니케이션 과정

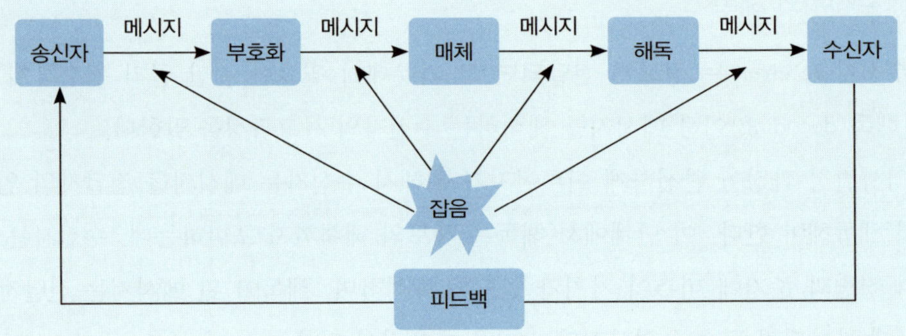

쉼터

상대방을 호감을 부르는 대화

사람은 누구나 자신만의 공간을 필요로 한다. 그 공간은 눈에 보이는 물리적인 공간 이외에 눈에 보이지 않는 정신적인 공간도 포함된다. 그것은 집의 담이나 벽처럼 자신을 보호하는 역할을 하기 때문에 심리적 안정을 위해 확보되어야 하는 영역이다. 낯선 사람이 다가오면 경계를 하게 되는 이유는 보이지 않는 자신의 영역을 침범당할 위험이 있기 때문에 방어심리가 작동하기 때문이다.

사람의 공간에는 물리적인 공간과 더불어 정신적인 공간이 있다. 먼저 정신적인 내면의 공간은 외부에서는 보이지 않고, 알 수도 없으며, 근접할 수 없는 자신만의 공간이다.

사람들은 그 공간을 지키고 싶어 하기 때문에 그것을 존중해주고 지켜 주는 사람에게 편안함을 느끼고 마음의 문을 열어 자신의 정신적 공간을 보여주게 된다.

그래서 처음 만나는 사람에게는 스몰토크와 같은 가벼운 주제의 대화로 시작해서 서서히 상대방을 향해 다가가야 한다. 다가가는 속도를 잘 조절해야 서로 편안하게 마음을 서서히 열게 된다.

만나자마자 "어떻게 돈을 그렇게 많이 버셨어요?", "종교가 뭐예요?"와 같은 극히 개인적인 질문을 하게 되면 상대방은 무례하다고 생각하고 마음의 문을 닫게 된다. 자신이 스스로 열지 않은 정신적 공간을 침범 당했기 때문이다. 정신적 공간을 적절히 지켜주지 않는 말은 보이지 않는 칼이나 몽둥이와도 같다. 자칫하면 싸움으로 번질 수도 있다. 특히 가까운 관계라면 서로의 공간을 더 지켜줄 필요가 있다. 서로 상처를 주기 쉬운 관계이기 때문이다. 먼 곳에 있거나 그리 상관이 없는 사람들에게는 상처를 주는 경우가 거의 없다. 하지만 고슴도치가 너무 가까이 있으면 서로의 가시에 찔리게 되듯이 가까이 있는 사람끼리는 쉽게 상처를 줄 수 있다. 대신 위로의 말, 사랑의 말과 같은 긍정적인 말은 상대방의 마음공간을 어루만져주고 치료해주는 약이 된다.

사람들과 대화할 때 일단 함께 나누어서 좋을 주제와 피해야 할 주제만 알아도 대화의 절반은 이미 성공한 것이다. 최소한 실패는 하지 않을 것이다. 설사 상대방의 상황을 안다고 해도 서로 간에 그런 대화를 나눌 정도의 관계가 아니라면 그 상황에 대한 대화를 나누지 않는 것이 바람직하다.

사람은 스스로 자신의 마음의 문을 열어야 편안해한다. 상대방이 먼저 그 마음의 문을 열려고 들면 일단 경계심이 생겨 마음의 문을 닫아버린다. 그러므로 대화는 서로가 편안하게 여기면서 부담 없는 주제로 시작하는 것이 좋다.

아직 친한 사이가 아니거나 공감하는 내용이 거의 없는 사람들이 만나는 경우라면 서로 편안하고 부담이 없으면서 공감대를 쉽게 형성할 수 있는 주제를 선택하면 좋다.

누구나 일상적으로 접하는 주제가 바로 '날씨'다. "오늘 날씨가 참 좋네요. 오는 길이 참 즐거웠습니다." 등 날씨를 주제로 이야기를 시작하면 계속적으로 대화가 이어질 수 있다.

상대방에 대한 사전 지식이 있다면 좀 더 매끄러운 대화를 시작하고 이어나갈 수 있겠지만 알지 못한다면 사람들이 일반적으로 관심을 갖고 있을 만한 주제를 찾으면 된다. 그렇게 하면 서로의 관계의 깊이에 상관없이 자연스럽게 대화를 이어나갈 수 있고, 관계의 첫걸음을 내디딜 수 있다. 단, 긍정적인 내용이 좋다. 정치색이 짙거나 어둡고 무거운 주제는 첫 만남이나 좋은 이미지를 심어주어야 할 사업미팅과 같은 상황에서는 바람직하지 않다.

만약 상대방에 대해서 잘 알고 있다고 해도 피하거나 모른 척해야 하는 주제가 있다. 신체에 대한 주제가 대표적이다. 장애가 있어 휠체어를 타고 있는 상대방에게 "어쩌다가 그렇게 되신 건가요?", "많이 힘드시죠?"라고 이야기를 시작하면 오히려 실례가 된다.

이는 좋은 기억을 떠올릴 만한 이야기도 아니고, 상대에게 좋은 감정이 생길 만한 주제도 아니어서 더 이상의 대화를 이어가기 어려울 수 있다.

또한 개인적인 성향에 대한 이야기는 더욱 피해야 할 주제다. 우리나라는 지역감정이 존재하기 때문에 자신이 태어난 지역을 말했을 뿐인데 분위기가 묘해지는 것을 느낀 적이 있을 것이다. 그리고 자신의 정치적인 노선이나 종교에 대해 이야기하면 얼마 지나지 않아 분위기가 험악해지며 격한 토론과 함께 감정싸움으로 번질 수도 있다. 성공적인 대화를 위해서는 상대방에 대한 사전 지식은 물론 그 지식을 어떻게 사용하는지가 매우 중요하다.

어떤 내용이 서로의 마음을 따뜻하게 하고, 마음을 활짝 열어서 좋은 관계를 형성할 것인가를 생각하는 것은 물론, 건드리지 말아야 할 상처, 피해야 할 대화의 소재까지도 파악해야 한다. 이는 가정, 학교, 사회생활에서 암묵적이지만 반드시 지켜야 할 규칙과 같다. 이를 지킬 때와 안 지킬 때에 따라 관계의 온도는 크게 달라진다.

출처 : 듣고 싶은 한마디, 따뜻한 말, 정유희, 보아스, 2018.

제 3 절 커뮤니케이션의 유형

조직 내의 커뮤니케이션을 연구하는 학자들은 여러 가지 방법을 통하여 그 유형을 분류하고 있는데, 가장 일반적으로 활용되고 있는 것은 대인 간 커뮤니케이션, 조직차원의 커뮤니케이션, 커뮤니케이션 방향에 따라 분류할 수 있다.

1. 대인 간 커뮤니케이션

대인 간 커뮤니케이션(interpersonal communication)은 집단 내의 개인과 개인 사이의 의사소통으로 직접적인 명령에서부터 일상적인 표현까지 다양하다.

대인 간 커뮤니케이션의 유형으로는 구두, 기록, 비언어적 커뮤니케이션으로 나눌 수 있다.

(1) 구두에 의한 커뮤니케이션

이는 커뮤니케이션에 있어 가장 기본이 되는 것으로 정보와 의사전달에 있어 가장 빈번히 사용되는 방법이다. 여기에는 직접 대면과 영상 및 전화에 의한 방법이 있다.

(2) 기록에 의한 커뮤니케이션

기록에 의한 커뮤니케이션은 전달 내용이 중요하거나 기록으로 남겨야 할 때 이 방법을 이용하게 된다. 대표적인 방법에는 편지, 공람, 회람, E-mail 등이 있다.

(3) 비언어적 커뮤니케이션

이 방법은 말이나 문서화된 언어를 사용하지 않고 메시지를 전달하는 의사소통으로 몸짓, 자세, 표정, 제스처 등이 있다.

2. 조직차원의 커뮤니케이션

조직 내에서의 커뮤니케이션은 공식적 커뮤니케이션과 비공식적 커뮤니케이션으로 구분된다.

공식적 커뮤니케이션은 업무와 직접 관련된 커뮤니케이션이고, 비공식적 커뮤니케이션은 사적인 만남 등 업무 외적인 모임에서의 커뮤니케이션을 말한다.

(1) 공식적 커뮤니케이션

공식적 커뮤니케이션(formal communication)은 조직이 공식적으로 규정하는 바에 따라 이루어지는 커뮤니케이션이다.

조직은 그 목적을 효과적으로 달성하기 위해 커뮤니케이션 경로·방법·절차·기본적인 내용 등을 설계하여 공식적인 규범을 정해 놓고 있다. 만약 이러한 공식적 규범을 정해 놓지 않는다면 커뮤니케이션 과정상의 혼란으로 조직의 질서를 유지하기 어렵다.

일반적으로 조직 내의 커뮤니케이션이라고 한다면 이러한 공식적 커뮤니케이션을 말한다. 이것은 의사 전달 방향에 따라서 [그림 13-3]에서 보는 바와 같이 여러 가지로 나눈다.

그림 13-3 커뮤니케이션 경로

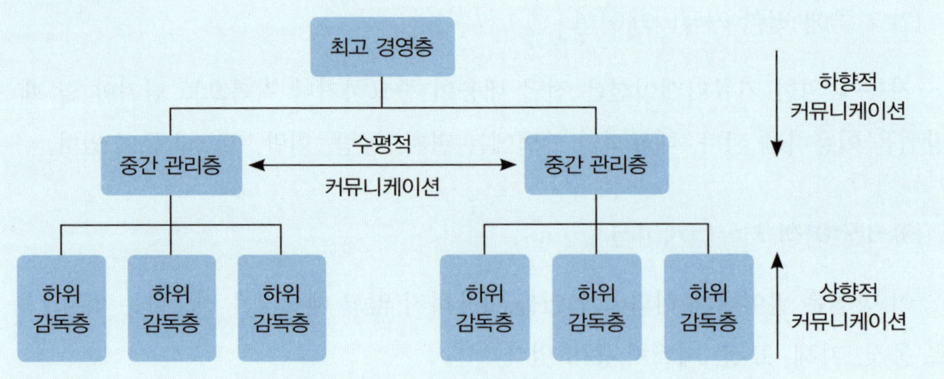

1) 하향적 커뮤니케이션

조직의 권한계층에 따라 상사로부터 부하에게 전달되는 것으로 정보를 제공하는데 주목적이 있다. 이를 통해 하위계층은 상위계층에서 무엇이 이루어지고 있는가를 알 수 있으며, 조직의 주요 정책과 전략, 목표, 기술개발 등에 대해 이해하게 된다. 이러한 하향적 커뮤니케이션은 경영자가 반드시 수행해야 할 통제활동의 일환이다.

2) 상향적 커뮤니케이션

하향적 커뮤니케이션과는 반대로 권한계층의 하급자로부터 상급자에게 메시지가 전달되는 것을 말한다.

대표적인 예로 보고제도, 제안제도, 고정처리절차, 인사상담 등을 들 수 있다. 이러한 상향적 커뮤니케이션은 일의 진척에 대한 보고, 공감대 형성, 필요한 자원의 지원 요청 등 하위계층에서 상위계층에 대해 정보를 제공하기 위해서 이루어진다.

3) 수평적 커뮤니케이션

조직계층상의 동일한 지위에 있는 개인 또는 집단 상호간에 이루어지는 커뮤니케이션을 말한다. 부서 간의 심의, 토의, 회의 등이 대표적인 수평적 커뮤니케이션 활동이다. 이러한 커뮤니케이션은 정보의 제공뿐 아니라 자원의 지원 요청이나 직무활동의 상호조정을 위해서도 필요하다.

공식적 경로를 통해서 이루어지는 가장 일반적인 수평적 커뮤니케이션은 부문간 조정위원회, 팀제, 태스크포스(task force), 매트릭스 조직 등에서 찾아볼 수 있다.

4) 대각적 커뮤니케이션

조직도에서 나타난 명령의 계통을 따르는 것이 아니라 집단을 달리하고 계층을 달리하는 사람들 간의 커뮤니케이션을 말한다.

경리부장과 생산부 과장 사이에서 업무 협조와 관련된 커뮤니케이션이 대표적인 사례이다.

(2) 비공식적 커뮤니케이션

비공식적 커뮤니케이션(informal communication)이란 인간의 욕구에 근거하여 자생적인 비공식 조직의 경로를 통해 이루어지는 커뮤니케이션 방식이다.

종업원들은 자신의 다양한 욕구를 충족시키기 위하여 조직도에 규정된 관계 이외에 여러 사람과 대화를 나누고 인간적인 유대를 맺으려고 한다. 또한 커뮤니케이션을 통하여 자신의 감정을 표출하고, 다른 사람들과 교류를 넓히기 위하여 직무상 직접적인 관계가 없는 사람들과 커뮤니케이션을 하려고 노력하게 된다.

비공식적 커뮤니케이션의 대표적인 예가 그레이프바인(grape vine)이 있다. 그레이프바인은 미국 남북전쟁 당시 전신체계가 제대로 갖추어져 있지 않았기 때문에 정보의 전달과 수신 상태가 마치 포도넝쿨과 같다는 데서 유래하였다.

그레이프바인은 조직 내에서 정보나 의사의 정확성이 떨어지며 원래 뜻과는 다르게 전달되는 것을 뜻하지만, 한편으로는 조직변화의 필요성에 대해 경고해 주고, 집단응집력을 높이는 역할을 하며, 구성원 간의 아이디어의 전달경로가 되기도 한다.

(3) 커뮤니케이션의 방향에 따른 분류

커뮤니케이션의 유형은 커뮤니케이션이 이루어지는 방향에 따라 [그림 14-4]에서 보는 바와 같이 여러 가지 유형으로 분류할 수 있다.

1) 바퀴형

바퀴형(wheel type)은 집단 구성원 간에 중심인물이 존재하고 있는 경우에 나타나는 유형이다. 부하가 한 사람의 리더에게 보고하는 형태로 모든 커뮤니케이션이 한 사람의 리더를 통해 이루어진다. 이런 유형의 커뮤니케이션은 리더의 중요도가 높은 반면 구성원의 만족도는 낮다.

그림 13-4 커뮤니케이션 유형

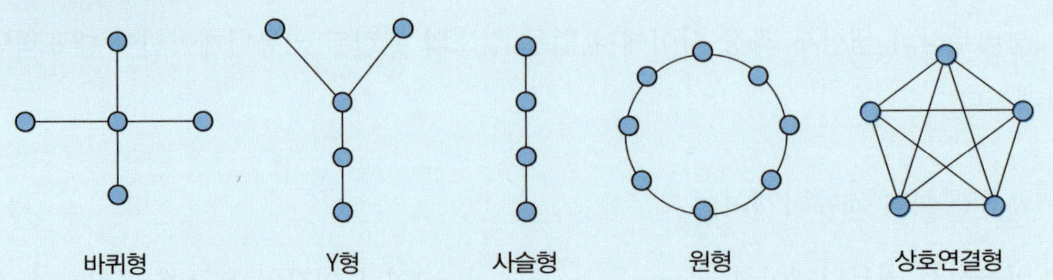

2) Y형

Y형(Y type)은 확고한 중심인물은 존재하지 않아도 구성원을 대표하는 리더가 존재하는 경우에 나타나는 유형이다. 주로 세력집단의 리더가 커뮤니케이션의 중심 역할을 담당하고, 비세력 또는 하위집단에도 연결되어 전체적인 커뮤니케이션 망을 형성하게 된다.

3) 사슬형

사슬형(chain type)은 구성원 간의 커뮤니케이션이 연결되지 않은 패턴으로서 2가지 경우가 있다.

첫째, 수직적 계층구조의 경우 정보가 단계적으로 최종 중심인물에 집합된다. 이때 구성원들 간에 뚜렷한 서열체계가 있어 상위 중심인물이 모든 정보를 종합하고 문제를 해결함으로 단순 업무에 있어 신속성과 효율성이 비교적 높다. 그러나 정보가 단계적으로 전달되므로 정보의 왜곡이 나타날 우려가 있다.

두 번째 형태인 횡적 구조에서는 중앙에 위치한 구성원이 중심적인 역할을 하게 된다. 사슬형은 일반적으로 상호간에 피드백이 복잡하고 어려우므로 커뮤니케이션의 효과가 전반적으로 낮다.

4) 원형

원형(circle type)은 집단 구성원 간에 서열이 뚜렷하게 형성되지 않은 경우에 볼 수 있는 커뮤니케이션 유형으로 중심인물이 없는 상황에서 구성원들 사이에 정보가 전달되고 있다. 구성원들 사이에 자유스러운 상호작용이 이루어지는 커뮤니케이션 형태이다.

이런 형태의 커뮤니케이션이 이루어지면 구성원의 만족도는 높으나 문제해결의 속도, 정확성이 낮은 편이다. 혁신적·창조적 업무에 적당하며 대표적인 형태로는 위원회조직, 태스크포스 등이 있다.

5) 상호연결형

상호연결형(all-channel type)은 가장 바람직한 커뮤니케이션 형태로 구성원들 사이의 정보교환이 완전히 이루어지는 패턴이다. 구성원 모두가 서로 정보를 교환하기 때문에 바퀴형에 비하여 상황의 종합적인 파악과 실제 문제 해결에 소요되는 시간은 더 많이 소요되는 단점은 있지만, 상황판단이 정확하고 특히 복잡하고 어려운 문제나 구성원의 창의성을 요구하는 문제에서는 가장 효과적이며, 구성원의 만족도가 높다.

제 4 절 커뮤니케이션의 장애요인

조직 내 커뮤니케이션의 장애가 되는 요인은 여러 가지가 있는데 송신자와 관련된 요인과 수신자와 관련된 요인 그리고 상황과 관련된 요인으로 크게 3가지 범주로 나누어 볼 수 있다.

1. 송신자에 의한 장애요인

(1) 목적의식 부족

사람들이 의사를 전달할 때에는 어떤 목적이나 목표를 가지고 커뮤니케이션에 임해야 하는데, 송신자가 뚜렷한 목적의식을 갖지 않고 수신자에게 전달할 경우 메시지의 내용을 명확하게 나타낼 수 없게 되어 커뮤니케이션에 문제가 발생한다.

(2) 커뮤니케이션 기술부족

부적절한 어휘의 선택, 문법상의 오류, 서투른 메시지 전달, 철자의 오기, 서투른 문장력이나 언변 등은 수신자로 하여금 메시지를 이해하는 데 어렵게 한다.

(3) 감수성 부족

커뮤니케이션에 필요한 언어적 능력을 지니고 있으면서도 상대방에 대한 감수성이 부족하여 커뮤니케이션의 목적을 달성하지 못하는 경우가 있다. 즉, 상대방의 감정을 건드리거나, 말을 함부로 하거나, 상대방의 욕구나 기분을 고려하지 못하면 효과적인 의사전달을 할 수 없다.

(4) 준거체계 차이

사람들은 각자의 경험에 비추어 저마다의 기준에 의해서 사물을 인식하고, 이해하기 때문에 똑같은 상황에 대해서도 각자 해석을 달리한다. 그런데 사람들은 자신이 지각하는 것과 똑같이 상대방도 사물을 지각할 것이라고 가정하는 경향이 있다.

이와 같이 상대방이 갖고 있는 준거체계를 파악하지 못하는 것은 효과적인 커뮤니케이션을 방해하는 가장 일반적인 요인이다.

(5) 송신자의 신뢰성 부족

송신자의 신뢰성이란 수신자가 갖는 송신자의 메시지에 대한 믿음이나 확신 등의 태도를 말한다. 송신자가 지니고 있는 전문지식, 신용, 행동 특성 그리고 일반적인 평가 등은 송신자의 신뢰성에 영향을 미친다.

수신자가 송신자의 메시지에 대해 갖는 신뢰는 수신자가 송신자를 어떻게 평가하고 있느냐에 따라 달라진다.

2. 수신자에 의한 장애요인

(1) 평가적 경향

수신자가 송신자로부터 메시지를 전달 받기 전에 메시지의 전반적인 가치를 평가해 버리는 경향을 말한다. 이런 평가는 수신자가 송신자에 대해 내린 판단이나 송신자에게 겪은 과거의 경험 또는 메시지로부터 기대되는 의미 등에 근거하고 있다.

수신자가 일단 "저 사람은 신뢰할 수 없어"라고 생각을 한다면 메시지가 제대로 전달되지 못하게 된다.

(2) 선입견

메시지에 대한 수용과 해석은 아이디어나 사고에 대한 수신자의 선입견에 영향을 받을 수 있다. 이런 경우 수신자는 송신자의 말에 대해 즉흥적인 판단을 내리게 되고, 메시지가 수신자의 관점에 따라 해석되기 때문에 효과적인 이해나 수용을 어렵게 한다.

(3) 선택적 청취

사람들은 자신이 원하는 바는 듣고, 듣기 싫은 말은 귀를 기울이지 않는 경향이 있다. 즉 새로운 정보가 개인이 현재 믿고 있는 사실과 모순이 될 때, 그 정보를 차단시키려고 하는 선택적 지각과 마찬가지로 자신의 욕구를 충족시키거나 자신의 신념과 일치하는 메시지는 받아들이고, 자신에게 위협을 가하거나 기존의 신념과 갈등을 일으키는 메시지는 부정하고 왜곡하고 귀를 기울이지 않는 경향이 있다.

(4) 피드백의 부족

송신자가 메시지를 보냈음에도 불구하고 수신자가 아무런 반응을 보이지 않거나 부적절한 반응을 나타내면 송신자를 실망시켜 커뮤니케이션의 기회를 줄이게 된다.

(5) 여과

수신자가 고의로 정보를 호의적 또는 부정적으로 여과(filtering)함으로서 정확한 메시지가 전달되지 않는 경우가 많다.

3. 상황에 의한 장애요인

(1) 어의상의 문제

언어를 부적절하게 사용함으로써 수신자가 해석상의 오류가 발생하여 문제를 일으킨다. 송신자와 수신자가 사용하는 단어가 동일하게 이해되고 해석되지 않는 한 효과적인 커뮤니케이션은 이루어질 수 없다.

조직에서 흔히 발견할 수 있는 어의상의 문제에는 두 가지 종류가 있다. 첫째, 여러 가지 해석이 가능한 애매한 말을 사용하는 것이고, 둘째, 수신자에게 생소한 기술적 용어나 전문적 용어를 사용하는 것이다.

(2) 정보의 과중

수신자가 송신자로부터 전달받은 정보의 양이 너무 많아 합리적인 의사결정을 하는 데 오히려 어려움을 겪는 수가 있다. 이러한 상황을 정보의 과중이라 한다. 흔히 경영자들은 자신에게 올라오는 정보를 하급자가 적절하게 검토하여 처리하지 못할 때 이러한 문제에 부딪치게 된다.

(3) 시간의 압박

시간에 쫓기게 되면 당연히 포함되어야 할 내용이 커뮤니케이션 경로에서 제외되는 현상을 말한다. 이로 인하여 예상하지 못한 많은 부작용이 생길 수 있다. 따라서 시간의 압박으로 커뮤니케이션의 정확성 및 기회의 상실을 초래하는 경우가 많다.

(4) 지위상의 차이

상급자와 하급자 간의 지위 차이도 하급자 입장에서 보면 위협이 되기 때문에 커뮤니케이션의 왜곡요인이 되기도 한다. 예를 들면, 상급자에게 보고하는 내용의 의미를 임의적으로 바꾸거나, 상급자의 지시사항에 대한 자신의 의견을 자연스럽게 표현하지 못하는 경우가 있다.

(5) 조직의 분위기

신뢰와 개방적인 분위기에서 커뮤니케이션이 이루어진다면 메시지가 불충분하더라도 수신자가 송신자의 메시지에 긍정적으로 반응하여 호의적인 태도를 보이게 된다. 그러나 분위기가 좋지 못한 조직에서의 커뮤니케이션은 바람직한 메시지라고 할지라도 부정적으로 왜곡되어 해석되기 쉽다. 따라서 신뢰성과 개방성이 낮은 조직에서는 커뮤니케이션의 성과가 대체로 낮다.

(6) 비언어적 메시지의 오용

대면적 커뮤니케이션에서 언어적 메시지와 비언어적 메시지를 함께 사용하는데 비언어적 메시지를 잘못 사용하면 오히려 커뮤니케이션에 장애를 주게 된다. 즉, 언어적 메시지와 비언어적 메시지가 일치할 때에는 커뮤니케이션이 효과적이지만 둘 사이에 모순이 있을 때에는 유효성이 감소하게 된다.

제 5 절 커뮤니케이션의 효율적 관리방안

경영자가 효율적인 정보전달자가 되기 위해서는 전달해야 할 정보를 이해하기 쉽도록 합리적으로 메시지를 개선해야 한다. 또한 다른 구성원이 그들에게 전달하고자 하는 메시지에 대한 이해를 증진시켜야 한다.

조직에 있어서 커뮤니케이션은 조직의 활성화에 도움을 주는 역할을 하기 때문에 인간의 혈액순환과 같은 것이다. 따라서 조직 관리자는 정확성, 적시성, 수용도를 향상시킬 수 있도록 커뮤니케이션의 유효성을 향상시켜야 한다. 그 구체적인 커뮤니케이션 관리방안에 대해 살펴보고자 한다.

1. 메시지의 효과적인 전달

송신자는 수신자가 메시지를 보다 정확히 이해하고, 수용하도록 하기 위해서는 다음과 같은 방안을 모색하여 자신의 의도와 정보를 전달하도록 하여야 한다.

첫째, 송신자는 커뮤니케이션의 목적이 단순히 정보를 전달하는 것인지, 다른 사람의 태도를 변화시키는 데 있는지를 확실히 결정한 후 커뮤니케이션에 임해야 한다.

둘째, 송신자는 아이디어를 분명히 추출해서 이를 구두, 문서 혹은 행동 등으로 적절히 표현하여야 한다. 적절한 언어란 단순히 단어의 나열만을 의미하는 것이 아니라 수신자가 이해하고 확인할 수 있는 용어, 제스처, 상징 등을 의미한다.

셋째, 송신자는 수신자가 메시지를 받아들여 해석하는 준거의 틀(가정, 태도, 신념 등)을 이해해야 한다. 이러한 형태의 커뮤니케이션을 감정 이입적 커뮤니케이션이라고 한다.

넷째, 송신자가 전달하고자 메시지에 대해 전문능력을 가지고 있어야 메시지에 대한 신뢰성을 증대시킬 수 있다.

다섯째, 송신자가 효과적인 커뮤니케이션을 위해서는 수신자로부터 적절한 피드백을 받아야 한다.

여섯째, 송신자는 커뮤니케이션이 실제로 이루어지기 전에 미리 신뢰의 분위기를 조성해야 한다. 커뮤니케이션의 당사자가 서로 신뢰하지 않는다면 커뮤니케이션은 효과적으로 이루어지지 못한다.

일곱째, 송신자는 정보를 교환하기 위하여 다양한 매체를 활용할 수 있는데, 매체의 선정은 커뮤니케이션의 목적에 따라서 선택하여야 한다.

2. 메시지에 대한 경청

수신자도 송신자의 메시지를 주의 깊게 경청함으로써 커뮤니케이션의 유효성을 제고시킬 수 있다. 수신자가 송신자의 말에 어떻게 귀를 기울이고 반응하느냐에 따라 커뮤니케이션의 효과는 크게 달라진다. 메시지의 경청을 통한 커뮤니케이션의 개선방안에 대해 구체적으로 살펴보면 다음과 같다.

첫째, 송신자가 메시지를 완전히 전달하기도 전에 수신자가 그 내용을 성급히 판단하게 되면 메시지를 제대로 이해할 수 없을 뿐만 아니라 송신자 방어적인 태도로 돌변하게 만들 수 있다.

둘째, 수신자는 송신자가 전달하는 메시지의 전체적인 의미를 능동적이고, 주의 깊게 경청함으로써 신뢰와 이해의 분위기를 조성해야 한다.

셋째, 수신자는 송신자가 전달하는 메시지에서 감정의 요소를 잘 파악해야 메시지의 전체적인 의미를 이해할 수 있다. 메시지의 감정적 요소는 대개 음성의 고저, 표정, 자세 등 비언어적 표현에서 나타나는데 수신자는 송신자의 메시지를 경청하면서 이러한 비언어적 메시지도 감지해야 메시지의 전체적인 의미를 잘 이해할 수 있다.

넷째, 수신자의 전달된 메시지에 대해 피드백을 하는 것은 건설적인 대화를 통하여 커뮤니케이션에 요구되는 공통적인 이해 기반을 구축하는 데 있다. 따라서 적절한 피드백은 커뮤니케이션 활동에 있어서 매우 중요하다.

3. 분위기 개선과 제도적 보완

조직에서 상급자나 인사부서는 구성원의 상향적 커뮤니케이션이 원활히 이루어질 수 있도록 신뢰적 분위기 조성과 제도적 장치를 마련하는 것이 중요하다.

(1) 신뢰적 분위기 조성

송신자는 신뢰성을 통해 수신자로 하여금 경청하게 만들어야 하며, 수신자는 송신자에 대해 평가적 경향을 지양하고, 전체적인 메시지를 경청하는 태도가 필요하다.

(2) 제도적 보완

1) 고충처리 절차

이는 직속상사를 경유하지 않고도 자기들의 불평이나 불만을 토로할 수 있는 장치를 마련하는 것이다. 요즘 조직 내에서 활용하는 소리함 제도는 고충처리의 좋은 예이다.

2) 문호개방 절차

상급자가 하급자에게 언제든지 상사의 집무실에서 구성원의 의사를 전달할 수 있게 하는 제도이다.

3) 카운슬링 및 면접

비공식적인 카운슬링, 공식적인 태도 질문서, 면접 등을 통해 구성원의 의견을 듣고 이를 조직의 정책에 반영하는 제도이다.

4) 참여 프로그램

참여 프로그램은 의사결정기법으로 청년 중역제(junior-board), 노사협의회, 제안제도 등과 같은 비공식적 또는 공식적 참여 프로그램을 활성화하는 방법이다.

5) 조사원 제도

경영자가 상향적 커뮤니케이션을 조정시키기 위하여 의견이나 불평과 불만에 대한 조사원을 활용하는 방법이다. 조직이 대규모화되고 비개성화될수록 조사원 제도는 활용도가 높을 것이다.

쉼터

대인 관계를 향상시키는 대화법

■ • 상대방의 채널에 맞춘다.

상대방이 들을 수 있는 신호를 보낸다. 대화란 서로 주고받는 것이다. 그러므로 상대방의 말을 듣고 있다는 신호를 보내고 또 자기 의견을 상대방이 들을 수 있도록 표현하는 것이 중요하다. 상대방의 말을 중단시키지 않는다. 질문을 할 때는 타이밍이 적절한지 생각한다. 상대방이 민감하게 느끼거나 콤플렉스를 느끼는 부분은 대화에서 제외한다.

■ • 말하는 사람의 태도

가능한 간결하게 말하고 핵심은 구체적으로 짚는다. 모욕적인 말이나 비난은 피한다. 이기적이니, 바보 같다느니, 부주의하다느니 하는 표현은 피한다. 문제를 흐리게 할 뿐이다. '절대로'나 '언제나' 같은 극단적 표현은 피한다. 비난이 아니라 상황을 이야기한다. 『넌 언제나 날 도와주지 않아』 하는 대신에 『네가 도와주었으면 해』 하는 식으로 이야기한다. 또한 상대방의 마음을 이해하려고 노력한다.

■ • 듣는 사람의 태도

서로 동의하거나 이해할 수 있는 점을 발견하도록 애쓴다. 상대방의 부정적인 언급은 중요하게 여기지 않는다. 자신에게 질문한다. 『지금 저 사람이 내게 하려는 말이 무엇이지?』 하고, 상대방이 나의 동기를 부정확하게 이해하고 있다면 그것을 명확히 밝힌다. 사과하는 것을 두려워하지 않는다.

■ • 문제가 생겼을 때

문제의 핵심을 분명하게 한다. 일단 상대방의 분노를 가라앉히도록 노력해야 한다. 마음을 안정시킬 수 있는 시간을 갖도록 해야 한다.

연/습/문/제

01. 커뮤니케이션의 개념에 대해 살펴보자.

02. 커뮤니케이션의 중요성에 대해 알아보자.

03. 커뮤니케이션의 기능에 대해 살펴보자.

04. 커뮤니케이션의 구성요소에 대해 살펴보자.

05. 커뮤니케이션의 과정에 대해 알아보자.

06. 대인 간 커뮤니케이션의 유형에 대해 살펴보자.

07. 조직차원의 커뮤니케이션의 유형에 대해 살펴보자.

08. 커뮤니케이션의 유형에 대해 살펴보자.

09. 커뮤니케이션의 장애요인에 대해 알아보자.

10. 커뮤니케이션의 효율적 관리방안에 대해 알아보자.

Chapter 14

의사결정

제 1 절

의사결정의 본질

우리의 일상생활은 선택의 연속이다. 모든 사람은 일상생활에서 일어나는 문제를 해결해야 하고, 문제 해결을 위해서는 문제를 먼저 확인하고, 정보를 수집하고, 문제 해결을 위한 대안을 선택해야 한다.

1. 의사결정의 개념

의사결정(decision making)은 대안을 선택하는 것이다. 바나드는 「*The Functions of the Executives*」에서 의사결정 과정이란 선택의 폭을 하나하나 좁혀 나가는 것으로 보고, 관리자의 중요한 과업으로 간주하였다.

따라서 의사결정은 문제를 해결하는 과정이기 때문에 정보의 수집과 대안의 선택이 가장 중요하다고 할 수 있다.

이러한 선택과 결정은 우리의 미래를 결정짓게 된다. 현재가 과거에 있었던 선택의 결과이듯이 미래 또한 현재 선택의 결과에 의해 결정되게 될 것이다. 순간의 선택이 평생을 좌우한다는 말이 있다.

개인의 삶이 선택의 연속이며 선택의 결과이듯이, 조직도 마찬가지로 모든 것이 선택의 연속이며 그에 따른 결과이다. 조직의 미래는 경영자의 의사결정에 좌우된다. 따라서 의사결정은 조직의 성공을 결정짓는 가장 기본적인 요소이다.

2. 의사결정 과정의 전제

의사결정은 먼저 문제를 인식한 다음 문제해결 대안을 개발하고 개발된 대안을 평가하여 대안 중의 하나를 선택하여 행동을 취하고 그 결과를 평가하는 순환적인 과정이다. 그렇다면 어떤 경우에 의사결정을 하게 되는 것일까? 의사결정이 이루어지기 위해서는 다음의 4가지 전제조건이 갖추어져야 한다.

(1) 현재 상태와 목표 사이의 차이 존재

의사결정이 이루어지기 위해서는 먼저 목표와 현재 상태 사이에 어떤 차이가 있어야 한다. 만약 차이가 없다면 새로운 결정을 할 필요가 없다. 목표와 현재 상태 사이의 차이는 처음에는 어렴풋하게 나타나게 되는데, 이때 주의를 면밀하게 살펴보면 쉽게 차이를 발견할 수 있다. 그런데 이런 차이는 갑자기 명백해질 수도 있고, 아니면 심각한 결과를 초래할 수도 있다.

(2) 차이에 대한 심각성 인식

두 번째 전제는 의사결정자가 이런 차이를 심각하게 인식하여야 한다는 것이다. 목표와 차이가 있더라도 그 정도는 심각하지 않다고 생각하게 되면 문제해결을 위한 의사결정이 이루어지지 않는다.

(3) 수정행동에 대한 모티베이션

세 번째 전제는 수정행동에 대한 모티베이션이다. 의사결정이 이루어지면 목표와 현재 상태와의 차이와 잠재적인 중요성에 대한 인식과 더불어 그런 차이를 시정하고 교정할 행동에 대한 동기가 부여되어야 한다. 즉, 의사결정자가 의사결정을 통해 목표와의 차이를 줄이기 위한 활동에 대한 충분한 동기가 부여되어야 한다.

(4) 수정을 위한 자원 보유

마지막 전제로 조직에서 자원을 보유하고 있어야 한다. 자원이란 문제해결 능력과 자금을 말하는 것으로 의사결정자가 목표와의 차이를 개선할 행동을 취할 수 있는 충분한 능력과 자금을 갖추고 있어야 한다. 문제해결을 위한 충분한 능력과 자원을 가지고 있지 못하면 문제의 인식이나 대안의 결정 등의 행동은 아무런 소용이 없게 된다.

3. 의사결정의 인간모델

의사결정을 하는 인간을 어떤 존재로 보느냐에 따라 그 내용이 달라진다. 경제인 모델에 의한 합리모델은 인간은 합리적인 존재이기 때문에 의사결정을 위해 필요한 모든 정보를 수집하고, 수집된 정보를 모두 해석하여 최적의 의사결정을 한다고 본다.

반면 제한된 합리모델에서는 현실적으로 인간은 합리적인 의사결정을 할 수 없기 때문에 적절한 기준을 미리 정해 놓고 이를 만족시키는 의사결정을 한다고 보는 것이다.

(1) 합리모델

합리모델은 이상적인 의사결정이 가능하다고 보는 규범적 모형(normative model)이다. 따라서 합리모델은 의사결정자가 가능한 모든 대안들을 체계적으로 평가하여 그중에서 최적의 안을 선택하는 과정을 말한다. 이는 일종의 의사결정의 규범적 모형으로서 경제인 모델 또는 합리적 경제인 모형이라고 한다. 이러한 합리모델은 몇 가지 기본적인 가정에 기초를 두고 있다.

1. 의사결정자는 경제인이다. 따라서 의사결정의 가치는 목표 지향적이며 이익을 극대화하는 데 있다.
2. 의사결정자는 의사결정에 필요한 정보를 충분히 수집할 수 있다.
3. 의사결정자는 완전한 합리성에 기초하여 의사결정을 한다. 따라서 의사결정자는 모든 가능한 대안들을 계량화하여 명확하게 비교·평가할 수 있다.
4. 의사결정자는 시간이나 비용의 제약을 받지 않는다. 따라서 합리적인 의사결정 과정을 통하여 가치를 극대화시킬 수 있는 최적안을 선택할 수 있다.

(2) 제한된 합리성 모델

건초더미 속에 수백 개의 바늘이 있는데, 그중에서 가장 좋은 바늘을 찾아 사용해야 하는데 가장 좋은 것을 찾는 데 엄청난 시간이 걸린다. 그렇다고 손에 잡히는 것을 아무거나 무조건 사용할 수도 없다. 최고의 것이 아니라도 녹슬거나 부러지지 않았으면 대개 사용한다. 이것이 사이먼(H. Simon)의 바늘이론이다. 이처럼 인간의 합리성은 완전하지 못한데 그 이유를 살펴보면 다음과 같다.

1. 여러 가지 제약으로 필요한 모든 정보를 분석하여 가능한 대안들을 전부 검토해 볼 수가 없다.
2. 대안과 정보를 분석·검토·평가할 때 주관적 기준 때문에 그것이 다른 사람에게도 합리적일 것이라는 가정에는 문제가 있다.
3. 모든 대안을 완전히 객관적으로 분석·평가하여 최선의 대안을 선택하더라도 수집된 정보는 과거에 근거한 것이고, 대안이 실행되는 것은 미래의 일이기 때문에 그 사이에 있을 변화를 제대로 예측할 수 없다.

따라서 제한된 합리성 모델은 다음과 같은 것을 시사점을 제시해 주고 있다.

1. 엄밀한 의미의 합리적 의사결정은 사실상 불가능하다.
2. 조직행동 측면에서 보면 의사결정자의 능력에는 어느 정도 한계가 있다.
3. 합리성의 정도에 있어 집단이 개인보다 더 합리적인 결정을 할 수 있다는 것에 문제를 제기할 수 있다.
4. 의사결정에 기초가 되는 정보는 완전할 수가 없다는 것이 판명되었으므로 의사결정자들은 이를 이용하여 자신에게 유리한 방향으로 정보를 왜곡, 누락, 발설, 조작할 수 있다는 사실을 알 수 있다.

쉼터 단지, 하루에 여섯 번 옷을 갈아입었을 뿐인데…

"신사의 옷은 남자가 가져야 하는 상징이며 그리고 대대로 계승되는 힘이다"라고 '위대한 캐츠비'의 작가 '스콧 피츠제럴드'는 말했다.

상대방의 옷차림을 보고 우리는 여러 가지 상황을 유추해 낸다. 능력과 직업, 패션 감각과 감성, 심지어 부(富)의 척도까지 재어 보는 중요한 척도가 되기도 한다. 재미있는 사실은 상대방의 옷차림을 보고 '왜 저 옷차림을 했을까?'에 이르기까지 다양한 상상력을 동원하기도 한다.

7년 연속 S생명의 보험여왕에 오른 한 여성은 입사 후 5개월 동안 한 건의 계약도 성사시키지 못해 『오발탄』이라는 별명을 얻었던 FC(재무 설계사)다. 현재 그녀는 연봉 18억의 기적을 만들어 내는 여인으로 《움직이는 영업소》라고 불려진다. 『오발탄』에서 성공의 신화를 이루어낸 그녀의 성공담 속에는 남다른 전략이 있었다. 하루에 옷을 여섯 번 갈아입는 것이 그녀의 성공 비결인 것이다. 그녀의 준비된 복장은 준비된 성공이라고 볼 수 있다.

패션쇼를 하기 위해서냐고 묻는다면 오산이다. 그녀는 고객의 상황과 눈높이에 맞추어 하루에 옷을 여섯 번 이상 갈아입는다. 그녀의 사무실 옷장에는 매일 열 벌의 옷이 갖추어져 있다고 한다. 예를 들면 농사를 지어 생계를 이어가는 고객에게 건강보험관련 상품을 알리기 위해 높은 하이힐에 말쑥한 정장 차림을 하고 간다면 그녀에게 기회를 줄까? 다소 과장되게 표현하자면 청바지와 같은 캐쥬얼 차림에 운동화를 신는다든지 간편한 복장으로 고객을 대한다면 고객은 자연스럽게 그녀에게 호감을 가지게 된다.

상황을 바꾸어 기업체의 CEO와의 고객 면담을 할 때면 어떠한 복장을 갖추게 될까? 편안한 캐쥬얼 패션보다는 비즈니스 스타일의 슈트차림이 좋다. 흔히 세일즈맨들이 정장차림이면 만사 OK일 것 같다고 생각하고 있다면 잘못이다. 이 세상 모든 고객들은 이 세상 최고의 상품보다 《자신을 배려하는 사람》을 선택한다는 것을 잊지 말아야 한다. 성공한 사람들은 1%에 불과하다. 평생 일해야 먹고 사는 'Work-Life' 시대! 자신의 일이 상품이 되게 하지 말고 자신이 'Seller'가 되자. 성공한 사람들은 상품을 팔지 않고 자신의 열정과 소신을 파는 달인이다. 성공을 향해 질주하는 당신의 일에 남다른 달인의 성공전략을 준비해야 한다. 따라서 성공을 파는 셀러가 갖추어야 할 고객을 배려하는 복장을 TOP 전략으로 제시하면 다음과 같다.

첫째, T는 Time이다. 시간을 배려하는 것이다. 상대방의 직무시간과 퇴근 후의 시간을 고려하는 것이 중요하다.

둘째, O는 Occasion이다. 적절한 기회, 즉 여건을 배려하는 것이다. 직업은 물론이거니와 성향을 미리 파악해 고객에게 맞추는 것이다.

셋째, P는 Place이다. 장소를 배려하는 것이다. 만나는 장소의 특성을 고려하는 것이다. 예를 들어 비즈니스센터인지 호텔의 커피숍이냐에 따라 분위기를 맞추는 것도 상당한 변수가 될 수 있다.

제 2 절 의사결정의 과정

의사결정의 과정은 해결해야 할 문제와 상황에 따라 다르겠지만 전형적으로 [그림 14-1]과 같은 단계의 과정을 거치게 된다.

그림 14-1 의사결정 과정

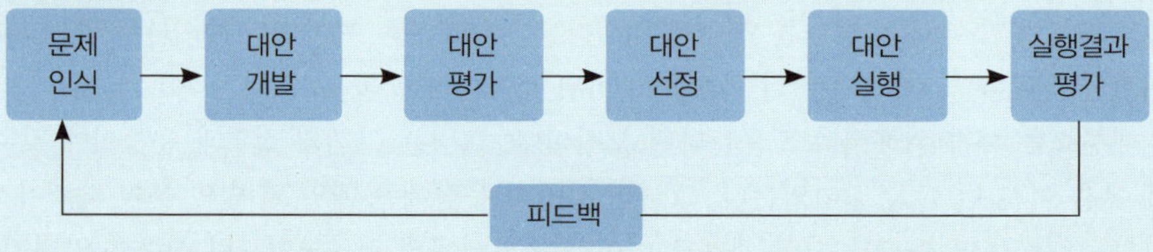

1. 문제 인식

문제 인식단계에서는 문제의 본질을 파악하는 과정이다. 관리자는 문제의 상황을 합리적으로 평가하고, 겉으로 나타난 현상 이상의 실제적인 문제를 파악하여야 한다. 문제의 근본원인을 파악하지 못하고, 겉으로 나타난 현상만을 파악한다면 좋은 의사결정을 할 수 없다.

따라서 문제를 제대로 인식하기 위해서 관리자는 먼저 문제의 존재를 인지하고, 그 문제를 정의하며, 상황을 진단하여야 한다.

① 문제 인지

관리자는 성과에 영향을 미치는 내·외부 환경의 변화나 조직 자체의 변화를 통하여 문제를 인지하여야 한다. 오늘날 세계화에 따른 경제블록의 형성이나 기술변화에 따른 외부요인의 변화, 불량률, 생산성 변화 등의 조직 내부요인 등은 문제점을 시사해 준다. 이 단계에서는 문제의 징후를 파악하는 단계이다.

② 문제 정의

관리자가 문제를 인지하였다면, 문제를 구성하고 있는 요소와 요소들 사이의 관련성을 파악하여야 한다. 문제가 정확히 규정되지 못하면 좋은 해결방안을 마련할 수 없다. 따라서 문제의 정의 과정에서 문제를 구성하는 정확한 요소를 파악하여야 한다.

③ 상황 인식

이 단계에서는 관리자는 문제에 대한 추가적인 정보를 수집하고 의미 있는 해결책에 이를 수 있도록 문제의 원인을 추론해야 한다. 이런 과정이 쉽게 이루어지면 문제의 원인을 명확히 밝힐 수 있다.

2. 대안 개발

이 단계는 문제를 해결하기 위한 여러 가지의 대안을 수집하는 단계이다. 대안을 개발하기 위해서는 정보의 수집과 평가가 필수적이다. 문제 해결에 필요한 정보를 수집하고 평가하는 방법은 사람에 따라 다양하다.

관리자는 가능하면 많은 대안을 개발하도록 노력해야 한다. 개발되는 대안들은 직접인 경험에 의해 나올 수도 있고, 경쟁의 결과나 브레인스토밍과 같은 창의력 개발의 결과에 의해 나올 수도 있다. 따라서 이 단계에서는 가능하면 판단을 유보하고 많은 대안을 개발하는 것이 중요하다.

3. 대안 평가

대안 평가단계에서는 각 대안을 실행할 때 따르는 비용과 수행 결과에 대한 효과를 판단해야 한다. 각 대안의 평가 시 고려되어야 할 사항으로는 대안의 효과, 실천가능성, 조직에 미치는 결과 등이다.

대안의 효과에 있어서는 대안이 조직의 목표와 자원에 대하여 어느 정도 실제적이며, 문제해결에 기여할 수 있느냐를 고려해야 한다. 또한 대안의 실천가능성을 판단하여 수행될 수 없다면 대안은 제거되어야 한다. 따라서 대안의 실천가능성 여부를 파악하는 것은 대안의 평가에서 매우 중요하다.

대안이 조직에 미치는 결과에 대해 대안이 조직에 문제점들을 야기시킬 수 있는지를 검토해야 한다. 또한 조직구성원들이 그 대안에 어떻게 반응할 것인지를 고려하는 것도 중요하다.

4. 대안 선정

대안을 평가한 후 여러 의사결정의 대안 중에서 하나를 선택하는 단계이다. 각 대안의 위험과 수익을 감안하여 가장 바람직하고 실행가능한 대안을 선택하는 것이다.

합리적 경제인 모델에서는 평가자가 완전한 합리성에 기초하여 의사결정을 위한 대안을 평가하고 선택한다고 본다. 이 모델에서는 의사결정자가 모든 대안을 탐색하고, 그 대안의 결과를 평가할 수 있다고 본다. 그러나 현실적으로 의사결정자는 모든 대안을 찾아낼 수도 없으며 또한 그 결과를 알 수도 없다. 그리고 모든 대안 중에서 최적의 안을 선택한다는 것도 사실상 불가능한 일이다.

따라서 합리적 경제인 모델은 실제로 의사결정을 하는 과정을 설명해 주기보다는 의사결정을 어떻게 해야 하는지에 대한 당위성을 설명해 주는 규범적 모델이라고 할 수 있다.

의사결정 과정에서 대안 선택자의 인간모델 중에서 보다 현실적인 모델은 사이먼이 주장하는 관리인 모델(administrative model)이다.

경영자들은 실제 상황에서 합리적 경제인 모델에서 제시하는 것과 같은 이상적인 의사결정 과정을 수행할 수 없는 경우가 많다. 그 이유는 시간상의 제약, 의사결정에 영향을 미치는 다양한 요인, 문제의 본질을 잘못 정의함으로써 체계적인 분석이 불가능한 경우가 많이 발생하기 때문이다.

따라서 경영자들은 완전한 합리성에 기반을 두고 대안을 선택하는 것이 아니라, 제한된 합리성에 기반을 두고 만족할 만한 대안을 선택하게 된다.

5. 대안 실행

최적의 대안이 선정되면 관리자는 의사결정을 실행하여야 한다. 의사결정의 대안이 수행될 때 기업의 구성원과 조직의 기능에 어떤 영향을 미치게 될 것인가를 신중히 검토해야 한다. 예상되는 변화와 결과에 대해 조직구성원들과 논의함으로써 의사결정의 수행에 필요한 협력을 얻을 수 있다.

의사결정 수행에 구성원의 지지를 얻는 것이 무엇보다도 중요하다. 지지를 얻을 수 있는 효과적인 방법은 의사결정 과정에 구성원들을 참여시키는 것이다. 구성원들이 대안의 개발과정과 평가과정에 직접 참여함으로써 문제점을 알게 되고, 또한 그들의 창의력을 활용할 수 있다.

6. 실행결과의 평가와 피드백

의사결정 과정의 마지막 단계는 의사결정의 수행결과에 대한 평가와 피드백이다. 관리자는 실행결과의 평가와 피드백을 통하여 의사결정의 결과가 기대에 부응했는지를 알 수 있다. 또한 이를 토대로 의사결정의 개선과 수행을 하는 데 개선을 위한 조치를 취할 수 있다.

만약 의사결정이 바람직한 결과를 얻지 못했다면 수정을 위한 원인을 찾아야 한다. 문제인식의 잘못, 대안의 평가나 선택의 잘못, 실행에 있어서 문제점 등이 있을 수 있다. 따라서 새로운 의사결정을 하기 전에 의사결정 과정에 대한 충분한 분석과 평가가 중요하다.

쉼터

흉가

1988년 영국의 심령학협회의 학자들은 다음과 같은 14가지의 특성이 있는 집은 흉가일 확률이 높다는 발표를 하여 세계인들의 이목을 집중시켰다. 그들이 발표한 14가지의 특성들은 다음과 같다.

1. 알 수 없는 소리

집안에 있을 때 정체를 알 수 없는 소리가 다른 방, 또는 자신이 있는 방에서 들릴 때, 이는 눈에 보이지 않는 귀신이 물건을 움직이려 할 때 발생되는 소리라고 한다.

2. 혼자 닫히는 문

여느 때와 다름없이 창문을 열고 바람을 쐬고 있을 때 갑자기 자신의 뒤에 있는 문이 큰 소리를 내며 닫히면 이는 귀신의 존재가 자신이 소리를 듣는 사람의 근처에 있다는 사실을 알리기 위한 것이라고 한다.

3. 혼자 움직인 집안의 물건들

아침에 일어났을 때 집안의 가구나 접시들의 위치가 움직여져 있으면, 이는 귀신의 장난일 확률이 높다고 한다. 1986년 영국의 런던에서는 78세의 노인만 사는 집에 4개의 세트로 되어 있는 소파들이 담을 쌓아 노인의 방문을 막는 바람에 그가 방안에서 굶어죽는 사건이 발생을 하였다고 한다.

4. 혼자 공중에 뜨는 물건들

접시나 포크, 또는 칼 등이 혼자서 움직이거나 공중에 뜨는 현상이 보이면 이는 귀신이 자신의 존재를 나타내기 위해 사람들을 위협하기 시작하는 무서운 현상이라고 한다. 일명 폴터가이스트로 불리는 귀신들이 인간에 대한 공격으로 사람들이 물건에 직접적으로 맞아 상처를 입는 사태가 발생을 한다고 한다.

5. 전기와 관련된 문제

전구 등이 자꾸 스스로 나가고, 전자기기가 아무런 이유 없이 자꾸만 고장이 나거나, TV의 소리가 혼자서 커졌다 작아졌다 하면, 이는 귀신이 일으킨 장난일 확률이 크다고 한다.

6. 동물들의 이상한 태도

집안에 있는 애견이나 고양이, 또는 새 등의 애완동물들이 갑자기 무엇에게 놀라 방안을 뛰쳐나가거나, 눈에 안 보이는 어떤 것에 공격 자세를 취한다면, 이는 애완동물이 집안에 상주하는 귀신을 보고 놀라 반응하는 행동일 확률이 높다고 한다.

7. 건전지와 관련된 문제

집안에서 쓰는 면도기, 워크맨, 그리고 다른 전자기기의 건전지가 너무 빨리 닳아 없어지는 현상이 생기면 이는 심령현상과 직접적인 관련이 있을 확률이 높다고 한다.

8. 무엇인지는 알 수 있지만 들릴 수가 없는 소리

만약 집안에서 자신이 무슨 소리인지는 알 수 있지만 소리가 일어날 수 없는 상황에서 소리가 나면 이는 귀신의 장난일 확률이 높다고 한다. 예를 들어 아무도 없는 집에 누군가가 마루를 걷는 소리가 들린다든지, 설거지를 하는 소리가 들리는 상황 등이 이에 해당된다고 한다.

9. 무엇인가가 자신을 노려본다든지 만진다는 느낌

방안에서 혼자 있을 때 꼭 누군가가 자신을 쳐다보고 있다는 느낌이 들리거나, 머리카락 등이 혼자서 움직이고 자신을 제외한 누군가가 방안에 있다는 느낌이 들면 이는 귀신일 확률이 높다고 한다.

10. 무언가가 눈에 잠깐 보일 때

어두운 방안이나 복도에서 순간적으로 무엇인가 눈에 보였다가 사라지면 이는 귀신일 확률이 높다고 한다. 많은 사람들이 세계적으로 목격하는 귀신의 존재는 이러한 사항에 의해 목격되어 왔고, 오랫동안 상주하였거나 억울함이 극치에 달하는 귀신들은 사람들의 눈에 보이는 시간이 무척 길다고 한다.

11. 집안에서 이유 없이 뜨겁거나 차가운 장소

집안의 어느 한 부분이 이유 없이 뜨겁거나 차갑고, 항상 이 장소가 집안 곳곳을 움직인다고 하면, 이는 귀신의 장난일 확률이 높다고 한다.

12. 알 수 없는 냄새

집안에 있을 때 정체를 알 수 없는 냄새(고기를 굽는 냄새 또는 악취 등)가 나면 이는 귀신이 자신이 억울하게 죽었을 때의 상황을 재연하기 위해 사람의 후각에 착각을 일으켰을 확률이 높다고 한다.

13. 알 수 없는 멍이나 긁힌 자국

잠을 자고 일어났는데 자신의 몸에 알 수 없는 멍 자국이나 긁힌 자국이 있으면, 이는 귀신이 자신의 몸에 직접 해를 입힌 증거가 될 수 있다고 한다.

14. 투명한 사람이 갑자기 자신 앞에 나타날 때

집안에 앉아 있는데 갑자기 투명한 사람의 모습이 자신의 눈앞에 나타나는 것을 말한다.

영국의 심령학자들은 위의 레벨을 G-X라고 명명하여 흉가를 방문하였을 때 귀신의 레벨을 위의 사례를 보고 측정한다고 한다. 영국 최악의 흉가인 볼리 렉토리는 레벨이 G-14로 위의 모든 사항들이 한꺼번에 나타난다고 하며, 현재 그 집을 들어가는 사람은 아무도 없다고 한다. 과연 위와 같이 정의된 귀신의 출몰 레벨은 사실에 근거한 연구자료일까?

제 3 절

의사결정의 종류

의사결정의 종류를 분류하는 기준에는 의사결정의 구조화 정도, 의사결정 상황의 확실성의 정도, 의사결정 계층과 포함범위 등이 있다.

1. 의사결정의 구조화 정도

사이먼(H. A. Simon)은 의사결정의 대상 문제가 어느 정도 일상화되고, 구조화되어 있는가에 따라 정형적 의사결정과 비정형적 의사결정으로 구분하였다.

(1) 정형적 의사결정

정형적 의사결정은 대상의 문제가 어느 정도 일상화되어 있고, 구조화되어 있는 경우의 의사결정을 말한다. 이런 정형적 의사결정의 특징은 다음과 같다.

[1] 조직의 하위감독자들에 의해서 이루어지는 단기적인 의사결정이다.
[2] 대부분 조직의 내부문제를 대상으로 하며 일상적인 문제에 대한 것이다.
[3] 과거의 결정으로부터 상당한 지침을 얻는다.
[4] 대체로 대안의 평가기준이 명확하다.
[5] 대부분 조직의 현상을 유지하거나 부분적으로 개선하는 유형이다.

(2) 비정형적 의사결정

비정형적 의사결정은 그 결정이 독특하고 새롭기 때문에 체계적인 절차나 계획이 문제 해결에 큰 도움을 주지 못한다. 비정형적 의사결정은 조직의 존속에 위협을 줄 수 있는 전략적 결정으로서 그 특징은 다음과 같다.

[1] 최고경영층에 의한 장기적 의사결정이다.
[2] 대부분 조직의 외부 문제를 대상으로 하며, 조직의 생존에 영향을 미치는 위기

적인 사항에 대한 것이다.

3 복잡하고 창조적인 문제에 대한 의사결정이다.

4 과거의 결정으로부터 지침을 얻지 못한다.

5 위기적인 상황에서 위험을 최소화하기 위한 의사결정이다.

2. 의사결정 주체에 따른 분류

(1) 개인적 의사결정

오직 자신의 이해관계만을 중심으로 하는, 즉 개인의 인격에 근거한 의사결정을 말한다. 집단적 의사결정보다 덜 질서정연하고 덜 시스템적인 과정을 거친다. 따라서 풍부한 정보에 기초해서 의사결정이 이루어지기가 어렵다.

개인적 의사결정은 개인의 가치관, 퍼스낼리티, 위험에 대한 성향, 심리적·행동적인 요인에 영향을 많이 받는다.

(2) 집단적 의사결정

의사결정의 주체가 개인인 경우에는 한 사람의 경영자가 의사결정을 하는 것으로 의사결정 과정에 다른 사람들을 참여시키지 않는다. 그러나 조직에서의 의사결정은 대부분 집단적 의사결정이다. 집단적 의사결정의 특징을 살펴보면 다음과 같다.

1 정확성과 신속성에 있어 개인적 의사결정보다 시간은 더 소비되지만 의사결정의 오류를 범할 가능성은 적다.

2 판단력과 문제해결에 있어 집단은 개인보다 많은 정보와 경험, 아이디어, 비판적인 평가능력을 갖고 있다.

3 창의성에 있어 집단은 개인보다 많은 아이디어와 상상력을 창출할 수 있다.

4 위험부담에 있어 전통적인 견해에 의하면, 개인보다 집단이 위험을 회피하는 것으로 알려져 있으나, 최근 연구에서는 집단이 개인보다 위험부담이 큰 방향으로 의사결정을 하는 것으로 나타났다.

집단적 의사결정의 장·단점을 구분하여 살펴보고자 한다.

1) 집단적 의사결정의 장점

1 여러 사람의 아이디어와 정보를 모을 수 있다.

2 여러 관점에서 문제를 검토하고 비판할 수 있다.

3 상호작용을 통하여 새로운 아이디어 개발과 시너지 효과를 얻을 수 있다.

4 의사결정 과정에서 개개인의 능력에 따라 정보의 수집, 분석 및 대안선택 과정을 전문화할 수 있다.

5 의사결정에 참여함으로서 의사소통, 사기앙양, 참여자의 지지를 얻어서 의사결정 안을 강력하게 추진할 수 있다.

2) 집단적 의사결정의 단점

1 시간과 비용이 많이 들고, 의견이 대립될 경우 인간관계가 왜곡된다.

2 한두 사람의 영향력 있는 사람이 전체 의견을 주도할 경우 개개인의 의견이 무시되거나 편파적인 방향의 의사결정이 될 가능성이 있다.

3 상호의견의 대립으로 적당한 타협안을 선택할 가능성이 있다.

4 집단적 의사결정에 지나치게 의존하다 보면 신속하고 결단력 있는 행동이 방해를 받을 수 있다.

3. 의사결정 계층에 따른 분류

안소프(H. I. Ansoff)는 의사결정의 포괄 범위와 의사결정을 하는 계층에 따라 전략적, 관리적, 업무적인 것으로 구분하였다. 3가지의 의사결정을 조직계층에 따라 구분하면 [그림 14-2]와 같다.

(1) 전략적 의사결정

전략적 의사결정은 주로 기업의 외부문제, 즉 외부환경과의 관계에 관한 비정형적 문제를 다루는 의사결정이다.

즉, 기업이 생산하려는 제품믹스와 판매하려는 시장의 선택 등 기업의 구조와 관련된 의사결정으로 기업의 존속과 관련된 중요한 의사결정이다.

그림 14-2 조직계층과 의사결정 유형

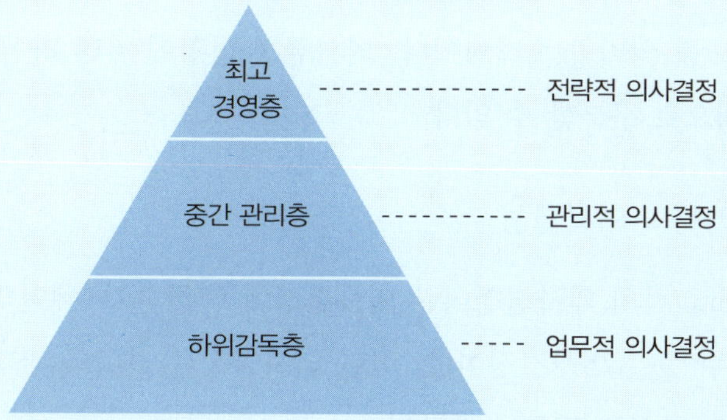

전략적 의사결정은 주로 최고경영자의 임무로서 기업목표 설정과 변경, 기업의 성장방식의 결정, 다각화에 관한 결정, 신제품에 관한 결정 등이 여기에 속한다.

(2) 관리적 의사결정

관리적 의사결정은 전략적 의사결정을 구체화하기 위하여 기업의 여러 자원을 활용함에 있어 그 성과가 극대화될 수 있는 방향으로 조직화하는 전술적 의사결정이다.

중간 관리자의 임무로서 조직편성 및 변경, 유통경로 선정, 입지결정, 자재 및 설비의 조달, 종업원의 훈련과 개발, 자금조달 등에 관한 의사결정이 여기에 해당된다.

(3) 업무적 의사결정

업무적 의사결정은 전략적·관리적 의사결정을 구체화하고 동시에 일상적으로 수행되는 정형적인 업무에 관한 의사결정 형태로서 주로 하위 감독층이나 실무계층에 의해 이루어진다.

주로 생산, 판매, 인사, 재무 등과 관련된 하위부문에서 이루어지는 각종 의사결정과 자원배분, 업무일정계획, 업무의 감독 및 통제활동, 가격결정, 재고수준, 연구개발, 비용지출 수준 결정 등이 이에 속한다.

4. 의사결정 상황에 따른 분류

조직 내에서 경영자가 의사결정을 할 때, 위험이라는 개념은 결과를 예측할 수 있는 확실성의 정도를 의미하는 개념이다. 의사결정 상황에 따라 확실성, 위험성, 불확실성의 의사결정으로 구분할 수 있다.

(1) 확실성하에서의 의사결정

확실성(certainty)하의 의사결정이란 의사결정에 따른 각 대체안의 발생 결과를 확실하게 예측할 수 있는 의사결정이다. 이런 의사결정은 하나의 결과만 가능하며, 그 확률은 100%로서 확실한 경우에 해당된다.

(2) 위험성하에서의 의사결정

위험성(risk)하에서의 의사결정이란 의사결정에 따른 결과를 확실하게 예측할 수 없고, 단지 일정한 확률을 가지고 예측할 수 있는 상황하에서의 의사결정으로서 확실성하의 의사결정과 불확실성하에서의 의사결정의 중간에 해당된다.

실제 조직에서의 의사결정은 대부분 위험성하에서의 의사결정이다. 위험성하에서의 의사결정의 중요한 개념은 확률(probability)이다. 의사결정자는 대체안 중에서 어느 안을 선택하기 위해서는 상황의 발생확률을 고려하여 평가하여야 한다. 이때 발생확률이 가장 높은 안을 선택하면 된다.

(3) 불확실성하에서의 의사결정

불확실성하에서의 의사결정은 의사결정의 결과에 대한 정보가 없고 확률도 잘 알려져 있지 않은 경우에서 이루어지는 의사결정을 말한다. 이러한 상황에서는 합리적 판단이 불가능하기 때문에 의사결정시 의사결정자의 직관이나 경험 및 숙련, 타인의 경험에 의존하게 된다. 이런 유형의 의사결정은 비정형적 의사결정과 유사하다.

오늘날 중요한 의사결정의 대부분은 불확실성하의 의사결정이 많다. 확실성하에서의 의사결정은 컴퓨터의 발달에 힘입어 의사결정지원시스템(DSS)이 많이 개발되어 지원하고 있다. 그러나 불확실성하에서의 의사결정에 대한 해결 방법은 제대로 개발되어 있지 않은 실정이다.

쉼터

직관을 믿어라!

미국의 콜린 파월 전 국무장관은 "나는 공식 P=40−70을 자주 사용한다. P는 성공할 가능성을 나타내며 숫자는 요구된 정보의 퍼센트를 나타낸다. 맞을 가능성이 40~70% 사이에 들 정도로 정보가 모이면 직감적으로 추진하라. 맞을 기회가 40% 미만일 정도로 정보가 적으면 행동을 취하지 말라. 하지만 100% 확실한 정보를 갖게 될 때까지 기다릴 수만은 없다. 왜냐면 그때가 되면 너무 늦기 때문이다"라고 했다.

실패하는 경영자의 특성 중 하나가 너무 과도할 정도로 조심(excessive caution)한다는 것이다. 즉 의사결정을 내리는 데 두려움을 느끼는 것입니다. 의사결정은 경영자 고유의 권한이자 책임이다. 지나친 정보 수집, 즉 '분석 증후군'에 시달리는 사람들이 많다.

그러나 위험 부담을 줄인다는 이유 때문에 시간을 지체하는 것은 오히려 위험을 증대시킬 수도 있다. "*Good to Great*"의 저자인 짐 콜린스는 "유능한 경영인은 결정이 아무리 힘들고 어렵더라도 결코 미루지 않는다. 실패한 결정 10개 중 8개는 판단을 잘못해서가 아니라 '제 때' 결정을 못 내렸기 때문에 실패한 것이다"라고 말했는데 이는 신속한 의사결정이 얼마나 중요한지를 말해 주고 있다.

경영이란 정답을 맞히는 게임이 아니라 불확실성 속에서 성과를 만들어 내는 게임과 같은 것이다. 합리적이고 정확한 의사결정보다도 실패를 무릅쓰고 과감한 의사결정을 적시에 내리는 것이 중요하다.

때에 따라서는 합리적이고, 참여적 의사결정 규칙에 따르기보다 리더의 통찰력과 직관에 의존한 의사결정이 필요하다. 당연히 그에 따른 책임도 져야 한다. 역사상 위대한 의사결정은 대부분 직관에 의한 것이라는 것을 알 필요가 있다.

제 4 절
의사결정 기법

1. 브레인스토밍 기법

브레인스토밍 기법(brain storming technique)은 오스본(A. F. Osborn)에 의해서 1938년에 처음 개발되었으며, 1950년대에 미국의 육군, 해군, 공군, 연방정부, 그리고 주정부에서 아이디어 개발을 위한 기법으로 널리 사용되어 왔다.

브레인스토밍이란 두뇌선풍, 두뇌폭풍, 또는 영감법이라고 부르는데, 보통 6명에서 12명 정도의 사람들이 모여서 회의를 열어 집단의 리더가 제기한 문제에 대해 참가자가 생각나는 아이디어를 자연스러운 분위기에서 자발적으로 제시하도록 하여 문제의 해결방안을 찾는 방법이다.

브레인스토밍 기법에 의해 의사결정을 하기 위해서 구성원들은 다음과 같은 규칙을 지켜야 한다.

1. 자유롭게 아이디어를 제시한다.
2. 제시된 의견에 대해서는 절대 비판을 해서는 안 된다. 제시된 의견에 대한 비판을 하면 새로운 의견을 제시하지 않기 때문이다.
3. 가능한 한 많은 아이디어를 필요로 한다.
4. 제시된 다른 구성원의 아이디어를 새롭게 결합하거나 개선하는 것을 허용한다.

2. 델파이 기법

델파이 기법(Delphi method)은 1950년 초 미국의 랜드사(Rand Corporation)의 달키(N. Dalkey)와 그의 동료들이 미국 국방성의 요청에 따라 개발한 기법이다. 원래 델파이 기법의 개발 목적은 만약 미국에 대규모 원자폭탄이 떨어졌을 때 예상되는 결과를 평가하기 위한 것이었다. 그 후 과학적 발전, 인구증가, 교육문제, 우주과학 분야의 기술예측, 사회구조 변화 등에 활용되고 있다. 델파이 기법의 실시 과정은 [그

그림 14-3 델파이 기법의 실시 단계

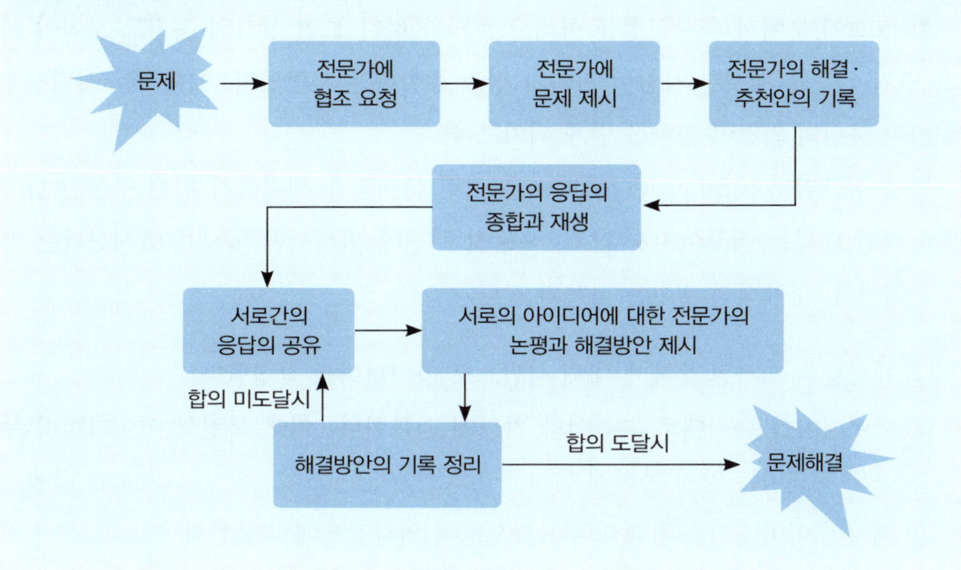

림 14-3]과 같다.

이 기법은 우선 해결하고자 하는 문제에 대해 몇 명의 전문가들의 의견을 우편으로 수집하고, 이 의견들을 정리하여 다시 전문가들에게 배부한 다음, 전체적으로 합의에 도달할 때까지 서로의 아이디어에 대해 논평하게끔 하는 방법으로 [그림 14-3]과 같은 단계를 거쳐 의사결정이 이루어진다. 델파이 기법에 의한 의사결정과정을 정리해 보면 다음과 같다.

1 해결해야 할 문제에 대해 전문가들에게 문제를 분명히 알린다.
2 전문가들은 무기명으로 의견을 제시한다.
3 전문가들의 응답을 종합하고 재구성하여 각 전문가들에게 다른 사람들의 의견을 알려 준다.
4 전문가들은 다른 사람들의 의견을 읽고 나서 토를 달고 자신의 의견을 수정한다.
5 각자가 수정된 자신의 의견을 무기명으로 작성하게 된다.
6 전문가들의 의견을 모아서 복사하여 각자 나누어 주고, 다시 수정된 의견을 모아서 위의 과정을 반복하면서 최선의 방법을 찾는다.

3. 명목 집단법

한 장소에 모여서 의사결정을 하려고 토의를 하다 보면 상사의 눈치도 보아야 하고, 먼저 의견을 제시한 사람이 자기가 평소 좋아하는 사람인지, 싫어하는 사람인지에 따라 자신의 의견이 영향을 받게 되기도 한다.

명목 집단법(nominal group method)은 이런 문제점을 해결하기 위해 구성원 간에 말에 의한 대화는 이루어지지 않고, 오로지 서면에 의해서만 의사를 표시한다는 것이 특징이다. 구체적인 절차는 다음과 같다.

1 개인들은 제시된 문제에 대해 서면으로 아이디어를 작성한다.
2 아이디어를 순서대로 흑판이나 차트에 기록한다. 이때 특정의 아이디어가 누구의 것인지는 알지 못하게 한다.
3 제시된 아이디어들에 대해 투표함으로써 의사결정에 도달한다.

델파이 기법과 명목 집단법의 차이를 살펴보면 다음과 같다.

1 델파이 기법의 참여자는 서로 모르는 상태이지만, 명목 집단법의 참여자는 서로를 알고 있다.
2 명목 집단법은 서로 얼굴을 맞대고 문제를 해결하지만, 델파이 기법은 서로 대면접촉 없이 문제를 해결한다.
3 델파이 기법에서의 의사소통이 통제 스태프에 의해 질문지에 의한 피드백 형식을 취하지만, 명목 집단법은 참여자들 간에 직접적인 의사소통을 한다.

4. 고든법

이것은 고든(W. J. Gorden)이 개발한 것으로 브레인스토밍과 유사한 자유연상법의 하나이다. 이 방법은 양보다 질을 추구하려는 것이다. 집단의 리더는 자기 혼자 주제를 알고, 참가자들에게는 알리지 않고, 장시간 참가자들에게 문제 해결방안을 자연스럽게 이야기하도록 한다.

주제가 미리 제시하지 않는 것은 더 많은 아이디어를 제시하려는 노력을 스스로 제한하는 것을 방지하고 더 많은 아이디어를 얻기 위함이다. 이때 집단의 리더는 참가자들이 자유토론에서 각자의 상상력을 최대한 발휘하도록 토론할 때 실제 문제와 적절히 연관시킬 수 있는 능력이 있어야 한다.

브레인스토밍에서는 집단의 리더가 문제를 제시하였지만, 고든법에서는 집단의 리더 혼자 주제를 알고 집단에는 주제를 장시간(주로 3~4시간) 제시하지 않고 문제 해결의 방안을 자유롭게 이야기하게 하는 것이다.

5. 변증법적 문의법

변증법적 문의법(dialectical inquiry method)은 상반된 의견이나 견해를 가진 사람들로 구성된 집단 사이에서 벌어지는 논쟁으로 헤겔의 삼단논법에서 비롯된 변증법적 사고이다.

이 기법은 처음에는 양 집단 간에 갈등을 유발하지만 양 집단의 아이디어가 서로에게 이익을 주어 서로의 한계를 분명히 한다는 것이다.

이 방법의 첫 단계는 한 집단이 관심 있는 최초 대안과 여기에 관련된 여러 가지 가정에 입각한 대안들을 도출한다(헤겔의 삼단논법의 正에 해당함).

두 번째 단계는 다른 집단이 최초 집단이 내놓은 원안에 대한 가정을 부정하고 상반된 대안들을 제시한다(헤겔의 삼단논법의 反에 해당함).

마지막 단계에서는 첫 단계와 두 번째 단계를 거치면서 제시된 상반된 점들을 분석 정리하여 통합하고 제안된 가정 중 현실적으로 가장 받아들일 수 있는 가정들을 도출하여 최선의 대안을 선택하는 단계이다(헤겔의 삼단논법의 合에 해당함).

6. 쓰레기통 모형

쓰레기통 모형(garbage can model)은 실제 의사결정은 어떤 일정한 규칙에 의해 이루어지는 것이 아니라, 쓰레기통처럼 뒤죽박죽 움직인다는 것이다.

올슨 등(Olsen & Cohen, March)에 의해 공동 발표된 논문에서 의사결정의 쓰레기통 모형을 제시하였다.

현대 조직이 겪고 있는 상황은 무정부상태의 혼돈처럼 불확실성이 존재하기 때문에 이런 상황에서는 제한된 합리성 시각으로는 문제조차 파악할 수 없다는 것이다. 즉, 사람들은 의사결정과정의 단계적 순서를 밟지 않으며 쓰레기통이라고 불릴 정도로 중구난방 식의 행동이 행해진다는 것이다. 따라서 고도의 불확실성 상황하에서는 다음의 현상이 나타나게 된다.

1 우선순위의 불명확성 : 문제, 해결대안, 목표가 무엇인지 불명확하고 무슨 기준으로 선택해야 할지 모른다.

2 해결에 대한 지식과 경험 부족 : 어떻게 접근해야 할지도 어디서 정보를 수집해야 하는지도 모른다.

3 의사결정자들의 이동이 심하고 바빠서 시간도 없다.

쓰레기통 모형의 특징은 의사결정과정이 문제의 발견에서 해결까지 순차적인 절차를 밟지 않는다는 것이다.

모형에 따르면 ① 문제(problems), ② 해결대안(solutions), ③ 의사결정자들(participants), ④ 결정시점(선택기회 : choice opportunities)이라는 네 가지 독립된 요인들이 각각 여러 개씩 쓰레기통 속에 뒤죽박죽 섞여 있다.

이들 요인들이 조직의 의사결정 상황(쓰레기통)속에서 엎치락뒤치락 하면서 일단 4가지 요인이 짝을 이루면 결정이 된다. 그렇기 때문에 문제와 해결책은 서로 관련이 없을 수 있으며 그렇기 때문에 결정된 해결책이 당면문제 해결에 아무런 도움이 되지 않는 경우도 많다.

그림 14-4 쓰레기통 의사결정 모형

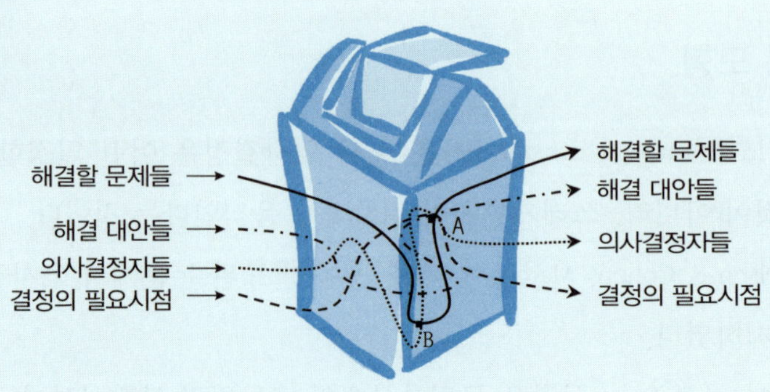

4가지 요인들이 쓰레기통 속에서 규칙이나 패턴이 없이 마구 뒤엉키다가 우연한 기회에 위의 네 요인이 겹쳐지면 그곳에서 결정이 이뤄지기 때문에 그 결정이 얼마나 효율적인 것인가는 순전히 타이밍이나 운(luck)에 달려 있다.

[그림 14－4]에서 B지점 같은 경우는 문제와 결정자들만 만났기 때문에 의사결정은 이루어지지 않지만, A지점의 경우 타이밍이 맞아서 결정이 이루어지게 된다. 그러나 그 선택이 최선인지는 별개의 문제이다.

쓰레기통 의사결정모형은 다음과 같은 시사점을 주고 있다.

1 조직의 많은 의사결정들은 공식적인 의사결정과정을 거치는 것이 아니라 운, 우연, 자의로 이뤄진다.
2 어느 대안이 선택되더라도 괜찮기 때문에 결정자들이 자기 이익을 위한 정치적 동기를 가지고 참여할 수 있다.
3 문제마다 해결방안을 찾는 데 시간이 걸리기 때문에 문제가 너무 많으면 해결책이 선택되기가 쉽지 않다.
4 긴급한 문제가 아니라도 일단 중요한 문제라면 무조건 먼저 해결될 가능성이 크다. 그 이유는 문제로서 중요성이 적으면 의사결정자들의 눈에 띄기 어렵기 때문이다.

7. 직관적 모형

항상 모든 대안을 검토해보고 최적의 것을 선택하는 것이 능사가 아니다. 어떤 결정을 할 때는 개인적인 기준과 느낌도 중요하다. 따라서 어떤 사람에게 최적의 선택이라고 하지만 다른 사람에게는 그렇지 않을 수도 있다.

직관(intuition)이란 오감(五感) 다음의 여섯 번째 감각이라고도 하고 초감각이라고도 한다. 이런 직관적 결정은 오랜 경험에서 나오는 무의식적 판단으로 초인들에게만 해당되는 것이 아니고 모든 사람들이 자주 사용하는 방식이다. 그리고 합리적 결정과는 별개가 아니라 오히려 상호보완적 의미를 가지고 있다. 이런 직관은 언제 사용하는 것이 바람직한지를 살펴보면 다음의 경우에 해당된다.

[1] 상황의 불확실성이 심할 때

[2] 과거의 사례가 없을 때

[3] 과학적인 예측이 불가능할 때

[4] 현실적 자료와 정보가 부족할 때

[5] 방향제시가 분명하지 않을 때

[6] 비슷한 대안, 가치 있는 대안이 많을 때

[7] 시간적 제약이 클 때

그러나 직관 능력이 뛰어난 사람은 남에게 왜 그런 결정을 하게 되었는지에 대해 정확하게 말하지 않는다. 대부분의 사람들에게는 합리적 결정이 타당한 것으로 여기기 때문에 직관력을 감추려고 하거나 위장시킨다. 심지어 직관에 의해 결정한 사안이라도 거기에다 합리적인 자료를 덧붙여 다른 사람들에게는 일종의 합리적 결정인 것으로 인정을 받으려는 경향이 있다.

8. 휴리스틱 접근법

이 방법은 사물에 대해 무엇인가를 추리할 경우 여러 가지 방향으로 사고를 접근할 때 자주 사용하고 있는 방법 가운데 특정의 것을 선택하여 사용하게 된다. 휴리스틱(heuristics) 접근법도 일종의 직관적 의사결정에 속하는데 너무 많은 정보에 휩쓸리지 않고 의사결정자들은 손쉽고 간단한 정보에 의존하여 결정하는 방법이다.

트버스키(A. Tversky)와 카누맨(D. Kahneuman)은 인간이 불확실한 상황에서 예측하는 경우에 적용되는 휴리스틱을 3가지 종류로 구분하여 설명하고 있다.

(1) 용이성 휴리스틱

용이성 휴리스틱(availability heuristic)은 어떤 사상(事象)이 일어났을 때 판단이 요구되는 경우, 표본에서 얻어진 통계적 데이터의 수치보다 자신이 그 사상에 관해서 경험적으로 느껴진 사실을 생각하여 그 범위를 지정하여 판단하는 것을 뜻한다.

(2) 대표성 휴리스틱

대표성 휴리스틱(representative heuristic)은 과거의 기억과 경험 중에서 대표적인 정보에만 의존해서 결정하는 방법이다. 예를 들어 청소년들이 박지성, 박세리를 보고 축구와 골프로 출세하겠다고 꿈을 꾸지만, 실제로 실현될 확률은 의사, 판사로 출세할 확률보다 훨씬 낮다. 그럼에도 불구하고 쉽게 그런 결정을 내리는 이유는 TV만 켜면 그들에 대한 정보가 항상 연결되어 나오기 때문이다.

휴리스틱 모형은 정보를 대표적 기억장치와 연결된 것에만 의존하기 때문에 게으르게 결정하는 것이 아닌지 부담을 느끼기도 한다. 면접에 면접관이 특정 대학의 출신들이 모범사원이었다면 면접자 중에서 그 대학 출신자에게 더 높은 점수를 주는 것도 같은 부류의 결정행동이다.

(3) 앵커효과

불확실한 상태에서 예측이나 판단을 행할 경우 초기 값이 있으면 그 값이 최종결과에 영향을 주게 되는데 이를 앵커효과(anchoring)라 한다. 다음 두 가지 계산식을 피실험자에게 5초간 제시하여 계산결과를 분석하였다.

$$8\times7\times6\times5\times4\times3\times2\times1 \cdots\cdots\cdots (A)$$
$$1\times2\times3\times4\times5\times6\times7\times8 \cdots\cdots\cdots (B)$$

그 결과 당연히 같은 값이 계산 결과로 산출되어야 하지만 (A)식에 응답한 피실험자 그룹의 예상수치는 2,250이었고, 반면 (B)식에 응답한 피실험자 그룹의 예상값은 512였다. 정답은 40,320으로 A, B그룹 어느 쪽도 과소평가를 하였지만 그 값의 차이는 현저하게 나타났다. 이것을 앵커효과라 한다.

연/습/문/제

01. 의사결정의 개념에 대해 이야기해 보자.

02. 의사결정의 전제에 대해 살펴보자.

03. 의사결정의 인간모델에 대해 살펴보자.

04. 의사결정과정에 대해 이야기해 보자.

05. 의사결정의 종류에 대해 살펴보자.

06. 브레인스토밍 기법에 대해 이야기해 보자.

07. 델파이기법에 대해 이야기해 보자.

08. 명목집단법에 대해 이야기해 보자.

09. 고든법에 대해 이야기해 보자.

10. 변증법적 문의법에 대해 이야기해 보자.

11. 쓰레기통 모형에 대해 이야기해 보자.

12. 직관적 모형에 대해 이야기해 보자.

13. 휴릭스틱 접근법에 대해 살펴보자.

Chapter 15

리더십

제 1 절 리더십의 기본 개념

1. 리더십의 정의

리더십(leadership)이란 용어는 '지도력' 또는 '지도자 정신'으로 해석할 수 있다. 그러나 리더십에 관한 정의는 여러 많은 학자들에 의해 매우 다양하게 정의되고 있다.

▷ 프레쉬만(Fleishman)

리더십이란 조직목표 달성을 위하여 의사소통 과정을 통해서 개인 간에 영향력을 행사하려는 시도로 정의하였다.

▷ 쿤츠(Koontz)

리더십이란 사람들로 하여금 공동목표를 달성하는 데 최선을 다하도록 영향력을 행사하는 것이라고 말했다.

▷ 탄넨바움(R. Tannenbaum)

리더십이란 특정의 상황에서 특정 목표를 달성하기 위해 커뮤니케이션을 통하여 이루어지는 리더와 부하 상호간의 영향력이라고 정의하고 있다.

이러한 여러 학자들의 리더십에 관한 여러 정의를 종합해 보면, 리더십이란 개인이 다른 집단구성원에게 집단이나 조직의 목표달성을 위해 영향을 끼치게 되는 과정으로서 영향력은 리더가 집단구성원이나 부하의 태도나 행동을 바뀌게 하는 것을 포함하는 과정이다. 그런데 리더가 영향력을 행사할 수 있는 것은 권력을 소유함으로써 가능하다.

2. 리더십의 성격

경영자는 부하를 통하여 조직의 목표를 수행하게 된다. 그러므로 조직의 성과는 경영자가 발휘하는 리더십의 질과 밀접하게 관련이 있다.

따라서 조직의 성과는 부하들에 의하여 만들어지며 그들의 노력에 대한 결과이기 때문에 경영자는 부하들이 자발적으로 일하도록 유도하고 지원하는 것이 중요하다. 훌륭한 리더가 되기 위한 3가지 조건을 살펴보면 다음과 같다.

1 비전을 가지고 있어야 한다 : 리더는 조직이 나아가야 할 방향을 다른 사람보다 더 정확히 알고 이를 조직 구성원에게 제시할 수 있어야 한다.

2 신뢰가 바탕이 되어야 한다 : 조직구성원으로부터 인간적인 신뢰를 얻을 수 있어야 한다.

3 충성과 지지가 있어야 한다 : 조직 목표실현을 위해 리더에 대한 구성원의 충성과 전폭적인 지지가 있어야 한다.

3. 리더십의 3요소

리더십의 적용 가능성은 효율적으로 리더십을 수행하는 것을 말하는데, 여기에는 다양한 요인들이 영향을 미치게 된다.

이들 요인들에는 리더십 수행과정에 내재되어 있는 리더, 부하, 그리고 이들이 존재하는 상황이 있다. 이를 리더십의 3요소라 한다.

(1) 리더

리더의 리더십 스타일은 리더 자신의 독특한 성격, 문화적 요인에 의해서도 영향을 받는다. 리더의 리더십 스타일에 영향을 미치는 요인으로는 가치체계, 부하에 대한 신뢰 정도, 리더의 성향, 불확실한 상황에서 가지는 안정감 등이 있다.

1) 가치체계

가치체계는 종교적 신념, 인간관, 문화적 배경에 의해 형성된 성격 등을 말한다.

2) 부하에 대한 신뢰 정도

리더가 부하를 신뢰하며, 부하의 전문성, 기술적 지식에 대한 신뢰 정도에 따라 리더십 스타일이 달라질 수 있다.

3) 리더의 성향

리더 자신의 개인적 성향으로서 근심과 스트레스에 대한 반응을 말한다. 인간은 누구나 자기 방어적 체계를 가지고 있기 때문에 스트레스에 놓이게 되면 자신을 보호하려고 한다. 그러므로 리더는 긴장을 완화시킬 수 있는 행동의 패턴을 찾으려고 한다. 이러한 노력은 개인마다 다르게 나타난다.

4) 불확실한 상황에서 가지는 안정감

리더가 근심과 스트레스 상황하에서 얼마나 자신감을 갖고 있는지를 말한다. 만약 리더가 부하에 대한 신뢰가 낮고, 근심과 스트레스의 정도가 높으면 자신감이 낮아지게 된다.

(2) 부하

부하마다 서로 다른 개인차가 리더의 행동에 영향을 미치게 된다.

1) 부하의 성격

부하도 나름대로의 가치관, 인간관, 문화적 배경, 스트레스, 근심 등을 가지고 있다. 어떤 부하는 전제적 리더십하에서 일을 잘하는 사람이 있는가 하면, 어떤 부하는 민주적 리더십하에서 자유롭게 창의적으로 스스로 일을 잘 처리하기도 한다.

이와 같이 부하들은 개인마다 서로 다른 행동유형을 갖고 있기 때문에 리더는 그들의 성격을 잘 파악하여 적응해 나가야 한다.

2) 부하의 기대

부하는 리더의 행동에 대한 기대와 조직 전체에 대해서 기대를 가지게 된다. 성과에 대한 인정, 적절한 대우, 책임감, 작업조건 등이 여기에 해당된다.

(3) 상황

제대로 리더십이 발휘되기 위해서는 리더십이 수행되어지는 상황이 충분히 고려되어야 한다.

따라서 효율적인 리더십이 수행되기 위해서는 상황요인이 고려되어야 한다. 이러한 상황요인으로는 조직의 유형, 집단의 능률성, 시간의 긴박성 등이 있으며 이러한 상황요인에 따라 리더십이 다르게 적용되어야 한다.

쉼터

존경받는 리더

직장에 존경 받을 만한 리더가 존재할 때, 부하 직원들이 일에 대한 열정과 즐거움을 느끼고 조직 전체의 성과도 높다. 그러나 현실은 존경 받는 리더가 그리 많지 않은 실정이다. 특히 존경 받지 못하는 리더의 존재는 유능한 조직 구성원의 이탈을 유발한다는 점에서 문제의 심각성이 크다.

존경 받는 리더들은 어떤 특징에 대해 미국의 투자 전문지인 배런스(*Barron's*)는 매년 '세계에서 가장 존경 받는 최고경영자 30인'을 선정한다.

2006년에는 워렌 버핏(Warren Buffett), GE의 제프리 이멜트(Jeffrey R. Immelt), P&G의 AG 래플리(AG Lafley) 등이 세계에서 가장 존경 받는 리더로 선정된 바 있다. 윤종용 삼성전자 부회장은 3년 연속 선정되기도 했다.

존경 받는 리더 밑에서는 일의 즐거움도 배가 되고, 팀워크도 좋아지고, 배우는 것도 많으며 결국 성과도 높아진다는 것을 직장인이라면 누구나 한번쯤 경험해 보았을 것이다. 그러면 존경 받는 리더들이 갖는 공통된 특징은 무엇일까?

1. 부하의 성장을 돕는 리더

존경 받는 리더의 첫 번째 특징은 '부하 직원을 키워주는 사람'이다. 'CEO의 가장 중요한 역할은 직원들의 능력을 현실화시켜 주는 것이며, 그렇지 못하면 직원들이 회사를 떠날 것이다'

라고 말한 네슬레(Nestle)의 CEO 피터 브라벡(Peter Brabeck)의 말은 시사하는 바가 크다. 부하를 키우기 위해 리더는 부하에게 도전적인 일, 의미 있는 일을 부여함과 동시에 이를 원활히 실행할 수 있도록 적절한 조언과 코치를 해줄 수 있어야 한다.

2. 부하를 배려하는 리더

많은 리더들은 '일과 개인의 삶은 엄격히 다른 것'이라고 생각하곤 한다. 그러나 이러한 리더들의 생각과는 달리 직장인들의 현실은 그렇지 못하다. 가족 중의 한 사람이 아프거나, 말 못할 고민이 있는 경우, 일이 손에 잡히지 않고 안절부절하기 일쑤다. 많은 연구에서 개인의 삶이 행복한 사람이 직장에서도 좋은 성과를 낸다고 한다.

경제 전문지인 포춘(*Fortune*)이 선정하는 일하기 좋은 회사들의 특징 중 하나가 '가족 문제'를 배려하는 문화를 지녔다는 점은 그 시사하는 바가 크다.

웨어하우스(Warehouse)의 설립자 스테판 틴달(Stephen Tindall)은 구성원들의 몸이 아프거나 병에 걸려 회사를 쉬더라도 정상적으로 급여를 지급하였다. 그가 병가 중인 구성원에게 요구하는 것은 오직 빨리 회복하고 출근하는 것이었다. 주위 사람들은 이러한 병가 정책이 남용될 수도 있다고 말했지만, 스테판 틴달은 구성원에 대한 신뢰는 결국 생산성 제고로 돌아온다고 믿고 시행하였다.

3. 의견을 존중하고 인정해 주는 리더

유방은 항우에 비해 가문도, 지식도, 부도 부족했으나, 중국 최대 한제국의 황제 자리에 오를 수 있었다. 그 이유가 무엇이었을까? 항우는 '역발산 기개세(力拔山氣蓋世)'의 천하장사였지만 범증이라는 훌륭한 참모와 부하들의 조언을 무시하고 언로(言路)를 틀어막은 독단적 리더였다. 반면 유방은 한신, 소하, 장량이라는 1급 참모들의 의견에 귀를 기울이고, 그들의 재능을 발휘할 수 있게 도와준 덕장이었다는 데 그 차이가 있다.

창의성, 혁신이 중시되는 요즘의 경영 환경에서는 위의 사례에서 본 항우와 같은 독단적인 커뮤니케이션은 더 이상 유효하지 않다. 부하들과의 대화의 싹을 자르면 리더는 현장의 생생한 이야기로부터 고립될 것이고, 부하 직원들은 자신들의 의견이 무시된 결정에 대해 자발적 몰입이 일어나기 어렵게 될 것이다. 이렇게 상사와 부하 간의 커뮤니케이션이 단절되면, 부하들은 좋은 아이디어를 상사에게 전달하기보다는 상사의 의중에 맞추기 위한 행동을 할 수밖에 없다.

구성원들이 소신껏 의견을 적극 개진할 수 있는 분위기를 조성하기 위해서는 리더의 평소 말과 행동이 매우 중요하다. 그중 하나가 건전한 실수에 대해서는 포용해 주는 것이다.

4. 공을 부하에게 돌릴 줄 아는 리더

중요한 프로젝트나 태스크가 성공적으로 끝나면 흔히 그 주인공으로 화려한 스포트라이트를 받는 사람은 리더이다. 해당 일의 전체적인 방향과 실행을 주도한 사람이 바로 리더이기 때문이다. 그러나 이러한 과정에서 한 가지 유념할 점은 리더가 스포트라이트를 받을 수 있도록, 곁에서 물심양면으로 보필한 부하의 노고에 대해 인정할 수 있어야 한다.

제 2 절
리더십 이론

대표적인 리더십 이론에는 특성이론, 행동이론, 상황이론이 있다. 이를 이론들에 대해 구체적으로 살펴보고자 한다.

1. 리더십 특성이론

조직이 유지되기 위해서는 조직구성원이 있는데, 이때 어떤 사람은 리더가 되어 조직을 이끌어가고 나머지 사람들은 그에 추종하게 된다.

그런데 리더는 어떤 자질을 갖고 있기 때문에 남과 다른 리더의 위치에 있는 것일까?라는 물음이 자연 생기게 된다. 그렇다면 리더는 무엇인가 남들과는 다른 특별한 점이 있지 않을까? 그 원인을 찾아보려는 데에서 리더십의 특성이론이 출발하였다.

리더십의 초기이론들은 리더십의 효과를 이러한 리더의 특성과 관련지어 설명하였다. 즉, 특성이론(traits theory)은 리더의 개인적 자질에 초점을 맞추고 이러한 자질들이 어떻게 리더의 유효성에 영향을 미치는가를 연구하였다.

특성이론에서 리더는 태어나는 것이지 만들어지는 것이 아니라는 것이다. 리더는 어떤 시대, 어떤 상황에서도 사람들을 이끄는 특별한 자질을 가지고 있다는 것이다.

특성이론은 알렉산더 대왕, 잔 다르크, 히틀러, 처칠, 간디와 같은 세계적인 위인들의 연구에 의해 영향을 받았다.

따라서 특성이론은 성공적인 리더들이 가지고 있는 공통된 특성(traits)을 연구하여 개념화한 이론이다. 1940년대에서 1950년대에 걸쳐 조사된 연구에서는 주로 성공한 리더와 성공하지 못한 리더 간의 차이, 즉 리더 개인의 특성이나 특질을 규명하여 조직의 유효성과 상관관계를 규명하고자 하였다.

(1) 신체적 특성

먼저 훌륭한 리더는 신체적 특성이 남달라야 한다고 보는 것이다. 신체적 특성

(physical characteristics)의 구성요인으로 연령, 신장, 체중, 외모, 관상, 건강상태 등을 들고 있다. 이들 신체적 특성은 리더십 기능을 발휘할 수 있는 능력과 밀접한 관계가 있다고 보는 것이다.

리더의 신체적 특성과 효과적인 리더십의 관계에 대한 많은 연구에서, 신체적으로 우위에 있는 사람들이 보통 사람들보다 리더의 지위를 얻는다고는 볼 수 없다는 결론이다.

대표적인 예로 트루먼, 간디, 나폴레옹, 스탈린, 등소평 같은 사람은 왜소한 체구와 보잘것없는 외모에도 불구하고 강력한 리더십을 발휘했던 인물들이다.

(2) 지능

리더의 두 번째 특성은 지능으로서, 성공적인 리더는 올바른 판단력, 결단력, 지식수준, 표현능력 등이 높은 것으로 인식되고 있으며 지능이 부하들에 비해 높다는 것이 여러 연구결과에서 나오고 있다.

그러나 리더와 부하 간의 지능 차이가 너무 크면 상호간의 사고방식, 지각, 커뮤니케이션 등 많은 문제가 발생할 수 있기 때문에 지능 이외에 다른 리더의 특성을 고려하지 않으면 안 된다.

(3) 성격

한 개인의 특성인 성격(personality)은 리더십과 밀접한 관계를 가지고 있다. 성공적인 리더가 가지는 성격적 특성으로는 적응성, 강한 신념, 공격성, 독립성, 객관성, 판단력, 자신감, 지배성, 창조성, 기민성, 조정력, 추진력, 열성, 외향성, 긴장에 대한 지구력 등 많은 특성 요인들이 있다.

그러나 리더의 성격 특성은 조직이 처해 있는 환경이나 부하들의 특성 등에 따라 리더십에 미치는 유효성이 다르고, 성격상의 특성을 정확하게 측정하기도 어렵다.

(4) 과업관련 특성

리더의 과업(task)에 대한 성취욕구 및 책임감 등은 리더십에 매우 중요한 요인이다. 유능한 리더는 높은 성취욕구와 책임감을 가지고 있다. 이러한 특성을 가지고 있는 리더는 일반적으로 업무 추진력과 함께 강한 동기와 직무에 대해 애착을 갖고 있기 때문에 리더십의 유효성에 큰 영향을 미친다.

(5) 사회적 특성

리더는 다양한 성격의 사람들과 잘 어울려야 하고 제반 환경에도 적극적으로 참여해야 한다. 그러므로 훌륭한 리더는 다른 사람들로부터 쉽게 받아들여지고 협력을 잘 이끌어내는 능력을 가지고 있어야 한다.

이러한 성격은 다른 사람들로부터 협동심을 불러일으키고 조직목표 달성에 보다 적극적으로 참여하게 하는 관리능력을 발휘함으로써 리더십 유효성을 증대시킬 수 있다.

2. 리더십 행동이론

성공적인 리더십을 설명하기 위하여 개인적인 특성보다 리더의 행동에 대한 관심을 갖게 되었다. 1940년대 후반부터 다양하고 특별한 리더의 행동이 업적이나 부하의 만족에 어떤 영향을 미치는가에 대한 연구를 진행하여 여러 가지 개념을 도출해내기 시작했다.

이러한 행동이론의 대표적인 연구가 아이오와 대학 연구, 미시간 대학의 리더십 연구, 오하이오 주립대학 연구, 관리 그리드 이론이 있다.

(1) 아이오와 대학 연구

1938년에 아이오와 대학 연구(The Iowa University Studies)팀에 의해서 리더십 스타일에 대한 연구가 이루어졌다.

연구자들은 3가지의 각기 다른 리더십 유형, 즉 권위적 리더(authoritarian leader), 민주적 리더(democratic leader), 방임적 리더(laissez-faire leader) 유형을 중심으로 청소년들의 행동을 관찰해 보았다.

이들 3가지 리더십 유형의 기본적인 차이점은 그룹 내에서의 의사결정 권한이 어디에 집중되느냐 하는 것이다.

권위적 리더는 그룹을 위해 리더가 의사결정을 하고, 결정된 사항을 그룹 구성원에게 알린다. 반면 민주적 리더는 그룹 구성원들이 그들의 활동에 대하여 스스로 의사결정을 하도록 하고, 리더는 의사결정에 도달하도록 그룹 구성원을 돕는 역할을 한다. 또한 방임적 리더는 그룹 구성원과 리더 간의 상호작용 관계에서 서로 독립적이며 의사결정도 각자 자율적으로 행한다.

3가지 유형의 리더십에 대한 아이오와 대학에서의 두 번에 걸친 실험결과를 살펴보면 다음과 같다.

첫째, 그룹 구성원들은 권위적 리더보다 민주적 리더를 더 선호한다.

둘째, 그룹 내에서의 적대행위는 민주적 그룹에서보다 권위적 그룹과 방임적 그룹에서 분명히 더 높은 것으로 나타났다. 또한 그룹의 생산성은 다른 두 유형의 리더보다 민주형 리더가 더 높았다.

한편, 탄넨바움(R. Tannenbaum)과 슈미트(W. H. Schmidt)는 리더십 유형을 전제적 리더와 민주적 리더를 양극으로 하여 [그림 15-1]과 같이 광범위한 리더의 행위 유형을 나타내고 있다.

의사결정 과정에서 리더의 권한영역과 부하의 자유재량영역이 어느 정도인가에 따라서 전제적 리더와 민주적 리더를 하나의 연속선 위에서 파악하여 그 가운데 리더의 다양한 행위유형을 나타내고 있다. 그러나 연속선상 위에서 무수히 많은 리더

그림 15-1 리더십 유형과 연속성

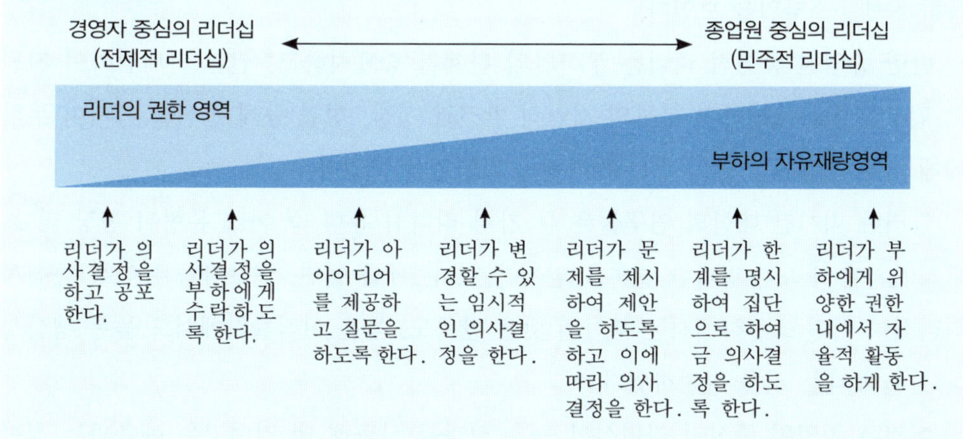

행위유형 중 정확히 어떠한 행위 유형을 선택해야 할 것인가에 대하여는 엄밀하게 제시하고 있지 않다.

아이오와 대학의 연구가 20명 정도의 청소년을 표본으로 사용하였기 때문에 연구 결과를 일반화하는 데 한계가 리더십 연구의 관심을 특성연구에서 행동연구 시대로 진입하게 하는 계기가 되었다.

(2) 미시간 대학의 리더십 연구

1940년대 후반부터 1950년대 초반까지 미시간 대학(The Michigan University)의 연구자들은 리더십에 관한 연구를 실시하였다.

이 연구는 리더의 행동(leader behavior), 집단과정(group process), 집단성과(group performance)들 간의 관계를 중점적으로 연구하였으나, 주된 목적은 어떤 리더십 유형이 집단의 성과를 증진하는가에 있었다.

다양한 조직 예를 들면 화학, 전자, 식품, 기계, 보험, 석유제품, 병원, 은행, 정부 등에서 다양한 직종과 다양한 계층 그리고 숙련자, 비숙련자 등 수천 명으로부터 얻은 자료를 토대로 연구자들은 리더 유형에 있어서 직무 중심적 리더(job-centered or production-centered leader)와 종업원 중심적 리더(employee-centered leader)의 2가지 다른 유형을 발견하였다.

직무중심적 리더는 생산과업을 중요시하고, 생산방법과 절차 등 세부적인 사항에 관심을 가지며, 공식 권한과 권력에 비교적 많이 의존하면서 부하들을 치밀하게 감독하는 행동스타일을 보인다.

반면 종업원 중심적 리더는 부하와의 관계를 중요시하고, 권한을 위임하여 지원적 업무환경을 조성하여 부하의 개인적 발전과 성장, 성취 등에 관심을 가지며 부하에게 자유 재량권을 많이 주는 관리행동 스타일을 보인다.

그러나 미시간 대학의 연구들은 두 가지 리더십 유형 중 어느 유형이 항상 더 효과적인지에 대하여 명확한 결론을 얻지 못했다. 예를 들면, 연구자들은 직무 중심적 리더십이 어떤 조건하에서는 부하의 낮은 만족도, 높은 이직률하에서도 높은 생산성을 산출해 내는 것을 발견하였다.

이것은 종업원 중심적 리더십이 높은 성과를 산출해 낼 것이라는 예측과는 정반대의 결과로 반드시 종업원 중심적 리더십이 생산성에 긍정적인 영향을 미치지는 않는다는 것을 알게 되었다.

(3) 오하이오 주립대학 연구

1940년대 후반 오하이오 주립대학(The Ohio State University)의 프레쉬만(Fleishman)등에 의해 리더십 연구가 진행되었다. 연구결과 구조주도(initiating structure)와 배려주도(consideration structure)로 대표되는 리더십 이론이 개발 되었다.

1) 구조주도적 리더십

구조주도적 리더십유형은 부하의 과업환경을 되도록 구조화시키려는 리더십 행동으로서 부하의 과업을 설정·배정하고 부하와의 커뮤니케이션 패턴과 절차도 명백히 하는 한편 성과도 구체적으로 정확하게 평가하는 행동스타일이다. 이러한 리더십 유형은 과업설계, 배정, 진행절차, 평가의 명료성을 강조한다.

2) 배려적 리더십

배려적 리더십유형은 부하와의 관계를 중요시하고 리더-부하 및 부하들 사이의 신뢰성, 온정, 친밀감, 상호존중 그리고 상호협조를 조성하는 데 관심을 가지는 리더 행동스타일이다. 이러한 유형의 리더는 상호존중의 분위기를 강조한다.

오하이오 주립대학의 연구를 통하여 [그림 15-2]에서 보는 바와 같이 리더십 이해에 매우 중요한 두 가지 사실을 알게 되었다.

그림 15-2 구조주도-배려적 리더십 행동유형

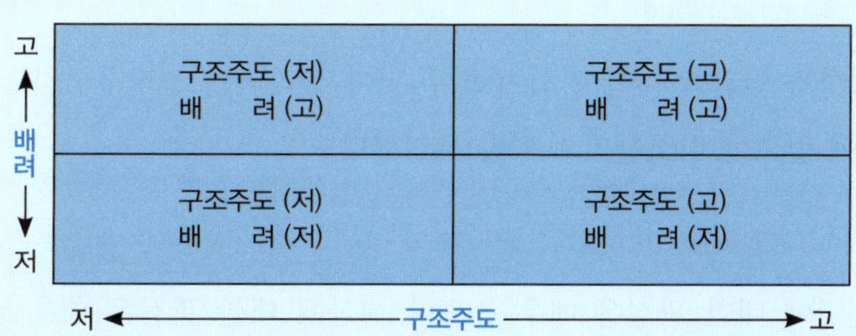

첫째, 효과적인 리더들이 어떤 경우는 구조주도가 높은 쪽에서 발견되고 또 다른 경우는 배려가 높은 쪽에서 발견되었다는 것이다.

둘째, 구조주도와 배려가 완전한 2개의 분리 가능한 영역으로 구분되어 나타났다는 것이다.

[그림 15 - 2]를 통하여 적어도 4가지 다른 리더십 유형을 생각해 볼 수 있다.

이들 리더십 유형 중 어느 유형이 가장 효과적이라고 말할 수 없다. 이후에 이루어진 연구에서 높은 배려(종업원 지향)의 리더일수록 종업원들의 낮은 전직과 낮은 결근율을 기대할 수 있었고, 반면에 높은 구조주도(과업지향)의 리더일수록 종업원과의 성과를 증진하는 것으로 나타났으나 또 다른 연구에서는 이런 결과를 지속적으로 지지할 만한 연구결과를 도출해 내지 못했다. 어떤 연구에서는 두 영역 모두를 대표하는 행동의 중요성을 강조하기도 하였다.

(4) 관리 그리드 이론

관리 그리드(managerial grid)이론은 블레이크와 무톤(R. Blake & J. Mouton)이 오하이오 주립대학의 구조주도적 리더십과 배려적 리더십의 연구 개념을 기초로 하여 리더의 행동유형을 더욱 구체화하여 효과적인 리더십 행동을 배양하기 위한 기법으로 개발한 이론이다.

관리 그리드 이론은 리더의 행동을 [그림 15 - 3]에서 보는 바와 같이 가로축에 생산에 대한 관심(concern for production)과 세로축에 인간에 대한 관심(concern for people)의 두 영역으로 나누고, 이를 계량화하여 리더의 행동을 5가지 유형으로 분류하였다.

1) 무관심형(impoverished : 1 · 1형)

리더는 생산과 인간에 대한 관심이 모두 낮아서 리더는 조직구성원으로서 자리를 유지하는 데에 필요한 최소한의 노력만 투입한다.

2) 인기형(country club : 1 · 9 형)

리더의 인간에 대한 관심은 매우 높으나 생산에 대한 관심은 매우 낮다. 리더는 부하와의 만족한 관계를 위하여 부하의 욕구를 사려 깊게 관심을 가져주고, 편안하

그림 15-3 관리 그리드 행동유형

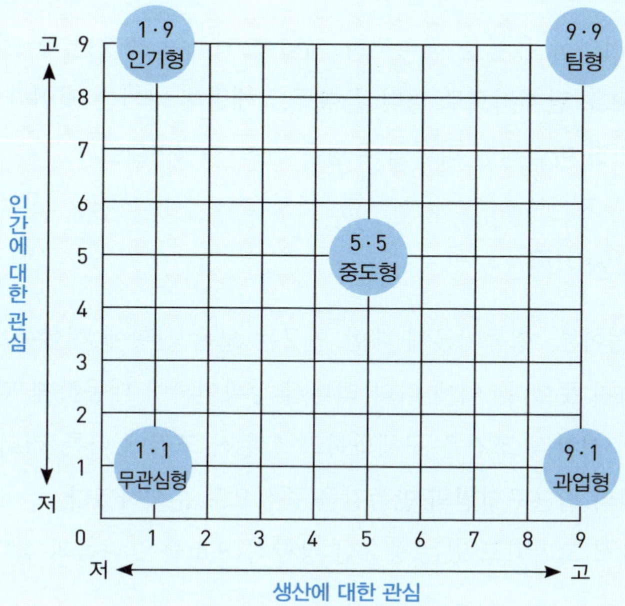

고 우호적인 조직분위기로 이끌어 간다.

3) 과업형(task or authority-obedience : 9·1형)

이런 리더는 생산에 대한 관심은 매우 높으나 인간에 대한 관심은 매우 낮다. 리더는 일의 효율을 높이기 위해 인간적 요소는 가능한 최소화하고 대신 작업 조건을 정비하는 등 과업 수행상의 능력을 최우선시하는 리더의 스타일이다.

4) 중도형(middle of the road : 5·5형)

이런 리더는 생산과 인간에 대해서 모두 적당히 관심을 가진다. 리더는 과업의 능률과 인간적 요소를 절충하여 적당한 수준의 성과를 지향하는 리더스타일이다.

5) 팀형(Team : 9·9형)

이런 리더는 인간과 과업 모두에 관심이 매우 높다. 리더는 구성원들과 조직의 공동목표 및 상호의존 관계를 강조하고, 상호 신뢰적이고 상호 존경적인 관계에서 구성원들의 몰입(commitment)을 통하여 과업을 달성한다.

관리 그리드 이론은 조직체에서 관리자의 리더십 개발에 많이 활용되어 왔다. 먼저 관리자의 리더십 유형을 관리격자 개념에 의하여 측정한 후 가장 이상형인 팀(9·9)형을 목표로 단계적으로 리더의 행동을 개발해 나가는 것이다. 관리 그리드 이론에 따르면 가장 바람직한 리더십 유형은 팀(9·9)형이다.

3. 리더십 상황이론

리더십 특성이론, 행동이론에 대한 연구는 모든 상황에 적합한 효과적인 리더십 유형을 발견하지 못했다. 이에 따라 리더십 상황이론이 태동하게 되었다. 리더십 상황이론은 여러 상황적 조건을 구체화하고 상황적 조건에 따른 리더십 행동과 그 효과를 집단성과와 집단구성원의 만족감을 중심으로 분석하였다.

상황이론에서 고려되고 있는 중요한 상황적 요소들은 다음과 같다.

① 리더의 행동적 특성

리더행동에 작용하는 리더의 성격, 욕구, 동기, 지각, 능력, 과거경험, 강화작용 등을 말한다.

② 부하의 행동적 특성

부하의 행동패턴에 영향을 주는 특성으로 리더의 행동적 특성과 같은 요소를 포함하고 있다.

③ 과업과 집단구조

과업의 내용과 명백성, 집단의 규범, 구성원 간의 신분서열, 응집성 등 리더의 행동과 효과에 영향을 주는 과업의 성격과 집단요소들을 포함한다.

④ 조직체 요소

리더의 권력기반, 규율과 절차, 준거조직구조, 기술, 의사결정상의 시간적 압박 등 리더행동과 효과에 영향을 주는 요소를 말한다.

위의 요소들은 리더십 과정에서 작용하는 환경적 요소로서, 상황이론은 주로 이들 요소를 중심으로 리더십의 상황을 유형화하고 리더십 과정에서 이들 요소의 역할과 리더십의 효과를 분석하고 있다.

리더십 상황이론은 많이 있으나 피들러(F. Fiedler)의 상황적합성 이론, 허시와 블랜차드(P. Hersey & K. Blanchard)의 리더십 수명 주기이론, 하우스(R. House)의 경로-목표이론에 대해 살펴보고자 한다.

(1) 피들러의 상황적합성 이론

피들러(F. Fiedler)에 의해 개발된 상황적합성 이론(contingency theory)은 리더십 유형과 상황 사이의 상호작용에 의해 조직의 성과가 나타나게 되며, 이에 따라 리더십의 효과성이 결정된다고 가정하였다. 또한 리더십을 권력과 영향력에 근거한 관계로서 파악하였다.

피들러의 초기 연구는 특성이론과 유사한 면이 있었다. 그는 리더의 태도를 측정하여 리더의 효과성을 예측하고자 LPC(Least Preferred Co-worker : 가장 싫어하는 동료작업자) 척도를 개발하였다. 그는 LPC 척도를 통하여 두 가지 리더십 유형, 즉 과업지향적 리더십, 관계지향적 리더십으로 구분하여 측정하였다.

1) LPC 점수 산출

LPC 점수(Least Preferred Co-worker)는 가장 싫어하는 동료에 대한 평가점수로, 조사대상 리더로 하여금 현재 또는 기억에 남는 동료작업자 중 가장 싫어하고 못마땅하게 생각했던 특정인을 떠올리고 18개 형용사를 바탕으로 그 사람을 평가한 점수이다.

처음에는 문항수(형용사 수)가 16개였으며, 이 16개 문항에 대한 평가의 평균치를 LPC 점수로 활용하는데, 추후 문항을 18개로 늘리고 LPC 점수로 채택하였다.

이 평가척도를 개발하게 된 논리적 근거는 리더십이란 인간관계이고 따라서 리더가 다른 사람을 어떻게 보고 느끼느냐, 즉 지각하느냐가 그 사람의 사람됨을 결정하며, 나아가 두 사람 사이의 인간관계에 영향을 미칠 것이라는 점에 두고 있다. 즉, 두 사람이 특정인을 놓고 달리 볼 수 있으며 그 결과 특정인에 대한 관계는 달라질 것이라는 논리이다.

표 15-1 LPC 측정표

문항	척도								문항	점수
쾌활한	8	7	6	5	4	3	2	1	불쾌한	
다정한	8	7	6	5	4	3	2	1	불친절한	
거부적	1	2	3	4	5	6	7	8	포용적인	
긴장하는	1	2	3	4	5	6	7	8	편안한	
거리를 두는	1	2	3	4	5	6	7	8	친근한	
냉담한	1	2	3	4	5	6	7	8	다정한	
지원적	1	2	3	4	5	6	7	8	적대적인	
따분한	1	2	3	4	5	6	7	8	재미있음	
도전적	1	2	3	4	5	6	7	8	화평한	
우울한	1	2	3	4	5	6	7	8	명랑한	
개방적	8	7	6	5	4	3	2	1	소심한	
헐뜯는	1	2	3	4	5	6	7	8	협조적인	
신뢰할 수 있는	8	7	6	5	4	3	2	1	믿을 수 없는	
사려 깊은	8	7	6	5	4	3	2	1	사려깊지 않은	
심술궂고 비열한	1	2	3	4	5	6	7	8	정의로움	
마음에 맞는	8	7	6	5	4	3	2	1	마음에 맞지 않는	
성실한	8	7	6	5	4	3	2	1	열의가 없는	
친절한	8	7	6	5	4	3	2	1	불친절한	
계										

2) 리더십 스타일 구분

피들러는 8점으로 되어 있는 18문항 척도에서 평균 6.5, 총점 117점 이상을 높은 점수로 간주하고 평균 3.5, 총점 63점 이하를 낮은 점수로 간주하여 LPC 점수가 높은 리더와 LPC 점수가 낮은 리더로 양분하였다.

LPC 점수가 높은 리더는 한 마디로 관계 지향적이다. 따라서 그들은 추종자와의 인간관계를 중시할 뿐만 아니라 이것을 통해 만족감을 얻으며, 업무에 관심이 없는 것은 아니지만 이는 어디까지나 인간관계를 위해서다. 그리고 이들은 타인을 받아들이는 동시에 상대에 대한 인정을 통해서 자존심을 확보하며 부하에 대한 지원을 아끼지 않는다.

LPC 점수가 낮은 리더는 반대로 지극히 과업 지향적이다. 이들은 추종자와의 인간관계를 희생해서라도 주어진 과업을 완수하려고 한다. 그렇다고 이들이 인간관계에 전혀 관심이 없는 것은 아니다. 그러나 인간관계를 유지하려는 목적은 어디까지나 업무의 완성에 있다. 업무완성을 통해서 자존심을 지키는 것도 이들의 특성이다. LPC 점수 낮은 리더는 매우 통제적일 가능성이 크다.

3) 리더십의 상황요소

피들러는 중요한 상황요소로 리더와 부하의 관계(leader-member relationship), 과업구조(task structure), 지위권력(position power)의 세 가지 요소를 구체화하고 이를 토대로 리더십 상황을 유형화하였다.

① 리더와 부하의 관계

리더와 부하의 관계요소는 리더에 대해 부하가 가지는 신뢰나 존경 등의 정도를 말하는 것으로 부하가 리더를 받아들이는 정도를 반영한다. 만일 부하들이 리더의 카리스마적 특성이나 전문성 또는 상호 존경심 등으로 리더를 잘 따르게 되면, 리더는 과업구조나 지위권력에 의존하지 않고도 부하에게 좋은 영향을 미치게 된다.

② 과업구조

과업의 일상성(routine)또는 복잡성(complexity)을 뜻하는 것으로 과업목표의 명확성, 목표-경로의 다양성, 의사결정의 변동성 및 의사결정의 구체성에 의하여 리더십 상황이 결정된다.

과업내용이 명백하고 목표가 뚜렷하며 업무수행 방법과 절차도 간단하고 구체적인 의사결정을 반복하면 과업의 구조화 정도가 높다. 과업 구조화의 정도가 높으면 리더는 부하에 대하여 감독하고 영향을 미치는 일이 매우 쉽게 된다.

③ 지위권력

지위권력이란 리더의 지위에 따라 본래부터 가지고 있는 권력을 말한다. 흔히 공식적·합법적·강압적 권력으로 표현되고 있는 지위권력은 부하의 보수, 승진, 승급, 해임 등을 결정할 수 있는 권한, 상벌에 대한 결정권 또는 추천권 등이 매우 중요하며 이러한 영향력이 많을수록 리더의 지위권력은 강하다고 할 수 있고, 지위권력이 없는 리더는 부하에 대하여 다른 원천의 영향력을 행사하지 않으면 안 된다.

그림 15-4 피들러의 상황적합성 이론

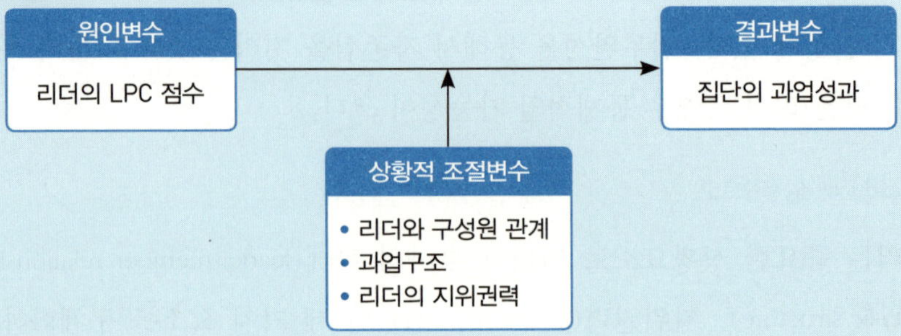

이상의 3가지 요소의 조합이 리더에 대한 '상황의 호의성(favorableness of the situation)'을 결정하게 된다.

이 모형에서는 3가지 요소의 결합방법에 따라 상황이 리더에게 가장 호의적인 것에서부터 가장 비호의적인 데까지 8가지의 조합이 나올 수 있다.

[그림 15-5]에서 보는 바와 같이 리더십 상황은 리더와 부하 간의 관계가 좋고 과업성격이 구조적이며 리더의 직위권력이 강할수록 리더에게 유리하고, 리더와 부하간의 관계가 좋지 않고 과업성격이 비구조적이며 리더의 직위권력이 약할수록 리더에게 불리하게 작용한다. 즉, 상황 1에 가까울수록(상황 1, 2, 3) 리더에게 유리하

그림 15-5 피들러의 리더십과 상황의 관계

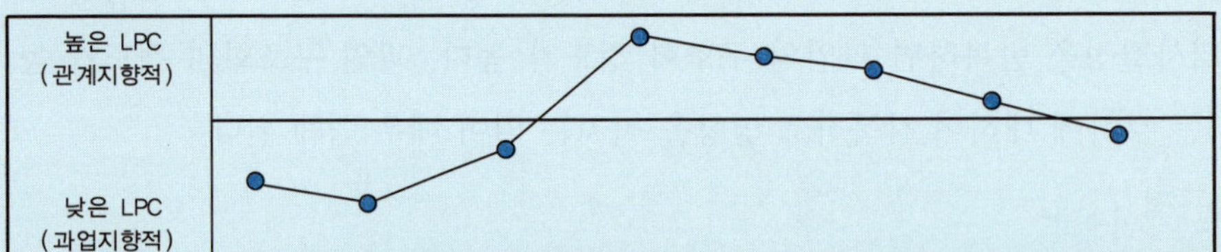

상 황	1	2	3	4	5	6	7	8
리더-부하 관계	좋음	좋음	좋음	좋음	나쁨	나쁨	나쁨	나쁨
과업구조	구조적	구조적	비구조적	비구조적	구조적	구조적	비구조적	비구조적
리더의 지위권력	강	약	강	약	강	약	강	약
리더의 입장	유리			중간			불리	
상황 확실성	확실			중간			불확실	

고, 상황 8에 가까울수록(상황 7, 8) 리더에게 불리하며 그 사이(상황 4, 5, 6)는 리더에게 유리하지도 않고 불리하지도 않은 중간 정도의 상황을 의미한다.

4) 효과적 리더십

이 연구를 종합해 보면, 상황이 리더에게 호의적이거나 비호의적인 상황, 즉 리더와 구성원의 관계, 과업구조, 지위권력이 매우 높거나 낮은 곳에서는 보다 과업 지향적인 리더가 적합하다. 그러나 이 요소들이 혼합되고 과업이 명확하게 구분되지 않는 중간 범위에서는 관계 지향적 리더가 적합하다. 이처럼 상황적합성 이론은 리더 행동과 적합한 리더십상황을 조성할 것을 강조하고 있다.

(2) 리더십의 수명주기 이론

효과적인 리더십은 부하의 욕구를 얼마나 잘 충족시키느냐에 달렸다는 전제하에 허시와 블랜차드(P. Hersey & K. H. Blanchard)는 리더와 부하 간의 상호조화관계를 중시하고, 부하들의 성숙도에 따른 효과적인 리더십행동을 분석하여 리더십의 수명주기이론을 발표하였다.

1) 리더의 행동 분류

① 지시적 리더(telling)

지시적 리더는 고지시, 저협력적 리더십 유형으로 부하에게 기준을 제시해 주고 가까이서 지도하며 일방적인 커뮤니케이션과 리더중심의 의사결정을 하는 유형을 말한다.

② 설득적 리더(selling)

설득적 리더는 고지시, 고협력적 리더십 유형으로 리더는 결정사항을 부하에게 설명하고 부하가 의견을 제시할 기회를 제공하는 등 쌍방적 커뮤니케이션과 공동의사 결정을 지향하는 유형이다.

③ 참여적 리더(participating)

참여적 리더는 고협력, 저지시적 리더십 유형으로 아이디어를 부하와 함께 공유하고 의사결정 과정을 촉진하며 부하들과의 인간관계를 중시하고 부하들을 의사결정에 많이 참여하게 시키는 유형이다.

④ 위임적 리더(delegating)

위임적 리더는 저협력, 저지시적 리더십 유형으로 의사결정과 과업수행에 대한 책임을 부하에게 위임하여 부하들이 스스로 자율적 행동과 자기통제하에 과업을 수행하도록 하는 유형이다.

2) 부하의 성숙도

리더십 수명주기이론에서는 적절한 리더십의 선택은 부하의 성숙도(follower maturity or readiness) 혹은 성숙도의 수준에 따라 이루어진다는 것이다. 여기서 부하의 성숙도는 과업수행 능력을 나타내는 것으로 '직무관련 성숙도'와 부하가 기꺼이 직무를 수행하고자 하는 '심리적 성숙도'의 2가지 요소로 구성된다.

직무관련 성숙도는 부하의 성취동기(도전적 목표를 설정하는 능력, 집중적 피드백에 대한 욕구 등) 수준에 의해 영향을 받는다. 그리고 심리적 성숙도는 부하의 각 개인의 어떤 특별한 직무 분야나 책임분야와 관련된 자기 신뢰의 영향을 받는다. 부하의 성숙도 수준은 낮은 성숙도(M_1)에서부터 높은 성숙도(M_4)까지의 4단계로 구분된다. 이 4단계의 성숙도는 부하의 능력과 특정직무 수행에 대한 의지를 나타낸다.

1 M_1 : 직무를 수행할 의지와 능력이 없는 사람
2 M_2 : 직무를 수행할 능력은 없으나 의지는 있는 사람
3 M_3 : 직무를 수행할 능력은 있으나 의지는 없는 사람
4 M_4 : 직무를 수행할 능력과 의지가 있는 사람

3) 리더십의 유효성

이들 4가지 리더 행동은 부하들의 성숙도에 따라서 그 효과가 다르게 나타난다. [그림 15-6]에서 보는 바와 같이 부하의 성숙수준이 가장 낮은 M_1의 경우에는 부하들을 적극적으로 지도하는 지시적 리더가 가장 효과적이다. 그리고 성숙도가 M_2인 경우에는 설득적인 리더가 가장 효과적이며, 부하들의 성숙도가 M_3에 이르면 참여적 리더가 효과적이다. 부하들의 성숙수준이 가장 높은 M_4인 경우에는 오히려 위양적 리더가 가장 효과적임을 알 수 있다.

그림 15-6 리더십 수명주기이론

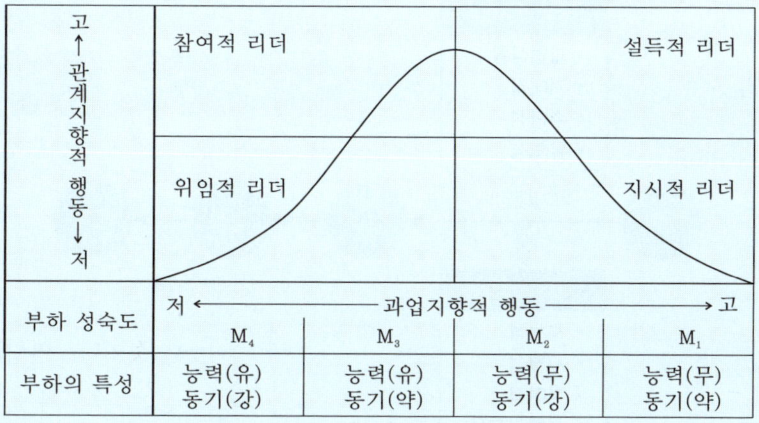

(3) 하우스의 경로 – 목표이론

하우스(R. J. House)의 경로 – 목표이론(path-goal theory)은 부하들이 자신의 작업 목표를 인지한 다음 작업 목표와 개인의 목표에 도달하는 방법을 인식하는데 리더가 어떻게 영향을 미치는지를 설명하고자 하는 데 초점을 두고 있다.

이 이론은 기대이론에 그 이론적인 근거를 두고, 리더의 노력 → 성과 그리고 성과 → 보상에 대한 기대감과 유인성 관계를 중심으로 리더십 과정을 설명하고 있다.

경로 – 목표모형에 의하면, 부하를 동기유발시키는 것은 리더의 행동스타일에 있다고 보고 바로 리더의 행동이 부하의 동기유발 · 만족 · 성과에 어떻게 영향을 미치는가를 설명하려는 이론이다.

[그림 15 – 7]은 부하가 인지하는 노력 → 성과, 그리고 성과 → 보상의 과정을 설명하고 있다. 여기에서 리더의 행동은 리더 행동의 결과에서 기대되는 만족감에 따라서 결정된다는 전제하에 경로목표이론은 리더의 기대감과 리더 행동에 작용하는 상황적 요소들을 연구하는 데 초점을 두고 있다.

따라서 부하들의 과업성과에 대한 유의성을 높이고 과업성과를 달성하는 데 필요한 모든 상황적 조건을 조성함으로써 과업달성에 대한 기대감을 높이는 것을 리더의 주요기능으로 하고 있다.

그림 15-7 경로-목표 이론의 인지과정

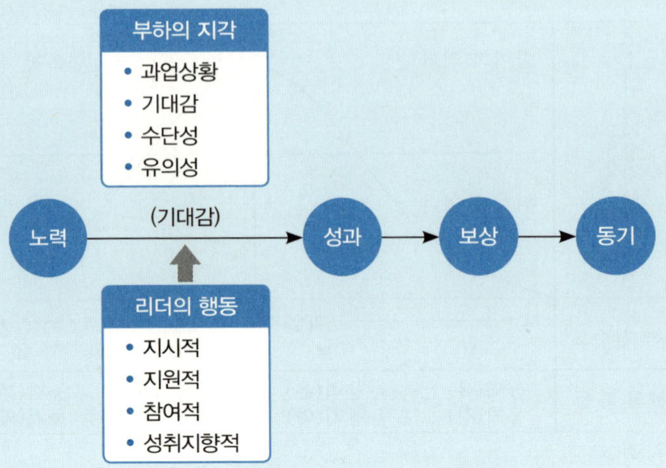

그림 15-8 경로-목표 리더십 과정 모델

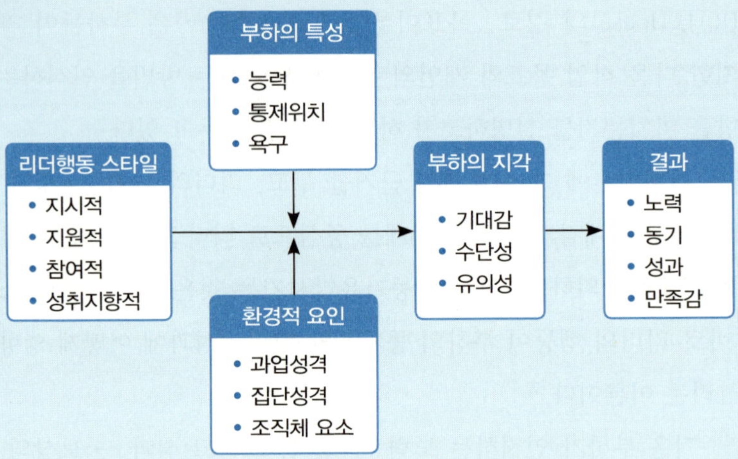

[그림 15-8]의 경로-목표이론은 리더십의 상황적 요소에 따라 이에 요구되는 효율적인 리더 행동이 다르다는 것을 강조하고 있다.

따라서 리더는 부하들의 특성 및 과업의 환경적 요소들과 상호작용을 하면서 적절한 리더 행동을 통하여 목표에 대한 유의성과 기대감에 영향을 줌으로써 구성원들의 동기수준과 노력, 성과와 만족감을 높일 수 있다.

1) 리더 행동의 유형

① 지시적 리더

지시적 리더는 부하들이 무엇을 하여야 하는가를 알려주며, 작업의 방법에 대한 지침을 제공하고, 작업 스케줄을 만들며, 작업의 평가기준을 확립하고, 결과나 보상에 대한 근거를 제시한다. 이는 과업지향적인 리더의 특성과 유사하다.

② 지원적 리더

지원적 리더는 부하에 대한 고려측면을 강조하며 부하들의 욕구와 그들의 복지문제, 그리고 온정적이고 친밀한 집단분위기 조성에 많은 관심을 보인다. 이러한 유형에 적합한 집단은 직무의 성격상 작업집단 구성원 간에 상호작용이 극히 필요한 집단에서는 지원적 리더십이 적합하다.

③ 참여적 리더

참여적 리더는 중요한 의사결정이나 실천 과정에 부하를 참여시켜 부하들의 의견을 최대한 수렴하고, 의사결정에 필요한 정보와 자료를 부하들과 공유한다. 집단중심의 관리를 중시하는 집단관리, 팀 관리에 적합한 리더십 유형이다.

④ 성취지향적 리더

성취지향적 리더는 도전적인 목표를 설정하고, 부하들이 의욕적으로 목표달성을 위해 행동하도록 강조하면서, 부하들의 능력을 믿고 그들로부터 의욕적인 성취동기 행동을 기대하는 리더십 유형이다.

2) 경로 - 목표모형의 상황적 요인

경로 - 목표이론에서 리더는 4가지 유형 중에서 어느 하나를 자유롭게 선택할 수 있으며, 4가지 리더십 유형 중 어느 것이라도 유효하며 그것은 바로 리더십의 상황에 좌우된다고 보는 것이다. 경로 - 목표이론에서 중요한 상황요인은 부하의 특성과 환경적 요인 2가지가 있다.

① 부하의 특성

리더십 유형에 영향을 미치는 부하의 특성에는 능력, 통제위치, 욕구 등을 대표적으로 들 수 있다.

㉠ 부하의 능력

부하 자신이 자기의 능력을 어떻게 평가하느냐에 따라 리더에 대한 태도가 달라진다는 것이다. 즉, 능력이 있다고 판단되는 부하는 지시적 리더보다 성취지향적 리더를 선호하게 될 것이다.

㉡ 통제의 위치

통제의 위치에서는 내재론자들은 참여적 리더에 호의적인 성향을 보이는 데 반해 외재론자들은 지시적 리더에 만족감을 보이는 경향이 있다.

㉢ 욕구수준

욕구에서는 친교욕구가 강한 부하들은 지원적 리더나 참여적 리더십에 호의적인 반응을 보일 것이며, 성취욕구가 강한 부하들은 성취지향적 리더에게 호감을 나타낼 것이다.

② 환경적 특성

리더십 유형에 영향을 미치는 환경적 요인에는 과업의 구조화 정도, 작업집단의 성격, 조직체 요소 등이 있다.

㉠ 과업의 구조화 정도

부하의 과업이 구조적인 성격을 지니고 있을수록 지원적, 참여적 리더 행동이 만족스러울 것이고, 과업성격이 비구조적일 수록 지시적인 리더를 선호하게 된다.

㉡ 작업집단의 성격

작업집단의 성격으로는 조직의 형성 초기에는 비교적 지시적 리더가 효과적이지만, 조직이 안정되면 지원적이고 참여적인 리더가 더 만족스러울 것이다.

㉢ 조직체 요소

조직체 요소로는 방침, 규율, 절차, 시간적 압박, 불확실성 등 과업환경에 영향을 주는 요소들을 포함한다. 방침이나 규율, 절차가 이미 명백하고 이에 따라서 모든 과업이 수행되는 경우에는 지시적 리더가 요구되지 않는다. 반면 조직이 위기에 처한 경우에는 참여적 리더보다는 지시적 리더가 더 요구된다. 불확실한 상황에서는 의사결정과정에 있어서 참여적 리더 행동이 요구된다.

제 3 절

현대적 리더십 이론

리더십 모형에 대한 논의에 있어서 일반적인 공통점은 각각의 이론이 모두 리더가 부하들의 복종과 협력을 얻어내는 데 효과적인 방법을 발견하는 데 있다.

리더십이란 리더가 어떤 행동에 대해 결과로 보상 또는 인센티브 등을 사용함으로써 부하로부터 바람직한 행동을 이끌어 낼 수 있는 과정으로 생각되어 왔다. 이러한 관점은 본질적으로 교환이나 거래가 리더와 부하 간에 발생하게 되어 부하가 목표를 달성하였을 때 리더로부터 보상을 받고, 리더는 부하들이 목표를 달성하도록 돕는 것이다.

1. 거래적 리더십과 변혁적 리더십

(1) 거래적 리더십

리더의 교환역할은 한마디로 거래적이다. [그림 15-9]는 거래적 리더십(transactional leadership)의 역할이 제시되어 있다.

그림 15-9 거래적 리더십

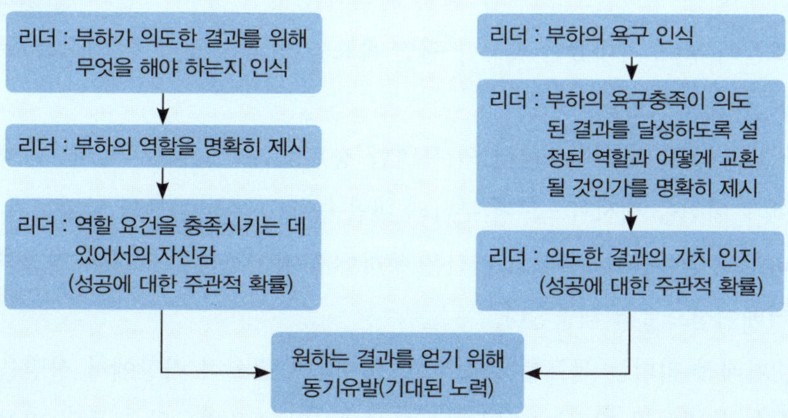

리더는 부하가 양질의 재화를 생산하고 높은 판매 실적을 달성하고 생산원가의 절감 등 조직이 요구하는 결과를 달성하는 데 도움을 준다. 즉, 부하가 이루어야 할 일이 무엇인지를 명확히 하는 데 도움을 주게 된다.

거래적 리더십 과정을 살펴보면 다음과 같다.

1 부하들이 원하는 보상을 얻기 위해 무엇을 해야 하는지 인식하고 부하들의 역할을 명확히 한다.
2 부하의 욕구를 인식하여 부하들이 노력을 기울일 때 이러한 욕구가 어떻게 충족될 것인지를 명확히 한다. 이것은 부하들에게 보상의 가치를 명확히 인식시켜 주게 된다.

거래적 리더십 과정은 이런 두 과정을 통해서 부하들이 자신들에게 기대된 성과를 달성하도록 하는 것이다.

거래적 리더십은 일반적으로 반복적이며, 기대된 성과수준이 측정될 수 있는 상황에서 효과적인 방법이다. 그러나 리더십의 연구에서는 부하들의 행동에 장기적이고 더 높은 수준의 변화를 줄 수 있는 방법을 계속적으로 연구하지 않으면 안 된다.

(2) 변혁적 리더십

변혁적 리더십(transformational leadership)은 흔히 정상적인 기대를 초월한 성과를 도출해 내는 과정으로 표현된다.

변혁적 리더는 부하들로 하여금 장래 비전의 공유를 통해 그들의 몰입도를 높임으로써 그들이 당초 기대했던 것보다 훨씬 목표를 초과 달성할 수 있도록 동기를 부여해 주는 리더를 말한다.

변혁적 리더십을 거래적 리더십의 특별한 경우로 보는 견해가 있다. 변혁적 리더는 부하에게 비전을 제시함으로써 부하의 마음속에 그려진 목표를 달성하기 위해 열심히 일하도록 권유한다. 리더의 비전은 부하에게 자기보상을 위하여 열심히 일하게 하는 모티베이션으로서 제공된다.

한편, 거래적 리더는 목표를 조정하고 지시하며 현실적 바탕에서 사명을 조정하는 데 반하여, 변혁적 리더는 기업이나 부서에서의 중요변화와 그들의 비전을 달성

그림 15-10 변혁적 리더십 과정

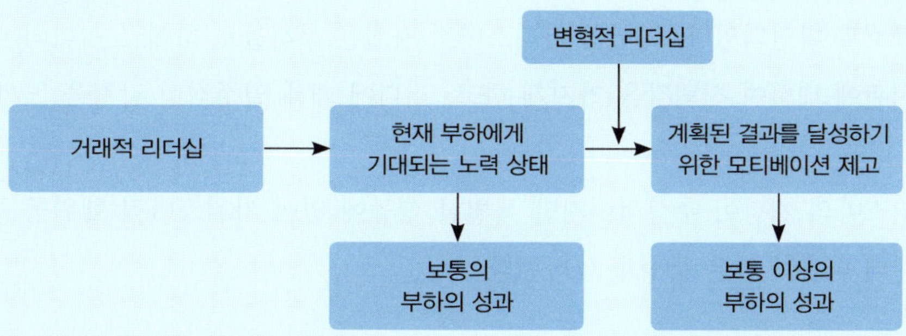

하기 위한 인적자원 관리에 치중하게 된다.

〈표 15-2〉는 거래적 리더십과 변혁적 리더십의 차이점을 정리한 것이다.

표 15-2 거래적 리더십과 변혁적 리더십의 비교

구 분	거래적 리더십	변혁적 리더십
현상	현상을 유지하기 위해 노력	현상을 변화시키고자 노력
목표지향성	현상과 너무 괴리되지 않는 목표 지향	보통 현상보다 매우 높은 이상적인 목표지향
시간	단기적 전망, 기본적으로 가시적인 보상으로 모티베이션	장기적 전망, 부하에게 장기적 목표를 위해 노력하도록 모티베이션
모티베이션 전략	부하에게 즉각적, 가시적인 보상으로 모티베이션	부하에게 자아실현과 같은 높은 수준의 개인적 목표를 추구하도록 모티베이션
행위표준	부하는 규칙과 관례를 선호	변화적이고도 새로운 시도에 도전하도록 부하를 격려함
문제해결	부하를 위해 문제를 해결하거나 해답을 찾을 수 있는 곳을 알려 줌	질문을 하여 부하가 스스로 해결책을 찾도록 격려하거나 함께 일함

변혁적 리더십의 행위(transformational leadership's behaviors)의 요소에는 ① 카리스마(charisma), ② 개별적 배려(individualized consideration), ③ 지적 자극(intellectual stimulation) 등이 있다.

1) 카리스마

변혁적 리더십의 3가지 요소 중 다른 사람에게 영향을 주는 카리스마가 가장 중요한 요소로 확인되었다. 리더의 카리스마적 자질은 부하들로 하여금 리더의 비전이나 가치관에 대하여 신뢰감을 가지게 하고, 리더에 대해 열정적인 감정을 느끼게 한다.

카리스마의 개념이 추상적이지만 특별한 행동에 있어 카리스마적 행위를 구분할 수 있는데 다음과 같은 특성을 나타낸다.

1 카리스마적 리더는 이상적인 세계에 관한 비전을 제시한다.
2 비전과 목표를 달성하기 위해서 상당한 정도의 위험을 기꺼이 감수하며, 목표에 도달하는 방법도 특별한 방법을 동원한다.
3 추종자들의 욕구와 관심에 주목하며, 이를 해결할 자신이 있다는 것을 강조한다.
4 구성원들 사이에서 합의에 의하기보다는 개인적인 자질을 통해서 영향력을 행사한다.
5 상당히 변화를 선호하지만, 한편으로는 상당히 현실적인 사람이다.

2) 개별적 배려

개별적 배려는 부하에 대해 리더의 관심과 이해하고자 하는 의지, 그리고 관심사항을 공유하는 것이다. 변혁적 리더는 개인적인 욕구를 확인할 뿐만 아니라 부하들이 더 높은 욕구를 가지도록 시도한다.

리더는 추종자들이 개인적인 성장을 위해 멘토링, 코칭 등을 실시해 나가야 하며, 그들의 능력에 적합한 임무를 부여하고, 보다 많은 자율성을 부여해야 한다.

3) 지적 자극

변혁적 리더는 부하들에게 문제해결을 위해 새로운 방법을 시도하거나 리더의 신념과 가치관에 대하여 의문을 가지도록 조장함으로써 부하들에게 지적 자극을 제공한다. 다시 말해서, 기존의 사고방식의 틀을 뛰어넘어 보다 창의적인 관점을 개발하도록 격려한다.

2. 카리스마적 리더십

(1) 카리스마적 리더십에 대한 개념

우리는 어떤 사람을 묘사할 때 카리스마가 있다고 한다. 카리스마는 구체적으로 어떤 뜻일까? 카리스마(charisma)라는 말의 의미는 '신이 부여한 재능'을 뜻하는 그리스어에 어원을 두고 있다. 한편 카리스마란 논리적으로 설명할 수 없는 힘으로서 종교적 해석에 의하면 초월적 존재에 대한 진지한 믿음에 의해서 나타난다고 주장하기도 한다.

하우스(House)는 이를 좀더 구체화하여 카리스마적 리더는 우월감과 자신감, 자기신념에 대한 확신, 강인한 영향력 행사욕구 등의 특성을 보유하고 있으며, 고유의 이미지를 구축하고 비전과 목표를 명확히 제시하며, 추종자에게는 높은 기대와 신뢰감을 표시하고, 가치체계에 대한 자기역할을 모형화함으로써 추종자를 선도한다. 그 결과 카리스마적 리더십을 발휘하는 리더는 추종자로부터는 다음과 같은 경이로운 효과를 얻어내게 된다.

1. 리더의 신념이 옳다고 믿음
2. 부하의 신념을 리더의 신념에 동화시킴
3. 리더에 대한 무조건적 수용
4. 리더에 대한 애정이 강해짐
5. 리더에 대한 복종
6. 리더가 제시한 사명에 대해 정서적 몰입
7. 추종자가 목적 수준을 상향 조정
8. 리더가 제시한 목적을 달성할 수 있다는 믿음이 강해짐

(2) 카리스마적 리더십 절차

카리스마적 리더는 개인적 동일시, 사회적 동일시, 내면화 그리고 자기 유능감의 환기 과정을 거쳐 추종자를 리드하게 된다.

1) 개인적 동일시

개인적 동일시(personal identification)는 특정 하위자가 리더를 통해 자기를 나타내는 것을 자랑스러워하고 리더를 모방하는 것을 말한다. 이는 정체성이나 자부심이 약하고 권위적인 인물에 잘 복종하는 추종자에서 자주 나타난다.

2) 사회적 동일시

개인적 동일시가 특정 부하와 리더와의 개인적 관계인 데 반해, 사회적 동일시(social identification)는 추종자가 특정 집단과 자기를 동일시하는 것을 말한다.

특정 추종자가 해당 집단의 일원이 된 것에 대해 긍지와 자부심을 갖고 이를 중요시할 때 나타나는 현상이다. 이때 사회적 동일시 현상이 강하게 나타날수록 그 구성원은 개인적 욕구보다는 집단의 사회적 욕구에 더 높은 우선순위를 두게 되며, 집단을 위해 자기를 기꺼이 희생하기도 한다.

이때 카리스마적 리더는 다른 집단과 차별화되는 특유의 정체성을 개발함으로써 추종자들의 동일시를 확대시킬 수 있다.

조직의 성공적인 역사, 창업자나 기타 구성원의 영웅담, 상징적인 조치를 강조하는 것도 사회적 동일시를 촉진하기 위해 리더가 자주 활용하는 기법이다.

3) 내면화

내면화(internalization)는 리더의 가치관을 추종자가 자기 것으로 인식하도록 영향을 미치는 것으로도 가능하지만 더욱더 효과적인 방법은 추종자가 가지고 있는 가치관을 집단의 과업목표와 연계함으로써 이것이 집단의 가치로 승화되도록 하는 것이다.

그 결과 카리스마적 리더는 과업목표 달성이 추종자의 가치관을 표출하는 것이 되게 하고 사회적 정체성을 강화하는 수단으로 만드는 것이다. 그리고 과업의 상징적 의미를 강조하여 추종자로 하여금 과업 자체가 의미 있고, 숭고하며 가치 있다는 느낌을 갖도록 하는 것이 리더의 역할이다.

4) 자기 유능감의 환기

자기 유능감(self efficacy)은 목표달성과 관련해서 자기의 유능함에 대한 신념이다. 자기가 유능하다고 스스로 생각하는 사람은 더 많은 노력을 통해 장애물을 극복하는

쉼터

존경받는 상사

채용포털 인크루트는 직장인 2,057명을 대상으로 회사에서 평가가 좋고 승진이 빠른 직장 상사에게 보이는 특별한 능력은 무엇인지에 대해 질문한 결과 17.7%가 '자신감과 카리스마'를 들었다고 밝혔다. 그 다음은 '부지런함과 책임감(16.2%)', '철저하고 꼼꼼한 성격(15.0%)' 등이 뒤를 이었다.

후배의 경우에는 '일 처리를 잘하고 말이나 행동이 확실하고 단호한 사람(5.5%)'이 직장 내에서 좋은 평가를 받는다고 지적했다.

알면서도 속아줬던 거짓말을 묻는 질문에 상사의 경우에는 '내가 책임진다(5.5%)', '(자기 일 때문에 나가면서도) 거래처 갔다 올게(5.5%)' 등이, 후배의 경우에는 '몸이 아파서 출근 못한다(15.7%)', '선배가 최고다(9%)' 등이 각각 꼽혔다.

직장 내에서 가장 비굴해 보일 때는 '후배보다 모르면서 끝까지 아는 척하는 선배(22%)'와 '상사의 의견이 틀렸는데도 긍정하는 직장 후배(8.4%)'로 나타났다.

데도 강인하다. 더 중요한 것은 집단적 자기 유능감은 집단이 차질 없이 목표를 달성할 수 있다는 신념이다. 이것이 강할 때 집단 구성원 간의 결속력은 강화된다. 따라서 리더는 개인적인 자기 유능감은 물론 집단의 자기 유능감도 높여 주어야 한다.

3. 슈퍼 리더십

가장 최근의 리더십유형은 슈퍼 리더십(super leadership)에 대한 관심이다. 슈퍼 리더십은 리더를 추종자들이 스스로 리드할 수 있도록 돕는 리더십을 가리킨다.

슈퍼 리더(super leader) 밑에는 스스로 잘 훈련된 슈퍼 추종자(super follower)들이 양성되는데, 이 슈퍼 추종자들은 다음과 같은 과정을 통해서 훌륭한 리더로 육성된다.

1 리더가 비전을 설정
2 자신과 추종자들을 위한 목표 설정
3 목표달성에 도움이 되는 성과 강화
4 건설적이고 합당한 조언과 충고
5 변화의 관리와 촉진

6 추종자들에게 '할 수 있다'는 자기신념(self-confidence) 고취

7 모델 활용(modeling)

이러한 추종자정신(followership)이 슈퍼 리더십의 성공을 위해 필요하다는 것이 연구에서 증명되고 있다. 추종자정신 연구는 부하의 특성, 행동 및 리더와 상호작용을 연구하는 것으로 부하도 리더에게 영향을 미친다는 가정하에 '상향적 영향력(upward influence)' 과정을 연구한 것이다. 연구에 의하면 유능한 부하는 다음과 같은 4가지 특성을 가지고 있다.

1 독자적인 판단과 업무수행 능력

2 개인의 이익보다 조직과 집단의 이익에 충실

3 자기능력개발을 위한 자발적 노력

4 정직, 신뢰 및 높은 도덕적 기준

슈퍼 리더십 연구는 부하들을 연구의 대상으로 한 추종자정신 연구가 병행하여 이루어질 때 리더십의 본질이 잘 파악될 수 있다.

4. 임파워먼트

경영자의 생각을 실현시켜 주는 경영관리 기술이 '임파워먼트(empowerment)'이다. 최근 각 개인의 능력을 충분히 발휘할 수 있는 조직구조가 필요하다는 점에서 임파워먼트의 개념이 더욱 힘을 얻고 있다.

임파워먼트 리더십이란 '사람을 활용하는 기술'이라고 할 수 있으며, 일반적으로는 '실질적인 권한위양과 활동지원으로 개인의 능력과 의욕을 충분히 발휘할 수 있도록 하는 것'으로 정의할 수 있다. 즉, '부하를 믿고 권한을 위양할 수 있는 환경을 조직구조 내에 구축하는 기술'이라고 할 수 있다.

사람과 조직을 활용하는 임파워먼트 리더십은 어떻게 해서 생기게 되는 것일까? 존 코터(John Kotter)는 "영향력 있는 비전을 설계하여 부하의 의욕을 이 비전에다 집중시키며, 동시에 부하의 자율성을 중시하고, 적절한 정보제공을 함으로써 생긴다"고 하였다. 이를 분석하면, 리더는 다음의 구체적 4가지 행동을 함으로써 조직에 임

파워먼트 리더십을 만들 수 있다.

1. 비전 설계
2. 커뮤니케이션에 의해 비전을 부하와 공유
3. 비전의 실현을 위해 부하를 관리
4. 비전의 실현을 위해 부하의 의욕을 높임

임파워먼트는 권한의 위양(delegation)과는 구분되는데, 권한의 위양은 상사의 권한 일부를 부하에게 주는 것이지만, 임파워먼트는 부하가 스스로 책임감을 갖고 능력을 배양할 수 있도록 조직이나 상사가 육성해 주는 행위를 포함한다. 따라서 임파워먼트는 슈퍼 리더십과 일맥상통한다고 볼 수 있다.

5. 서번트 리더십

최근 기업경영 환경이 급변하고 경쟁이 치열해짐에 따라 리더십에 대한 인식도 더욱 높아지고 있다. 이에 따라 경영학계에서는 변화의 시대에 새로운 패러다임에 의한 리더십 이론으로 변혁적 리더십, 자율적 리더십, 슈퍼(Super) 리더십, 그리고 서번트(Servant) 리더십 등이 제시되고 있다.

그중에서 서번트 리더십은 새롭게 제시되고 있는 전통적 리더십 모델들에 대한 대안 중의 하나로 주목을 받고 있다. 이는 1977년 초 미국의 그린리프(R. K. Greenleaf)가 저술한 '*Servant Leadership*'에서 처음 제시되어 그동안 학계에서 별다른 주목을 받지 못하다가 1996년 '*On Becoming a Servant-Leader*' 출간을 계기로 새롭게 관심을 갖게 된 이론이다.

그린리프는 헤르만 헤세(H. Hesse)가 쓴 '동방순례(*Journey to the East*)'라는 책에 나오는 하인 레오(Leo)의 이야기를 통해 서번트 리더십을 '타인을 위한 봉사에 초점을 두며, 종업원, 고객 및 커뮤니티를 우선으로 여기고 그들의 욕구를 만족시키기 위해 헌신하는 리더십'이라고 정의하였다. 이는 다른 구성원들이 공동목표를 이루어 나가는 데 있어 정신적·육체적으로 지치지 않도록 환경을 조성해 주고 도와주는 리더십으로, 결국 인간존중을 바탕으로 다른 구성원들이 잠재력을 발휘할 수 있도록 도와주고 이끌어 주는 것이라고 요약할 수 있다.

서번트 리더십에 관해 미국 그린리프 연구센터의 스피어즈(Spears) 소장은 서번트 리더의 주요 특성을 ① 경청, ② 공감, ③ 치유, ④ 스튜어드십, ⑤ 구성원의 성장노력, ⑥ 공동체 형성 등으로 제시한 바 있다.

서번트 리더는 기본적으로 방향제시자, 파트너, 지원자라는 세 가지 역할에 초점을 두고 구성원들을 리드해 나간다. 방향제시자 역할은 조직이 나아가고자 하는 목표와 비전을 명확히 제시해 주는 것을 의미한다. 또한 서번트 리더는 구성원 간의 의견을 조율하는 역할과 함께 구성원들의 업무수행을 지원하고, 개개인의 삶에 있어서도 일과 삶의 균형을 이룰 수 있도록 지원하는 역할을 한다.

서번트 리더십에서는 리더와 구성원 간의 관계가 수평적 동료 관계에 가깝다. 서번트 리더는 구성원들을 지원하고 환경을 조성해 주며 동기를 부여한다. 이러한 과정을 통해 구성원들은 창의성을 자유롭게 발휘하고 주인의식과 책임감을 가지고 환경변화에 대해 능동적으로 대처할 수 있게 된다. 조직에서 리더들이 서번트 리더십을 개발하고 서번트 리더로 변화하기 위해서는 다음과 같은 점을 특히 고려해야 한다.

1. 리더이기 이전에 우선 타인을 섬기려는 자세와 가치관을 지닌 서번트가 되어야 한다.
2. 구성원들에게 적절한 성장기회를 제공하고 적극 지원함으로써 스스로 역량을 개발할 수 있도록 환경을 조성해 주어야 한다.
3. 구성원들에 대한 인간적인 배려와 노력이 중요하다.
4. 리더와 구성원들 간의 공감대 형성이 필수불가결하며, 이를 위한 상호간의 경청과 공감, 설득의 과정이 지속적으로 이루어져야 한다.

연/습/문/제

01. 리더십의 정의에 대해 설명하시오.

02. 리더십의 3요소에 대해 이야기해 보자.

03. 리더십 특성이론에 대해 설명하시오.

04. 리더십 행동이론에 대해 살펴보자.

05. 관리 그리드 이론에 대해 이야기해 보자.

06. 피들러의 상황적합성 이론에 대해 이야기해 보자.

07. 리더십 수명주기 이론에 대해 살펴보자.

08. 하우스의 경로-목표이론에 대해 살펴보자.

09. 거래적 리더십과 변혁적 리더십에 대해 이야기해 보자.

10. 카리스마적 리더십에 대해 이야기해 보자.

11. 슈퍼 리더십에 대해 이야기해 보자.

12. 임파워먼트 리더십에 대해 이야기해 보자.

13. 서번트 리더십에 대해 이야기해 보자.

Chapter 16

조직문화

제 1 절

조직문화의 이해

1. 조직문화의 개념

사회에는 그 사회의 문화가 있고, 개인에게는 개성이 있듯이 기업체에도 개별 기업마다 독특한 문화적 특성이 있는데 이를 조직문화(organizational culture)라 한다.

특히 조직문화는 기업체가 주어진 환경여건 속에서 오랜 기간 동안 조직 자체의 목적을 달성해 나가는 과정에서 형성된다. 그리고 이렇게 형성된 조직문화는 쉽게 변하지 않고 계속 유지되게 된다.

조직문화에 대한 관심은 1930년경 인간관계론에서 기업을 사회학적 관점에서 접근한 이후로 기업의 문화적 개념에 대한 인식이 높아졌다. 그러나 학문적인 연구가 본격적으로 이루어지기 시작한 시기는 1980년 이후부터라고 할 수 있다. 1980년대에 조직문화에 대한 연구가 활발하게 된 배경은 다음과 같다.

첫째, 조직에 대한 학제적 연구이다. 1950년대 이후 조직 연구에 행동과학이 적용되었다. 행동과학은 심리학, 사회학, 문화인류학을 종합한 인간의 행동에 대한 학제적 연구이다. 조직문화는 이 중에서 문화인류학의 영향을 많이 받았다.

둘째, 1980년대 이후 일본 기업의 성공에 대한 연구가 많이 이루어졌다. 서구적 경영방식과는 대조가 되는 일본의 기업이 크게 성공하게 된 원인을 규명하는 과정에서 일본 기업의 문화적 특성에 관심을 가지게 되었다.

셋째, 피터스(T. Peters)와 워터만(R. H. Waterman)은 미국 내에 우수기업과 그렇지 않는 기업 사이에는 문화적 특성이 크게 차이가 난다는 것을 주장하였다.

이상과 같은 배경에 의하여 활발하게 연구된 조직문화와 관련하여 문화를 정의하면 다음과 같다.

문화는 사회의 구성원들이 공통으로 가지고 있는 가치관과 신념, 이념과 습관 그리고 지식과 기술 등을 포함한 거시적이고 종합적인 것으로 사회구성원의 행동과 사회조직을 형성하고 양자를 연결하고 조정하는 종합적 요소이다.

이와 같은 문화개념을 조직에 적용시킨 것이 조직문화이다. 조직문화는 조직 구성원들이 공유하고 있는 가치관, 신념, 이념, 관습, 규범, 전통 및 지식과 기술을 포함한 종합적인 것으로 조직 구성원과 조직의 행동에 영향을 미친다.

기업문화(corporate culture)는 문화인류학적 관점에서 문화의 개념을 조직에 적용한 조직문화를 기업차원에서 적용하는 것이다. 기업문화는 특정기업이 사회문화적 영향에 의하여 형성된 것으로 기업 구성원들이 공유하고 있는 가치관, 행동방식 및 관리행동과 상징적 특성이다.

2. 조직문화의 형성요인

조직문화의 형성에 영향을 미치는 대표적 요인으로는 다음과 같은 것들을 들 수 있다.

(1) 창업자 또는 최고경영자의 경영이념

기업을 오늘날까지 이끌어 온 창업자나 최고경영자는 조직문화 형성에 많은 영향을 끼친다. 실제로 창업자의 경영이념이 기업이 지향하는 가치로 나타나거나, 그가 기업을 세우고 역경을 헤쳐 오는 과정에서 생성된 조직의 탄생설화, 일대기 등은 조직문화의 형성에 중요한 요소가 된다.

(2) 기업의 역사와 안정적인 멤버십

조직문화가 형성되려면 어느 정도의 역사와 구성원이 안정적이어야 한다. 샤인

(E. H. Schein)은 오랜 역사와 안정적인 멤버십(membership)이 조직문화 형성에 필수적이라고 말하고 있다.

일본기업의 경우, 오랜 기업의 역사와 종신고용제라는 특성이 독특한 사풍으로 발전되어 조직문화를 형성하게 되었다.

(3) 대체문화의 존재 여부

구성원들이 상이한 문화적 대체 안에 노출이 되면 기업 특유의 문화형성이 어렵게 된다. 그러나 이러한 조건이 유지되기 위해서는 조직 구성원이 조직 특유의 가치관을 몸에 익히는 것이 필요하다. 또한 기업 측에서도 가능한 한 동질적 부류의 신입사원을 채용하고, 초기부터 이들에게 기업 가치를 주입시키며 기업특유의 문화를 몸에 익히게 하는 것이 중요하다.

(4) 기업이 속한 문화

기업이 속한 문화권이 어떠한가도 조직문화의 형성에 영향을 미친다. 기업은 기업이 속한 문화권의 영향을 필연적으로 받게 된다. 이것이 개별 기업의 독특한 문화를 설명하는 데 중요한 요인이 될 수가 있다.

(5) 업종 환경

기업이 어떤 산업에 속해 있는가가 조직문화 형성에 많은 영향을 미친다. 석유탐사 산업과 같이 많은 위험이 따르고 자본의 회수기간이 긴 산업과, 영화산업과 같이 그 결과가 빨리 나타나는 산업에 속한 조직문화는 상이할 수밖에 없다.

3. 조직문화의 수준

조직문화의 수준은 몇 단계로 구성되어 있다. 가장 간단히 조직문화의 수준을 나타내면 [그림 16 - 1]과 같이 바다 위에 떠 있는 빙산의 형태로 표현할 수 있다. 빙산의 일부처럼 수면 위에 분출되어 눈으로 식별할 수 있는 부분은 조직문화 중 가시적인 것으로 구성원들의 창조물이나 행동으로 예를 들면 상징, 스토리, 슬로건, 행동, 의상, 물리적 환경 등이 해당된다.

그러나 조직문화는 가시적인 것으로만 구성되어 있지는 않다. 가시적으로 식별가능한 문화 요소의 저변에 존재하는 무형의 것으로 구성원들이 공유하고 있는 가치와 기본적인 가정과 같은 것이다. 즉, 조직구성원들이 중요시 하는 가정, 믿음, 가치관, 태도, 감정 등이 존재하는 것이다.

그림 16-1 조직문화의 수준

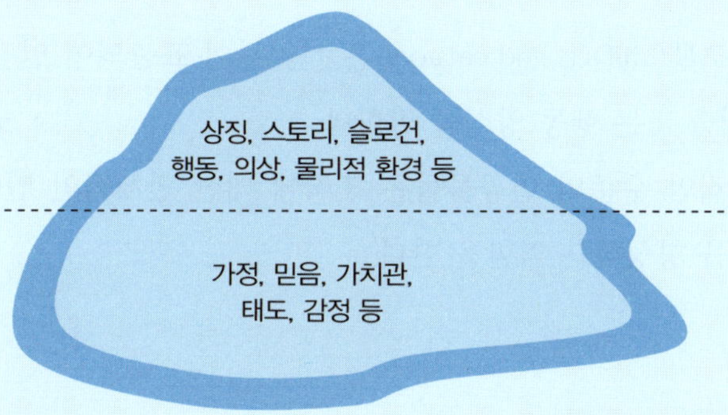

그림 16-2 조직문화의 의식수준

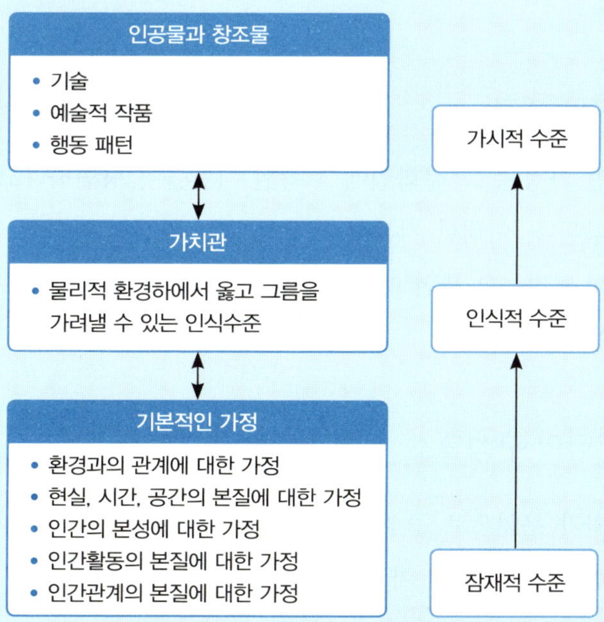

샤인(E. H. Schein)은 조직구성원과 전체 조직체의 행동에 영향을 미치는 의식체계를 중심으로 조직문화의 수준을 제시했다. 그가 제시한 조직문화의 수준은 문화의 가시적 수준과 인식적 수준, 잠재적 수준이다.

가시적 수준은 조직의 인공물과 창조물로, 인식적 수준은 가치관으로, 잠재적 수준은 기본적인 가정으로 대표된다.

(1) 인공물과 창조물

인공물과 창조물(artifacts and creators)은 가치관이 표출되어 인간이 창출한 인공물들, 기술이나 예술 또는 행동 양식을 말한다.

이러한 가시적인 수준의 인공물들은 조직에 대한 전체적인 인상과 이미지, 조직의 문화적 특징을 형성하는 역할을 한다.

(2) 가치관

조직문화의 두 번째 수준은 인식적 수준으로 가치관이다. 가치관은 조직구성원들이 일반적으로 인식하고 있는 행동의 지침으로써 가시적 수준의 인공적 창조물을 지배한다. 개인에 대한 존중, 창의성에 대한 중요성, 개방적 의사소통 등은 가치관의 예이다.

(3) 기본적인 가정

기본적인 가정은 그 문화권에 소속된 사람들이 당연하다고 믿고 있는 기본적인 믿음에 해당된다. 이러한 기본적 가정은 모든 가시적 문화의 핵심적 부분으로 외부에서 관찰이 불가능할 뿐만 아니라 의식하지 못하는 상태에서 구성원들이 태도와 행동에 영향을 미치게 된다.

4. 조직문화의 구성요소

조직문화가 무엇으로 구성되어 있는지에 대한 견해는 다양한데, 그중에서 가장 대표적인 연구가 파스칼과 아토스(R. T. Pascal & A. G. Athos)와 피터스와 워터만(Y. J. Peters & R. H. Waterman) 등이 제시한 7S 모형이다.

그림 16-3 조직문화의 구성요소(7S 모형)

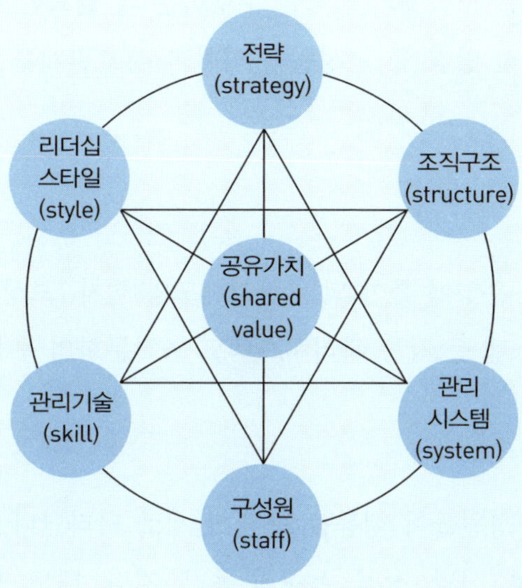

7S 모형은 맥킨지(Mckinsey)에 의해서 개발된 모형으로 조직문화에 영향을 주는 조직내부요소를 7가지 요인으로 분류하고 있다.

7S 모형은 조직문화의 구성요소로서 ① 공유가치(shared value), ② 전략(strategy), ③ 조직구조(structure), ④ 관리시스템(system), ⑤ 구성원(staff), ⑥ 관리기술(skill), ⑦ 리더십 스타일(style)을 들고 있다.

(1) 공유가치

공유가치(shared value)는 기업구성원이 함께하는 가치관으로서 다른 조직문화의 구성요소에 영향을 주는 핵심요소로서 조직문화 형성에 가장 중요한 구성요소이다.

(2) 전략

전략(strategy)은 기업의 장기적인 계획과 이를 달성하기 위한 자원의 배분을 포함한다. 즉, 전략은 조직의 운영에 대한 장기적인 방향의 설정과 연관되어 있기 때문에 조직이 선택하는 전략에 따라 조직문화는 영향을 받게 된다.

(3) 조직구조

조직구조(structure)는 조직체의 전략을 수행하는 데 필요한 틀로서 조직형태와 직무설계, 권한관계, 조직 방침 등 구성원의 역할과 상호관계를 지배하는 공식요소들을 포함한다.

(4) 관리시스템

조직의 의사결정과 운영에 틀이 되는 관리제도와 절차, 보상제도, 인센티브, 조직운영의 조정·통제시스템 등 각종 관리시스템도 조직문화의 구성요소이다.

(5) 구성원

조직문화는 조직구성원들이 행동을 통해 실제로 나타난다. 기업의 인적 구성과 구성원의 능력, 전문성, 신념, 성격, 욕구와 동기, 지각, 태도, 행동패턴 등을 의미한다. 따라서 조직 구성원이 어떤 성격과 유형의 사람으로 구성되어 있는지 여부에 따라 조직문화의 형성에 영향을 미치게 된다.

(6) 관리기술

기업의 각종 하드웨어 기술과 이를 작동시키는 소프트웨어 기술, 인간적 기술 및 목표관리와 예산관리 등 조직운영에 활용되는 관리기술도 조직문화 형성에 많은 영향을 미치게 된다.

(7) 리더십 스타일

조직의 리더가 가지고 있는 리더십 스타일은 구성원들의 행동은 물론이고 조직구성원 상호간의 관계와 조직문화에 직접적인 영향을 미치게 된다. 따라서 리더의 리더십 스타일에 따라 조직 전체의 분위기가 좌우되며 조직문화를 구성하는 다른 요소들에 영향을 주게 된다.

쉼터

달팽이

아직 추위가 채 가시지 않은 어느 쌀쌀한 봄날, 달팽이 한 마리가 나무를 기어오르기 시작했다. 나뭇가지에 앉아 있던 새 한마리가 달팽이에게 쏘아붙였다.

"이 바보 같은 달팽이야! 도대체 네가 어디로 가는 줄이나 알고 있니?"

옆에 있던 다른 새가 거들었다.

"지금은 나무에 올라가 봤자 아무런 열매도 없어."

그러자 묵묵히 나무를 기어오르던 달팽이가 대꾸했다.

"내가 저 꼭대기에 올라갈 즈음에는 틀림없이 열매가 열릴 거야."

새들은 달팽이의 뚝심에 놀라고 말았다.

우리 인간도 자신의 목표를 위해 하루 하루 최선을 다해 달팽이처럼 한 걸음 한 걸음 전진해 나가면 결국 목적지에 도달하게 될 것이다.

출처 : '행복한 동행' 2006년 4월호

제 2 절 조직문화의 기능

조직문화는 기업에 내재되어 있는 정신적 기반으로 구성원의 사고와 행동에 방향과 힘을 주는 역할을 한다.

따라서 조직문화는 조직 전반에 걸쳐 영향을 미치며 그 결과는 기업의 성과를 좌우할 수 있다. 조직을 결속시켜 주는 조직문화의 기능에 대해 살펴보고자 한다.

1. 로빈스의 견해

로빈스(S. P. Robbins)는 조직문화의 기능에 대해 다음과 같이 설명하고 있다.

1. 조직문화는 조직의 경계를 설정해 주는 역할을 수행한다. 즉, 하나의 조직과 다른 조직을 구별해 준다.
2. 조직 구성원들에게 정체감을 제공해 준다.
3. 구성원들이 자신의 개인적 이익보다 더 큰 어떤 것을 위하여 헌신하는 것을 가능하게 해준다.
4. 조직문화는 사회시스템의 안정성을 높여 준다. 구성원들이 무엇을 말하고 행동해야 하는가에 대한 적절한 표준을 제공해 줌으로써 조직을 통합시켜 준다.
5. 구성원들의 태도와 행동을 지도하고 조정하는 통제메커니즘의 기능을 한다. 따라서 조직문화는 조직 구성원들의 행동에 일관성을 확보해 준다. 조직문화가 확립되어 있을수록 관리자는 공식적인 규칙이나 규정이 없어도 구성원들의 행동을 지도할 수 있게 된다.
6. 조직문화가 오히려 조직유효성에 대해서 역기능적으로 작용할 수도 있다. 조직문화는 그 공유가치가 조직유효성을 촉진시키는 가치들과 조화를 이루지 못할 때에는 부담이 된다.

안정적인 환경하에서는 강한 문화에 의한 행동의 일관성이 조직의 자산이 될 수 있다. 그러나 급변하는 환경하에서의 강한 문화는 오히려 조직의 변화에 민감하게 반응하는 것을 어렵게 하므로 조직에 부담이 된다.

2. 샤인의 견해

샤인(E. H. Schein)은 조직문화가 수행하는 기능을 조직의 성숙단계에 따라 분석하였다.

조직문화적 관점에서 조직의 성숙 내지 발전단계는 ① 설립자와 그 가족들이 회사를 지배하는 창업·초기 성장단계, ② 설립자의 가족이 아닌 전문경영자가 회사를 경영하는 중기단계, ③ 성숙단계 등 3단계로 나눌 수 있다.

(1) 창업 및 초기 성장단계

이 단계에서의 조직문화는 조직의 정체성의 원천이 되며, 일종의 독특한 능력으로서 작용한다. 조직문화가 조직을 하나로 통합시키는 접착제의 기능을 한다. 또한 이 단계에서는 설립자인 1세대에서 2세대로 경영권의 승계가 된다. 이 국면에서는 조직문화는 보수적 경향의 사람들과 진보적 경향의 사람들 간에 갈등이 생기게 된다.

(2) 중기단계

이 단계에서는 조직문화는 기본적으로는 전 단계에서와 같은 기능을 수행하지만 새로운 하위문화가 다수 생성됨에 따라 기업 특유의 문화적 통합이 약화된다. 이에 따라 기업은 공유된 가정, 가치, 주요 목표들을 상실하여 정체성의 위기를 초래한다. 그 결과 기업은 문화변화의 새로운 방향을 모색해야 한다.

(3) 성숙단계

조직의 성숙단계에서는 조직문화는 혁신에 대한 제약 조건이 된다. 조직문화는 과거의 영광을 보존하고 간직하는 기능을 담당함으로써 자부심과 자기방어의 원동력으로서 존중된다.

3. 세드의 견해

세드(V. Sathe)는 조직의 기본적인 5가지 과정인 의사소통, 협동, 몰입, 의사결정, 계획실행 과정에서 조직문화가 발휘하는 기능을 중심으로 살펴보았다.

(1) 의사소통 과정

조직문화는 조직 내의 의사소통의 어려움을 감소시켜 준다.

첫째, 문화적 신념과 가치가 공유되고 있는 사항에서는 말로서 의사를 전달할 필요성이 적어진다.

둘째, 문화적 신념과 가치의 공유는 수신자가 전달 받은 메시지를 해석하는 데 도움이 되는 지침과 단서를 제공해 준다.

(2) 협동 과정

구성원들이 진정한 협동하기 위해서는 서로 간에 선의, 상호신뢰가 바탕이 되어야 한다. 이러한 문제에 대해 조직문화가 공유가치와 신념을 제공해줌으로써 진정한 협동이 이루어진다.

(3) 몰입 과정

사람들은 기업목표를 자기의 목표로 느끼고, 조직에 대해서 어떤 정서적 애착을 경험할 때 조직목표에 대한 몰입의 감정을 느끼게 된다. 조직문화를 구성하는 공유가치와 신념은 그러한 일체감과 애착을 일으키는 원동력이 된다.

(4) 의사결정 과정

조직문화를 구성하는 공유가치는 조직 구성원들의 의사결정 과정에 영향을 미친다. 어떤 문제에 대해 서로간의 의견불일치가 별로 없기 때문에 보다 능률적인 의사결정이 가능하게 된다.

그러나 능률성은 유효성을 의미하지 않기 때문에 공유가치가 경영전략, 그리고 조직 구성원들의 필요와 욕구에 부합하지 않을 때 오히려 역기능적 결과를 가져올 수도 있다.

(5) 실행 과정

조직의 정책이나 의사결정의 사항을 실행하는 과정에서 공통적으로 부딪치는 어려운 문제 중의 하나는 돌발 상황이 발생했을 때 어떻게 할 것인가 하는 점이다. 더구나 적절한 대책에 관해서 다른 사람과 의논하는 것이 불가능한 상황에서 즉각적인 조치가 요구되는 때가 있다. 이런 상황에서 조직문화는 올바른 행동방향을 가리켜 주는 나침반의 역할을 한다.

(6) 문화의 강도

앞서 살펴본 조직문화의 기능을 모든 조직문화가 똑같이 발휘되는 것은 아니다. 조직문화가 종업원의 행동에 영향을 미치는 정도는 문화의 강도에 따라서 달라진다.

쉼터

칭찬이 좋은 이유

1. 칭찬은 바보를 천재로 만든다. 말도 못하고 듣지도 보지도 못하던 헬렌 켈러에게 기적을 만들어 주었다.
2. 칭찬을 하면 꼭 칭찬 들을 일을 한다. 칭찬하고 칭찬하라.
3. 한 마디의 칭찬이 건강을 심어준다. 몸에서 엔돌핀이 생성되기 때문이다.
4. 칭찬을 받으면 발걸음이 가벼워지고 입에서 노래가 나온다.
5. 칭찬은 상대방에게 기쁨을 준다. 돈은 순간의 기쁨을 주지만 칭찬은 평생의 기쁨을 준다.
6. 본인도 모르고 있는 부분을 찾아 칭찬하라. 그 기쁨은 10배, 100배로 증폭된다.
7. 자기 자신을 칭찬할 줄 아는 사람이라야 남을 칭찬할 수 있다. 자기부터 칭찬하라.
8. 아무리 나쁜 사람이라도 칭찬거리를 찾다보면! 무수한 칭찬거리가 나타난다.
9. 칭찬은 자신을 기쁘게 하고 상대방을 행복하게 하는 공동 승리를 안겨준다.
10. 누구를 만나든지 칭찬으로 시작하여 칭찬으로 끝내라. 이 세상이 기쁜 세상이 된다.
11. 운동선수는 응원 소리에서 힘을 되찾고 칭찬을 들으며 자신감을 갖는다.
12. 미운 사람일수록 칭찬을 해 주어라. 언젠가 나를 위해 큰일을 해 줄 것이다.
13. 칭찬하는 데는 비용이 들지 않는다. 그러나 큰 비용으로도 해결할 수 없었던 부분까지도 해결해 준다.
14. 칭찬은 어떤 훈장과도 비교될 수 없을 정도의 큰 훈장이다.
15. 칭찬은 보물찾기와 같다. 보물은 많이 찾을수록 좋은 것이다.
16. 칭찬은 사랑하는 마음의 결정체이고 비난은 원망하는 마음의 결정체이다. 한 방울의 꿀이 수많은 벌을 모을 수 있지만 수많은 가시는 벌을 모을 수 없다는 서양 속담이 있다.
17. 칭찬은 적군을 아군으로 만들고 원수도 은인으로 만든다.
18. 고객만족, 고객감동을 내세우지만 칭찬은 이 두 가지를 모두 만족시키고도 남는다.
19. 목마른 사람에게 물을 주는 것이 공덕이다. 사람은 너나없이 칭찬에 목마름을 느끼고 있다. 칭찬으로 변화시키지 못하는 것은 어떤 것으로도 변화시키지 못한다.
20. 10점을 맞다가 20점을 맞는 것은 대단한 향상이다. 칭찬을 듣고 또 들으면 30점이 되고 50점이 되다가 끝내는 100점이 되어 버린다.
21. 칭찬은 불가능의 벽을 깨뜨리는 놀라운 힘이 있다.
22. 자기를 사랑하는 사람만이 남을 칭찬할 수 있다. 먼저 자신을 사랑하라.
23. 상대방의 약점을 보려고 하지 말라. 약점의 눈으로 보니 약점만 보이는 것이다.
24. 사람의 참모습은 칭찬에서 나타난다. 칭찬을 통해서 행복한 가정, 신나는 세상이 펼쳐진다.

25. 칭찬은 부정적이고 소극적인 마음을 긍정적이고 적극적인 사고로 바꿔준다. 내가 말하는 한마디 칭찬이 의식개혁의 시작이다.
26. 칭찬은 웃음꽃을 피우게 하는 마술사이다. 이 세상에서 가장 아름다운 꽃은 웃음이다.
27. 내가 칭찬을 하면 상대방도 칭찬을 되돌려 준다. 칭찬을 주고받는 세상이 지상천국이다.
28. 칭찬을 받으면 더 잘 하려는 노력을 하게 된다. 더욱더 칭찬을 받고 싶은 마음이 10배의 능력을 만든다.
29. 칭찬을 받으면 앞길이 훤하게 열린다. 마음을 열고 활력 있게 행동을 하게 되고 불가능도 가능으로 바뀌어진다.
30. 칭찬을 하다 보면 네가 내가 되고 내가 네가 되어 모두 하나가 된다.

제 3 절 조직문화의 유형

조직문화의 유형을 분석함으로써 현실에서 조직문화를 진단하고 측정하여 바람직한 방향으로 변화시키고 발전시킬 수 있는 기준을 설정할 수 있다.

조직문의 유형에는 개별 조직차원과 국가차원에 따라 분류할 수 있다. 그리고 한국 기업의 조직문화에 대해 살펴보고자 한다.

1. 조직차원의 문화 유형

개별 조직차원에서 문화를 유형화한 연구는 딜과 케네디(T. E. Deal & A. A. Kennedy), 퀸과 맥그레스(R. E. Quinn & M. R. McGrath) 등이 대표적이다.

(1) 딜과 케네디의 문화 유형

딜과 케네디는 위험추구 정도와 결과의 피드백 기간에 따라서 [그림 16 - 4]와 같이 문화를 분류하였다.

그림 16-4 딜과 케네디의 문화 유형

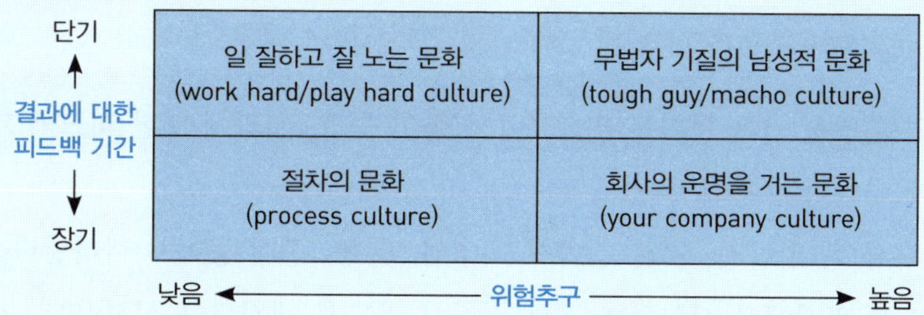

1) 무법자 기질의 남성적 문화

무법자 기질의 남성적 문화는 위험을 추구하는 성향이 높고, 결과에 대한 피드백 기간이 단기일 때 나타나는 문화로서 주로 건설업, 화장품회사, TV, 라디오, 경영 컨설팅 업계에서 나타난다. 이런 문화는 거친 태도와 개인주의, 미신적 특성을 보인다.

이런 문화의 장점으로 단기간 내에 업무를 완성하지만 단점으로는 과거의 실수로부터 교훈을 얻지 못하며, 모든 것이 단기간에 이루어지고 협동의 미덕이 무시된다는 점이다.

이런 문화에 속한 개인들의 특성으로는 유행에 민감하고, 실내에서 주로 활동하고, 테니스, 탁구와 같은 일대일의 스포츠를 즐기는 경향이 있다.

2) 일 잘하고 잘 노는 문화

일 잘하고 잘 노는 문화는 위험추구 경향이 낮고, 결과에 대한 피드백 기간이 단기적일 때 나타나는 문화이다.

주로 부동산업, 컴퓨터 산업, 자동차 영업점, 소매점 등에서 나타난다. 이런 문화는 강력한 판매력을 지니며, 문제를 해결하는 데 있어서 팀 접근법을 사용하며, 비미신적이다.

이런 문화의 장점은 대부분 빠른 기간 내에 일을 완수할 수 있다는 것이며, 단점으로는 일을 빨리 해결하려다 문제 해결보다는 어떤 행동만을 취하고 마는 경향이 있다.

이런 문화에 속한 개인들의 특성으로는 특이한 복장은 가급적 피하며, 축구와 같은 팀 스포츠를 즐기고 함께 술을 마시는 것을 선호하는 경향이 있다.

3) 회사의 운명을 거는 문화

회사의 운명을 거는 문화는 위험추구 성향이 높고, 결과에 대한 피드백 기간이 장기간일 때 나타나는 문화이다.

주로 유류업, 항공사, 자본 집약적 제조업, 은행, 군대 등에서 나타난다. 이런 문화는 장기적 관점에서 사고하며, 의사결정시 반드시 재검토를 실시하고, 기술적 우위에 있으며, 권위에 대해 강한 존경심을 갖는다.

이런 문화에서는 높은 수준의 창조적인 업무를 달성할 수 있는 반면, 어떤 일을 이루는 데 시간이 많이 소요되고, 단기간의 경제적 변동에 대응하는 것이 부족하며, 현금흐름 문제에 직면하게 된다는 것이다.

이런 문화에 속한 개인들의 특성은 조직에서 자신의 위치와 역할을 잘 이해하고 있다. 게임의 결과가 어떻게 될지 잘 모르는 골프 같은 스포츠를 즐기며, 멘토링으로 기존 구성원과 새로운 구성원 간의 관계를 형성한다.

4) 절차중심의 문화

절차중심의 문화는 위험추구 성향이 낮고, 결과에 대한 피드백의 기간이 장기일 때 나타나는 문화이다.

주로 은행, 보험회사, 제약업, 재정·서비스 조직, 정부관련 기관 등에서 나타난다. 이런 문화의 특징은 매우 조심스럽고, 방어적이며 세밀한 부분까지 주의를 기울이고, 언제나 완성된 절차를 따른다는 것이다. 이런 문화의 장점은 작업순서와 체계가 유지되는 것이며, 단점은 너무 관료주의적이고, 창조적 사고가 유발되기 어렵고, 일을 하는 데 너무 많은 시간이 소비된다는 것이다.

이런 문화에 속한 개인들의 특성은 위계적 지위에 잘 따르며, 주로 아파트에 살고, 조깅이나 수영 같은 스포츠를 즐기며, 토론하는 것을 좋아하는 경향이 있다.

(2) 퀸과 맥그레스의 문화 유형

퀸과 맥그레스(R. E. Quinn & M. R. McGrath)는 조직유효성에서 제시된 경쟁가치

그림 16-5 퀸과 맥그레스의 조직문화 유형

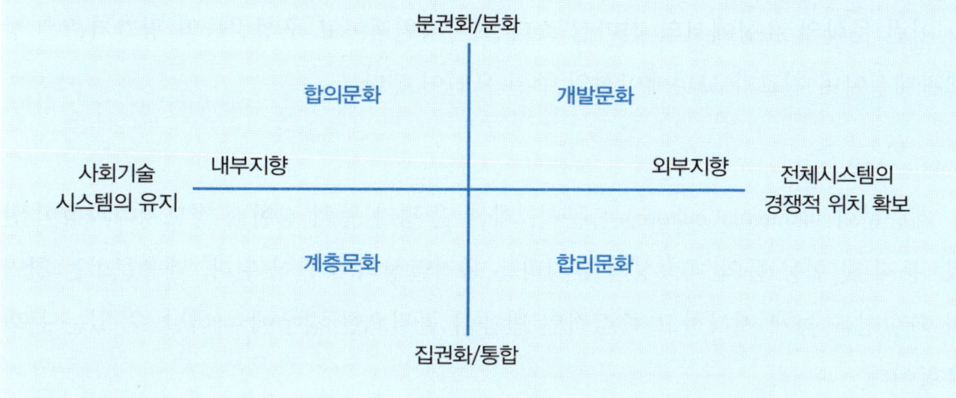

모형에 의거한 조직문화 모형을 제시했는데 [그림 16 - 5]와 같다.

[그림 16 - 5]에서 보는 바와 같이 두 차원으로 나누어진 4가지 유형으로 구분하였는데, 각각의 조직문화 유형은 합리문화, 개발문화, 합의문화, 계층문화이다. 각 문화는 조직의 유효성의 서로 다른 차원을 나타내는 분권화/분화 - 집권화/통합 차원과 사회 기술시스템의 유지 - 전체 시스템의 경쟁적 위치확보의 차원에 따라 유형화된 것이다.

여기에서 분권화/분화 - 집권화/통합 차원은 유연 - 통제 차원으로 조직의 구조화에 대한 선호를 나타내고 있다. 즉, 유연성을 지향하는 시스템은 분권화와 분화를 강조하는 반면, 통제를 지향하는 시스템은 집권화와 통합을 강조한다.

그리고 두 번째 차원인 사회기술 시스템의 유지 - 전체 시스템의 경쟁적 위치확보의 차원은 내부 - 외부 초점지향 차원으로 조직의 가치시스템이 사회기술적인 시스템의 유지를 강조하는 것인지, 외부환경하에서의 경쟁적 위치의 강화를 강조하는가 하는 것이다. 각 유형의 특성을 설명하면 다음과 같다.

1) 합의문화

합의문화(consensual culture)는 토론과 참여 등의 집합적 정보처리 과정이 사기증진과 협동 등의 목적을 달성하기 위한 수단이 된다. 합의문화는 현실에 대한 불확실성이 높기 때문에 즉각적인 반응이 불필요한 경우에 나타날 수 있는 문화유형이다.

이 유형의 특성은 집단의 유지를 목적으로 하고, 사기와 응집성을 중요시하며, 구성원의 참여 속에 의사결정이 이루어진다는 것이다.

이런 문화의 유형에서의 리더십 스타일은 지원적이고 구성원들의 평가기준은 상호관계성이며 친교가 모티베이션의 주된 요인이 된다.

2) 계층문화

계층문화(hierarchial culture)는 문서, 계산 및 평가 등의 경험적 정보처리과정이 안정·통제 및 협동 등의 계속성의 유지라는 목적달성의 수단이 된다. 계층문화는 환경적 확실성을 높게 지각하고 즉각적인 반응이 불필요한 경우에 나타날 수 있는 문화유형이다.

이 유형의 특성은 규정의 집행을 목적으로 하고, 안정과 통제를 중요시하며, 권위의 소재가 명확하다는 점이다.

이런 문화유형에서의 의사결정은 사실에 기초하여 이루어지고, 리더십 스타일은 보수적이고 신중하며, 안전이 모티베이션의 주된 요인이다.

3) 합리문화

합리문화(rational culture)는 목적의 명확화, 논리적 판단 등의 개인정보 처리과정이 능률, 생산성 및 이윤 등의 성과 개선을 위한 수단이 된다.

합리문화는 현실에 대한 확실성을 높게 지각하고, 즉각적으로 반응할 때 나타날 수 있는 문화유형이다.

이런 유형의 특성은 생상성과 능률을 중요시하고, 상사의 권위를 인정하며, 능력에 따라 권한을 부여하는 것으로, 이런 문화유형에서의 의사결정은 신속히 이루어지고, 리더십 스타일은 지시적, 목표 지향적이며, 구성원에 대한 평가는 구체적 성과를 기초로 한다. 개인들은 목표를 초과 달성했을 때 성과에 대한 보상이 주어질 것이라는 신념에 의해 모티베이션된다.

4) 개발문화

개발문화(developmental culture)는 통찰력, 발명, 혁신 등의 직관적 정보 처리과정이 자원의 획득과 성장 등의 목적 달성을 위한 수단이 된다. 개발문화는 현실에 대한

표 16-1 조직문화의 유형과 특성

유 형	합의	계층	합리	개발
특성	가족과 같은 운명 공동체	공식적	경쟁, 생산지향	위험 감수
조직분위기	참여, 안락, 충성심	예측가능성, 확실한 기대	경쟁에서의 승리	도전적 역동
성공 기준	팀워크 형성, 구성원 배려	효율성, 철저한 계획, 원가절감	시장개혁, 시장점유, 경쟁적 우위	독특함, 신제품 개발
관리스타일	팀워크, 합의적	고용안정, 존속	경쟁능력, 생산성, 업적 감독	혁신, 자유

확실성을 낮게 지각하고 즉각적인 반응이 필요할 때 나타날 수 있는 문화유형이다.

이런 유형의 특성은 여러 개의 기업목표가 있으며, 외부의 지지와 성장을 중요시하고, 카리스마적 권위를 인정하며, 가치를 권력의 기반으로 삼는 데 있다.

개발문화에서의 의사결정은 직관적으로 이루어지고, 리더십 스타일은 창의적, 모범 지향적이며, 구성원들은 노력의 정도에 의해 평가된다. 이상의 4가지 유형을 서로 비교해보면 〈표 16-1〉과 같다.

퀸은 4가지 문화유형을 구분하였는데 조직이 우수한 성과를 장기적으로 확보하기 위해서는 4가지 중에서 어느 한 가지에 지나치게 의존해서는 안 된다고 하였다.

기업의 특수한 상황에 따라 단기적으로 어느 한 문화가 특별히 우월한 문화가 될 수는 있지만, 어느 한 가지를 강제적으로 추구하면 조직의 장기적 발전이 불가능하다는 것이다.

위의 4가지의 문화 중 어느 하나가 일방적으로 강조되면 부정적 결과가 나타난다. 신축성을 지나치게 강조하면 혼란이 일어나고, 질서를 지나치게 강조하면 경직성이 나타나고, 내부통합을 지나치게 강조하면 냉담이나 무관심한 반응을 보이게 된다. 또한 외부지향을 지나치게 강조하면 호전성과 적대적 성향을 보이게 된다는 것이다. 따라서 바람직하고 건전한 조직문화란 4가지 역설적인 가치들이 모두 넘치지도 않고 부족하지도 않는 균형된 상태로 유지하는 것을 말한다.

2. 국가차원의 기업문화 유형

홉스테드(G. Hofsted)는 국가 차원에서 기업문화를 유형화하였다. 그는 1970년에 60개 이상의 국가들에 걸쳐 있는 IBM사로부터 자료를 수집하여 권력의 거리, 불확실성 회피의 두 차원과 개인주의 – 집단주의, 남성지향 – 여성지향의 두 차원으로 각국의 기업문화의 특성을 구분하였다.

홉스테드는 먼저 조직 구성원이 가지고 있는 가치로서 권력의 거리와 불확실성의 회피라는 2가지 차원에서 기업문화를 구분하였다.

먼저 권력의 거리(power distance)란 사회 구성원들이 육체적으로나 지적으로 평등하지 못하다는 사실에 대해 어떤 반응을 보이는가 하는 것으로서 어떤 사회에서는 권력과 부의 불균등을 더욱 심화시키고 강화하는가 하면(불평등), 또 다른 사회에서는 이러한 불균등을 가능한 한 해소시키려고 한다(평등).

그리고 불확실성 회피(uncertainty avoidance)란 사회 구성원들이 환경의 불확실성에 적응해 나가는 방법이 문화에 따라서 서로 어떻게 다른가 하는 것으로, 어떤 사회는 불확실성에 대해 별로 위협을 느끼지 않기 때문에 다른 스타일의 행위나 의견을 쉽게 수용하는 반면(유연함), 어떤 사회에서는 불확실성에 대해 불안해하며 회피하려 하기 때문에 규칙이나 절차에 의존하려고 한다(엄격함).

[그림 16 – 6]은 불확실성과 권력의 거리를 몇 개 국가의 문화적 특성을 대비하여 나타낸 것이다.

그림 16-6 불확실성과 권력의 거리에 의한 문화유형

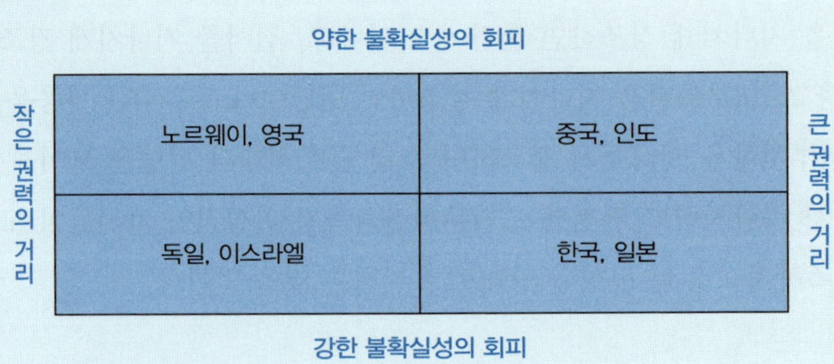

노르웨이나 영국과 같은 나라의 기업문화는 권력의 거리를 줄이고자 하고 불확실성에 유연하게 대처하고자 하는 문화유형에 속한다. 이런 유형에서는 조직의 의사결정은 주로 협상에 의하여 이루어진다.

반면, 한국과 일본의 기업문화는 불평 등이 심화되어 있고, 불확실성을 회피하려고 하므로 법에 의한 통치가 주로 이루어지는 유형이다. 한편, 중국과 인도의 경우는 불평등이 심화되어 있고, 불확실성에 대하여 유연하게 대처하려고 하는 문화로서 사람에 의한 통치가 주로 이루어진다.

반면, 독일과 이스라엘의 기업문화는 평등을 지향하고, 엄격한 규칙이나 절차에 의하여 불확실성을 줄이려고 한다.

한편, 홉스테드는 조직구성원이 지닌 가치로서 개인주의 – 집단주의와 남성지향성 – 여성지향성 두 차원에서 기업문화를 유형화하였다.

개인주의 – 집단주의(individualism-collectivism)란 사회 성원들이 개인의 목표와 집단의 목표 중 어느 것을 더욱 강조하는지에 관한 것이다. 개인에게 더욱 많은 자유를 인정하고, 개인적 이해가 중시될수록 그 사회는 개인주의적이며, 구성원 간의 관계가 밀접하고 집단의 이해가 중요시될수록 그 사회는 집단주의적이다.

남성지향성 – 여성지향성(masculinity-femininity)은 사회에서 남성과 여성의 역할분담에 관한 것으로서 사회마다 성에 따른 사회적 역할분담이 다르다는 사실에 기초하였다. 어떤 사회에서는 남성과 여성이 여러 가지 역할을 공동으로 수행하고 있고, 또한 어떤 사회에서는 남성과 여성의 사회적 역할이 엄격히 구분되어 있다. 엄격한 남녀 역할분담이 이루어져 있는 사회를 남성지향성이 강하다고 하고, 역할분담이 명확하지 않은 사회를 여성지향성이 상대적으로 강하다고 한다.

[그림 16 – 7]은 국가별 기업문화를 개인주의와 집단주의, 그리고 남성지향성과 여성지향성의 두 차원으로 나눈 것이다.

태국과 한국 기업의 구성원들은 집단주의가 강하고, 여성지향성이 강한 문화로 분류되고, 멕시코와 일본의 경우는 집단주의가 강하고, 남성지향성이 강한 문화로 분류되었다. 한편, 독일과 영국은 개인주의가 강하고, 남성지향성이 강한 유형이며, 네덜란드와 노르웨이는 개인주의가 강하고 여성지향성이 강한 문화유형이다.

개인주의가 선호되는 국가일수록 경제적으로 발전된 국가를 나타낸다. 개인주

그림 16-7 남성/여성스러움에 의한 기업문화

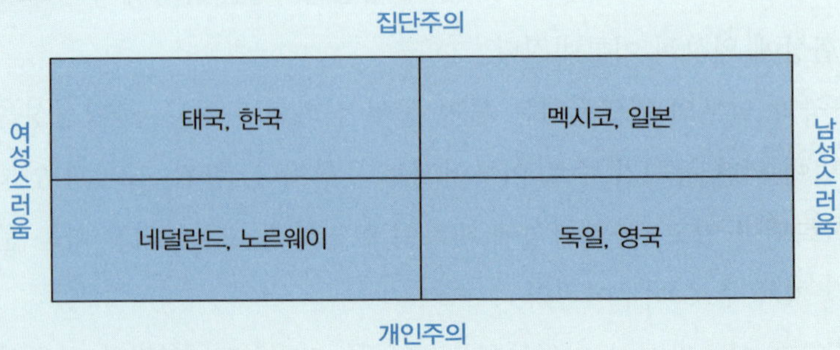

의·집단주의 그리고 남성지향성·여성지향성은 경제발전 및 종교와 밀접하게 관련이 있다.

이들 권력의 거리, 불확실성의 회피의 두 차원과 개인주의－집단주의, 남성스러움－여성스러움의 두 차원을 이용한 기업문화의 유형화에서 기업이 해외로 진출할 때 유사한 기업문화를 갖는 국가에 진출함으로써 문화차이가 적어서 기업경영에 도움이 될 수 있다는 것을 알 수 있다.

3. 한국기업의 조직문화

(1) 한국기업의 문화개발의 단계

기업문화의 개발과정은 일반적으로 ① 현재문화의 진단과 목표 문화의 설정, ② 문화개발의 분위기 조성, ③ 문화의 개발, ④ 효과의 측정 등의 과정을 거친다.

현재문화의 진단과 목표문화의 설정 단계에서는 기업내부의 상황과 문제점을 진단하고 새로운 문화개발의 목적을 설정한다. 최고경영층의 주도하에 상황을 분석하고, 구성원들의 공유가치, 기본전제, 태도, 행동 등을 진단하여 새로운 문화를 개발하기 위한 전반적인 행동계획을 수립한다.

문화개발의 분위기 조성 단계에서는 새로운 기업문화 개발에 필요한 내부 여건을 조성한다. 구성원들에게 새로운 조직문화의 필요성을 인식시키고, 새로운 조직문화의 개발과 그것을 정착시킬 능력을 개발해야 한다. 따라서 이 단계에서는 관리자들을 교육시키고, 워크숍을 통한 토의과정을 거치는 것이 중요하다.

문화의 개발단계에서는 실무 담당부서에서 새로운 문화에 적합한 행동을 개발한다. 개인행동과 집단행동 및 리더의 행동을 개발하고, 새로운 문화와 그에 따른 행동에 적합한 조직을 설계한다. 교육훈련과 목표달성을 위하여 바람직한 행동을 모형화하여 그것을 인사고과, 목표관리, 보상 등에 연결함으로써 개인행동을 개발한다.

집단행동은 작업집단과 부서 간의 회합과 토론을 통하여 개발한다. 새로운 문화 창조에 있어서 리더십은 매우 중요하다. 리더는 새로운 문화에 대한 비전을 선포하고 규제하며 관리행동과 의례 및 의식(rites and rituals)을 통하여 조직과 구성원들의 행동을 조형한다.

마지막 단계에서는 개발된 문화의 효과를 측정하게 된다. 새로운 문화개발에 의하여 구성원들의 조직에 대한 몰입감은 어느 정도 증가하였는지, 최고경영자의 새로운 문화실천에 대한 의지는 확고한지, 새로운 문화에 의한 공유가치가 어느 정도 확산되었는지 등이 효과의 측정의 기준이 된다.

(2) 한국기업의 문화개발 방향

신유근은 한국 기업의 기업문화 유형을 통합적 관점에서 [그림 16-8]과 같이 제시하였다.

공동체와 개인중시의 차원은 기업문화의 목표와 관련하여 국가 차원에서 비교 가능한 가치의식과 행동측면을 동시에 설명하려는 것이며, 또 하나의 차원인 타율(결

그림 16-8 통합적 관점에서의 기업문화 유형

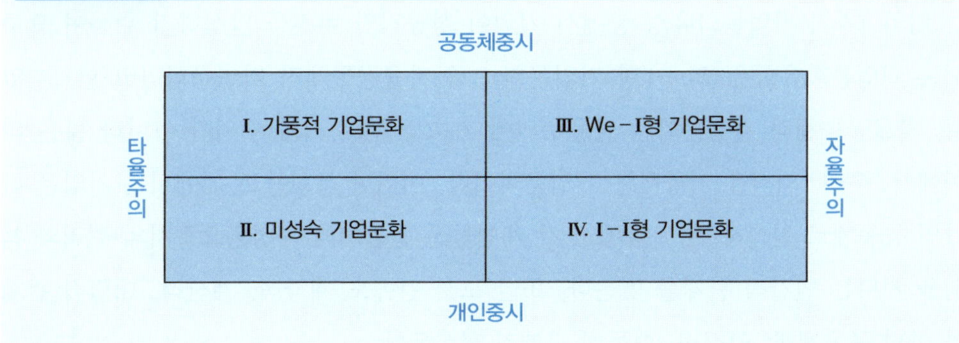

정)과 자율(임의)주의 차원은 주로 인간의 행동이 어떻게 결정되는지의 측면에서 조직 구성원들의 행동측면을 설명하려는 것이다.

먼저 Ⅰ분면의 가풍적 기업문화는 개인보다는 공동체를 중시하는 특성을 가지면서 조직 구성원들은 타율주의적인 행동성향을 보이는 유형이다. 이 경우는 전통적으로 공동체의식이 강하여 개인이 집단에 강한 소속의식을 느끼는 집합주의적 특성이 발달하고, 그로 인해 개인의 자율성보다는 집단에의 종속성과 동조성을 강조하여 타율주의적 성향이 두드러지는 문화유형이다.

Ⅱ분면의 미성숙 기업문화는 기업문화가 추구하는 목적으로는 개인주의적 특성을 중시하는 반면, 목표에 이르는 과정측면에서는 오히려 타율주의적 성향이 나타나는 경우에 해당되는 문화유형이다.

Ⅲ분면의 We－I형의 기업문화는 자율공동체적 기업문화로서 기본적으로 공동체를 강조하지만 구성원의 자율성을 강조하는 문화유형이다.

따라서 이 유형은 집합으로서의 "우리" 의식이 강하면서 동시에 행동주체 면에서는 자율주의적 특성을 지니고 있다. We－I형 기업문화가 가풍적 기업문화와 다른 점은 둘 다 집합주의적 기업문화를 목표로 하더라도 이에 이르기 위한 과정에서 특정 개인(주로 최고경영자)이나 소수집단에 의한 일방적인 지시에 근거하기보다는 개개인의 창의성을 강조한다는 데 있다.

Ⅳ분면의 I－I형 기업문화는 자율주의에 기초를 두면서 개인주의적 특성이 강한 문화이다. 일반적으로 서구의 기업문화에서 두드러지는 것으로 인식되며, 조직구성원의 자율성과 창의성을 강조함과 동시에 개인의 권익을 중시하는 유형이 여기에 속한다.

위의 4가지 기업문화유형 중에서 기업이 성공적인 비전을 달성하기 위하여 요구되는 기업문화유형은 We－I형 기업문화,, 즉 자율공동체적 기업문화라고 할 수 있다. 자율공동체적 기업문화는 자율주의에 기초를 두고, 집단주의가 아니라 넓은 의미에서 "우리" 의식을 지향하는 기업문화이다. 이러한 문화풍토 위에서는 기업은 하나의 공동체로 인식하고 그 속에서 각 개인들은 공동체의 구성원으로서의 권리와 책임을 지니는 인간적 관계를 맺는다. 또한 노사 간에도 계약적, 계산적, 대립적 관계가 아닌 공동체적, 인간적, 협동적 관계가 형성된다.

제 4 절
조직문화의 창조와 유지 방법

문화는 어느 날 갑자기 생겨나는 것이 아니다. 문화란 사회를 구성하는 사람들이 공통적으로 지니고 있는 가치관과 신념, 이념, 관습, 그리고 지식과 기술 등을 총칭하는 것으로 일단 형성되면 쉽게 없어지거나 사라지지 않고 그 문화권에 속한 개인의 행동에 영향을 미친다. 이런 문화의 창조와 유지에 영향을 미치는 요인을 살펴보기로 한다.

1. 조직문화의 창조

조직의 현재 관습과 전통, 업무처리 방식 등은 이전부터 존재하던 것으로 이런 것들에 의해서 일이 성공적으로 처리되면 조직에 활력이 생기게 된다.

조직문화는 보통 조직의 설립자가 창조한다. 조직의 설립자는 조직의 초기문화에 큰 영향을 미친다. 설립자는 조직의 미래 발전방향에 대한 비전을 가지고, 이전의 전통이나 이데올로기로부터 제약을 받지 않는다. 대부분의 신생조직은 규모가 작기 때문에 모든 조직 구성원들에게 설립자의 비전이 영향을 크게 미치게 된다.

마이크로소프트는 빌 게이츠(Bill Gates)의 영향을 많이 받았다. 그는 개인적으로 공격적이며, 경쟁적이고 규율지향성이었다. 이러한 특성이 거대한 소프트회사의 특성에 그대로 반영되었던 것이다. 현대그룹의 엄격한 규율과 군대식 조직문화는 창업자인 정주영의 특성을 닮았다고 할 수 있다.

윤종용 삼성전자 부회장은 초일류 신 성장 모멘텀 확보를 위해 시장변화에 빠르게 대응하는 것이 미래의 핵심 경쟁력이 될 것이라고 밝히고 경영효율 극대화와 차세대 표준화 선도 핵심 우수인재 확보 및 양성을 위해 초일류 조직문화 창조를 위해 초일류 인자를 행동으로 실천하고 조직문화를 철저하게 혁신하고 초일류 제품과 기술 창출로 국가적 과제 실현에 견인차 역할을 다하기 위해 신 성장 모멘텀 확보, 초일류 조직문화 창조, 나눔과 상생의 경영을 강조했다.

2. 조직문화의 유지 방법

일단 창조된 문화는 구성원들에게 유사한 경험을 제공함으로써 유지된다. 선발과정, 성과 평가의 기준, 훈련과 경력개발, 승진절차 등에 의해 문화가 용해되어 있어서 문화유지에 적합한 행동을 하는 구성원은 보상을 하고, 그것에 도전하는 사람들을 처벌함으로써 문화를 유지하게 된다. 조직문화 유지의 대표적 방법으로는 선발과정의 활용, 최고경영자의 행동 및 사회화 과정, 사회적 규범, 사회적 상호작용 등이 있다.

(1) 선발

선발의 가장 중요한 목적은 조직 내의 직무를 성공적으로 수행할 수 있는 지식과 기능 및 능력을 갖춘 개인을 찾는 것이다. 여러 선발 절차를 통해 선발되는 사람은 조직의 가치관에 가장 적합한 사람일 것이다. 뿐만 아니라 신입 구성원은 선발절차를 거치는 과정에서 조직에 대한 정보를 알고, 조직이 자신의 가치관과 적합하지 않을 때는 선발과정에서 탈락시킨다. 조직은 이런 과정을 통하여 조직문화에 적합한 사람을 선발하고, 조직문화를 해칠 우려가 있는 사람을 거부함으로써 조직문화를 유지할 수 있다.

P&G에서는 조직문화에 적합한 신입사원을 선발하기 위해 면접자들을 철저하게 훈련시킨다. P&G는 합리성을 중요하게 생각하는 기업이기 때문에 높은 성과를 달성하고, 문제를 발견하고, 이해와 행동을 통해 합리적인 결론을 유도할 능력이나 특성을 갖춘 사람들을 선발하여 P&G의 문화를 유지·발전시키고 있다.

(2) 최고경영자의 행동

최고경영자의 행동은 조직문화에 중요한 영향을 미친다. 언어와 행동을 통하여 중역들은 어느 정도의 위험부담이 적절한지, 경영자가 부하에게 어느 정도의 자유를 부여할지, 어떤 복장이 적절한지, 승진, 봉급인상 등의 보상을 받기 위해 어떤 행동이 필요한지에 대한 규범을 만들어 낸다.

제록스의 윌슨 회장은 공격적이고, 기업가적인 사람으로 혁신적이고 위험을 기꺼이 수용하는 문화를 가지고 1961년부터 1968년까지 기업을 성장시켰다. 그러나 후임자인 멕커러프는 하바드 대학의 MBA 출신으로 공식적인 경영 스타일을 가진 사람이었다. 그는 제록스를 관료적 조직으로 변화시켰다. 조직을 공식화시키고, 정치행동을 줄였다. 그의 뒤를 이은 컨스 회장은 제록스가 경쟁력이 약하다고 판단하여 경쟁력을 향상시키기 위해 15,000명을 감원하고, 의사결정 권한을 위임하여 품질과 서비스를 향상할 수 있는 단순한 문화를 만들었다. 이처럼 최고경영자의 가치관과 행동은 조직의 문화유지와 변화에 많은 영향을 미치게 된다.

(3) 사회화

조직에 적합한 신입사원을 선발했다 하더라도 조직문화에 완전히 주입되지 않는다면 신입사원은 조직문화에 익숙하지 못하고 혼란만 일으키게 된다. 이러한 신입사원을 조직문화에 적응시키는 과정이 사회화이다.

일본의 산요는 신입사원을 회사의 기숙사에서 5개월간 입소시켜 집중적으로 사회화를 시킨다. 훈련생들은 함께 숙식하고 회사소유의 휴게장소에 공동으로 휴가를 보낸다. 이 기간 동안 신입사원들은 상사에게 말하는 방법에서부터 옷 입는 방법에 이르기까지 철저히 배우게 된다. 사회화 과정을 통해 신입사원을 산요의 전사로 거듭나게 된다.

사회화 과정은 [그림 16-9]와 같다. 사회화의 3가지 과정은 도착 전 단계, 만남의 단계, 변화의 단계로 되어 있다.

그림 16-9 사회화 과정

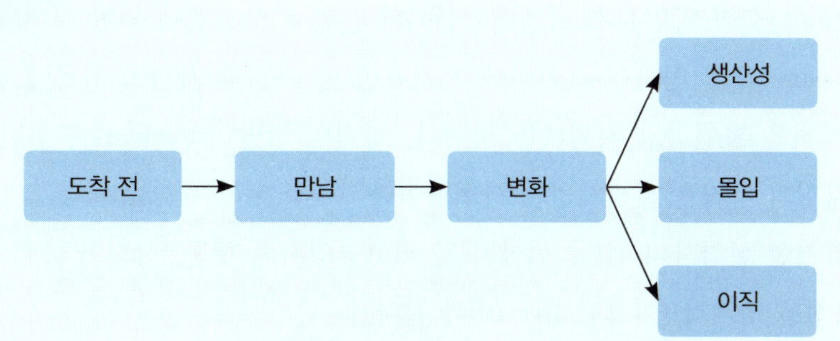

1) 도착 전 단계

도착 전 단계(pre-arrival stage)는 신입구성원이 일정한 가치관과 태도 및 기대를 가지고 조직에 도착하는 단계이다. 이들은 이런 것들을 학교나 이전의 직무수행과정에서 배우거나 훈련 받았다. 일반적으로 선발에 의해 필요한 요건을 갖춘 사람을 조직 구성원으로 선택한다.

따라서 조직의 필요와 구성원의 기대가 합치되는 정도가 사회화의 성공에 중요한 영향을 미친다.

2) 만남의 단계

만남의 단계(encounter stage)에서 신입사원은 자신의 기대와 조직의 현실이라는 이분법에 직면한다. 조직의 현실에는 직무, 동료, 상사, 조직의 일반 등이다.

자신의 기대가 맞아떨어지면 조직에 대하여 이전에 지각하고 있던 것을 재확인하게 된다. 만약 기대와 현실이 상이하면 자신이 이전에 가지고 있던 가정을 버리고 조직이 원하는 다른 가정으로 바꾸는 사회화 과정을 거치게 된다. 그러나 양자가 극단적으로 상이할 경우 조직에 환멸을 느끼고 회사를 떠나게 될 것이다.

3) 변화의 단계

변화의 단계(metamorphosis stage)에서는 만남의 단계에서 알게 된 조직의 현실과 거기에서 발생한 문제를 해결하는 단계이다. 이 단계에서는 조직이 여러 가지 방법으로 구성원을 변화시키게 된다.

사회화 과정에서의 변화의 방법으로는 공식적·비공식적, 개인적·집단적, 연속적·비연속적, 자격의 인정·자격 박탈의 방법이 있다.

공식적인 사회화 방법은 오리엔테이션이나 훈련 프로그램에 의한 것이다. 자격의 인정(investiture)은 신입사원이 이전에 가지고 있던 자질과 자격이 직무에 필요한 경우 이런 자격을 확인하고 지원하는 것이다. 자격의 박탈(divestiture)은 선발 시 가지고 있던 자질과 자격을 분리시키는 사회화이다.

이상 열거한 설립자의 철학, 선발기준, 최고경영자의 행동, 사회화 등이 조직문화를 형성과정을 정리하면 [그림 16-10]과 같다.

그림 16-10 조직문화의 형성 과정

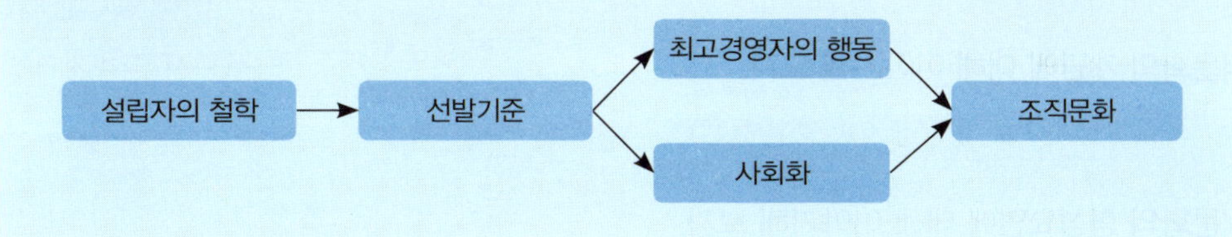

(4) 사회적 규범형

조직 내에서는 학습이 이루어진다. 그것은 조직 구성원이 조직 내의 지위가 높은 사람의 행동을 배우는 것에서 그 일면을 엿볼 수 있다. 또한 조직 구성원은 다른 구성원들이 가치 있게 일하는 것을 보고 많은 것을 배운다. 그러므로 조직문화를 유지하거나 새로운 변화를 위해서는 모범적인 가치 창조적 리더십을 유지해야 한다.

(5) 사회적 상호작용

조직의 관리자와 조직 구성원 간의 직접적이고 빈번한 상호작용(회의, 면담, 파티 및 의사전달)을 유지하거나 촉진해야 한다.

연/습/문/제

01. 조직문화의 개념에 대해 이야기해 보자.

02. 조직문화의 형성요인에 대해 이야기해 보자.

03. 조직문화의 수준에 대해 이야기해 보자.

04. 조직문화의 구성요소에 대해 이야기해 보자.

05. 로빈스의 조직문화의 기능에 대한 견해를 이야기해 보자.

06. 샤인은 조직문화가 수행하는 기능을 조직성숙단계에 따라 어떻게 나누었는지 알아보자.

07. 딜과 케네디의 문화 유형에 대해 알아보자.

08. 퀸과 맥그레스의 문화 유형에 대해 알아보자.

09. 홉스테드의 기업문화의 유형에 대해 알아보자.

10. 신유근 교수가 제시한 한국 기업문화의 유형에 대해 알아보자.

11. 조직문화의 유지방법에 대해 알아보자.

참고문헌

국내문헌

곽의영, 신조직행동론, 청목출판사, 2003.

구본장 · 박계홍, 조직행동론, 형설출판사, 2004.

김경수 · 김공수, 조직행동, 법문사, 2005.

김성국, 조직과 인간행동, 명경사, 1999.

김인수, 거시조직이론 - 조직설계를 중심으로-, 무역경영사, 2000.

김준식외 4인, 조직행동관리, 도서출판 대명, 2005.

민경호, 무역경영사, 박영사, 2005.

박경환, 조직행동론, 박영사, 2005.

박기동, 조직행동론, 박영사, 2001.

박내회, 조직행동론, 박영사, 2002.

박운성, 현대조직행동론, 박영사, 1998.

백기복, 조직행동연구, 법문사, 2000.

서병인 · 정동섭, 현대 조직행동, 삼영사, 2000.

송계충, 조직행위론, 경문사, 2004.

신구범, 조직행동의 설계와 관리 및 변화, 형설출판사, 1999.

신구범, 조직행위론, 형설출판사, 2005.

신유근, 인간존중의 경영, 다산출판사, 2000.

양참삼, 조직행동의 이해, 법문사, 1999, p. 328.

유기현, 조직행동론, 박영사, 2002.

이상수 · 이상갑, 조직행동론, 형설출판사, 2004.

이수도, 조직행동론, 형설출판사, 2002.

이학종 · 박헌준, 조직행동론, 법문사 2004.

임창희, 조직행동, 학현사, 2005.

조영복 · 곽선화, 조직이론과 관리, 삼영사, 2003.

외국문헌

Alderfer, C. P., *Existence, Relatedness and Growth : Human Needs in Organizational Settings*, Free Press, 1972.

Ansoff, H. I., *Corporate Strategy. An Analytical Approach to Business Policy for Growth and Expansion*. McGraw-Hill, 1965. p. 165.

Argyris, C., *Personality and Organization*(New York : Harper & Row, 1957), p. 50.

Balke, R. A., & Mouton, J. S., *The Managerial Grid*, Gulf Publishing, 1985, p. 12.

Barneym J. B., & Ricky W. Griffin, *The Management of Organizations : Structure, Behavior*, Houghton Mifflin, 1992.

Bass, B. M., *Leadership and Performance Beyond Expectations*, Free Press, 1985, p. 23.

Blake, R. A., & Mouton, J. S., *The Managerial Grid*, Gulf Publishing Houston, 1985.

Blake, R. R., & Mouton, J. S., *The Managerial Grid Ⅲ : The Key to Leadership Excellence*. Houston, Texas : Gulf Publishing Co., 1985.

Blau, G., Operationalizing Direction and Level of Effort and Testing Their Relationships to Individual job Performance, *Organizational Behavior and Human Decision Process*, June 1993, pp. 152~170.

Burns, T., & Stalker, G. M., *The Management of Innovation*, Tavistock Publications, 1961.

Burns, T., Micropolitics : Mechanisms of Institutional Change. *Administrative Science Quarterly*. Vol. 2/6, 1961, pp. 257~328.

Chandler, A. D., *Strategy and Structure : Chapters in the History of the American Industrial Enterprise*, MIT Press, 1962.

Child, J., Organization Structure, Environment and Performance : The Role of Strategic Choice, *Sociology*(6), 1972, pp. 1~22.

Conger, J. A., & Kanugo, R., Toward a Behavioral Theory of Charismatic Leadership in Organizational Setting, *Academy of Management Review*, 1987, p. 641.

Fiedler, F. E., *A Theory of Leadership Effectiveness*. New York : McGraw-Hill Book Company, 1967.

Freishman, E. A., What Leaders Really Do. *Harvard Business Review*, May-June, 1990, pp. 103~111.

French, W. L., & Cecil, H. B., *Organization Development : Behavioral Science Interventions For Organization Improvement*, 4th ed. Prentice-Hall, 1990.

Gibson, J. L., John M., Ivancevich, James H. Donnelly, Jr. and Robert Konopaske, *Organizations; Behavior, Structure*, Process, 11th ed. McGraw-Hill, 2003, p. 425.

Gordon, J. R., *Organizational Behavior : A Diagnostic Apprach*, 7th ed. Prentice Hall, 2002.

Hersey, P., & Blachard, K. H., *Management of Organizational Behavior; Leading Human Resources*, 8th ed. 2001, p. 182.

Hersey, P., & Blanchard, K. H., & Johnson, D. E., *Management of Organizational Behavior : Utilizing Human Resources*, 7th ed. (Upper Saddle River, N. J., Prentice-Hall, 1996), p. 40.

Hersey, P., Blanchard, K. H., & Hambleton, R. K., Contracting for Leadership Style, in Hersey, P., & Stinson, J., ed. *Perceptive in Leader Effectiveness*, 1980, Ohio University Press, p. 102.

Hersey, P., Blanchard, K. H., *Management of Organizational Behavior*, 3rd ed. Englewood Cliffs, N. J. : Prentice-Hall, 1977.

Herzberg. F., One More Time : How Do You Motivate Employee?. *Havard Business Review*. January-February, 1968, p. 57.

Hofstede, G., *Culture and Organizations*, McGraw Hills, 1991, p. 152.

Holmes, T. H., & Ruch, L. O., Scaling of Life Change : Comparison of Direct and Indirect Methods, *Journal of Psychosomatic Research*, Vol. 11. 1971, p. 213.

House, R. J., & Shamir, *Toward the Integration of Transformational, Charismatic, and Visionary Theories*, in Chemers, Academic Press.

Ivancevich, J. M., & Matteson, M. T., *Organizational Behavior and Performance*, Scott, Foresman and Co., 1987, p. 73.

Johns, G., *Organizational Behavior : Understanding and Managing Life at Work*, 4th ed. (New York. N. Y., Harper Collins College Publishers, 1996), p. 419.

Katz, D., & Kahn, R. L., *The Social Psychology of Organizations*, John Wiley & Sons, 1996.

Koontz, H., *Management : A Systems and Contingency Analysis of Managerial Functions*. 6th ed. New York : McGraw-Hill Book, Co., 1976, p. 578.

Lawrence, P., & Lorsch, J., *Organizational and Environment; Managing Differentiation and Integration*, Richard D. Irwin, 1967.

Lewin, K., Frontiers in Group Dynamics : Concept, Method and A reality in Social Science; Social Equilibrium and Social change. *Human Relations*. No. 1. June 1947, pp. 5~41.

Litterer, J. A., "Conflict in Organization : A Reexamination", in H. Tosi and W. Hamner(editors), *Organization Behavior and Management*(Michigan State University, 1974), p. 322.

Luthans, F., *Organizational Behavior*, 9th ed. McGraw Hill, 2002. p. 269.

Luthans, F., *Organizational Behavior*. McGraw-Hill Book Company, 1992, p. 320.

Maslow, A. H., *Self-actualizing People*(New York N.Y., Grune & Stratton, 1950), pp. 11~34.

McClelland, D. C., *Human Motivation*, Scott, Foreman, 1985.

McClelland, D. C., *The Achievement Motive*, Appleton-Century-Crofts, 1953.

Miles, R. H., *Macro Organizational Behavior*(Santa Monica CA : Goodyear Publishing, 1980), pp. 121~122.

Mintzberg, H., *The Structure of Organizations - A Synthesis of the Research*, Prentice Hall, 1979.

Murphy, L. R., Occupational Stress Management : A Review and Appraisal. *Journal of Occupational Psychology*. 1984, pp. 367~372.

Pavlov, I., *Lectures on Conditioned Reflexes*. New York : International, 1972.

Perrow, C., *Complex Organizations : A Critical Essay*, Random House, 1986.

Porter, A., Validity of Socioeconomic Origin as Predictor of Executive Sucess. *Journal of Applied Psychology* 49, 1965, pp. 11~13.

Porter, L. W., & Lawler, E. E., *Managerial Attitude and Performance*(Homewood, Ⅲ., /Richard D. Irwin), 1968, p. 165.

Quinn, R. E., & McGrath, M. R., The Transformation of Organizational Culture, in Peter J. Frost, *Organizational Culture*, Sage, 1985, p. 318.

Robbins, S. P., *Managing Organizational Conflict : A Nontraditional Approach*(N. J., Prentice-Hall, Inc., 1974), p. 28.

Robbins, S. P., *Organizational Behavior*(Upper Saddle River, Prentice Hall, 1998), pp. 242~291.

Robbins, S. P., *Organizational Behavior*. Englewood cliff. NJ : Prentice Hall, 1996.

Robbins, S. P., *Organizational Behaviors*, 9th ed. Prentice Hall, 2001, p. 324.

Roethlisberger, F. J., & Dickson, W., *Management and the Worker*, Harvard University Press, 1939.

Rokeach, M., Beliefs, *Attitude and Values*. San Francisco, CA, Jossey-Bass, 1970, p. 112.

Schein, E. H., *Organizational Culture and Leadership*. Jossey-Bass, 1985, pp. 15~16.

Scott, W. G., & Mitchell, T. R., *Organization Theory. A Structural and Behavioral Analysis*. Homewood, Ⅲ; Irwin, 1976.

Seashor, S. E., *Group Cohesiveness in Individual Work Group*, Ann Arbor : University of Michigan. Institute for Social Research. 1954.

Skinner, B. F., *Science and Human Behavior*. New York : The Macmilan Co., 1953. pp. 30~35.

Steers, R. M., & Black, J. S., *Organizational Behavior*, 5th ed. (New York, N.Y., Harper Collins College Publishers, 1994), p. 133.

Steers, R. M., & Porter, L. W., *Motivation and Work Behavior*. 5th ed. NY : McGraw-Hill, 1991, pp. 158~159.

Szilagy, A. D., & Wallace, M. J., *Organizational Behavior and Performance*, 5th ed.(New York, N.Y., Harper Collins Publishers, 1990), pp. 337~350.

Tannenbaum, R., & Schmidt, W. H., How to Choose a Leadership Pattern, *Harvard Business Review*(May-June, 1973), pp. 162~180.

Toffler, A., *Power Shift*, N.Y. William Morrow and co., Inc., 1980.

Vrendenburg, D. J., & Marth, J. G., *A Process Framework of Organizational Politics*. Human Relation. Vol. 37, 1984, pp. 43~57.

Vroom, V. H., *Work and Motivation*. NY : John Wiley & Sons, Inc., 1964.

Yernes R. M., & Dodson, J. D., The Relation of Strength of Stimulus to Rapidity of Habit-Formating, *Journal of Comparative Neurology and Psychology*, Vol. 18, 1998, pp. 459~482.

Zammuto, R. F., & O'Connor, E. J., Gainning Advaced Manufacturing Technologies Benefits : The Roles of Organization Design and Culture, *Academy of Management Review*, 1992, p. 712.

찾아보기

ㄹ

ㅁ

ㅂ

기타

저자 약력

변상우

- 부산대학교 대학원 경영학 박사
- 동양경제연구원 한국재정분석연구원 책임연구원
- 신라대학교 경영학과 겸임교수 역임
- 부산가톨릭대학교 경영학과 조교수 역임
- 현, 부산대학교 교육지원센터 강의전담교수

[저서]

- 사무관리개론(무역경영사, 2003)
- 신경영학원론(형설출판사, 2004)
- 경영조직론(형설출판사, 2004)
- 최신 인적자원관리론(무역경영사, 2005)
- 리더십 개발과 훈련(도서출판 청람, 2010)
- 글로벌시대의 경영조직의 이해(피앤씨미디어, 2016)
- 글로벌시대의 노사관계론(피앤씨미디어, 2017)
- 21세기를 선도하기 위한 경영학의 이해(피앤씨미디어, 2018)

[논문]

- 지식경영의 선행요인 및 조직행동에 대한 매개효과에 관한 연구(한국인적자원관리연구)
- 윤리경영실천과 기업의 경쟁력에 관한 연구(대한경영학회)
- 지적자본의 체계적 관리가 조직유효성에 미치는 영향에 관한 연구(한국산업경제학회)
- 비전이 학교생활에 미치는 영향에 관한 연구(대한경영정보학회) 외 다수

최수형

- 경영학박사
- 부산대학교 경영학과 부교수
- 부산대학교 산학협력단 산학사업부장, 산학교육부장 역임

[저서]

- 첨단기업사례연구(대명, 2012)
- 창업경영론(피앤씨미디어, 2014)
- 창조경제시대의 경영학(피앤씨미디어, 2016)

조직행동론

초판 인쇄 2019년 1월 1일
초판 발행 2019년 1월 10일

지은이 변상우 · 최수형
펴낸이 박노일

총괄기획 김중용 · 최준규
편 집 심성보

펴낸곳 pnc publishing and culture 피앤씨미디어
경기도 고양시 일산동구 강송로 153 310-1501
등록 제396-2012-000203호
전 화 070)7550-3758 팩 스 02)718-8554
홈페이지 www.pncmedia.co.kr 이메일 pnc@pncmedia.co.kr
ISBN 979-11-5730-597-1 93320

정 가 25,000원